融媒研究与探索
（2021）

主　编　文东河　许　莉
副主编　曹　进　宫照光

山东大学出版社
SHANDONG UNIVERSITY PRESS
·济南·

图书在版编目（CIP）数据

融媒研究与探索. 2021/文东河，许莉主编. —济南：山东大学出版社，2021.8
ISBN 978-7-5607-7085-7

Ⅰ.①融… Ⅱ.①文…②许… Ⅲ.①传播媒介—研究—中国 Ⅳ.①G219.2

中国版本图书馆 CIP 数据核字（2021）第 140966 号

责任编辑 肖淑辉 李昭辉
封面设计 杜 婕

出版发行 山东大学出版社
社 址 山东省济南市山大南路 20 号
邮政编码 250100
发行热线 (0531)88363008
经 销 新华书店
印 刷 济南巨丰印刷有限公司
规 格 787 毫米×1092 毫米 1/16
24.5 印张 450 千字
版 次 2021 年 8 月第 1 版
印 次 2021 年 8 月第 1 次印刷
定 价 89.00 元

目　录

理论探讨

宣传实践

媒体融合

播音主持

产业经营

广电技术

理论探讨

LILUNTANTAO

广播时政报道中的“细节”研究

马艺

摘　要：时政报道因其特殊的重要性和敏感性，一般要遵循审定的“通稿”来报道，在保证了舆论导向正确性的同时，客观上也造成了内容、形式“千篇一律”的问题。鉴于时政报道的特殊要求，在主题和内容没有更大突破的现状下，记者如果能够捕捉到独家而又生动形象地反映主题的细节，就是找到了突破“千篇一律”的重要途径。

关键词：时政报道；细节；广播

广播，能够被记住的几乎都是细节。细节，是广播时政报道进行差异化竞争的利器。广播不像电视节目给人以强烈的视觉刺激，也不像平面媒体可以供人自主地重复阅读，它只能单纯地依靠听觉，而且转瞬即逝。这一特点对题材重大的时政报道来说是非常不利的。广播时政报道要想引人注意，达到引人入胜的效果，就必须抓住听觉的特点，用生动、具体的细节给听众描绘出可见可感的事物和场景。

如果说广播中时政报道的通稿内容是“规定动作”，那么报道的细节就是“自选动作”。在大多数人都只做“规定动作”的情况下，若“自选动作”编排得当，准确漂亮，就会更“出彩”，更抓人。

一、细节决定成败，锐意才能创新

新闻细节是什么呢？1993 年 3 月，经济日报出版社出版的《宣传舆论学大辞典》中这样解释：新闻细节是新闻作品中能够细腻入微地表现出新闻人物精神风貌或新闻事实本质特征的最小组成单位。新闻细节在新闻中往往能起到点染、深化主题的作用，可以将描写对象的某一特征表现得栩栩如生，使读者如同身临其境。世界著名建筑大师密斯·凡·德罗在讲述他成功的秘诀时，总结出了一句广为流传的名言："魔鬼隐藏在细节中。"这里的"魔鬼"即魅力之意。也就是说，无论一座建筑多么恢宏大气，只要在细微之处留有瑕疵，都算不上完美和经典。同样，新闻报道中典型的细节描写往往给新闻作品增添无穷的魅力和感染力。概括地说，细节在时政新闻的作用主要有以下两点：

第一，增加新闻的可信性、表现力和感染力。细节真实、具体、实在，能给受众提供更加真实的信息，增加新闻的可信性和感染力。正如著名记者、新华社原社长穆青所说的那样："有时，一个细节比千言万语生动得多，深刻得多，有力得多。"

第二，让新闻人物"活"起来。记者独特、敏锐的眼光，真实、细腻地对新闻人物的外貌、语言、动作、神态等进行描写，可以让人物的性格特点和精神境界通过细节体现出来，让人物形象更鲜活、更生动、更饱满。

特别值得注意的是，新闻中的细节一定要真实，而不是像文学作品那样搞"合理想象"。此外，新闻细节还应该是典型的、富有特色的。这样，才能起到以小见大、"以一目尽传精神"的作用。

二、统筹加兼顾，有的就放矢

细节见真章，深处见功力。要写出有细节的时政新闻，应该做到以下几个方面：

第一，提前做好案头准备工作，在采访前熟悉被采访的人物或事件的背景。一方面，人物或事件的背景中有很多细节可以更好地说明情况；另一方面，了解背景可以帮助记者在采访过程中发现细节。2020 年 12 月 29 日，山东省委常委、济南市委书记孙立成出席绿地（济南）全球商品贸易港"链上自贸"保税展示交易中心启动仪式。在参加活动前，笔者通过查询资料、提前采访，了解并掌握了与采访内容有关的基本情况和资料。在写稿时，笔者并没有仅仅停留在报道保税展示交易中心启动仪式上，而是将其放到服务国内国际双循环的时代大背景下审视，让这一时政新闻有了厚度和深度。

第二，采访现场要腿、手、眼、耳、嘴、脑并用，获取细节。

腿快，就是要及时跑到位。现场是新闻工作的源头活水。记者如不亲身到达现场就难以获取第一手的细节信息。2018 年 12 月 13 日，笔者接到采访通知，在 12 月 14 日，济南市委副书记、市长孙述涛出席德国费斯托全球生产中心项目的开工仪式。这不是一个简单的开工仪式，长期对企业的关注采访让笔者意识到这一事件中蕴藏的新闻性。于是，笔者在当天下午就联系了相关部门了解情况，得知在第二天举行的开工仪式上，将同时下发《不动产权证书》《建设用地规划许可证》《建设工程规划许可证》《建筑工程施工许可证》“四证”，这不仅刷新了济南市建设项目快速审批的纪录，也创造了建设领域规模以上外资项目快速审批的全国第一。第二天一大早，笔者提前一个半小时来到现场，在集中采访前便与企业中方、外方以及高新区相关部门负责人进行沟通交流，获取了更加丰富的采访素材。根据前期大量的采访积累，笔者提炼出同时下发“四证”和当天开工是因为变行政审批“接力跑”为“并排跑”。“接力跑”和“并排跑”这一生动形象、通俗易懂的表述让稿件更可听、可感，更具吸引力，做到权威新闻的通俗落地。笔者采制的广播新闻《“四证”齐发，当天开工——济南实现行政审批加速度》获得 2018 年度山东新闻奖一等奖。

手勤，就是要勤录音。广播的生命是声音，声音展现的细节是记者的描述所远不能及的。不能认为“也许没什么事情了”就关掉录音机，重要而精彩的细节随时可能发生。同时，要保证音源质量，如果在广播中听不清楚，细节就失去了意义。

耳聪目明，就是指耳朵要兼听八方，眼睛要细观六路。细节往往不会摆在明处，更多的细节需要记者留心倾听，细心观察。要从倾听和观察中发现细节，用细节充实报道，让报道更生动。

嘴忙，就是要勤问。由于时政采访的特殊要求，我们不能随意向被采访对象提问，因此要利用一切间接提问的机会获取细节。比如，可以采访领导人身边的翻译、秘书等工作人员，采访领导人刚刚会见或交谈过的对象等，从他们那里间接获取细节。

脑灵，就是要随时整理获取的信息。一场时政活动的时间往往很长，内容很多，而又要求尽快在第一时间报道，所以采访过程中就要在头脑中筛选和确定报道的内容。笔者常常是一边录音，一边就理出了报道的思路，打好报道的腹稿。对广播记者来说，记住选取细节的录音位置非常重要，这样才能在活动结束后用最少的时间完成录音素材的搜索、选取、编辑、剪辑、合成和传送。

第三，打破惯例，细节创新。在时政新闻中，会议新闻占到一定数量。因此，要发现细节，将会议报道做成时政新闻创新的亮点，这主要从报道角度和内容上把握细节。

在报道角度上，大处着眼，小处落笔。时政新闻与百姓生活关系密切，衣、食、住、行等社会经济生活的各个领域都有相应的宏观政策。然而，有些时政报道较多地注重政策性，很少联系群众的实际生活，让受众难以产生共鸣。因此，在时政新闻写作时，要深挖细掘那些与群众生产生活息息相关的各种政策措施的“富矿”，从小处落笔，以小见大，回应时代关切。

在报道内容上，既重“人”，也重“事”。2017年11月22日，“全国文明城市”挂牌仪式在济南市政务服务中心一楼大厅举行。在这一时政报道中，记者并没有仅仅报道领导出席挂牌活动这一事件，而是抓住出席活动的时任山东省委副书记、济南市委书记王文涛所说的“创城成功归功于市民，荣誉归功于市民”这一细节展开，引出济南市贯彻“以人民为中心”的发展思想，坚持“为民、靠民、不扰民”的创城理念。时政报道不仅是报道领导活动，还应从领导讲话和会议材料中选取有新闻价值的信息和事件，并将这一事件与群众的日常生活联系起来，避免出现单一的会议程序报道和空话套话。

总之，在注意力分流、媒体大融合的当下，挖掘新闻事件中的细节，可以避免新闻的雷同化、格式化，使报道更加鲜活，更有深度和生命力。对广播时政报道中新闻细节的重视和运用，将在无形中增强新闻报道的传播力、引导力、影响力、公信力。

浅谈典型人物报道的新媒体表现形式

延磊　张婧　王丽媛

摘要： 典型人物报道是新闻报道中非常重要的一种形式。本文立足于新闻业务实践，分析当下典型人物报道存在的问题，并在此基础上，立足互联网发展特点，结合笔者所就职的济南广播电视台的内容生产实际，探析移动互联网时代典型人物报道在叙事方式、报道角度、技术应用等方面的特点，对未来典型人物报道的发展趋势进行展望。

关键词： 典型人物；新媒体；移动端优先；短视频

一个先进典型，就是一面鲜红的旗帜；一群先进典型，就是一股向上向善的时代力量。典型人物报道是新闻报道中非常重要的一种形式。在报纸、电视的传统媒体时代，雷锋、焦裕禄、孔繁森等大批典型人物的感人事迹和光辉形象通过文字、电视荧幕展现给读者和观众，激发人们高昂的斗志，鼓舞着一代又一代人奋发向前，成为推动时代进步的精神力量。2020 年，中国移动互联网用户规模突破 10 亿人，人们日常的碎片时间逐步被短视频、社交媒体占用，媒体生态已发生翻天覆地的变化。新时代下，“推动主力军全面挺进主战场”的号角已然吹响，推进媒体深度融合成为主流媒体面临的重要课题。随着媒体格局、受众信息接收及处理方式的改变，人们对典型人物新闻报道的认识和要求也在悄然发生着变化。

囿于话语方式的僵化，不少典型报道出现“低级红、高级黑”的尴尬场面，甚至引起了受众的抵触心理。单纯说教式、灌输式的固有传统模式显然已经跟不上互联网飞速发展的步伐，典型人物报道与受众的需求尚有距离。如何让典型报道与时俱进，真正走进受众的心里，让更多新时代的“雷锋”“焦裕禄”打动群众，使典型人物的感人精神达到春风化雨、润物无声的效果，是新时代的新闻工作者必须重视的课题。

一、典型人物报道存在的问题

长期以来，我国新闻报道中的典型人物是“高”“大”“全”的形象代言，固有的传统模式表现手法单一、缺乏新意、内容呆板，对于人物刻意拔高，脱离现实。非常全面、无一“非”处的刻板印象“神化”了典型人物，掩盖了“个人”的光彩，使受众产生逆反心理。事实上，典型人物也是一个正常人，有个人的思想特点和行为特征。手法单一的典型人物报道失去了人性的真实，老旧的话语让典型人物的形象不再鲜活，说教意味浓重、老生常谈、套话连篇长期被人们所诟病。人物报道往往是成绩节节拔高，角度陈旧，人为地刻意地塑造光辉形象，结果适得其反。这说明，典型人物报道的传统模式已经不被受众所接受。传统刻板、单调的话语方式已远不能适应互联网时代民众的需求。

二、新媒体环境下典型人物报道的新特点

不同的播出平台对于报道的长度、话语风格、表达手段都有不同的要求。当前媒体的深度融合正在如火如荼地展开，在电视大屏和智能手机的双重加持下，典型人物报道拥有了新媒体大、小屏多渠道输出的传播新格局。从大屏到小屏的延伸以及多屏互动特点，让典型人物的报道从表达到传播呈现出许多新变化。

1. 移动端优先

用户在哪里，新闻人就要在哪里。随着新媒体的迅猛发展，传媒生态环境已发生重大变革，用户向移动互联网流动是大势所趋。具有高时效性、强互动性、高便捷性的移动互联网让受众成为媒介传播中的“主角”，传统电视媒体如果依然固守报道要在大屏首发的做法，无异于作茧自缚。在当前形势下，移动优先势在必行。

2. 多平台联动

新媒体与典型人物报道信息数字化带来了新闻传播的新变革，各种新技术的应用改变了整个社会新闻信息的获取模式、加工模式、传播模式和使用模式。当前传媒业空前发展，信息传播无处不在，在这样一个媒介环境下，想要靠一两篇报道、一两家媒体就树起来典型人物几乎是不可能的。如今的典型宣传只有多条腿走路，各方形成强大合力才能引起广泛、强烈的综合效应。由济南广

播电视台报道的中国好人廉志飞跪地救人的事迹，就是通过微信和短视频平台等进行发酵的。在短视频平台上，该报道在短时间内达到6800万的点击量，再加上地方媒体的不断助推，这引起中央电视台等主流传统媒体的关注，继而形成宣传高潮。

3. 交互性强

新媒体传播赋予典型人物报道新特征，即以交互性（互动性）为核心特点，同时具有超文本型、即时性、数字化、信息量大等特点。近年来，从央视到地方台都在探索如何借力小屏的互动优势，带动大屏互动。以新闻线索的获取为例，在全国“两会”、地方“两会”等重大会议开幕前，从央视到地方台的记者编辑都会利用网站和“两微一端”平台就老百姓关注的热点问题征集线索。笔者所在的济南广播电视台栏目的新闻线索也大都来自移动端的线索爆料。由此，小屏互动性强的优势弥补大屏互动性不足的短板。

三、移动互联网时代下典型人物报道的发展趋势

1. 全景式报道

在新媒体时代，以全景式再现的手法报道典型人物，不但丰富了典型人物的报道视角，更丰富了新闻报道的方式方法。以网站、客户端为主要载体的新媒体平台突破了版面、时间、空间的限制，视频、音频、图文、直播、短视频、H5、网络专题、创意互动等各种方式让新媒体的新闻报道有了“十八般武器”。从前的电视大屏的人物专访、人物专题片随着多样化报道方式的加入，正在发生着蜕变和创新。

2. 典型人物形象趋向平民化

在典型人物报道中，榜样就是你我身边的“朋友”。他们有普通人的喜怒哀乐，是我们的左邻右舍，而不是遥不可及、高不可攀的“神”。平凡的人物，不平凡的事迹；普通人角色，不普通的精神。这让平凡的小人物成为宣传的主角，真正将号召力发挥到极致。新媒体时代的典型人物报道不应延续奉上“神坛”的传统手法，而应该将他们拉到你我身边，拉到群众跟前，受众如同听邻家故事一样，真正感受典型人物的感人精神。以济南广播电视台为例，该电视台联合中共济南市委宣传部、济南市文明办推出大型公益宣传栏目——榜样，通过新媒体手段将典型的先进性和群众性平实地叙述出来，不再是“高大全”式的近乎完美的人物，也不是充斥着神话光晕的“神人”，而是以普通人的视角，讲

述那些平凡人经历过的不平凡的事，以及他们身上闪现出的精神和意志。“身边的榜样，前行的力量”，《榜样》栏目通过新媒体平台的传播在济南市产生了良好反响。

3. 叙事角度客观化

运用第一人称叙事、背景音乐、字幕特效等手段，减少第三人称叙事视角，少用播音员的解说，缩短传播主体与客体的距离。对于视频本身没法表现却又很重要的信息，多采用在视频上叠加字幕的方式来呈现。对第三人称叙事视角的淡化处理进一步增强了用户的代入感，让用户更加感同身受。

4. 表达生动活泼，网感强烈

2020年获得中国新闻奖一等奖的短视频新闻作品《十八洞村龙金彪的Vlog：脱贫之后》、2019年获得中国新闻奖一等奖的短视频新闻作品《臊子书记》，其共同特点就是极具网感，将互联网思维贯穿典型人物报道的始终，利用小机器Gopro，采取Vlog第一视角的方式，以小屏特有的话语方式和表达手法进行脚本撰写、视频拍摄。这种创作方式充分发挥了“融合”优势，带领受众感受主角在生活、工作中的多场景，融合了手绘、动画等多种新媒体元素，以记录感的专业创意设计，拉进故事主角与受众的距离，作品妙趣横生，让人身临其境，让典型人物的精神入脑入心。

5. 新媒体典型人物报道追求长期性

典型人物报道应该是长期关注，进行动态跟踪报道，是一部连续剧或连载小说，而不是仅限于一朝一夕的一次性新闻事件报道。《十八洞村龙金彪的Vlog：脱贫之后》记录的是龙金彪四年间的成长，展现了十八洞村漫漫脱贫路。在创作过程中，倘若龙金彪又有了新的新闻，跟踪报道就跟进补充。这部作品以长期性的跟拍来记录脱贫攻坚的故事，为典型人物报道提供了重要的参考性样本。

6. 从小角度切入大主题

从小角度出发就是用百姓视角把高大上的变为平民化的，强化了传播者与受众之间的“自己人效应”。习近平总书记在全国宣传思想工作会议上再次强调：要“不断增强脚力、眼力、脑力、笔力，努力打造一支政治过硬、本领高强、求实创新、能打胜仗的宣传思想工作队伍”。只有扑下身子，落实“四力”，才能发现小角度背后的大主题。济南网报道的网络专题《阳光照进桑梓店——唠唠咱村的脱贫故事》，就是从村民、贫困户、扶贫干部在脱贫工作中发生的小故事入手，反映了脱贫攻坚工作这一大主题。

7. 语言风格的变化

在新媒体新闻报道中，逐渐突破传统的语言规范，网络新词、谐音梗、流行语能够更加生动活泼、新鲜有趣。新媒体典型人物报道的语言风格不同于传统媒体报道语言的特点。固有词语新用即在原词基础上创造一个和在发音或者意义上相近的新词，在语法、句型、词汇等方面表现出变异特征，使得受众产生新鲜又熟悉的心理，激发阅读兴趣。如“揽金望银稳为先 2010 年理清思路觅‘钱途’”。“钱途”与“前途”读音相近，两词之间似有似无的联系让人产生联想，进而产生阅读兴趣。当前，这种方式越来越多地被应用于新媒体创作过程中。

8. 新技术的运用

将新媒体技术运用到典型人物报道中，与以往传统报道相比，更加凸显在报道范围、速度、手段等方面的优势。2017 年，济南网报道了在社区岗位上鞠躬尽瘁、死而后已的“小巷总理”——齐鲁时代楷模陈叶翠，创作者制作了网络专题《叶落留翠》，用朴素、带有回忆色彩的色调，运用 H5 前沿技术，配合利用代码形成滚动切换视差，让多层背景以不同的速度移动，形成立体的运动效果。在报道中加入了手绘方式来呈现陈叶翠同志的音容笑貌，带来非常生动的视觉体验。2019 年，川报观察客户端制作的《请记住这个年轻人，他叫“云贵川”》，创作人员根据老战士回忆，充分运用了手绘、动画等方式还原了小战士“云贵川”的动画形象，再辅以访谈、H5 等多种包装手段，生动形象。2020 年，该作品获得第三十届中国新闻奖三等奖。

总之，在媒体融合时代，典型人物的报道一直在探索。新闻工作者只要准确把握传播内在规律，与时俱进，更多运用新媒体，创新报道内容手法，换上“新思路”，背上“新装备”，就能不断满足人民群众的新期待和新需求。

场景时代下新闻生产方式的嬗变

邹娅　郑富强

摘要： 自新闻事业产生以来，作为一种社会化结果的新闻生产方式一直在变化和发展。在网络化的 web 1.0 时代，报纸、电视、广播等被视为传统媒体；在数字化的 web 2.0 时代，微博、微信等新媒体出现，新、旧媒体之间实现互动融合发展；智能化 web 3.0 时代带来了移动互联网，出现了客户端（App）、小程序等新的传播方式，网站或门户网站被划入了传统媒体阵营。本文通过对比传统媒体与智能化媒体在新闻生产方式等维度上的现状，从新闻生产流程以及传播模式两个层面来切入分析场景时代下新闻生产方式的嬗变。

关键词： 新闻生产；智能化媒体；场景

一、新闻流程之变：从"手工作坊"走向"流水线"生产

新闻生产社会学研究者伯纳·罗胥克（Bernard Roshco）在《制造新闻》一书中指出，新闻的生产方式以及由其产生的多元化社会因素想象下的媒介效果是一个复杂而多变的研究领域。第一，新闻是社会发展到一定阶段后形成的产物，其内容是对承载新闻的社会现实的一种具体体现。第二，新闻属于组织性的产物，是致力于采集并传播新闻的专业组织经过一番加工处理得到的成果。传统新闻生产方式是指由媒体机构中的记者编辑进行的"以我为主"依靠"人力"的生产方式。在传统的媒体机构中，人工记者主要负责新闻采访和新闻写作，媒体机构则负责新闻生产的分发环节，采取人工编辑的方式进行编辑与出版。在这一过程中，技术只是一种应用工具，这种生产方式可以被比作"手工作坊"。专业的新闻理念、稳固的话语体系、闭合型的公众议程设置以及成熟的生产系统和运作机制使得传统媒体在新闻实践中形成了强大的内容生产力，并

进一步建构了媒介化社会。

新闻生产的第一个环节是发现新闻线索。主流媒体记者一般通过会议讨论的集中报选题方式来发现足够有新闻价值的选题与事件。新闻线索的来源一般有三种：第一种是来自发布新闻的党委或政府部门机关；第二种来自记者个人的发现、寻找和挖掘，或者由编辑部直接提供；第三种是由通讯员和受众提供的新闻线索。记者在选题之后将会考虑选题的价值以及可操作性，新闻价值、媒体组织机构、经济因素等会在其间对记者施加影响。新闻价值，顾名思义是指新闻事实中涵盖的社会需要，能有效调动社会上大部分人的共同兴趣。此处提及的共同兴趣，是指新闻应呈现公众普遍关注的事实，而非小部分人重视的事实。记者经过现场采访以及个人从业过程中的知识储备与经验积累得到许多新闻素材，新技术的形成与发展使人们的生活、工作变得更加便捷，但是也面临着一些困扰，对新闻记者也如此。新闻记者在挑选信息时，首先要对信息的重要性、正确性、新旧性、真假性及其是否具备新闻价值做出精准判定。在传统媒体的新闻报道环节中，生产程序上不仅有着严格的标准，而且不论纸媒、广播、电视新闻还是在内容聚合平台上，在新闻报道的所有环节中都严格遵循着传统新闻价值理念，即在事实的报道中摒弃个人观点的掺杂，将事实尽可能真实准确地陈述报道，避免一切故意歪曲事实或者个人情绪化宣泄。由于我国的传统媒体充当着党和国家"喉舌"的角色，在新闻发布后需要了解受众获悉后的反馈。传统媒体备受技术、机制等因素掣肘，不能构建良好运行的反馈机制，进而无法及时对受众的互动需求进行回应。

在智能化的新闻生产中，通过传感器与新闻（Sensors and Journalism）的应用结合，借助智能化算法分析技术，智能化的网络延伸到了以往人力难以触及的新空间，可代替记者预知话题热度、采集数据、分析数据、识别趋势和新闻故事等。人工智能技术不再仅仅是辅助生产的手段，人类和计算机之间的关系要比人类和其他机器之间的关系更为亲密，二者就像工厂流水线上的工人一样共同进行流水线生产。

在选题策划阶段，媒体机构从传感器中自动采集信息，把用户自发生产的内容（UGC）和以往媒体资源数据等数据化信息输入数据库中，通过数据分析，对新闻线索进行批量化筛选和发掘。根据量化评价指标在数据库中对选题进行进一步的筛选，人机协同把关提高了信息把关的效率。

在新闻采访阶段，社交机器人有可能成为一种新的采访方式，通过自动生成对话的方式与人类进行互动与沟通，并进行智能内容分发。当前，社交机器人已成为记者和编辑的新助手。在新闻写作阶段，机器新闻写作作为人工智能技术早期的形式之一，需要投入数据型、模式化等枯燥的、需要进行海量数据处理的新闻生产中，随着现代技术的发展，利用虚拟现实技术（Virtual Reality，VR）和增强现实技术（Augmented Reality，AR）的全景式新闻报道也逐步应用到新闻实践过程中。

在新闻分发阶段，基于用户的协同过滤等多种算法模型，依据用户的兴趣偏好做出定制化新闻资讯推送。在信息反馈阶段，通过大数据算法挖掘和处理用户的反馈，弥补传统媒体互动环节的缺失，不仅可以加强受众对媒体的监督力度，而且这些反馈数据也可以成为新闻内容的一部分。

二、传播模式之变：从“千人一报”走向场景匹配

传统意义上的新闻生产是在传媒业广泛应用移动互联网技术之前，主要指媒体机构通过自身的新闻采编系统采用人工采编并进行分发的方式。基于传统的新闻制作场景，在早期的电视时代，观众只有在接收新闻信息时才能感受到获取新闻的氛围。当时的人们缺少主动选择的机会，更不用说获得实时智能化的体验。这种单向度的传播在内容分发阶段显得尤为突出，新闻的选择、版面或栏目的设计、发布时间等都是由新闻采编人员决定的。在这种新闻生产方式下，“把关人”的角色由记者编辑个人以及媒介组织担当，报纸、电视等传统媒体行业在新闻的呈现方式上虽然较为全面，但样式上呈现出整齐统一的“千人一报”现象。

2019 年 2 月，中国互联网络信息中心（China Internet Network Information Center，CNNIC）对外发表的第 43 次《中国互联网络发展状况统计报告》指出：到 2018 年 12 月为止，我国网民数量达到了 8.29 亿，普及率为 59.6%。相较于 2017 年增加了 3.8 个百分点。我国手机网民数量达到了 8.17 亿，网民以手机为媒介接入互联网的占比为 98.6%。同时，在报告中，5G 技术、云计算、大数据等词汇首次出现。该报告指出，随着云计算、大数据等各项技术的发展及其广泛应用，在未来，媒体将通过提供多元化与个性化的服务同平台渠道与内容系统导入的用户实现对接。场景匹配指的是在进行媒介内容的分配与生产过程中对用户和内容之间存在的以场景数据为基础的供求关系进行精准地优化配置。人工智能技术影响下的智能化新闻生产需要更加理性地把握技术带来的

机遇与挑战，以更好地匹配智能场景时代的需求服务。

1. 传播主体变革：单一主体到共享主体

加拿大原创媒介理论家麦克卢汉曾指出，媒介是人的延伸。在这个意义上，他甚至认为人已经成为媒介的“伺服系统”，体现出了基于一种主体间性的认识立场而作出的对人和媒介互动关系的有力强调。高效智能传播系统的新闻的普及范围将逐步变大，在不久的将来，传播主体将从单一转变为共享。作为“人”的新闻工作者在生产流程中的主导地位将受到依据“人工模板＋自动化数据填充”原理指导下的智能化机器的冲击。但是，智能化机器最多只是辅助角色，人依然作为新闻生产的最终决策者。在共享成本降低、知识不断兼容的背景下，普通用户通过利用智能化新闻传播新工具拥有了创建新的共享生产结构的机会。

2. 传播内容变革：信息到产品

新闻媒介传播的信息内容经过加工包装后成为信息产品，传统的新闻侧重于将产品理念植入新闻内容中，浅层的产品思维依旧在传统的固有产品思维当中，无法将信息资源作为产品传播推送给用户。在人工智能技术加持下逐渐产生的制作信息产品的思维，将区别于以前单纯的传播新闻，智能化的新闻内容发生了实质性的改变，信息产品具有了产品思维。

内容生产的产品思维以及产品的生产过程都是完整的，其涵盖了产品由设计至生产、再到推广等一套产品运作流程。优质的产品思维更加重视用户体验，用户在内容信息的选择上有着极高的挑剔性，因此，信息产品除了应当做到主要内容的充实性之外，还要有其价值的实用性。简而言之，就是以人为本，便于使用。

3. 传播方式变革：固定模式到移动智能

事实上，场景时代已经将整个世界融合为一个整体，不仅仅是媒体融合，更重要的是信息资源与传播方式的融合。传统的传播模式是固定的且中规中矩的，然而在场景时代中，移动平台被引入新闻领域，互联网如同一个人的大脑，将各个国家的信息资源引入并推送至用户。移动平台则是将用户主体作为信息的生产者与传播者，完成了“实用介质”的功能，这对我国新闻传播领域而言有着重要的影响力。不同于传统的媒介传播方式，移动智能化传播能够根据用户需求与爱好，定制满足用户个性化需求的板块，利用大数据挖掘与分析技术，创造新闻的价值。

4. 传播对象变革：被动随机到主动精准

凭借着自身的强大动能，人工智能技术催生了一条贯通从用户画像到个性化推荐和智能场景分发的自动化、精致化和高效化的生产链条。在场景时代，受众特点突出，个性化需求十分强烈。在数据至上的年代，传播对象从被动接受新闻转变到主动精准地挖掘信息产品。在迅猛的互联网竞争当中，谁能够抓住用户的眼球，将新闻更加高效地推送出去，谁就能占领市场媒介传播的主场地。在技术的催生下，信息选择的焦虑和“人性化”的用户主体地位盛行，依据用户的兴趣偏好做出的算法型推送成为用户资讯消费的首选。然而，这也带来了一些争议。在媒介语境下，关于“回声室效应”和“信息茧房效应”等加大社群之间的区隔和群体极化的风险，以及使用户陷入“过滤泡”困境的担忧不绝于耳。美国哈佛大学法学院教授桑斯坦在《信息乌托邦：众人如何生产知识》中指出，“信息茧房效应”指的是在信息传播过程中，由于公众的信息需求仅仅重视个人选定的事物，时间一长便使自身受到禁锢，犹如“蚕茧”被禁锢于“茧房”内。同时，算法目前不能在城市选择之外的更为细分的物理场景中完成信息的匹配，所以也还不能完全正确的获取人们所需要的场景信息。

参考文献

[1] 中国互联网络信息中心（CNNIC）. 中国互联网络发展状况统计报告[R]. 2019.

[2] 胡正荣. 智能化：未来媒体的发展方向[J]. 现代传播（中国传媒大学学报），2017（6）.

[3]［美］桑斯坦. 信息乌托邦：众人如何生产知识[M]. 毕竟悦，译. 北京：法律出版社，2008.

试论电视媒体式微之因与复兴之路

贾涛　袁菲

摘要： 当前，新媒体相较于传统电视媒体具有信息传递快、更新迅速快等优势。如何实现电视媒体的复兴，是传统新闻媒体人面临的重要问题。本文所要探讨的既然是电视媒体复兴的话题，就是做馒头的如何设法提升完善技术，把馒头做得更好吃，甚或做点烧饼也可以。

关键词： 传统媒体；新媒体；复兴

作为一个电视媒体的从业者，晚饭后从窗台上“打探”对面楼上人家看电视的情况，笔者在这段日子以来“打探”到的情况是：全家老少坐在客厅里集体收看电视节目的是越来越少了；有些年轻人的客厅里甚至就没电视机。统计数据显示，2016 年，电视的开机率是 70%；到 2019 年，这个数字已经断崖式下跌到了 30%；就算 2020 年受新冠肺炎疫情的影响，智能大屏电视的开机率、开机时长有了大幅提升，但电视机的零售量依然在下跌；到 2021 年，尽管开机率依旧还维持着，但是电视节目对人们的吸引力逐年下降已是人所共知的事实。就算有的家庭的电视机屏幕是亮着的，那也是一边开着电视，一边拿着手机看短视频，偶尔才有一些家庭讨论。

有人说，接收终端改了，受众抛弃了电视机。作为一个传统电视媒体人，我们又该说些什么呢？首要的一点是，电视节目收看的快感确实是降低了。降低的原因大致有三个方面：

一是传统电视节目的信息传递速度慢于新媒体。作为电视“三驾马车”之一的新闻，其突出的优势原本就是时效性，但是就当前形势来看，这驾马车相较于新媒体慢了些，传统电视媒体受限于行业运作烦琐、制作周期漫长、播报时长固定，一起采制的信息往往是由新媒体率先发布。这就无可奈何地把新闻的“最快时效”让给了到达现场，甚或得到信息后立马就可以播发的新媒体。就简单的一个新闻事件而言，新闻标题是足以承载主要信息的。既然一个新闻标题就可以获得主要的信息，受众就更多地愿意从手机自主推送中获取信息。既然在手机上就可以轻而易举地获得最新的信息，那么受众是否还会坚持打开电视机，耐心等待电视新闻的播出呢？这样来看，新媒体明显占得了先机。

二是电视媒体的信息更新慢。采制回来费上一番功夫编好、审好、排上了播出线，等到终于播出了，新闻事件又有了新进展，电视媒体所播出的“新闻”已经成“旧闻”。就算有的电视媒体想方设法地去补救，通过在直播时采取口播、图片甚或视频片段的方式去完善，终究还是不如新媒体的叠加式推送速度和海量信息的堆积。以多胜少，以全面胜单一，新媒体明显占得了上风。

总结上面这两点，笔者倒是觉得电视媒体完全可以不在快速和密集上与新媒体争短长，因为从技术手段上确实难以实现。电视媒体比之新媒体优势的是深度与内涵，包括最终新闻事件的剖析与观点的引导和发声。电视媒体应该“弃快求厚”，发挥媒体的公信力与专业性，做出可以让观众回味与珍藏的节目。

三是要归结于包括电视新闻在内的众多节目制作的粗糙。有电视媒体人表示，原先一心一意用心制作精品节目的同事们，现在似乎都陷入了一种莫名其妙的尴尬——用心制作的精品节目也没多少受众观看。在传统媒体向全媒体转型的进程中又出现了一个问题，新建的媒体岗位享受着比传统媒体更多的红利。新建的新媒体工作者存在缺乏高尚的新闻理想情操的情况，节目质量一天天地变粗糙，节目品质也日渐下降。崇高的新闻理想，需要有坚定的初心；坚定的初心，需要有坚强的后盾；坚强的后盾，需要有合理的支撑；合理的支撑，需要有合理的变现。

电视媒体“三驾马车”中的另外“两驾马车”是综艺节目和电视剧。当前，电视媒体从业者素质的下降成为不可忽视的问题。“内容为王”是所有媒体的根本。时效性、娱乐性和可信性缩水了，受众远离就是不言自喻了。这和做人一样，必须得老老实实、实实在在，来不得半点的虚伪与欺诈。客观地说，有些传统媒体还是走在“老实、实在”的道路上，并且这“实在”中还带着点“小调皮”，这“老实”里还藏着些“小玩闹”，同样赢得受众的喜爱。比如，凤凰网曾转发的一条标题是《这个派出所有条标语叫“什么也不说”》的新闻。这一标题乍看上去就让人疑惑——“什么也不说”？那怎么审问嫌疑人？带着这样的好奇去阅读文章，一路读去，却是描写形象、文字细腻、内容惊喜、感人至深；

读到最后，便是“包袱”抖开的时候，交代了标题中“什么也不说”其实是一副对联的上联，下联则是“祖国知道我”。小悬疑引来了大兴趣，小切口写出了大新闻，大新闻带出了大主题。

要想实现电视媒体的复兴，新闻做得鲜活是必须的，综艺节目再度热闹也是应该的。比较典型的案例就是近年来河南电视台举办的晚会，可谓是惊艳了中国甚至全世界，使河南卫视成功“出圈”。有专家分析和总结了三个原因：

一是创意新。《端午奇妙游》的创作团队首创了“网剧＋网综”的节目样态，整台节目以网剧的形式呈现，由四个“唐小妹”在端午节这天的行踪拉出四条平行中有交错的故事线，再引出七个综艺节目，以网综、漫画、追剧、水下舞等多种形式，共同讲述《唐宫夜宴》的前传故事。各节目既有关联，又相互独立，故事性强，趣味盎然。各个节目令人耳目一新，创意层出不穷，尤其开场的水下舞蹈《洛神水赋》（原名《祈》）惊艳观众。节目将传统与时尚进行了完美的融合，适应了当代年轻人跳跃性强的思维特点和追求新奇的审美口味，受到追捧也在情理之中。

二是形式美。艺术直接作用于观众的是其外在形式。唯有美的形式才能征服观众的感官，进而打动其内心。河南卫视的舞蹈《洛神水赋》中，衣袂飘飞的洛神翩跹起舞，或沉潜或飞升，或柔婉或刚劲，碧波荡漾之中，曹植笔下“仿佛兮若轻云之蔽月，飘飘兮若流风之回雪”的神女宛若重生。民乐演奏《兰陵王入阵曲》以粗犷雄浑的鼓声与慷慨悲凉的琵琶声相互和鸣，抒发驰骋沙场的英雄豪情与思亲念远的人伦亲情，刚柔并济，震动着观众的耳膜，也触动了观众的情肠。舞蹈节目《丽人行》则从屏风上的一幅幅仕女图中幻化出一群盛装的唐朝女子，她们奇丽的妆容、曼妙的舞姿，配上由虚拟现实技术模拟的富丽宫室，重现了来自大唐的“中国式性感”和盛世风华。

三是底蕴深。中国传统节日承载着深厚的文化内涵，过节不仅意味着团聚、旅游和休整身心，也意味着重温久远的传统，追寻文化的根脉。《端午奇妙游》就是根植于传统文化之中。首先，这个故事的时间被设定为端午节，观众跟随“唐小妹”的脚步，领略了绵延千年的端午习俗和风情。《龙舟祭》中气势磅礴的男性群舞，融合杂技、武术和击鼓，描绘了龙舟祭祀的肃穆和龙舟竞渡的热烈，表达了对屈原的追思和传承华夏文明的期望。挂艾叶、佩香囊、吃粽子等习俗，装点着“唐小妹”游览街市的画面。其次，借助四位“唐小妹”不同的身份设定和游历行程，多种中华传统文化在历史长廊中一一呈现。《医圣传人》

节目传播中医文化；《丽人行》是对李白《清平调》的视觉再现；《唐印》中的舞者化身木偶，惟妙惟肖地演绎了傀儡戏的机巧与精妙；《兰陵王入阵曲》以琵琶与大鼓奏出唐代歌舞戏的遗响，追溯中日文化交流的历史，又以白居易的诗来烘托主人公“我有所念人，隔在远远乡”的思念与忧伤；《洛神水赋》中的河神宓妃历来是文人墨客的灵感来源和情感寄托。如此等等，不一而足。

总结起来，传统电视综艺节目不是火不了，而是看我们这些从业者们有没有实力让其火起来；传统电视综艺节目不是火不了，而是我们这些从业者们有没有决心让其火。我们的综艺节目想“出圈”，就要创作出足以满足当代观众审美需求的作品，并且还要表现出继承和发扬中华传统文化的敬意。立足本土、紧跟时代、继承传统，保存中华民族的文化记忆和情感记忆，应当成为我们电视综艺节目创作的风向和复兴的方向。

电视媒体弱于新媒体的还有一点在于互动性。没有及时地互动，就不能与受众及时地沟通；没有及时地沟通，就没有黏性；没有持久的黏性，就很难有忠实的受众。新华社作为“中国最有影响力网站”，对于公众关注的争议话题进行积极评论，表明了媒体的态度，打消了人们的质疑，明辨了是非，确立了方向。试问这样的媒体，受众岂能不唯其马首是瞻乎？

找到了因也就找到了果；找到了路也就找到了方向。人生的道理是这样，媒体发展的道理也这样。万物同此一理。我们不要轻率地用大屏小屏去为大屏的受众远离而找借口，因为可以类比的家庭式收看的电视机与群体性收看的电影院，就是明显的例证。电视机刚出现的时候，人们从电影院回归客厅，就像现在的人们远离电视机而青睐于手机。然而，现在的人们又纷纷走进了影院，这其中的原因就是电影质量提升了，观众觉得花钱花得值。可见，当前优秀的影视作品之所以成功，根本的还是其内容能触发受众的“共情”，让受众对媒介作品产生了感谢、感恩和依赖，从而心甘情愿地为它说好、为它掏钱、为它去流泪。试想想，如果我们的电视节目内容生产在产品的质量上精品化，在传达的情感上共鸣化，在与受众的互动上贴近化，那么离电视媒体的复兴还远吗？

当然了，我们渴望电视媒体的复兴，也绝不是要断了新媒体的路，有活力的媒体自有其辉煌的道路可以走。传统媒体复兴需要的是自励；新兴媒体保持辉煌需要的是自信，这是千古不变的道理；新的会变成旧的，旧的也可能轮回成新的，这也是真真切切的哲理。

城市台新闻创优如何破“圈”出新

——一篇获奖作品引发的思考

王磊　段文红

摘　要： 在新闻作品的创作和各级奖项的评比中，城市台的竞争对手既有中央级媒体也有省级媒体，还有大量的市县级媒体。在媒体融合的当下，新媒体也成为其中一支不可忽视的竞争力量。在众多媒体同台竞技中，城市台的新闻创作究竟应该如何打破地域和传播范围限制的“圈”，提升自身的竞争力，这是城市台新闻从业者需要破解和回答的一个问题。

关键词： 城市台新闻；创优；四力；路径

济南广播电视台创作的电视消息《“棉花姑娘”们收获新喜悦》先后获得了2018年度山东新闻奖一等奖、中国新闻奖二等奖，得到了业界的肯定。笔者作为这个作品的主创人员，在具体工作中参与了这个作品的策划、采访、编辑制作、播出的全过程，经历了所有的变化和调整。在梳理整个作品的创作过程中，笔者有了更多有关新闻创作出优出新的理性思考。

一、作品的创作过程和感悟

1. 扑下身子才会有新发现

2018年，济南广播电视台组织骨干力量策划实施了庆祝改革开放40周年系列主题报道，先后有多支采访团队走进社区、乡村，采访基层最鲜活的人和事，反映国家社会的巨大变迁和进步。正是在深入基层的过程中，我们接触到了“棉花姑娘”这个群体。

众所周知，山东章丘最具地域特色的农产品是大葱，也正是在章丘龙山街道的大葱地里采访时，我们从村民口中听到了“棉花姑娘”们的故事。“棉花姑娘”是章丘龙山街道黄桑院村的一个普通的农民群体，成员有13人。“棉花姑娘”这个称呼源于1979年12月《人民日报》的一篇报道《棉花姑娘的喜悦》，报道的是她们在改革开放初期大胆尝试、勇于冲破思想束缚、最终获得棉花丰收的事迹。

在走基层之前，我们也进行了历史材料的收集。改革开放40年来的济南的人物和事迹有很多，“棉花姑娘”的故事却少见诸案头，我们的主创团队年龄最大的也不超过40岁，而“棉花姑娘”最主要的事迹发生在39年前。如果单靠现成的材料和主创团队的个人阅历，我们很难知道她们的故事，也许这个群体的故事就不会出现在我们的报道里。我们也深切体会到：新闻工作者只有深入基层、扑下身子、脚踏实地地采访，才会获得新的认知、新的发现。

2. 居高决断才会有新立意

当我们真正见到当年的“棉花姑娘”的时候，迎面走来的是一个个笑意盈盈的“棉花奶奶”。如今，她们都是再普通不过的农村妇女，时过境迁，在她们谈话中，当年的事迹也不过是一次普通的农活。但在与她们的沟通中，我们从她们身上看到了这些普通人身上的大时代。

当时，中共十一届三中全会刚刚召开不久，农村旧有的大集体生产模式没有完全被打破，公社、大队、生产队“三级所有”的制度依然牢固，农民按天记工分，干多干少一个样，干好干坏一个样。1979年，为了提高棉花产量，当时的章丘黄桑院大队与13位年轻姑娘签订了“五定一奖”合同，责任到人，多劳多得，这大大激发了姑娘们的积极性。到了收获时节，她们超额完成了生产任务，在上级党委的支持下，冲破重重阻碍，拿到了人均100元的现金奖励，尝到了思想解放的甜头。《人民日报》对她们事迹的报道成为中共十一届三中全会后，中国农村分配政策改革兑现的最早的图片报道，“棉花姑娘”也成为当时农村改革的先锋人物。

当然，这些都已经是过去，也都已经是历史，更让我们感兴趣的是在这之后她们的生活，在之后39年间她们命运的变化和转折。谈起如今的生活，挂在她们嘴上的最多的就是“知足”二字。如今，这13个人大多数依然生活在农村，但是，她们的生产生活早已发生了翻天覆地的变化，实行家庭联产承包责任制、取消农业税、农业补贴、土地流转、乡村振兴等政策的施行，她们都是亲历者和受益者。这39年里，她们和全国的亿万农民一样享受着一项项农村改革政策发展带来的实惠，幸福感、获得感也不断提升。现如今，含饴弄孙、生活富足的她们正享受着新的喜悦，“棉花姑娘”的故事正是改革开放以来波澜壮阔的大时代的缩影。

基于以上认识，源于对这些“小人物”的关注，使得我们的作品有血有肉，更让我们从普通人的视角，用鲜活的事实生动诠释了大时代的变革，增加了作品的“政治厚度”。

3. 选好落点才会有新笔触

在多次的深入交流中，我们了解到，尽管生活日渐富足，但是近40年间，这些朴实热情的“棉花姑娘”中的大多数人一生都在生养她们的土地上耕耘，很少离开济南，更不知道自己当年的照片入选了在北京举办的“伟大的变革——庆祝改革开放40周年大型展览”，成为改革开放40年来的经典历史瞬间。当我们把这个消息告诉她们的时候，我们看到了从她们眼睛里流淌出来的喜悦。

2018年12月下旬，我们跟拍了两位“棉花姑娘”——李爱荣和李爱进京参观展览的过程，记录下了两人穿越40年时空与《棉花姑娘的喜悦》照片作者李锦的邂逅，分享了她们在国家博物馆收获的多重喜悦。这份喜悦和初见她们时的笑意盈盈，还有当年《人民日报》照片里的喜悦是那么相似，都是发自心底的、最纯粹的情感。与39年前相比，如今的“棉花姑娘”的喜悦的内涵更为丰厚，有重逢的喜悦，更多的则是荣誉感、获得感和幸福感。我们讲好“棉花姑娘”这个故事的由头和这个作品的最终落点，都在这一天找到了。

至此，这个在田间地头了解到的选题线索一步步在了解中深入，一步步在拍摄采访中圆满。

在送评之后，这个作品也得到了各级专家的肯定。第二十九届中国新闻奖评委评价说：作品立意高，时空跨度大，主题鲜明，生动感人，短短4分钟，不仅折射出了“棉花姑娘”们的喜悦、中国农民的喜悦，也让观众真切感受到了39年前穿越时空的喜悦，新闻作品由点及面，从远及今，纵横捭阖，收放自如，穿越时空的展示不仅加强了电视的历史纵深感和时代厚重感，生动的画面也增强了说服力和感染力。

二、城市台新闻创优破“圈”出新的路径

《“棉花姑娘”们收获新喜悦》作为城市台的新闻作品，在各级新闻奖项的评比尤其是在中国新闻奖这一全国最高等级的新闻同行竞技平台上有所斩获，其含金量是毋庸置疑的。这其中体现出的新闻创作方法，笔者认为有如下四点：

1. 挖掘独特性的新闻资源

城市台在独特性、唯一性上做文章，不失为明智之举。独特的资源是别人拿不走的优势，关键是这个资源怎么用。自然优势要变为报道优势，不能年复一年地吃老本，需要我们去再开掘、再发现、再提升和再创新，不断赋予旧资源以新内涵，这样才能保持独特资源的可持续利用。

2. 把“近”的优势发挥到极致

城市台相比于中央媒体而言离基层更近，离一线更近，离群众更近。这是城市台最大的优势，是别人拿不走的优势。这样的优势至少体现在三个方面：反映的都是身边人、身边事，老百姓看了特别亲切；提供的都是最实在、最实用的服务，老百姓感到特别贴心；讲的都是土话方言，老百姓听得懂、喜欢听、听得进。

3. 立足大格局，做足小文章

作为城市台，在地域资源和传播范围上受到限制，从客观上讲，很多的新闻题材都被限定在一个“圈”里，客观的条件难以改变，但从主观上可以做努力，在新闻创作思维上实现破“圈”出新。有专家曾总结道：要做到“站在天安门上想问题，在田间地头找感觉”。也就是说，要想出好作品，城市台新闻工作者要突破自己的地域限制的“圈”，更要突破思维眼界的“圈”，政治站位要高，立足大格局，在这个基础上，把小故事讲好，小人物刻画好，才是大文章。

4. 要有沙里淘金的眼界

我们平时面对最多的还是面广量大的常态新闻。面对常态新闻，是独具慧眼、见人之所未见，还是人云亦云、捡到篮子里就是菜？这考验的是记者的发现力。同样的新闻，我们如何写出自己不同的发现，这对于我们的发现力是一大考验。要对“新”保持足够的敏感度，就不能满足于对显性新闻的追逐，而要能够对那些“人人眼中有，个个心中无”的事件、现象、人物和观点等去芜存菁、去粗取精，见人之所未见，发现亮点，挖出新意。

三、增强“四力”，新闻创优破“圈”的根本之策

《“棉花姑娘”们收获新喜悦》作品之所以能斩获高等级奖项，实现破“圈”出新，从根本而言，它体现的是主创团队新闻专业功底。从更高的层面来说，城市台新闻要想破“圈”出新，在激烈的竞争中赢得一席之地，最终靠的还是新闻

工作者的基本功，也就是提升“四力”的能力。城市台新闻工作者如何提升“四力”呢？结合这个作品的创作，笔者现在回过头来总结，主要有如下启示和思考：

1. 磨炼勤快的“脚力”——挽起裤脚跑新闻

“脚力”是新闻报道的根基所在和力量之源。“纸上得来终觉浅，绝知此事要躬行。”练好“脚力”是做好新闻的关键。不管走多远的路，也要到现场、去点上看一看、摸一摸，多一点对新闻事实的亲身感知和直接体验。只有深入基层、深入实际、深入生活、深入群众、深入第一现场，把人民群众当作最好的老师，扑下身、沉下心，深挖基层实践的源头活水，才能创作出更多“沾泥土”“带露珠”“冒热气”的新闻作品。

2. 淬炼敏锐的“眼力”——练就慧眼看新闻

“眼力”是新闻工作者观察和判断事物能力水平的具体体现。生活为新闻工作者提供了种种契机，关键是需要记者像一个小孩子一样有一颗好奇心，练就一个思想丰富的头脑和一双敏锐的慧眼。这个作品采访信息的过程，是核心价值认识的过程，是不断沙里淘金的过程，是从海量的信息里抓到最关键的信息的过程，同时又是适合电视新闻声画表现的信息获取过程。那么，这些关键点的抓取就离不开开阔的眼界。新闻工作者要想在采访中及时抓住“活鱼”，就是要多一些好奇心，多一点新鲜感，多一点敏感度，还得要有一种“打破砂锅问到底”的劲头，不然就是遇到“活鱼”也会左耳听、右耳出，一条有价值的新闻可能就在你的面前溜走。

3. 熔炼善思的“脑力”——勤思善学做新闻

“脑力”是新闻工作的核心和关键，也是思想先导和“总指挥”。练就善思的“脑力”，就是要牢固树立马克思主义新闻观，坚持党性原则，坚持新闻真实性，坚持正确的舆论导向，传播正能量，弘扬主旋律，自觉运用马克思主义立场、观点、方法认识和分析问题，练就透过现象看本质、明辨是非的本领。同时，要注重理论研究，加强业务学习，善于发现问题、思考问题、回答问题，进一步拓展思维深度，提升思想高度，延伸思维广度，从而让脑子动起来、学起来、活起来。

4. 精炼独特的“笔力”——巧选角度做新闻

“笔力”是新闻工作者的基本功和看家本领，也是对新闻工作者“脚力”“眼力”和“脑力”的总结和成果展现。练好笔力，就是要认真学习中央、省市、地方的政策方针，科学把握、自觉遵循新闻传播规律，善于把握“时度效”。同时，要创新话语方式，舍弃“高大空”的惯性思维，善于寻找微视角，通过温度和情感建立与受众的深度链接，不断增强新闻作品的精准度、亲和力和思想性，写出充满泥土气息、汗水味道的新闻作品，让广大群众愿意看、看得进。

总之，作为城市台新闻工作者，走进基层采访调研是基本功。唯有扑下身子深入一线，不断增强“四力”，才会涨新知，有新发现；唯有新闻创作思维实现破“圈”，于微观处洞察时代，作品才有思想、有温度、有品质。也唯有如此，才能守好新闻工作者的初心，更好地完成使命担当。

谈谈如何办好省会城市电视台新闻节目

冯磊　苏君

摘要：报纸、广播、电视、网络被称“四大传媒”。近几年，虽然网络发展迅猛，但电视仍然处于第一媒体的地位，被称为“电视三驾马车”之一的电视新闻节目在这其中发挥着尤为重要的作用。省会电视台如何顺应时代要求办好电视新闻节目呢？本文从媒体融合、联动采访等角度进行了探讨。

关键词：省会电视台；“三贴近”；新闻联动；媒体融合

要办好省会城市电视台的新闻节目，必须顺应时代要求，按照“三贴近”原则，坚持以人为本，加大改革力度，努力提高新闻节目的吸引力和影响力。

一、要提高时效性，满足观众在第一时间了解新闻的需求

省会城市台的本地新闻节目一般安排在晚上播出，相对当地日报来说，电视新闻节目具有时效性的优势。因此，本地电视新闻节目首先要在时效性上下功夫，力争做到当日新闻当日播发。如果本地广大观众能够在当晚的电视新闻中看到发生的重大事件、重要活动，一定会在观众中树立良好的形象，并使广大群众产生了要了解当地新闻，就首选电视新闻的印象。

二、要精心编排，实现节目内部的和谐统一

新闻编排不是单条新闻的简单堆砌，而是有主旨、有重点、有主题，体现着编辑的思想。整组新闻节目编排越合理，内容越丰富，形式越多样，受众的收视意愿越高。因此，要最大限度地减少各新闻之间的价值冲突，避免配置不当导致传播效果上的相互干扰。例如，在节日喜庆的气氛里，灾难、讣告之类的新闻就与整个社会氛围及心理需求不相符，这时就应当作适当调整。同样，

围绕一条重大新闻，应当编发相关的深度或背景报道，对这一重大事件加以解释、说明，这样才符合受众对事件深入了解的心理需求，从而实现新闻整体上的和谐统一，满足观众的观看需求。

三、要把握需求，改进地方时政新闻报道

时政报道是地方电视新闻的重头戏。因此，下大力气改进时政报道对提高本地新闻节目的吸引力和影响力具有重要意义。

1. 改进时政报道

首先要了解受众需求，按照“三贴近”要求，从老百姓关心的角度进行报道，真正提供群众想了解和关注的信息，吸引他们的注意力。要善于选取群众关心的、地方出台的新政策和做法加以报道。

2. 要突出电视特质，增加现场感

电视是声画结合的艺术，因此，要尽量发挥这一特质，增强新闻的现场感。具体来讲，可以适当运用同期声、记者现场报道或带同期声的长镜头。

3. 要力求形象，精心制作电视新闻节目

在电视新闻中，声画“两张皮”的现象并不少见。说到粮食丰收就是麦浪滚滚，说到工业生产就是铁水奔流。这种声画“两张皮”的问题直接影响了电视新闻的传播效果，导致了收视率的下降。

要改变这种状况，就要以人为本，力求形象，精心制作。一是制作人员要仔细查看素材，认真阅读稿件，做到声画统一。二是要运用多种手段，使画面构图更具多样性，提高新闻的可看性。

传播学的研究表明，阅读文字能记住 10％，单纯收听能记住 20％，观看图画能记住 30％，边听边看能记住 50％。由此可见，屏幕文字可以强化记忆，是观众更易于接受抽象的、内容多的、难度高的新闻内容。在电视新闻制作中，除了实质性的画面外，可以适当地运用人物照片和图表等形式丰富画面，调节画面的节奏。例如，当我们介绍新当选的人物时，就应当选用此人的照片；当我们要反映工农业成就时，就可以制作柱状图、饼状图等图表进行前后对比。这样，可以让观众更形象地记住抽象枯燥的数字。当然，还可以绘制漫画等，使新闻更具可看性和趣味性。

四、要加强互动，实现媒体联动与融合

随着媒体竞争的日趋激烈，电视节目近年来也纷纷开设了读报栏目。同时，

报纸也在借用电视画面要素来处理图片，营造吸引读者的封面效应，甚至出现了新闻链接这种原产于互联网上的报道方式，产生了如“新闻连续剧”这一类新的写作体裁。微信软件早与互联网数据绑在一起，报纸、广播电视与网络媒体、手机的互动也已是不争的事实；传统媒体与电子媒体、杂志与广播电视等不同媒体形态间的互动已经呈现出越来越明显的发展态势。从影响程度来看，电视与报纸的联动与融合尤其受到关注。

实际上，当前各媒体已在资源共享、节目互动等方面开展了广泛的合作，为传媒的发展构筑了更大的平台，提供了更为广阔的空间。电视与手机、报纸的联动已经成为大趋势，从实践到理论都有不少探索的空间。电视台就某一重大新闻事件的联合采访，同期播出或相互供稿，互通有无，开设“新闻联动”栏目，从广播到报刊，全都成为“新闻联动”捕捉的信息对象。从理论上说，“新闻联动”实现了优势互补、资源共享，促成了立体报道的舆论合力，使得联动越来越成为新闻媒体激烈竞争的产物。

在当今社会中，想要得到真正的独家而又重大的报道已是“难于上青天”。在各个媒体共同追求信息的过程中，这种媒体联动不是简单的组合和拼装，而是一种建立在双方较为长期稳固的合作关系上的一种互补，是一种相互促进的协同作战的关系，这就需要引入组织与策划。报纸和电视台的联动除了在表现形式上互相借鉴外，还包括如何互相提供新闻线索，联合采访，充分利用双方的新闻资源，充分发挥各自媒体的传播优势，以达到最佳的宣传效果。

报纸和电视的结合，有利于双方争取更多的潜在受众。将潜在受众转变为实在受众，既是提高传媒效果的需要，也是拓展传媒市场，提高社会效益和经济效益的需要。报纸和电视要充分利用各自的传播优势进行立体报道，形成舆论合力，这是媒体联动的主要目标。在报纸和电视的联动报道中，电视将利用栩栩如生的动感画面和快捷性的长处，使观众尽快得到初步的、鲜明的、直观的感性认识；报纸则克服电视瞬间性的缺陷，能够提供反复阅读，具有稳定性的文字报道和犀利评论的特点，引导读者深入思考。

媒体联动既发挥了各自的特长，又做到交叉互补，弥补了各自的不足和局限性，从而扩大了传播的深度和广度，形成立体报道的舆论合力。在媒体融合中，面对激烈的竞争环境，各个媒体都在学习其他媒体的优点，以弥补自身的不足，从而提升自身的竞争优势。一些专家学者甚至站在更高的层面提出：媒体融合将成为报纸和电视媒体生存发展的必由之路。

事实上，媒体融合在世界范围内流行已久。资源由多个载体共享，为核心内容打造不同的载体模式，发挥集约效应，从而达到节约成本，科学运营的目的。这不仅指一个传媒公司同时拥有几种媒体，还是指在这几种媒体间，新闻的来源与撰写，即新闻资源都是共享的，这不仅能最大限度地做最好的新闻，还能最大限度地占领受众市场和广告市场。美国的媒体融合是从 20 世纪 90 年代中期开始出现的，其目的是将单个传媒所拥有的有限新闻资源进行整合，达到在系统内部全面信息共享，使报纸更及时、电视更深入、网络更有特色。

媒体融合不但比新闻联动更具发展前景，较之非媒体融合的传媒也拥有更大的优势。以电视和报纸的融合为例，融合后的电视和报纸每天都会为对方做“广告”，告诉受众他们还能从哪里了解到更多的信息。这种互相推荐的市场效应是非媒体融合的传媒无法比拟的。

另外，对于广告经营而言，媒体的融合能带来更多的经济效益和社会效益。在广告方面，报纸、电视的联手可以给广告客户提供范围更宽、受众面更广的选择。融合媒体还可以推出“广告套餐”，广告商如果愿意在这两种媒体上同时打广告，那么自然会有一些优惠，这就使其能够更好地适应媒体融合的趋势。对于不同媒体之间的融合，学者们早有研究，他们从中都看到了这种媒体之间交叉传播与整合互动可能带来“双赢”或“多赢”的局面，为媒体在竞争的同时找到了同舟共济的良好形式。但需要指出的是，媒体融合不是合并，各个媒体仍然保持各自的独立，生产各自的“产品”，各自决定新闻的做法，为自己的“产品”负责，创造自己的品牌。

略论电台新闻聊天节目的执行与创新

马鸣

摘　要：新闻聊天节目是指以某个新闻的背景新闻和延伸新闻为主要内容，以主持人脱口秀为主要形式，以新媒体互动为补充的电台谈话节目。本文围绕新闻聊天节目的选题、内容、主持人素养、节目互动等方面，探讨如何创新电台新闻聊天节目。

关键词：新闻聊天节目；把关；内容为“王”互动

在自媒体和短视频流行的今天，电台新闻专题节目越来越多地以聊天形式出现。在实践中，各地电台节目部门和主持人纷纷立足自身听众市场，推陈出新，创造出各种形式的新闻聊天节目。下面笔者以济南广播电视台电台经济广播（以下简称济南经济广播）《听说很好看》《边走边聊》节目为例，简要归纳总结一些经验和教训。

本文所说的新闻聊天节目是指以某个新闻的背景新闻和延伸新闻为主要内容，以主持人脱口秀为主要形式，以新媒体互动为补充的电台谈话节目。电台新闻专题节目可以追溯到以前的新闻专题节目，一方面向听众介绍新闻，另一方面是对新闻背景进行深入介绍，同时也给听众参与新闻、发表观点、疏通情绪的机会。新闻聊天节目的本质上是新闻类节目，同时又是新闻节目的有力补充，也是形成一个电台频率新闻版块的重要组成部分。

一、形成新闻节目的总体合力

设置新闻聊天节目是新闻节目的必然延伸，是满足听众对新闻进一步了解并且参与的必然要求。以济南经济广播的早新闻版块为例，根据对早间听众的行为调查，听众（尤其是北方听众）早间需要对新闻有一个全面的了解。因此，早间新闻版块有一个整体的设计：6:30转播中央台的《新闻和报纸摘要》节目，让听众对国内外大事有一个总体的了解；7:00—8:00的《经广新闻网846传真》节目主要介绍国内外经济新闻、本地新闻和舆论监督；8:00—9:00的《听说很好看》为新闻聊天节目，其内容是将从各大网站搜集热点新闻及其背景，用聊天的形式介绍给听众。在8:00—9:00这个时段，听众大部分在路上，以使用车载或者手机收听为主，聊天的形式正好适合当前的生活情境。这样就形成了一个比较完整的早间新闻大版块，兼顾时政要闻、财经新闻、本地新闻、评论、舆论监督和互动等，可以让听众比较全面地了解最新的新闻资讯。

由于受节目总体框架设计的限制，综观各地电台的新闻聊天节目，其播出时间大多安排在常规新闻节目之后，同时是上下班时间。只有部分电台会设置在下午休闲时段或者晚间时段，这导致某一时段出现多个台的新闻聊天节目在同一时间段竞争的格局。

二、严把政治关

首先，新闻聊天节目的本质还是新闻节目，又因为其内容多来自网络，因此政治把关非常重要。其次，这里说的严把政治关，还包括严选主持人。因为聊天形式对主持人的要求特别高，除了能做到博学多闻、能言善辩，还需要具有较高的政治素质来引导听众。只有这两点把控到位，才能达到新闻聊天节目的目的，传播正能量，引导主流舆论。

因此，各台都很重视对节目主持人的政治培训，每周例会组织进行学习，有关的最新宣传纪律也要首先通知他们。

三、把好审稿关

鉴于目前地方台的具体情况，新闻背景和一些热闻的深层次报道内容大多来自网络，因此需要进行甄别。主持人的阅历不同、知识储备量不同，就会造成对新闻热点筛选标准的不同，稍有不慎就有可能犯错误。

济南经济广播严格执行三级审稿制度，由当班主持人编辑稿件之后，还要经过节目制作人和值班主任进行审稿，节目内容才可以播出。由此做到最大限度地减少差错，保证节目内容的真实性。

四、练好基本功

新闻聊天节目对主持人的要求很高，除了具备敏锐的政治判断力，还要有机敏的口才、渊博的知识积累。因此，各台都选用比较成熟的主持人来担任新闻聊天节目的节目制作人和主要主持人。为了增加节目的活力，又加入比较年轻的主持人。像济南经济广播下午的新闻聊天节目《边走边聊》由一名台龄 20 多年的主持人担任节目制作人，甚至安排一名部门副主任担任主持人，另外还搭配其他几名相对年轻的主持人共同主持。

对新闻聊天节目的主持人而言，节目背后的功力至关重要。他们需要每天关注大量的新闻背景，同时要尽可能地增加自己的知识储备。在节目之外，还要练习播音基本功，参加业务培训和宣传纪律培训。

五、内容为“王”

新闻聊天节目之所以被听众所热捧，在于它的内容不再是单一枯燥的短消息，而是大大满足了听众的收听欲望。比如，济南经济广播的《边走边聊》节目就是每天从“微博热搜”“今日头条热榜”“百度贴吧热榜”等热闻中筛选出来 6 条热点新闻进行评论，其优势在于新、热、全。网络上的热榜和热搜保证了这些新闻的热点和关注度，每天不同的排榜保证了它的新鲜感，而网络链接又给予了它近乎无穷的全方位资讯。当这些全民关注的热点问题通过主持人的演绎在电台播出时，其内容自然更容易引起听众的兴趣。

六、搞好新媒体节目互动

出于播出安全考虑，新闻聊天节目的互动基本都是通过网络进行的，而不是通过热线电话进行，这样，主持人可以有效掌控播出的互动内容。济南经济广播的《边走边聊》节目通过“叮咚 FM”进行网络视频和音频直播，同时，听众通过微信公众号也可以进入这个音视频直播，方便了听众参与。

电台节目最常见的互动方式就是主持人择时读出听众的互动内容，听众有时候会就某一个话题自发开展讨论，在意见不一时，主持人要起到协调的作用。有的主持人会直接注册短视频平台，把自己的节目直接播放出去，但是目前来看，新闻聊天节目的视频直播尚没有形成“网红”的条件。同时，通过网络进行的互动，还要跟网站技术部门合作，及时设置关键词屏蔽，给予主持人对参与者禁言和标注的权限。

国内的新闻聊天节目不同于西方的脱口秀，它有着符合中国特色社会主义新时代的鲜明烙印。总之，国内新闻聊天节目方兴未艾，并且还有进一步发展的空间。事实上，一些新型新闻聊天节目已经出现，比如用方言播出的新闻聊天节目更加符合新闻的贴近性，也更加本土化，更有亲和力。

浅谈媒体如何应对突发事件舆论引导工作

——以济南广播电视台为例

修雯雯

摘　要：公共突发事件由于发生突然、涉及面广、影响巨大，极易引起公众关注甚至恐慌，对正常社会秩序造成破坏。媒体在面对突发事件时要强化正面宣传、分析研判舆情、回应民众关切、创新传播形式，肩负起舆论引导的重要使命。本文综合济南广播电视台在多次突发公共事件当中的经验做法，对媒体应对突发事件舆论引导进行了探讨。

关键词：突发事件；舆论导向；责任担当

公共突发事件由于发生突然、涉及面广、影响巨大，极易引起公众关注甚至恐慌，对正常社会秩序造成破坏。面对突发事件，公众对事件进展、政府应对等相关信息会高度渴求和关注，作为党和政府的喉舌，济南广播电视台坚持党性原则，坚守媒体职责，充分发挥主流媒体的责任担当。

一、主要做法及经验

1. 建立机制，占领舆论引导的制高点

在突发事件发生后，济南广播电视台在济南市委宣传部的统一部署下，通过合理机制统一发声，占领舆论引导的制高点。从2006年“7·18”大雨开始，济南广播电视台就建立起突发事件应急报道机制，主要包括应急指挥调度、应急采访、编辑分发、效果评估等几个方面。2019年，在迎战台风“利奇马”的报道中，济南广播电视台分管领导、主任、值班编辑第一时间到位，谋划报道方案，第一时间利用“现场云”推出融媒直播报道版块，发布有关新闻。从8月9日开始，济南广播电视台24小时大密度滚动预警，与气象、城防、交警、交通、城建等多部门密切联系，在《济南新闻》《今晚》《今晚不关机》《新闻第一泉》《有么说么新闻大社区》等主要新闻节目和重要时段以滚动直播和主持人口播的方式，加大频次、密度及时发布防范预警信息。2020年新冠肺炎疫情发生后，在台领导的带领下，济南广播电视台立即启动一级响应，进入战时状态，领导靠前指挥，编辑记者放弃春节休假，第一时间返回岗位，下沉一线，推出了大型融媒报道——济南战“疫”，持续40多天做到零失误。

2. 精准策划，科学有效引领舆论导向

面对重大突发事件，需要立即反应，及时策划，制定落实报道计划，做到忙而不乱，急中有序。2019年“利奇马”台风过境济南的三天内，编辑记者全员上岗，分工负责，前后方联动，形成了强大的报道矩阵，达到良好传播效果。在这期间，济南广播电视台统一策划开设《抗击“利奇马”》专栏，先后派出100多名记者兵分多路奔赴各区县尤其是受灾严重的章丘区、南山区进行采访报道。报道从政府部门各方积极开展救援、志愿者自发参与救援等方面加强正面宣传引导，展现全市上下众志成城抗击“利奇马”的场景。时任济南市委书记王忠林察看防汛工作的新闻一经通过电视台和“天下泉城”新闻客户端传播出后，激发全市上下民众动力，振奋精神，为防汛抢险各项工作的开展营造了积极的舆论氛围。2020年2月3日，经过快速精准的策划打造，大型疫情防控融媒体直播节目《济南战“疫”》正式打响。连续42天，节目每天晚上都会派出一到两路记者进行直播连线，为全市人民传递了最新、最权威的抗“疫”信息与知识，有效引领了舆论导向。

3. 人文关怀，及时回应民众关切热点

济南广播电视台作为舆论引导和社会治理的“最后一公里”，对于市民来说，信息的传播和本地化服务具有更强的针对性和实际意义。2019年8月9日，受台风“利奇马”的影响，《济南新闻》《今晚》《有么说么新闻大社区》等各主要新闻节目主要从三个方面做好抗击“利奇马”的舆论引导工作：

第一，立足灾情不单报，救援与灾情相结合原则，在报道救援的组织、救援的方式、救援的实施过程中，充分体现相关部门救灾抗洪的实际行动。第二，挖掘救援中的典型人物和典型事件。以记者现场讲述的形式报道坚守在第一线的干部和救援力量，以及受灾群众从被救援到安置的全过程，突出“一切为了群众”的主题。第三，增加报道的温度。记者为受灾群众领路，解决问题，并细心呵护甚至是换鞋等细节，带着情感做报道，在灾难面前有态度，在群众面前有温度。2020 年，在抗击新冠肺炎疫情的报道中，“天下泉城”、济南网、无线济南、叮咚 FM 等新媒体第一时间制作推出“济南战‘疫’”网络专题，及时发布济南战“疫”的权威信息和工作动态，“天下泉城”编辑记者日均工作时间达 17 小时，全网日均发稿量近 800 篇，日均点击量 1500 万以上，济南网发布《济南“有粮”，咱们“不慌”》系列内容，短视频单条点击量突破 250 万，有效回应群众关切，起到化解矛盾、理顺情绪、凝聚共识的作用，坚定了人民群众打赢疫情防控战的信心。

4. 艺术传播，舆情研判稳定民心

随着新媒体的发展，突发事件网络舆情的监控和引导成为一项不容忽视的重点工作。对于网络舆情，把握好“度”尤为关键。作为传播媒介，如何利用传播艺术将舆论向正能量方向引导，让负面的声音“软着陆”，考验着媒体的应变能力。2019 年，“利奇马”台风在济南过境，济南正值雨季，人们谈雨色变，网络上不乏负面的舆论和声音，极易引起民众的恐慌。济南广播电视台要求新媒体客户端密切关注网络舆情，加大对各种信息的审核把关，对于各类谣言及不明信息要及时辟谣或删除。通过设置“赢战利奇马”“泉城有爱，守望相助”等多个专题，利用客户端启动页、滚动单图等多种形式展示防汛防台风最新实况，及时反映灾区情况。感染力强、有现场、有温度的“蹲点日记”式报道，全面展现了受灾群众的生活安置情况，化解了社会疑虑，较好地引导了舆论。不少网友评论留言道：“看到大家安置很好，我们放心了！”“谢谢及时救援。”原创稿件《为群众纾困　让婴儿安眠　济南用行动“书写”众志成城》等多篇稿件被学习强国、人民日报全国党媒平台重点转载发布。作为济南市委、市政府新闻发布会官方发布平台——“济南发布”的运维团队充分发挥平台权威性。2020 年新冠肺炎疫情期间，在济南网、无线济南客户端以及微信、微博等第三方平台上重点推出最及时、最权威的官方信息，圆满完成了 21 场市委市政府新闻发布会直播任务，及时、公开发布疫情最新权威动态，驱散谣言，稳定民心。

5. 创新形式，融媒传播生动直观

济南广播电视台采取“一次采集，多元生成，全媒传播”方式展开立体式报道，融合创新，利用多种形式和渠道，生动、直观、客观地传递权威信息，呈现感人细节。在 2019 年迎战台风“利奇马”和 2020 年济南战“疫”等突发事件报道中，通过滚动直播、应急连线、新闻快报、短视频、评论、微电影、H5、图文报道等方式，运用新华社现场云、微信、微博等多种平台，分发消息，推出多层次的产品。有综述报道《济南迎战台风“利奇马”72小时》，有生动的新闻特写，有即时连线，在《济南战“疫”》大型融媒报道中，更是推出了医护人员、战“疫”Vlog、长图、短视频、系列综述、系列专题报道等大量丰富的融媒体产品。济南广播电视台采用全媒体报道的方式，收到了良好的效果。在抗“疫”期间，“天下泉城”新闻客户端发挥全媒体平台优势，积极联合多部门、多单位推出“云直播”为特色的系列直播。2020年新冠肺炎疫情发生以来，进行视频直播200余场，平均每天4场视频图文直播，全网累计浏览量近亿次，凝聚起了战“疫”的大能量。济南广播电视台联合央视新闻推出《春耕始　万物生》《春天已在路上》《清明·向春而行》等云直播，受到广大市民和网友的广泛好评；联合中共济南市委网信办推出“抗疫”主题系列插画、济南战“疫”网络招贴画、《中共济南市委网信办致全市广大网民朋友的倡议书》等图文视听作品，提醒广大市民珍惜春光，但不要放松警惕，众志成城，将抗“疫”进行到底。“鹊华MCN”策划了系列疫情防控短视频火爆网络，累计播放量超2.5亿次，以有趣、有料、有效的内容普及防控知识，致敬“白衣天使”，形成疫情防控多样化、广覆盖的宣传态势。济南网、无线济南除了完成自身平台直播之外，还通过自有的高精尖技术团队为闪电新闻、齐鲁晚报、山东商报等省市主要媒体及“天下泉城”、叮咚FM等新闻客户端提供公共直播信号，点击量超2000万次。

6. 跟进报道，助力发展提振士气

突发事件往往具有破坏性，在突发事件的“后报道时期”，政府采取的处理措施是否得力有效，媒体跟进报道是否及时，都成为安抚公众的关键因素。抗击台风“利奇马”之后，济南广播电视台及时与受灾严重的章丘区、南部山区及权威部门密切联系，并派出多路记者深入灾区一线，了解受灾群众安置以及灾后恢复重建的各项工作进展，深入挖掘党员干部群众积极抗击台风、主动作为，开展恢复重建家园的典型事例。《新闻时间》等栏目播发《农作物受灾轻重不一，分类补救减轻损失》《济南莱芜自来水公司：全力保障供水，确保水质安全》等30多条稿件，为民众灾后重建提振精神。“天下泉城”客户端“云直播”品牌以实际行动助力疫情防控与复工复产，联合共青团济南市委发起“好久不见，最美绿色校园”融媒直播，为学子展现校园春景及疫情防控措施。针对市民关心的开学问题，推出“探校”直播，探访各学校为开学疫情防控所做的准备。疫情使得交通不畅，济阳几千吨西红柿滞销，菜农一筹莫展。济南广播电视台及时伸出援手，推出连续报道，多方联系爱心单位，最终促成销售订单，帮助菜农解了燃眉之急。推出专题策划《走向复工复产的春天》，加大对企业疫情防控和复工复产等方面的宣传，报道优秀经验做法，引导企业共克时艰。此外，记者走遍济南的大街小巷，探访个体商户及企业复工复产情况，收集企业和商户复工难题并将其反映给有关部门，构建起了企业、商户与政府部门沟通的桥梁，帮助他们解决实际困难。以上这些做法，缓解了民众焦虑，传递了社会正能量，助力了疫情防控大局，体现了济南广播电视台的责任和担当。

二、存在的问题

综合济南广播电视台在多次突发公共事件当中的经验做法和主流媒体应具备的融合传播、舆论引导、危机公关等职能，对照梳理出以下几点问题：

一是突发事件报道是新闻报道的一项重要内容，也是信息公开的一个重要环节。同时，突发事件报道也是各级宣传部门和新闻单位舆论控制和引导能力的重要考验，如果简单采取“不报不转不评”这种“一刀切”的管理方式，容易造成主流媒体失声、自媒体泛滥的情况，需要做好疏堵结合的文章，尽快还原事实真相。二是从媒体自身来说，还存在优势资源整合不够充分，从业人员能力有待提高，报道格局有待进一步提升等方面的问题。三是面对突发事件，网评员发挥正面舆论引导的能力和积极性有待提升。

三、意见建议

做好重大突发事件的报道，媒体既要做好传声筒，又要进行危机公关，建议优化“内”“外”两个环境。

1. 外部环境

在政务公开和新媒体快速发展的背景下，做好突发事件舆情回应是政府应急工作的重要组成部分，也是政府提升治理能力的内在要求。应建立和完善新媒体环境下突发事件舆论引导新格局。政府与主流媒体融合协作，第一时间发声，抢占舆论主导权。2016 年 2 月 19 日，习近平总书记在北京主持召开党的新闻舆论工作座谈会并发表重要讲话。他强调：“领导干部要增强同媒体打交道的能力，善于运用媒体宣讲政策主张、了解社情民意、发现矛盾问题、引导社会情绪、动员人民群众、推动实际工作。”突发事件发生具有未知性和不确定性，为此，各有关部门应完善防范、应对机制，提前做好准备，有备无患。要阻止谣言，最有效的方式就是告知真相，进行权威发布。突发事件的回应不仅要让公众知晓事件的发生、处理情况，还要通过与公众的交流，通过政府的努力，最终解决问题，这样才能最终消除猜疑、对立和摩擦，树立形象、增强公信、凝聚人心。事故面前，及时发布事故处置信息，并不比撒向火场的灭火剂次要。越是影响力大的事件，越应该公开透明地发布信息，讲究好“度”和传播艺术，才能让谣言遁形，否则就容易发生“次生舆论灾害”。

2. 内部环境

主流媒体要苦下功夫，练好内功，提升能力，认真把握突发事件报道原则，做好舆论引导。

一是依据大势，统筹安排。一般来说，突发事件都是以一定数量的人员伤亡或者财产损失为内容的灾难事件，而这些信息的传播总会引起民众的心理震荡。媒体与政府应搭好桥梁，在市委宣传部的统一领导下，对于不同程度、不同性质的突发事件采取不同的报道方式和报道范围，注意内外有别，善于统筹安排。

二是把握节奏，保持理智。随着互联网的普及和新媒体的崛起，对于突发事件以及相关评论、言论，一味地封杀不利于舆论引导，但需要把握节奏，管控好“度”，包括报道数量、报道频次、报道角度、报道篇幅等，都需要好好把握，严格执行新闻宣传纪律，不要盲目抢发炒作。要做到只能“帮忙”，不能“添乱”，不能引起社会恐慌。

三是讲究艺术，注重技巧。突发事件的报道不能用常规办法“按部就班，照章办事”，需要讲究艺术和技巧。除了即时发布、连续播报等短、平、快的传播形式之外，还应加强专题报道、评论员评述的深度和水平，必须拿出真功夫，唱出“重头戏”，写出“分量稿”，才能让人信服。

四是加强互动，分析研判。要尊重民众说话的权利，兼听则明，必须具有极强的舆情风险防控意识和研判处理机制，建议加强舆情信息数据库的建设、典型案例库的建设和典型案例分析制度的建设，使舆情研判更加智能化、舆情处理更加制度化。

从《主播说联播》谈时政新闻的守正创新

梁瑞馨

摘　要： 一直以来，时政新闻在新闻报道中占有重要地位，是新闻媒体不可缺少的报道方向。在全媒体浪潮的冲击下，时政新闻报道如何适应媒体变革发展的新趋势，在守正的基础上做出创新与改进，对提升新闻舆论传播力、引导力、影响力和公信力具有重要意义。《主播说联播》节目在报道过程中一贯坚持正确的政治立场和舆论方向，包括节目专业的主持人阵营和报道公正客观的态度，体现了时政新闻报道中的守正原则。修饰词语的运用和接地气的语言风格都体现报道内容和形式上的大胆创新，从微博话题到入驻短视频平台，《主播说联播》时政新闻报道获得了更多年轻人的喜爱。

关键词： 时政新闻；守正创新；《主播说联播》

近年来，互联网短视频的兴起使得许多媒体纷纷“转型”，传统媒体逐渐向新媒体转变，新闻传播方式也呈现出多元的发展趋势，为推动媒体融合发展、建设全媒体具有进步意义。守正是新闻事业发展的前提和基础，创新是新闻事业发展的必由之路和重要课题。本文将结合时政新闻现阶段所面临的问题和自身特点，对时政新闻如何守正创新进行研究。

一、时政新闻现阶段面临的问题及自身特点

国内学者对时政新闻多有不同的定义，尽管在含义表达上有所不同，但综合起来看，其中有很多内容是共通的，本质上是一致的。笔者在本文中认为，时政新闻不仅是关于党和国家的方针政策、国防外交和重要事件的报道，还是主要党和国家领导人出席重要会议、重大活动、参与政治生活和政务的报道。

1. 时政新闻现阶段面临的问题

时政新闻作为传统主流媒体报道的主要内容，在现阶段主要面临三大问题：

第一，时政新闻自身的政治性权威性使得其具有重要的地位，但正是由于时政新闻所具有的重要性，受众多认为这类新闻远离个人生活，与自己无关。第二，随着全媒体的发展，媒体技术和手段与以往相比有了很大的不同，用户已经习惯使用移动媒体来观看新闻讯息，不再像以前一样守在电视机旁，这也使得受众流失，收视率下降，影响力变弱。第三，既要在内容上守正，又要在形式上创新，这是让时政新闻“活”起来的必要手段。

2. 时政新闻现阶段的特点

(1) 政治性

与其他新闻不同，时政新闻在一般节目报道内容中包括领导人讲话、出席活动等，对上级或党中央的指示进行解读与传达，具有鲜明的政治色彩，是政治性最强的新闻。

每当党和国家有重要方针政策发布或整改落实，国家、社会或政党有突发公共事件或重大新闻事件，国内外政治有最新消息和重要活动时，时政新闻必将在第一时间给予必要的关注和报道。通过这样的方式迅速抢占舆论宣传上的制高点，引导社会舆论方向。

(2) 规范性

在时政新闻报道中，对于有关领导人讲话内容，或对方针政策进行解读时，必须做到科学严谨。关于党和国家重大活动的报道，在人物介绍、职位介绍等方面都要严谨规范，不能有任何差错。

在报道时间上，时政新闻也要求严谨规范。时政活动往往在特定的时间内进行，其新闻在何时发布也具有特殊意义，记者必须准时采访、快速报道。例如，在《新闻联播》时政新闻报道过程中，会针对新闻的特殊性安排在特定的时间段进行播报。

(3) 权威性

时政新闻的报道是党和国家权威信息发布的重要渠道，媒体最重要的新闻就是时政新闻。时政新闻往往事关国家大事，涉及民生、社会、政治、经济等多个领域，时政新闻的政治性和规范性也增加了时政新闻权威性的这一特点，让时政新闻在人们心中更加有公信力和影响力。

二、《主播说联播》时政新闻报道内容和形式分析

第一，从体裁上看，《主播说联播》时政新闻报道主要采用评论的形式进行

报道，通过对新闻事实现象和内容的分析，解读内容表达的本质，掌握话语权，表达自身的态度与立场。第二，从时长来看，《主播说联播》新闻报道的主要特点是报道时间短，视频时长主要集中在1分半之内，受众接收信息越来越追求时效性，时长短的报道更容易受到受众的关注。这种快评或者快播形式的新闻报道，是时政新闻做出的重要创新之一，适应了新媒体下新闻可视化、时间碎片化的特点。第三，从报道语言风格来看，《主播说联播》保持其专业性，大部分报道语言通俗、接地气，“真香”“我太难了”“奥利给”“心疼三秒”等一些网络词语跃然“纸”上。在这些短视频中，新闻语言显得不再那么严肃、正经，反而变得幽默、接地气，适应了受众年轻化的特点。从报道修辞运用来看，《主播说联播》开始尝试使用比喻、拟人等手法。比喻手法能够化抽象为具体，让人易于理解，拟人手法则使语言更加形象。现今的时政新闻改变以往严肃、有距离感的态度，学会贴近群众，贴近生活，让受众感受到时政新闻更加活泼、生动、亲切的特点。

通过对《主播说联播》的研究，在技术手段和舆论宣传上也得出了时政新闻守正创新的结论。首先，从技术手段上来看，时政新闻改变以往的传统报道方式，借用微博、短视频平台等新媒体进行传播，加上采用短视频竖屏直播的方式，短时间内让时政新闻“活”了起来。其次，从舆论宣传来看，时政新闻仍坚持正确的舆论导向。济南广播电视台的《新闻联播》主持原班人马同时担任《主播说联播》节目的主播，保留了新闻报道的专业性。在主播报道新闻的态度上，通过幽默的语言表达，让时政新闻“亲近”了起来，拉近了受众与时政新闻之间的距离。

《主播说联播》作为《新闻联播》的延伸，一方面改变了传统时政新闻报道看似脱离民众生活的问题；另一方面，也增加了受众对时政新闻和国家事务的了解与关心。通过对《主播说联播》时政新闻报道的分析与研究，我们不仅找出时政新闻的守正之处，也能找到时政新闻的创新之处，为时政新闻理论研究提供借鉴思路，为时政新闻报道投诸实践提供方法。

三、时政新闻守正创新的总结与思考

1.《主播说联播》守正创新的总结

（1）遵循基本原则，引导舆论方向

时政新闻是事关党和国家重大活动或重要选题的报道，原则上要求坚持正

确的政治方向，思想上坚持导向为魂。《主播说联播》作为时政新闻节目在重大选题和重大事件上丝毫不马虎，直击社会热点事件，如中美关系、脱贫攻坚、中国共产党建党100周年等，积极设置热点网络议题，对重大选题进行多次报道，牢牢占据舆论引导、思想引领的制高点。

同时，时政讲求实时与政治紧密结合，《主播说联播》每天播报的时政新闻正是最新的、受众最关心的内容，也体现了时政新闻的时效性和专业性。

(2) 创新传播形式，适应媒体融合

守正创新，有容乃大。移动为先，“两微一抖”（微博、微信、抖音）的入驻，短视频在时政新闻中的运用取得了不错的效果，在时间上也适应了当前时间碎片化的特点，报道时长基本保持在2分钟以内。从以往的横屏到现在的竖屏观看，时政新闻报道采用了竖屏拍摄、大字幕、背景音乐等短视频常用的制作手段适应新平台。

通过创新传播形式把网络信息前沿技术运用于时政新闻传播中，提升了时政新闻的传播力、引导力、影响力和公信力，让时政新闻在新型主流媒体矩阵中“活”了起来。

(3) 改变报道内容，注重受众需求

坚持创新为要，满足用户和受众多样化需求。从带有调侃态度的标题运用，到网络词语和俗语的使用，这不断缩进了时政新闻与受众之间的距离，新闻语言不再显得那么严肃、正经，反而变得幽默、接地气，让受众感觉时政新闻很“潮”。

晦涩难懂的语言缺乏广泛的传播力。《主播说联播》时政新闻报道顺应了传媒变革的趋势，采用人性化的情感传播、个性化的语言表达和多维度的受众互动，不断优化报道内容，贴近生活，贴近群众。

2. 时政新闻守正创新的思考

(1) 警惕泛娱乐化倾向

新媒体下的时政新闻发展与传统媒体下的时政新闻发展不是取代关系，而是优势互补、迭代关系。时政新闻在形式和内容的创新过程中，不能一味地跟随潮流，忘却媒介的定位，产生内容与形式割裂、脱离用户需求等问题。追求娱乐已经成为现代生活的标志，但时政新闻讲究政治性，不能过度泛娱乐化，要坚守住创新的基点和把握好创新的“度”。

(2) 增强用户黏性

对于新媒体来说，要强化公众参与，互动是其核心问题。虽然时政新闻在很大程度上进行了革新，由以往的线性传播到如今的多样传播，但在传播效果上可以发现，用户评论和转发量远远低于观看量，这就说明受众黏性还不够强。时政新闻节目对于一些忠实粉丝要给予回应，对于一些潜在粉丝要给予引导，重视受众的反馈力量，重塑受众的中心地位。只有把用户积累起来，增强用户黏性，才能更好地提高传播效率。

（3）提升新闻质量

坚持内容为“王”，信息量大是互联网的特点，信息量多、杂是媒体的现状，网络传播只需要输入信息就可以将内容丰富的信息传播到受众手中。在传播手段和话语方式不断创新的情况下，《主播说联播》作为时政新闻报道，要深化新闻报道的主题，深挖时政新闻的本质，不能泛泛而谈，在表达自身立场的同时做好内容质量提升。

实践证明，时政新闻发展必须牢牢抓住内容质量这个根本，以内容优势赢得发展优势，坚持新闻客观公正性，提升公信力。

参考文献

［1］卢继键. 从《主播说联播》看主流新闻媒体融合创新［J］. 新闻研究导刊，2019（16）.

［2］王书骞. 主流传统时政媒体的短视频发展路径——以《主播说联播》为例［J］. 视听，2020（1）.

［3］周成刚. 时政新闻报道研究［D］. 黑龙江大学，2011.

浅议一线记者提升“四力”的着力点

樊利　张帆

摘　要：近年来，各级各类媒体机构认真落实党中央的要求，出台了包括“扎根工程”在内的一系列规章制度，着力探索和有效提升一线记者脚力、眼力、脑力、笔力的方法、路径和手段。本文围绕“讲情怀，有胸怀，懂协作，重发现，善表现”五个方面素质的培养，探讨提升“四力”的着力点。

关键词：新闻采访；“四力”；一线记者

“不断增强脚力、眼力、脑力、笔力，努力打造一支政治过硬、本领高强、求实创新、能打胜仗的宣传思想工作队伍。”这是习近平总书记在 2018 年全国宣传思想工作会议上对广大宣传思想工作者提出的新要求。从新闻从业人员的队伍现状入手，笔者认为可以将“讲情怀，有胸怀，懂协作，重发现，善表现”五个方面素质的培养作为提升“四力”的着力点。

一、提升“四力”，首在情怀

情怀就是“不忘初心，牢记使命”，永远站稳人民立场，自觉践行群众路线。新闻记者的一个最明显的人格特征和精神特质就是要有浓郁的家国情怀。大而言之，是“苟利国家生死以”的勇往直前；小而言之，是“不以祸福避趋之”的无怨无悔。在新形势下，新闻记者要进一步增强自身职业的责任感和使命感，稿件要紧扣中央关心、群众关注、社会关切的问题。可以说，在历史紧要关头、在时代风云际会、在人民利益攸关等重要时刻，都能看到记者的身影。

2018 年 11 月 1 日，新华社资深记者刘光辉去世。浙江分社记者对刘光辉生前的专访文章《他写的那篇报道让毛主席“夜不能寐”》，文中提到一个故事，20 世纪 70 年代，刘光辉到江西省兴国县农村调研，发现了当地“莺歌燕舞”

表象下“农民吃不饱肚子”的实情，他通过内部渠道据实向中央进行了反映。刘光辉说：“那时候正值全国‘农业学大寨’‘农业丰收、粮食增产’的大气候，敢于反映这样的情况，说不害怕那是假的，但是这是我们的职责。”

“这是我们的职责”，短短七个字，是一代又一代新闻人家国情怀的高度浓缩。回顾中华人民共和国的新闻史，每一篇重要稿件、每一个重要调研的背后，都有一群根植生活沃土、坚守人民立场、富有百姓情怀、据实秉笔直书的新闻人。

作为一线新闻工作者，要认真践行习近平总书记的要求，着力提升“四力”，就应当像穆青等一代又一代新闻人一样，本着“对党负责、对人民负责”的情怀，自觉承担起“举旗帜，聚民心，育新人，兴文化，展形象”的使命。

二、提升“四力”，贵在胸怀

提升“四力”，就是要坚持“围绕中心，服务大局”，就是要“想党委和政府之所想，急党委和政府之所急”，努力形成与党中央治国理政相适应的新闻品格和新闻力量。

新闻机构有大小，理想品格都要高。一线新闻记者要始终站在时代的潮头，始终站稳群众立场，准确把握历史的风云际会和时代脉搏。要多深入群众，围绕党中央的部署、各级党委的中心工作开展报道。从业的媒体机构有市级的、县级的，级别虽有高低，但是胸怀不能低，尤其是政治觉悟不能低。要胸中有大局，围绕中央的重大方针政策、重要决策部署出台后在地方贯彻落实情况展开调研和报道。

记者的政治自觉和大局意识不是与生俱来的，而是长期接受教育、潜移默化的结果。新形势下，要进一步增强新闻工作者的责任感和使命感，提高新闻工作者把握大局的能力。每一篇重要的新闻稿件之所以取得成功，看似偶然，实则必然，都有新闻工作者的高尚情怀和无私奉献。

新闻事业是党的事业中密不可分的重要组成部分，新闻前辈前赴后继、流汗流血甚至牺牲生命凝聚成新闻人的职业荣光。在党和国家事业发展的每一个历史时期和关键节点，新闻报道都充分发挥了引路旗、冲锋号、进军鼓的作用，鼓舞和激励着一代代中华儿女为共同的理想目标而奋斗。在革命战争时期，党的新闻工作者尤其是新华社记者随部队官兵南征北战，生动反映了人民群众对中国共产党的热烈期盼和真心爱戴。在火热的建设时期，新闻工作者热情讴歌人民群众的创造精神和先进事迹，激励全国各族人民同心同德建设社会主义。在改革开放新时期，从真理标准问题大讨论到发端于安徽小岗村的家庭联产承包责任制，再到建立社会主义市场经济体制，新闻记者都紧跟时代步伐，积极报道人民群众的新实践和新创造，播发了一大批来自基层、服务人民的优秀作品。可以说，每一篇推动实际工作的重要新闻报道，无不是“围绕中心，服务大局”的结果。

三、提升“四力”，重在协作

提升“四力”，既要提倡单兵突进，也要倡导协同作战。协作出精品，协作出友谊，协作出安全，协作出影响力。

新闻记者是独立性较强的一项工作，过去有一段时期，社会矛盾较为单一，舆论生态单纯，记者像独行侠一样，可以“只身走天下，执笔闯天涯”。但在新的历史时期，社情复杂、矛盾百端、舆情万变，需要我们协作起来，一同提升“四力”，一同完成宏大的主题调研，一同探究表象背后的本质；需要我们协作起来，一同实现报道安全，一同纠正工作谬误，一同促进时代进步。

提升“四力”，倡导协作精神，有利于揭示普遍真相、促进实际工作。当前，对于一些党和政府明令禁止、人民群众深恶痛绝的现象是个别情况还是普遍存在的问题，既需要个案解剖又需要大量的样本支撑，防止以点代面、以偏概全，这样才能为中央提供更准确、更全面的决策依据。新中国新闻史上每篇稿件的成功，都是在前人打下的基础上又往前推进了一小步，这既不是终点也不是顶峰。没有一代又一代新闻人的实践开拓、经验积累和教训总结，就没有当前这支“让中央放心，人民群众信任”的合格的新闻队伍。

四、提升“四力”，重在发现

提升“四力”，既要善于从全局角度化解矛盾，又要学会从群众立场分析问题，练就发现问题、明辨是非、捕捉亮点、抓住根本的好本事。

重发现，就是要善于发挥逆向思维，凡事问个“为什么”。“道听途说”有新闻、“司空见惯”有新闻，只要眼睛向下，就不会遗漏身边的报道线索。济南电视台记者采写的《老年大学为何“一座难求”?》《乡村挖树毁绿　城市买树增绿》《废品回收站“潜伏”居民区　噪音扰民何时休?》等稿件，都是记者在采访途中发现的监督报道。

五、提升“四力”，落在表现

笔者根据个人的理解认为，表现是检验“四力”的标尺，是展示“四力”的舞台，是评判“四力”的答卷。

会表现，就是对采访掌握的大量新闻素材要有去伪存真、披沙沥金的能力，能从纷繁芜杂的事实中概括出本质问题，善用形象的语言描述新闻现象。

会表现，就要努力学一点诗歌，懂一点辞赋。新闻报道特别是舆论监督报道需要以简洁凝练的标题吸引人。新闻行业中许多前辈既是新闻大家，也是诗词高手，制作出的大标题、小标题如“大珠小珠落玉盘”，都是我们学习的榜样。

会表现，还要明界限，就是要守住“红线”。新闻报道调研要扎实，证据要充分，录音影像等证据资料尽量收集完备。有些关键证据要长期保存，防止批评对象在以后提起诉讼。要坚守纪律“红线”，不接受对方任何款待，不收受对方任何礼品。

顺应5G时代新趋势　打造电视新闻新优势

刘霖

摘要：科技是推动产业变革和社会发展的动力，科技的发展同样必然会带来传播方式的变革。在5G超高速率、出色稳定性带来的万物互联、人机互动的新形势下，传统媒体的地位和份额急速下降，电视新闻还有哪些优势，能够在哪些领域实现突破，采取什么样的方式，以什么样的姿态去积极应变，怎样摆脱危机，打造电视新闻新优势，这些值得我们进行深入的探讨。

关键词：电视新闻；变革；优势；导向

进入21世纪以来，科技发展突飞猛进，带来了一个个颠覆性和跨越性的成果，推动人们生活方式、沟通方式的变化，也为各个行业带来了巨大的机遇和挑战。就新闻媒体来说，在3G时代，移动网络的普及给传统纸媒带来了巨大的冲击，4G时代给电视媒体带来了同样的挑战，5G的逐步应用甚至6G技术的研发，必将会有新的媒体、新的形式和新的平台涌现。对各类新闻媒体来说，科技的进步既充斥着风险又蕴藏着机遇，可以说5G必将带来新闻媒体发展和新闻工作模式的又一次转变。具体到电视新闻媒体来说，5G将带来哪些影响，如何顺应大势打造电视新闻的新优势，这值得我们认真思考和探索。

一、5G对电视新闻媒体来说意味着什么

1.5G带来超高速率的网络，使移动媒介占据绝对主导地位

4G的下行峰值速率为1000 Mbps，而5G可达20 Gbps，足足是4G的20倍。随着5G网络建设的完善、资费的对应下调和5G手机的逐步普及，如此高速的传输速率必将进一步加固移动媒介在信息获取中的主导作用。电视媒介在信息获取中的比例将进一步降低，电视新闻媒体不仅不能单纯地依赖电视机，甚至

电视在传播媒介中的分量也将要进一步下滑。

2. 5G推动“万物互联”，丰富了信息的获取渠道

5G的高可靠、低时延、广覆盖、大连接特性实现了大数据、人工智能等技术更好地融合，促进了物联网和人工智能向智联网发展。随着基于5G网络带来的智能家居的兴起，信息的渠道可以是电视、手机，也可能是智能音箱等其他新兴智能设备。随着电动汽车行业的异军突起，汽车媒体也将成为除广播以外其他媒体争夺的又一块大“蛋糕”。万物互联带来的信息渠道变化是我们始料未及的，但可以确定的是，人们获取信息将更加简单，选择性更大，信息的归属度将进一步降低。

3. 高速的移动宽带让人人都成为新闻的制造者和传播者

基于4G网络借助微博、微信、短视频平台等新兴媒体，我们已经可以清晰地看到，一个普通人对身边事件的随手一拍，就可以形成一条新闻，新鲜度和时效性远远超过传统媒体。当前，5G带来的高速移动宽带能力使得对事件的记录更加便捷、全面，其传播会更加迅速和广泛，每一个人都可能是新闻的制造者和传播者。单纯地从信息获取渠道来说，电视新闻很难占得先机。如今，一些前端平台的知名“公众人物”，他们的粉丝数已经过千万，其新闻传播影响力也已经不亚于主流的电视媒体。

4. 人机物的智能协同催生新的业态，为用户提供更好的体验

5G+VR/AR（虚拟现实和增强现实）技术使得将来的新闻形式充满了未知性，增添了无限的可能。戴上一个VR或者AR设备进入新闻现场来感受，就像自己亲身经历一样，带给新闻观众更逼真的体验。基于技术之上，必然会产生更多的新业态、新模式，对电视新闻媒体来说也是一个挑战。这会不会是下一个风口我们还未可知，但毋庸置疑的是，新技术的出现必将带来行业的变革。

二、以什么样的姿态来应对5G带来的变化

时代的车轮滚滚向前，它不会等待任何一个迟到的“乘客”，同时也会将早到的“乘客”送到更远的地方。1991年，柯达就有了130万像素的数字相机，但其满足于传统胶片产品的市场地位，没有及时调整公司经营战略中心，于2012年1月19日申请破产。我们再看身边新闻媒体的案例，微博、抖音等平台的兴起一度对主流媒体带来冲击，但随着融媒体发展的要求，主流媒体借势入驻各平

台。当前，抖音平台人民日报官方账号的粉丝过亿，央视新闻官方账号的粉丝亦已过亿，反将劣势变为优势，打造了高流量、大影响的新平台。这就说明随着时代的变化，看清形势并顺应潮流，积极做出应对和改变，顺势而为、借势而起，就能变挑战为加快发展的重大机遇。顺应5G要求，电视新闻还是具有诸多优势，可以做好文章。

1. 电视新闻媒体有新闻渠道的独特优势

电视媒体仍然是新闻报道的主流渠道之一，特别是时政新闻和重大民生新闻仍以权威电视新闻媒体为主，独立的个人很难进入新闻现场，并在第一时间获得完整和权威的信息。当然，随着融媒体的发展，报纸、网络和自媒体也在和电视媒体争抢这部分的份额，电视新闻虽然受到了冲击，但优势仍然存在。电视新闻媒体要珍惜机遇，最大限度地发挥好优势，为打造新优势创造条件。

2. 电视新闻媒体有传统的信任度优势

电视新闻的官方背景以及多年以来树立的权威性，使电视媒体成为引导舆论、端正视听、官方发声、求证真相的主要渠道之一。哪怕是5G带来的新闻来源和渠道的巨大丰富，自媒体和个体存在时效性上的优势，但其在内容的真实性和可信性上仍然是一个短板，仍然需要去进一步的认证。可见，电视新闻媒体仍然是一个重要的认证渠道，是一个官方发声渠道，是一个权威可信的渠道，必须紧紧抓住这一优势，提升自身水平。

3. 电视新闻媒体有新闻汇总制作的优势

个体化的新闻渠道目前还存在不专业性和一定的功利性，一味地求快，展现出来的新闻内容更多的是碎片化和片段式的，缺乏后期的深度加工，无法形成完整的链条，不能展示新闻事件的全貌。而电视新闻的不同形式可以直观地报道新闻，也可以深入地挖掘新闻，形成全景的、持续的、深入的报道，这是个体化新闻传播者无法做到的。

4. 电视新闻媒体有立体提升的优势

5G技术带来的机遇是开放和均等的。电视新闻媒体有先天的制度体系、人员配置、设备、技术等优越条件。在融媒体发展的大环境下，电视新闻媒体已经不再单一，而是形成了电视＋网络＋手机客户端的立体发展模式，入驻各传播平台的主流媒体也越来越多。可以说，融媒体建设为电视新闻的发展提供了一把金钥匙。随着5G技术的发展和应用，电视新闻的传播平台会越来越丰富，新闻的时效性和影响力也会越来越高。

三、如何在5G时代塑造电视新闻的新优势

1. 突出政治导向，坚守核心主流媒体的阵地

电视新闻作为党的喉舌，是每个电视台的立台之本，政治性是要始终放在第一位的。政治性决定了权威性，这是与自媒体、个体、移动媒体等竞争的最大优势。无论是什么新闻，无论在哪里发布，政治性必须放在最前面。要突出政治性，不能仅仅局限于对党的路线方针政策的发布和宣传，还应该吃透政策，去发现和挖掘正向的新闻点，讲好新时代的故事，反映新时代的民生，树立新时代的风范。

2. 突出融合导向，依托融媒体平台做“大新闻”

融媒体平台现在都在做“大新闻”，电视媒体也在建立自己的网站、移动客户端、MCN等。这里说的融合导向不仅仅限于自身平台的建设。哪里有人哪里就有新闻，哪里有人就到哪里传播新闻，这才是做“大新闻”的思路。要主动出击“头部”传播平台，建立自己的新闻传播根据地。要聚天下新闻而有之，在立足地域的情况下，做新闻的“大”传播者。比如，四川观察的抖音官方账号粉丝已经将近5000万人，四川观察观天下就是广泛借助平台资源做“大新闻”的鲜活事例，获得了人民群众的喜爱和观看。

3. 突出品质导向，提高电视新闻的深度和权威

做有深度的新闻是体现一个新闻媒体层次的关键，是提升关注度、认可度和观众忠诚度的关键，也是电视新闻媒体与普通自媒体、个体等竞争的关键。加大深度和提升权威需要更多地拿到第一手的新闻素材，需要做到有效地整合和深层次地分析，需要全链条追溯和全过程追踪，甚至还要有适当的延伸。这就要求电视新闻人有工匠精神，脱离原有的优越感，用心去做高品质的新闻作品。

4. 突出用户导向，做到新闻的精准制作和投放

当今的用户更加追求个性化，选择越来越多，而偏好越来越细化。所以，在各个领域的大数据、私人订制、精准推送等越来越重要。随着5G技术的发展，需要在电视新闻制作中体现用户导向，根据时代的变化、用户观看介质的变化、快节奏的需求，有针对性地丰富新闻制作形式。要以大数据为支撑，做好新闻的精准投放，特别是要跟上5G技术带来的传播渠道变化，改变一个新闻在一个平台播出的原有方式，转为以多种形式在多个平台推送，实现新闻和用户的精准衔接。

基层广播电视台人才队伍建设对策研究

张璐璐

摘　要：现阶段，随着广播电视产业的迅速发展，广播电视领域内的竞争日渐激烈。因此，对于基层广播电视台来说，更加迫切需要加强人才队伍建设，以弥补以往人才数量少、水平低的不足和缺陷，在市场中不断提高核心竞争力。本文就对于基层广播电视人才队伍建设的对策做出具体研究，以供参考。

关键词：基层；广播电视台；人才队伍建设

在21世纪，人才资源已经成为行业发展的核心资源。人才队伍建设对于广播电视台的发展来说，具有至关重要的意义。基层广播电视台在人才市场的竞争中，受薪酬、工作环境和未来发展空间等因素的影响，一直以来不占据优势，这导致人才缺失问题严重。对于基层广播电视台来说，当下关键的任务就是要做好人才队伍建设工作，努力引进人才、培养人才、储备人才。

一、基层广播电视台人才队伍建设现状分析

1. 人才培养的重视程度不足

在现阶段，基层广播电视台已经逐渐开始认识到人才缺失等方面的问题，认识到人才队伍建设的重要性，同时，也争取了更多的人才引进资金，获得了强大的资金支持，开始有意识地加强对优秀人才的引进。但是，对于人才培养工作来说，基层广播电视台仍然存在重视力度不足的问题。基层广播电视台在引进和吸收优秀人才的同时，没有落实好对原有的内部人才的培训工作，这也就使得基层广播电视台过于依赖人才引进，内部人员却没有获得有效的提升和培训，工作水平和能力依然原地踏步，处于一个较低的水平，综合素养有待提高，不利于人才的发展和人才队伍建设。

2. 人才队伍稳定性不高

对于基层广播电视台来说，由于其业务范围较窄，有关工作人员的生活圈子较为有限。但是，在单位内部存在着复杂的关系和结构，这也就使得在进行相关工作的改革和发展时面临着一定的困难。在基层广播电视台内部结构和关系网的影响之下，人员的晋升空间不大，尤其对于一些表现出色、工作能力较强的员工来说，难以在基层广播电视台获得个人的晋升和发展空间。在一些晋升机制方面也存在着不公平性，这也就使得基层广播电视台难以留住人才，人才流失问题严重，人才队伍建设不够稳定。

3. 人才结构不合理

现阶段，基层广播电视台人才的建设和管理成本不断提高，这是由于未能对竞聘人员或者是富余的工作人员进行岗位的合理安排。对于人员比例来说，一线与非一线也存在着较为严重的比例失衡的问题。这也就导致基层广播电视台在人才结构方面存在着不合理的现象，这不仅不利于员工个人效益的实现和积极性的提高，还会限制基层广播电视台人才队伍的建设和发展。

二、基层广播电视台人才队伍建设的对策

1. 更新人才队伍建设观念，加大重视力度

在现阶段日渐激烈的广播电视领域市场竞争中，人才所发挥的重要性已经逐渐凸显出来，尤其是在广电行业持续深化改革的现实环境之下，新、旧媒体的交融也使得现阶段广播电视行业的发展环境发生了巨大的变化。因此，这对于人才建设提出了更高的需求。对于基层广播电视台的人才队伍建设工作来说，这无异于是一个巨大的挑战。基层广播电视台要及时更新人才队伍建设的观念认识，高度重视人才队伍建设工作。

首先，要加大人才奖励的力度。对于平时工作态度认真、工作业绩良好的人员，要适当地加大奖励力度。对于基层广播电视台中的特殊工作人员，也要提供充足的资金和设备支持。另外，基层广播电视台还要不断创新人才奖励模式，推出多样化的奖励机制和标准。比如，济南广播电视台已经举办多年的拔尖人才选拔评选。同时，还要在基层广播电视台的内部搞好单位文化建设，通过个性化的单位文化进一步熏陶员工的内心，营造一个良好的工作氛围，强化企业员工对于所在电视台的归属感和责任感，增强基层广播电视台的内部凝聚力和向心力，促进其实现长足稳定发展。

其次，要进一步确立人才规划以及调整机制。在实际情况的基础上，通过调查现阶段的基层广播电视台各个部门的人才资源的不同需求量，合理地安排人才引进比例。对于人才需求规划进行科学编制，能够提高采编、技术、播控、经营等各个内部部门的人才建设的均衡发展。对于基层广播电视台来说，还可以在现阶段发展情况和人才建设的现实特点的基础上，进一步确立人才需求的申报机制。对于不同的职能部门来说，能够定期进行用人需求的申报，之后再由人力资源部门进行申报结果的汇总，并在此基础上进一步优化和完善人才规划，确保基层广播电视事业能够顺利发展。

最后，建立更加科学、合理的人才评价体系。比如，可以将新媒体部门作为试点，根据媒体节目的点击量、观众黏性等真实数据，进一步确立起相应的考核评价体系。在大数据评价指标中加入节目效果的相关数据，这样就能够推动评价模式朝融合式方向发展。相关人员的考核评价结果与节目效果直接联系在一起，通过窗口的形式进行后台数据的实时公布，这样也能够提高评价目标的科学性。相比较传统单一的考评方法来说，这一考核评价方法更加具备合理性，能够有效调动员工的工作积极性。

2. 做好人才引进和培育工作

对于现阶段基层广播电视台的人才队伍建设来说，普遍存在着人才结构不合理、人才储备不足等问题。针对这一现状，要进一步巩固基层广播电台的人才基础，加强人才引进工作，做好对现有人才的培训工作，进一步优化人才队伍的结构建设，增强人才储备，以此才能够为基层广播电视台的发展提供人才保障和支持。

首先，要注重对于优秀人才的引进。要进一步扩大引进范围，拓宽人才引进渠道，可以在全国范围内进行记者、主持人的招聘工作，也可以直接与高校、媒体公司合作进行人才引进。要进一步提高引进人才的层次，根据实际情况，为一些优秀的外来人才提供相应的住房、生活福利保障和科研基金。在人才引进时，要充分考虑到电视台的节目需要和风格，有针对性地进行人才的聘用。比如，基层广播电视台往往会设置有一定的方言类节目，因此就可以从本地的歌舞团和本地的高校中进行广播电视编导或者播音主持专业人才的引进，让引进的人才能够在方言节目中发挥出自身的优势，提高人才的适用性。

其次，要加大力度培育创新型人才。现阶段，由于受到现实条件的限制，基层广播电视台的高素质专业人才资源严重不足，因此，除了开展人才引进工作之外，还要进一步加强对现有人才的培育。基层广播电视台要根据自身的实际需求来开展相应的人才培育工作，尤其是对于创新型人才的培养。要进一步加强与当地高校、职业学校的合作与联系，推进校、台共建的人才培育模式，这样也能够进一步丰富人才的实践经验。另外，不能忽视团队在人才建设中发挥的作用，强化创新团队的建设，在团队内部树立起榜样领导和核心人员。对表现良好、业绩突出的人才团队，要实施相应的奖励措施。要进一步在台内推进创新人才计划的实施，多组织一些创意比赛或者是创新活动，并对于在其中取得较高名次的团队以集体为单位进行奖励。对于创新型人才来说，基层广播电视台要充分听取他们的职业诉求，对于其创新理念给予充分的尊重和支持，让人才的创新能力能够最大化地发挥出来。另外，要加强对复合型人才的培养，改变过去的人才观念，不再单纯地以资质和经验为主要的工作能力评判标准。对于新进入台里工作的青年员工也要加大关注力度，充分挖掘其身上的潜能，加强对于优秀人才的任用和培养，推动其成为基层广播电视台的核心人才。要在基层广播电视台的内部强化对创新文化的培养，在各项工作中追求创新，并且以团队为单位，培养协作创新精神，使得整个广播电视台内部具有和谐、良好的工作氛围。

最后，要加大对人才的培训力度。在人才队伍建设中，人才培养具有重要意义。因此，基层广播电视台要不断探索有效的人才培养途径和策略。第一，要进一步深化对现有人才的培育工作，根据不同的岗位和专业，定期组织人才培训，不仅要加强对专业技术的培训，还包括对人才的思想政治教育。第二，要开展多层次的培育工作。在基层广播电视台内部，人才构成较为复杂，因此在层次和专业程度方面也有一定的差异。因此，要分层次进行人才培养工作。对于专业性较强的人才来说，要将培训重点放在专业技术上，不断提高他们的专业水平和工作能力，并提供更多的实践机会，熟练掌握各种职业技能。第三，要进一步拓宽人才发展的空间和渠道。现阶段对于基层广播电视台来说，人才的发展空间不足，一般只能够通过晋升来获得更大的发展。但是，台内的晋升名额较少，所以人才的晋升机会有限，这导致人才在基层广播电视台的工作无法实现较为顺利的发展。因此，要进一步开辟更多的人才发展渠道，让人才能够具有更大的发展空间；可以通过对人才开展职业成熟度的测量，进一步推动人才的发展。在各部门的考核标准和工作要求的基础上，进一步激励和约束各岗位员工，促进其不断提高工作效能，提升自身的工作能力。另外，也可以根据人才发展的需求实施轮岗制度，进一步让专业人才不仅具备较高的本岗位工作适应能力，还要了解相关岗位的具体工作，进一步推动人才朝综合化方向发展，不断提高人才的业务水平。有针对性的人才培育工作能够进一步提高人才的素质和专业水平，从而提高基层广播电视台在市场环境下的竞争实力，提高所推出的各个节目的质量和知名度。

综上所述，基层广播电视人才队伍的建设工作任重道远，需要长期的坚持和探索。要想提高人才质量，丰富人才储备，就必须在实际情况的基础上，通过科学的举措落实好人才引进和培育工作，加强对人员的合理配置，不断调整人才队伍建设，提高整体人才队伍的素质和水平。

参考文献

[1] 赵馨，杨欧. 融媒时代基层广电人才队伍建设浅探 [N]. 团结报，2020-08-21.

[2] 李文红. 新时期广播电视台技术队伍建设浅论 [J]. 西部广播电视，2019 (17).

[3] 黄湘琪. 浅析基层广播电视台人才队伍建设的对策 [J]. 新闻研究导刊，2018 (8).

广播电视编导在现实环境下的发展

王歌　刘婷

摘要：我国广播电视行业在媒体融合环境下不断发展，为了助推行业发展，广播电视编导也应认识到自身的责任，积极提升自身的技能水平。本文分析了广播电视编导行业的现状和发展特点，并就其未来发展前景进行了探讨。

关键词：广播电视；编导；发展

广播电视编导是广播电视节目内容的重要编辑和把关人员。当前信息技术发达，信息环境相对比较混乱。广播电视编导行业的管理者应认识到这一时代特点，在编导专业培训及政策、校媒联合等方面做好调研，采取科学措施，助力编导人员综合能力的提升。

一、广播电视编导行业的现状

随着时代的发展，科学技术不断进步，计算机、互联网催生的多媒体是不同于传统广播、电视的新型媒体媒介，“两微一端”（微博、微信及新闻客户端）逐渐渗透进大众生活圈，在方便大众娱乐的同时，也促使人们对文化娱乐的需求不断增长，并促使人们追求高质量的文化娱乐方式和内容。从某种意义上来说，广播电视编导的生存环境发展潜力巨大，但同时也对从业人员的素质能力提出了更高的要求。

从理论上讲，新媒体的发展应该能带动编导人才的井喷。然而，在实际调查中，结果却与理论相反。2016～2017 年，在一年的时里，设置广播电视编导专业的学校从 226 所降至 153 所，不升反降，反映了广播电视编导行业人才的培养和输出与需求的增长成相反的趋势。另外，蓬勃发展的新媒体理应带动广播电视编导专业学生的就业，增加编导专业学生毕业后工作的选择项，提升就业的可选性，编导人才也应积极涌入新业态，推动其发展。但是，事实与预期相去甚远，在庞大的就业人才群体中，超过七成的人员选择保守的就业方式，即进入广播电视台。这不由得引起我们的反思。

二、现实环境中广播电视编导的发展特点

广播电视编导的发展依赖于行业发展空间的繁荣和稳定。自2018年以来，我国各类直播平台、直播端数量急剧攀升，相比较广播电视台而言具有更大的流动性和增长空间。我们可以清晰地看到，现在广播电视台在编导行业竞争环境中仍占据较大优势，但新媒体、直播、短视频等的占比不断增加，不容小觑。虽然比重差距仍然存在，但新媒体是编导发展的增长点。根据行业发展环境的分布，未来会不断涌现出新兴行业为广播电视编导专业提供就业岗位，编导工作在其中具有重要的意义。因此，传统广播电视和新媒体都需要高质量、高素质的人才队伍。基于目前的现实环境，扩大和提升编导人才队伍是中国广播电视编导的发展方向。

1. 广播电视编导要具备一定的政治素质

媒体是传播社会导向的重要渠道。若从业人员传播不良风气，社会将大受负面影响。因此，广播电视编导行业从业者必须具备良好的政治素质和专业素质，为社会大众传递正能量。广播电视是大多数群体选择的接收信息源，社会舆论导向的责任就愈发重大。首先，广播电视编导要有较高的政治自觉。编导工作内容面向社会，是社会主义精神文明建设的重要一环，要主动传播正能量。广播电视编导专业的课程中都开设有思想政治课，以提纲挈领、潜移默化的方式让广播电视编导专业的学生树立正确的思想观念，自觉践行社会主义核心价值观，对未来从业打下坚实的思想基础。其次，广播电视编导要具有专业性。随着社会进步，在新时代中，我国社会的主要矛盾已经发生根本的转变，在对美好生活需求中，文化娱乐成为重要的供给。人们需求的转变要求广播电视编导提供更专业、更富有内涵、更高质的正能量文化。

2. 广播电视编导要具备守正创新的意识

广播电视编导具有社会引导性，不仅应顺应时代潮流，更应引领社会发展。编导工作的特殊性要求广播电视编导工作者一方面要不断创新，另一方面要“不忘初心，牢记使命”。创新就要不断更新节目内容，尝试新的节目方式；同时，不能忘记初衷，要记住身为社会舆论导向者的责任与使命，为大众带来高

质量、高水平的内容，传递正确的社会观念。面对互联网、新媒体冲击的编导行业，从业人员仍要保持高度的自觉性，为推动社会发展贡献自己的力量。

三、广播电视编导的发展前景

随着科学技术的发展，虽然互联网新媒体的冲击让传统广播电视编导面临一定的问题，但未来发展潜力巨大，其发展要顺应时代需求。尽管广播电视编导具有良好的未来发展前景，但仍需要做好以下三个方面的工作，让广播电视编导更好地为大众服务，推动社会发展，促进编导行业的进步。

1. 加强理论研究，统一学科设置

做好科学合理的学科设置，实现学校与岗位的对接，这是广播电视编导教育的重中之重。当下有不少院校学科设置不统一，导致毕业生在从业时需要一段过渡期来适应工作需要，这是学校培育人才与社会人才缺口对接不够的表现。因此，针对学校培养与社会需求不匹配的情况，学校方要做好合理科学的学科设置，不同院校之间要沟通研讨，制定出统一的人才培养方向和标准；岗位需求方可以在可接纳范围内更多地提供实习岗位，让广播电视编导专业实现理论与实际的有效结合，使理论培养对接实际大众需求，让编导更好地为社会服务。除此之外，充分运用创新方式方法，加强国内外交流等手段，是提高广播电视编导的能力和水平的重要途径。

2. 打造政策洼地，促进良性竞争

良好的政策支持是创造公平良性竞争环境的保障。良性竞争有利于发展，但存在一定程度上的资源分配不均情况，马太效应严重，大大阻碍了我国广播电视编导行业的高速高质发展。国家在政策层面需要做好顶层设计，对基层院校打造政策洼地，推动普通院校、新开设专业院校的良好发展，改变少数院校远远领先的局面。

3. 完善实践培训，促进校媒联合

实践是理论的目的，学校专业培养的最终目的是向社会输送有用人才。因此，做好校媒融合工作具有很大的必要性。校媒融合重在实践培训，广播电视节目的策划、编导、制作等环节的实际参与比纸上谈兵重要。学校与媒体企业联手打造实践课程，让学生在校期间能够参与编导的实际工作中，学生的专业能力和素质将会有大大提升。学校注重理论知识，学生可以将最新的理论成果带进具体工作中，作为实践活动的理论指导，既能巩固学生知识，又能推动广

播电视编导整个行业的快速进步，让学生、学校与媒体企业实现共赢。

综上所述，随着时代的发展和进步，互联网、新媒体冲击了传统广播电视编导行业，但这同时也是一个发展机遇。从业人员要大胆尝试创新，勇于进入新媒体等行业；学校要与时俱进，做好人才培养工作，积极联合媒体、企业组织；国家要给予政策支持，共同推动广播电视编导行业的高质量发展。

参考文献

[1] 李楠. 广播电视编导在现实环境下的发展探索 [J]. 神州，2020 (5).

[2] 郑莹莹. 探讨广播电视编导在现实环境下的发展 [J]. 长江丛刊，2018 (24).

[3] 罗千惠，王若蔓. 广播电视编导在现实环境下的发展思考 [J]. 中国文艺家，2018 (7).

[4] 刘燕伯. 广播电视编导在现实环境下的发展探索 [J]. 环渤海经济瞭望，2018 (3).

[5] 马松婷. 谈广播电视编导在现实环境下的发展 [J]. 记者观察，2018 (2).

歌曲创作与节目编排探析

鲍茜茹　许心　颜秉正

摘　要：作为电台的音乐编辑，学习优秀音乐作品的创作制作过程，对于我们编辑和制作优秀的音乐节目以及在节目中编排搭配音乐都有很大的帮助。详细剖析不同曲风的编曲结构，能够使音乐编辑获得更专业的理解。这不仅能够增加节目的可听性，也有助于创新和丰富节目的内容，有助于更好地服务听众。

关键词：音乐创作；词曲创作；原创音乐；编曲制作

文字和图像对于媒体工作者来说，就是我们将世界呈现给受众的方式，而声音能够传达的东西丝毫不逊色于文字和图像。那么，作为电台的音乐编辑，笔者长期与音乐为伴，理解优秀音乐作品的创作过程，无论是对于我们创作和制作优秀的音乐作品，还是在节目中编排搭配音乐都有很大的帮助。这不仅能够增加节目的可听性，也有助于我们创新和丰富节目的内容，更好地服务受众。下面，我们就通过剖析优秀音乐作品的创作过程，来谈一谈其对电台音乐编辑实际工作过程中的帮助和启发。

一、音乐创作的动机

对于音乐的创作，很多人会有各种误区。无论是强调歌词或旋律孰先孰后，还是作曲与编曲的区别，单就讨论音乐创作而言，大多数音乐几乎都源自一个动机。这个动机可以是一小段简单的旋律，以一定速度的拍子作为基础，有一个稳定的节奏形态，在其所演奏的一个小节或者四个小节的时长中形成一定循环效果的音乐段落。很多民谣音乐包括民歌都有类似的段落。这些段落在如今我们经常听到的流行歌曲中都能够找得到。此类最常见的莫过于《月亮代表我的心》。这首历久弥新的老歌，从它被创作出来到如今已经经历了无数次改编的版本，包括官方与非官方的。从旋律上，足够多的记忆段落以及上口性使这首歌成为许多现代歌曲创作的灵感。足够好听的段落可以通过变奏或者转调等方法进行加工和再创造来丰富完善，并进一步使一首歌变得完整。这也就是为什么近些年来不断有老歌经过改编翻唱后再次流传开来。在广播歌曲的选择时，这些改编后的翻唱歌曲能够给听众耳目一新的感觉。

不得不提的是，《月亮代表我的心》这首歌的创作过程是先有了曲子，再有了歌词。在 2017 年 8 月 13 日《新民晚报》对《月亮代表我的心》的词作者孙仪的采访报道中我们了解到这首歌的创作过程。年近 90 岁的作词人孙仪在采访中说道："翁清溪（《月亮代表我的心》曲作者）跟我是多年的老朋友，在华视的时候，我们就是同事、朋友。后来，他辞掉工作去伯克利读音乐。一年后，他回来，拿了五首曲子叫我填。那些曲子他说都是坐在学校湖边写的，寂寥又想家，便写了。我看了看，觉得有美国西部味道，又像古典音乐，好像填起来都有点困难。我看他桌子上团了一张纸，我说这是什么，他说那个不好，不要用了。打开一看，那就是《月亮代表我的心》的旋律，我觉得很有感觉，便拿回去填。"孙仪笑着说，是自己拯救了这支曲子，而填词只花了不到一个小时。在被问到是什么让他写出了如此安详、宁静、温柔、细腻、娓娓道来又感人心怀的"月亮"，孙仪顿了顿说："我从来没有跟任何人讲过这些事情，我在天津长大，我离开时 19 岁，歌词多少有一点自己的回忆在里面，如歌里唱'轻轻的一个吻，叫我思念到如今'。"老人一边委婉地分析："不是凭空捏造的"才会引人共鸣，一边多少有点不好意思地挥挥手说："不要谈这些了。"

据孙仪回忆，歌写完后一直反响平平。直到 1977 年，邓丽君在他人的推荐下试听了这首作品，同意重新演绎。虽然没有作为专辑的主打歌，但在专辑发行后，歌曲《月亮代表我的心》一炮而红，成为家喻户晓的经典名曲和海外传唱最广的中文歌曲之一。

结合这一首音乐作品的创作，我们也可以更进一步讨论关于歌词创作的一个方向。歌词对于音乐作品的动机主要来自歌名和记忆段落需要表达的思想核心。通常两者之间总是会被混为一谈，这也是大多数听众和创作者容易混淆和忽略的。一部分原因来自词曲作者对于流行音乐本身的认识——歌名必须体现在歌曲旋律记忆段落当中，常见的歌曲比如《可惜不是你》，这首歌的记忆段落从旋律到歌名无一不体现了这条金科玉律的方方面面。上口的旋律配合与歌名完全一致的歌词，让这首作品成为当时现象级的爆款歌曲。歌词作为动机，成为一首歌曲创作的核心，这在很多原创作品中都有足够优秀的表现，这种方法使音乐创作进一步贴近作者想要表达的核心情感。由此启发我们：在广播音乐节目的编排中，为了配合好主持人串词的播出，在选择歌曲时，一定要把握好音乐本身的创作动机以及歌词的内容，精准地与串词进行搭配，这样才能打动听者的心。

二、词曲创作的平衡关系

通过大量的乐理知识学习以及对各种音乐作品进行曲式分析，音乐创作所呈现的模式可谓是五花八门。在音乐创作中，创作者应该活跃头脑，并且能够快速调用所学的音乐知识。

由于工作性质的原因，很多媒体人并不擅长用音乐家所熟悉的方式去和音乐进行沟通。常见的方式与方法是在某个节奏比较合拍的感觉做 DJ 式的拼接，淡入淡出。如果对音乐的认识越深，所制作出的音乐编排才能越发生动。在音乐创作中，可以通过不同节奏的乐段组合进行情绪的变化和营造氛围的反差，这是比较常见的手法。比较典型的例子是美国“疯克”（Funk）音乐鼻祖之一的詹姆斯·布朗（James Brown），现场的直观感受不亚于任何一位现代电音或电台 DJ，尤其是他的现场演出时全部采用真实乐器进行演奏。“疯克”音乐恰好是现代舞曲音乐的根源。虽然电台 DJ 的音乐编辑风格是否受到这种音乐的影响已经无从可考，但从方式方法再到音乐风格的混搭模式上看，音乐创作对于音乐编辑在歌曲编排的实际工作过程中还是有非常实际的参考价值。

那么，创作本身是通过哪种方式进行音乐氛围的变化呢？这主要体现在两个方面：一是节奏形态，通过不同节奏与律动的感觉，营造氛围的落差。二是旋律风格，通过不同的旋律内容、相同的调式和调门与和声来表现。以上两种方法也只是个例，偶尔还会综合使用的情况。很多优秀的编曲师甚至可以通过修改原作编曲的方式，实现音乐上的各种联动。如《情歌王》等作品，都是通过类似的技术手段实现所谓的歌曲联唱。通过另一种形式实现音乐编辑的功能，除了听感上的五彩斑斓，也让很多原作品得到了新生，甚至从某种意义上变成了一首新的作品。音乐创作也正是在这些领域发挥其应有的作用。这一切也都来自创作者通过非常规的手段对歌曲进行伴奏的结果。对于常规音乐编辑的操作来说，在音乐理论上加深对音乐的理解会更加有效地提升工作内容的质量，而在业余时间尝试一些乐器的学习和演奏也不失为一种提高音乐素养的方法。

三、原创音乐与编曲制作的关系

从字面意思上看，编曲与配器很容易和作曲混淆。严格意义上讲，我们常说的编曲应该称为编配，其核心内容是编曲与配器。词曲作者将歌词与旋律通过一定的速度和节奏律动整合为一首可以清唱的歌曲。需要注意的是，歌曲虽然已经可以演唱出来了，但并不是一首完整的作品。我们回顾任何一首耳熟能详的歌曲时，都会不自觉地开口吟唱出来。但是，在这首歌中，其他所有的伴奏内容都无法通过单纯的演唱表现出来。编配就是我们下一步需要做的事情。

根据歌曲旋律本身，编曲师会整理出旋律最基础的速度与节奏，通过记谱的方式规划出这首歌旋律的小节与段落。有了这些基础的内容，编曲师可以通过对歌曲节奏的理解来进行最简单的伴奏制作。假设一首歌是6/8拍，那么我们可以通过钢琴或吉他演奏一个符合这种节拍的节奏型对歌曲进行伴奏。在这个过程中，编曲师会根据旋律的变化搭配伴奏推进的和弦，而如何用符合节奏形态的方式来演奏伴奏用的和弦，就是编曲的第一步。至此，我们已经可以通过单一的伴奏乐器来为自己的演唱做最简单的伴奏了。

作为编配最基础的形态，民谣歌手独自弹唱自己的原创歌曲是很常见的例子。编曲的内容就是通过吉他的演奏来表达的。那么，配器是什么呢？配器就是选配伴奏用的乐器，也就是民谣歌手常用的吉他。不同类型的歌曲根据音乐制作人的编配思路不同，使用的配器也是不一样的。这里我们也要根据配器的内容和编曲的规模来分述其区别：

对于很多歌曲的可试听样本，这样的作品叫作demo。常见demo制作使用的乐器有吉他和钢琴，类型也从电吉他到电钢合成器等多种选择。

对于一首成熟的商业作品来讲，常见的配器就开始变得丰富了。这不仅是用作商业用途，更多的是来自音乐制作人对歌曲本身的理解和想象。通过编配实现音乐感受的传达，使demo在原有的基础上进一步去拓展伴奏的听觉氛围。类似的歌曲有《有故事的人》。滴水音效过后而来的是电钢合成器与弦乐配合的一段前奏，初次聆听会有一种慢动作镜头驶过阳光丰沛的林荫大道的感觉。这也在搭配这首歌的音乐短片（MV）中能找到类似的意境。当歌曲经过一段完整的内容之后，就需要强化之前的感受甚至带来一段小高潮。这个时候，伴奏开始转调，乐器的内容变得更加丰富，乐句变得更加激烈。这些都是在demo的配器中所不具备的。很多原本是采用一把木吉他或者简单搭配一个手鼓来伴奏的歌曲，也会为了不同的场合和不同的氛围对原有的配器进行修改。相对于编曲，理想的配器可以最大限度地发挥编曲的表现空间，所以编曲和配器是密不可分的。

音乐更多的是一种抽象的艺术。在如今这个多媒体融合的时代，音乐创作与制作更需要进一步去深挖其可能性。作为音乐编辑的意义也不局限于丰富我们的歌单，只有在原有的音乐基础上进一步去拓展音乐的可能性，才能增加作品的可听性，更好地服务于受众。

事件、解释与传播

——建构类型化音乐电台的三个维度

王敏　肖辉馨

摘　要：本文采取事件、解释与传播的模型对类型化音乐电台的优质歌库建立与编排规则、主持人的素质养成以及在地行销模式进行初步探讨。音乐广播更要积极地拓展广播的适配场景，不断进行广播产品内容的升级，适应受众的新需求。

关键词：融媒体；类型化音乐电台；在地行销

一、问题之缘起

1. 现实期待：融媒体时代的传媒视角

进入融媒体时代之后，现代传媒早已脱离了一切都“等、靠、要”的时代，传统媒体从被动转为主动——从改版、彩印、扩版到版面规划与栏目调整，这并非传媒行业的自娱自乐，而是客观形势发展的必然要求。

越来越多的媒体在信息传播活动中开始最大限度地维护受众的根本利益，满足受众获取多方面信息的需要，依据受众心理来选取和舍弃内容。随着汽车工业的发展和受众市场的细化，便有了类型化音乐电台的出现，包括2002年12月由中央人民广播电台三套文艺调频改革后的《音乐之声》[①]，被公认为是内地第一

---

① 节目内容庞杂、编辑本位、忽视听众价值、缺乏市场意识、缺乏广告经营经验等，这些都是《音乐之声》实行改革的动因。类型化广播的特性为锁定部分有一定广告价值、具有相同人口特征的听众群体，并为他们打造相应的消费内容。《音乐之声》认为，流行音乐有比较广泛的听众群体，这部分群体年轻、时尚并具有一定经济基础。参见刘炘炘、黄京华：《广播频率专业化研究》，中国传媒大学出版社2006年版。

家类型化音乐电台。

此后，全国都开始了类似的学习之路，甚至在某些大中城市出现了一个城市有几家类型化音乐电台并存的局面，大有类型化音乐电台“打遍天下无敌手”之感。

2. 模型引入：社会性建构理论

斯蒂文·小约翰在20世纪90年代曾经提出社会性建构的理论，其基本观点为：人们进行传播是为了解释事件并与他人交流这些解释，于是通过传播现实得到社会的建构。它存在“事件”“解释”和“传播”三个基本的维度。其中，事件是现实建构的基础和先决条件，对事件的解释构成社会建构的内容，而传播则属于社会建构的动力，也是运行的过程。

本文采取“事件、解释、传播”的研究路径，“事件”着眼于类型化音乐电台优质歌库与编排规则的设置，“解释”着眼于音乐电台主持人对音乐的诠释，“传播”并非是广播信号的有价值覆盖，而是融媒体时代有效的营销与传播。

二、事件：优质歌库与编排规则

1. 建立适合本地人收听的歌库

关于是先有听众还是先有市场的问题，在传统逻辑中，一般是先设计媒体内容，等到吸引了足够数量的听众，并有了足够的影响力后，才能够吸引客户。类型化电台的最大特点便是主动接近目标受众，即电台先瞄准广告商在不同阶段的销售目标和产品诉求定位，通过市场调查和研究来明确界定其目标消费者特征，然后通过恰当的节目类型来聚合或培养其最感兴趣的这一群人，有的放矢地出售给广告商。

比如，美国城市成人时代广播，它的主要听众是女性（占比为58%），年龄段主要在45～54岁（占比为25.3%），收听时间主要集中在晚上7:00～0:00（占比为45%），文化程度主要为大学本科学历（占比为37.7%），94%为黑种人，家庭收入主要在3.5万～5万美元，她们喜爱的广播节目多为怀旧方面的音乐。这个虚拟的“社会人”为50岁、家庭收入为4万元的名为“珍妮”的黑人女性。研究了“珍妮”的生活习性和收听习惯，也便抓住了该类型化音乐电台所针对的这类听众的收听习惯。所以，歌库的建立就是针对虚拟为某一个特征相对鲜明的“社会人”的。

建设一个优质的歌库是类型化音乐台成功之关键，而区域的文化差别决定了曲库建设是充分考虑当地听众的需求的。音乐电台的本地化特点突出，不同城市的音乐听众收听音乐频率的习惯也存在明显的地区差异，不可替代性比较强。比如，在上海音乐台可以播放大量的外文歌曲，在广东可以连续播放粤语歌曲；南方听众对音乐的吸收速度相对北方听众要更加迅速和及时；欠发达地区听众对网络歌曲的认同度更高。

2. 音乐编排更富有贴近性

对于广播而言，成本领先是优势所在。这可以使它将受众群体细分成不同的子群体，制作专业化内容，充分发挥媒体贴近性、地域性、伴随性特征，在受众的接触范围中划出一方独特的空间，为广告客户提供准确投放目标市场的机会。

有了一个相对优质的歌库，并不意味着就能产生听众喜欢的节目单，歌曲的科学编排同样重要。类型化音乐电台并非简单的热门歌曲的循环播出，而是需要在市场调研的基础上根据目标受众的作息时间、工作特点、年龄、喜好以及流行风潮来细化节目单。非类型化音乐台通常是主持人亲自排歌单，优点是富有个性、利于主持人表达，缺点是重复率高、时段之间落差大，甚至有过一首热播单曲单天重复播放几十次的纪录。目前，国内大部分类型化音乐台都是采用 RCS 数字化播出系统。该系统根据设定好的规则自动生成歌单，规则的制定可根据电台自身的定位、不同时段受众的需求以及歌曲节奏、情绪、活力、年代、语言、歌手性别、中外等要求，从歌曲中进行选择，按事先排好的 clock 顺序生成，然后由专职的音乐编辑进行微调。表 1 为某省会城市广播音乐频道的规则说明。

表 1 某省会城市广播音乐频道规则说明

项目	规则说明	
歌曲长短	大于 5 分钟	不能连续排两首
	小于 3 分钟	不能连续排三首
活力时段	活力时段	连续三首歌曲的活力加总为 7～14
	正常时段	连续三首歌曲的活力加总为 5～12
	舒缓时段	连续三首歌曲的活力加总为 4～11
	连续两首歌曲的活力差不能大于 2	
年代	1998 年以前	占有比例为 20%，经典时段除外
	1998～2008 年	占有比例为 60%
	2008 年以后	占有比例为 20%，流行时段除外

三、解释：受众本位，从“声动”到心动

品牌是媒体在收听（视）率竞争博弈过程中所采取的一种策略——通过受众和某个品牌的高认同度达到提高收听（视）率，增加广告收入，提升媒体形象。传媒在基本实现了对信息传播的物（符号、信号、介质）的资源的整合之后，要寻找的一个新的传播支点就是“人”。在类型化音乐电台中，这个传播的支点便是主持人。

类型化音乐台要求主持人“话精、话准、话好”，提出了“黄金7分钟”法则，这是对通常主持人语言过多、过滥情形的有效反击，目的是“不制造声音压力”。这是对传统的栏目式电台（Block Radio）的挑战。类型化音乐台所追求的是无黄金时段、无黄金节目、无黄金主持人的流程式电台（Flow Radio）模式。所以，这便有了“只听音乐不听话”“只有音乐没有话”等宣传语和主打语。但在实际的操作中，类型化音乐台同样要打造黄金时段和黄金主持人。

在传统的电台模式下，主持人是灵魂和招牌，有着很强的黏性，一个主持人的变动甚至会影响一个节目的存亡。类型化音乐电台同样如此，忠实听众不会黏着在音乐上，而最终只会黏着在某个有个性和有标识意义的主持人上。中央人民广播电台《音乐之声》在开播3周年改版时，便邀请了知名艺人分别主持《音乐晚点名》和《音乐放轻松》两档全新的节目，也充分表明了特色主持人对电台频率品质的提升和广告效应的促进。

对于没有一定专业度的节目主持人而言，少言、精准皆是要求；而对于有一定专业度的唱片节目主持人而言，给他们足够的空间也是必需的。这就如同在北京，类型化的中央人民广播电台《音乐之声》的任何一位唱片节目主持人都无法跟非类型化的北京音乐台和北京交通台比肩。而后者的语言量相当大，都能达到每小时20分钟左右。如此看来，谈话量的多少与收听率其实关系不大，关键在于唱片节目主持人说的内容以及状态，北京音乐台就遇到在音乐中加大谈话量后收听率反而上升的情况。

个性化内容逐渐成为传媒生存和发展的重要手段和必然之路。在如今的时代，传媒所提供的必须是有创意的、独特的、与众不同的，或者在相同的条件下能够做出不一样的结果，让受众完全出于自愿通过消费享受它的意义。从单纯或洪亮或温柔的好听的声音，到展现各自差异化的个人魅力，这就是从“声动”到“心动”的过程。类型化音乐电台也要达到品牌共性与主持人个性的辩证统一。

四、传播：在地行销，事实显度与人文高度的结合

任何一家媒体都必须首先具有优秀的内容，这样才能赢得受众的尊重和认可，进而产生权威性和公信力，才能在市场竞争中具有竞争力和影响力，从而带来经济效益和社会效益。有了“事件”和“解释”之后，类型化音乐电台慢慢摆脱了传统电台“唯收听率论”思想的影响，开始承担起更多的社会责任，这就是传播的意义。

显度即显现度，其概念取自刘建明教授对新闻媒介功能的概况。他认为，新闻媒介的显度功能是指新闻媒体产生的积极影响是直接的、明显的，人的感官可以很快观察到的变化。行销方面的显度更多的是指广告经营。但是，进入融媒体时代之后，行销更多的是指代传播。2017 年，济南音乐广播联合济南市委宣传部、共青团济南市委和济南市文学艺术界联合会共同发起了“民谣济南”品牌活动，意在通过音乐的形式丰富节目内容，提升城市形象。2019 年，济南音乐广播发起的“爱·行走”社交项目分为线上和线下两个部分，在线下建立一定规模的毅行公益组织，并组织各类特色鲜明的毅行活动；在线上通过融合传播进行项目宣传、活动宣传，并强力推出互动节目——“打卡济南”“出行日记”等。2020 年，济南音乐广播联合山东本土较为火爆的脱口秀俱乐部“泥乐脱口秀”，共同打造“泥 8 脱口秀”厂牌，双方进行艺人合作及票务分成，实现了“线上节目，线下活动，全媒互动，品牌带动，产业营销”的联动。

“跑马圈地式”的粗犷经营时代已一去不复返。当前，类型化音乐电台还重视公益活动和商业活动的结合。其中，商业活动偏重娱乐、推广，商业色彩浓重，希望掀起社会大众对音乐台的关注。比如，广东电台《音乐之声》发起的“快活美少女智慧之星擂台赛”，河南音乐广播启动的“非唱不可”活动，江苏音乐台举办的“大学生青春时尚派对”等。公益活动则偏重于推广类型化音乐台的社会影响力，加大在听众中的美誉度。比如，中央人民广播电台《音乐之声》发起的“我要上学”大型公益助学行动，济南音乐广播发起的“小桔灯”爱心读书行动等。进入“十四五”时期，音乐广播更要积极拓展广播的适配场景，使广播产品不断进行内容升级，适应受众的新需求。

宣传实践

XUANCHUANSHIJIAN

城市宣传片后期剪辑制作探析

马壮　贺真

摘　要： 本文在对电视城市宣传片的功能诉求与节目形态进行探讨与分析的基础之上，对此类电视节目的后期剪辑制作手段及艺术表现手法的运用、创新等问题进行了深入研究与阐述，并给出了自己的观点和建议，对城市宣传片的后期剪辑制作工作具有较高的理论参考价值。

关键词： 城市宣传片；后期；制作；剪辑

随着中国城市化进程的不断推进，中国城市数量持续增加，新兴城市不断涌现，加剧了各城市之间的竞争。于是，电视城市形象宣传片（以下简称城市宣传片）作为城市推介与营销的重要手段应运而生。城市宣传片以其独特的媒介表现形式展现出了其在城市宣传推介中的巨大优势，在推进城市品牌形象建设、促进招商引资和旅游市场发展等经济活动中起到不可或缺的引领作用。本文仅从城市宣传片后期剪辑制作方面对其进行研究探讨，也是笔者从事电视剪辑工作20多年来实践经验的总结。

一、城市宣传片的功能与诉求

城市宣传片是以树立城市品牌形象为目标宗旨的，是创作者在充分研究和领悟每个城市独有的自然和人文资源的基础上，寻求并归纳出具有代表性的城市形象要素，并充分发挥电视或网络视频媒介的广告宣传表现能力，创作出高水平电视广告作品，其主要作用是城市品牌形象的推广和宣传。

一般来说，电视城市宣传片传递的信息比较直接，信息量大，对出资方来说“性价比”比较高，所以城市宣传片的市场需求也比较大。现阶段，城市宣传片的出资方一般是当地政府，诉求主要集中在人文历史、城市精神、自然风貌、城市发展以及营商环境五大方面。发布与传播途径主要是各大电视媒体和网络视频平台，尤其以网络平台传播为发展趋势，且呈现快速上升的势态。因此，此类电视片片长一般以 4～5 分钟为最佳。若片长太长，就不太适合网络传播；若片长太短，传播信息量又显不足。

二、城市宣传片剪辑制作的要义

电视城市宣传片既然是电视片，它就符合电视艺术创作的普遍规律。笔者比较推崇的一句话是“电视创作就是调动一切手段用来叙事”，也就是说讲故事，或说是传达信息。城市宣传片有以下两个突出的特点，把这两个特点充分彰显了，就是一部好作品。

1. 要把“事”讲清楚

这里说的“事”，就是宣传片要传达的信息。一般来说，甲方（也就是出资方）想要通过宣传片传达的信息包罗万象、五花八门，而且各个信息之间相互关联、错综复杂。怎样把这么多的“事”讲清楚，是做好宣传片第一个要解决的问题，也是最主要的难点。其实解决好这个问题，片子也就成功了一大半。

为了把“事”说清楚，最直接最简单的方式就是将这些众多信息进行分类，把相互关联的同类信息放在一起。这项工作可以称为“合并同类项”。体现在片子的剪辑中就是给片子划分合适的段落，这样我们就把要讲清楚的很多“事”变成了要讲清楚几个段落的事情了。

划分完段落后，要给每一个段落预设一种或快或慢的节奏气氛，交替排列，组合起来产生整部片子的节奏快慢变化。在选择镜头时，一定要与该段落的气氛节奏相契合，突出节奏快或者慢。需要强调一点的是，每个段落的气氛节奏并不取决于各个镜头时间长度的比例，而取决于每个镜头的延续时间适应于该镜头所能引起并使观众感到满意的那种注意力的紧张程度。

2. 一定要“好看”

“好看”是宣传片要传达的最直接的信息。只有宣传片好看了，才能彰显所推广的城市充满了美丽风景与动人的故事。怎么才能把片子做好看呢？

首先，选择漂亮的镜头，剪辑点要严谨，技术要规范。这些基本要求一定要做到。城市宣传片其实就是一种“形式大于内容”的电视作品，一定要有扑面而来的视觉冲击力、非线性的故事架构、多变的音乐旋律等。用这些艺术手段来营造一种特定的叙事气氛，这种气氛就是恢宏大气、激情澎湃。

作为剪辑师，我们要想方设法地在剪辑中极力营造一种气氛，这种气氛一定是要大于电视屏幕本身，让观众的思绪突破电视屏幕的方框，展开无尽的想象，让这种气氛弥漫在观众的身体周围，让人沉浸其中。这样，片子的好看就是水到渠成的，我们就成功了。

那么，怎么在城市宣传片剪辑制作中营造气氛、做足形式呢？

（1）巧妙设计和应用音效是提升电视片感染力的有效手段

音效可以强化镜头的叙事能力，让镜头更加有感染力。举个简单例子：有这么一个大全景镜头，画面角落里有一条狗，在一个大全景镜头里，一条狗是很难被观众注意到的，若是我们加上狗叫声，观众就能很容易注意到画面中这条狗了。

音效是用来营造气氛的最有效的手段。比如，城市宣传片《现代泉城》的第一段就是用来描写泉水的，为了展现出济南泉水多姿多彩的形态特征，笔者首先把这里的音效铺了三层。每个泉水的镜头除了其自身的同期声音效，还铺垫了一个很小的、远一点的、“哗哗哗”的流水的声音。然后，第三层再加上不同远近的泉水喷涌的声音。这样就给观众制造了一种置身于泉群的氛围，我们的画面就变成了开放的，不仅仅是局限在电视画框之内了。

再比如，最后讲幸福生活、宜居生态的段落，我们在音效中加入了一些鸟鸣的声音。其实，在镜头中并没有鸟的出现，加入鸟鸣音效也是为了营造这种开放的气氛，让观众想象：树上有小鸟，远处也有小鸟，并且它们快乐幸福地生活着。这就增强了我们电视片对环境宜居、幸福生活的主题传达。

（2）背景音乐的强大作用也不容忽视

在任何时候，电视都是以视觉和听觉的综合效果作为传播与接受的手段。然而，在后期剪辑工作中，我们往往只注重视觉效果的感染力，而忽视了听觉效果给视觉效果增添的强大的冲击力。

我们一般都认为，背景音乐是用来制造片子的节奏变化和渲染气氛的，这一点是电视片的共性。但背景音乐还有一个最重要的作用，就是为我们构架段落来服务的。音乐的节奏和旋律变化都可以成为我们电视片段落转换的契机，恰当地使用背景音乐会让段落变得更加清晰。

这里笔者想强调一点，在制作宣传片的时候，一定不能先去找一段音乐再来铺画面。的确，电视艺术是视听艺术，视觉的审美感受是要大于听觉感受的（当然音乐短片除外）。但是，若我们在剪辑一个片子（或段落）前就先确定了音乐，那么整个片子（或这个段落）的节奏就无法由我们来把控了，片子的节奏就是音乐的节奏了。由此，不要让音乐的节奏左右了我们的创作，这一点很重要。

（3）用心设计字幕可以取得事半功倍的效果

字幕不仅是电视片内容的提示或总结，也是参与叙事的一种手段，可以让段落变得更加清晰。同时，字幕还有一个更重要的作用，就是具有强烈的“装饰”作用，可以用来调整画面构图，丰富画面色彩。通常来说，游动的字幕比固定字幕更能吸引观众的注意力。

在有些情况下，字幕还可以用来改变镜头的节奏气氛。快速闪动的字幕可以把一组镜头的节奏变快，缓慢移动或慢慢融化的字幕可以让一组镜头的节奏变得舒缓而富有想象。对于宣传片这种“形式大于内容”的电视作品来说，字幕很值得我们用心认真地设计。另外，对于字幕这些看似不经意的词句，也值得花一些时间和精力，可以请文学专家费心写作。

总之，研究和探讨城市宣传片的功能与诉求，对提高和发展城市宣传片的创作有着至关重要的指导意义，而城市宣传片的后期剪辑制作技术又呈现出日新月异的蓬勃发展之势。作为电视创作人员，我们需要锐意创新、刻苦钻研，不断提升和丰富城市宣传片的剪辑制作技术与手段，创作出更多精彩的城市宣传片，为颂扬伟大新时代做出更大的贡献。

城市电视台纪录片创作的探索

——以《悠然见南山》为例

张东寅　吕雪童

摘　要： 精品生产是全国各城市台的短板，不但受限于资金层面，更重要的在于精品生产导演团队的格局和视野。本文以济南广播电视台精品力作——三集纪录片《悠然见南山》为解剖对象，阐释了城市台精品生产人不仅要具备强烈的家国意识，还要在践行“四全”媒体，打造“四力”高地方面迈出坚实的步伐。

关键词： 城市台；纪录片；精品生产；路径

纪录片是城市宣传的重要手段，当前越来越受到各城市电视台的重视。《悠然见南山》是济南广播电视台2019年打造的三集系列纪录片。该片以精美的制作和现实主义风格记录了济南南部山区的人情风物，登陆央视平台，在播出后广受好评，成为济南城市宣传的新名片。

耗时长、资金紧张、政策限制、技术水平有限以及视野不够开阔是城市电视台纪录片创作的难题，如何兼顾对外宣传和品牌塑造的需求是待破之题。纪录片《悠然见南山》扎根基层，立足现实题材，挖掘本土特色，“三年磨一剑”，为观众展开了一幅绿水青山下南山人悠然自得的农耕生活画卷，也为城市电视台在宣传片创作上得“蛟龙”作出了有益的探索。

一、深耕现实题材，紧扣时代热点

宏大的历史文化题材往往是城市电视台宣传片创作的首选。此类题材的创作模式较为单一，多运用格里尔逊的解说加画面的形式，拍摄制作上易操作，制作周期较短，但因远离现实生活，不接地气，难以满足受众求新求变的观影体验。

济南南部3700平方千米的山区地处泰山余脉，自然物产资源丰富，是济南市的后花园和蓄泉源涵养地。2016年7月，济南市编委批复设立济南市南部山区管理委员会，正式把南部山区纳入济南城市总体规划中。为了进一步提升南部山区的知名度，宣传济南城市形象，献礼改革开放40周年，济南广播电视台2017年立项纪录片《悠然见南山》，由出品过《天下泉城》《名士济南》《曲山艺海》等精品城市宣传纪录片的济南广播电视台国际部纪录片创作团队承担本次拍摄制作任务。

经过深入调研和多次讨论后，主创团队果断摒弃宏大叙事，选择立足现实题材，以当代社会为时代背景，从南山百姓的生活出发，力求贴近受众生活，以小见大。这样既贴合政策热点，又凸显纪录片作为家庭时代相册的功能。

《悠然见南山》的三集分别以南山的石、泉、谷为主题，立足现实主义，紧扣时代热点。在第一集《石》中，九如山栽树队队员赵泽明十一年如一日地做着绿化荒山和生态保护的工作；四门塔管委会的张泽刚和王峰默默地拓印历经千年风雨剥蚀的千佛崖造像群，体现了济南南山人民对历史文化的珍惜，对“绿水青山就是金山银山”的珍视。在第二集《泉》和第三集《谷》中，济南市长清区张庄村支部书记赵鸿兵突破难题，带领村民种植泉水藕致富；平阴县书院泉村支部书记黄涛帮助村民疏导泉水，美化环境，举办泉水文化节，利用互联网推广生态农场；柳埠镇宝峪村村主任王付友带领村民开荒山种小米，成立小米合作社等。这些事例反映的都是农村基层带头人和党员干部不怕吃苦，为人民幸福而不懈努力的家国情怀，是济南市委市政府深入落实习近平总书记重要讲话精神，积极实施乡村振兴战略“守正出彩”行动的具体体现。

二、深挖本土特色，展现小人物大情怀

中国国土辽阔，名为南山的地方众多。其中，较为有名的有广东深圳的南山、海南三亚的南山、陕西的终南山。与这些有名的南山相比，济南南部山区名气小、起点低、亮点少，所以本片创作凸显本土特色尤为重要。

从生态背景出发，济南南部山区地属泰山余脉，也是泉城济南的泉源之地，石和泉是其特色；从历史文化方面看，千年古刹灵岩寺、中国现存唯一的隋代石塔和单层庭阁式石塔位于此，提升了南山的文化深度。

在第三集《谷》中，选取了南山特色的美食，如山东煎饼、孝里米粉、玫瑰梨丸子等，制作过程彰显人物性格、特色物产及特殊的生产方式。总的而言，

从人物形象、语言以及性格方面都流露出浓厚的山东特色，传达出乡村传统与现代的连接，个性与共性的结合。

《悠然见南山》里每一集的主人公都是在南山生活的小人物。他们平凡却勤劳、朴实，有着北方人特有的豪爽，在长期的耕作中总结出一套独特的农耕方法，彰显了劳动人民的聪明才智，小人物凸显大情怀。

靠捡泰山石卖钱供养出两个大学生的赵延禄，他的人物形象既是父亲，也是南山人“泰山石敢当”担当和不畏困难向前的精神代表；四门塔管委会工作人员的张泽刚和王峰冒着危险拓印千佛崖造像，让石质文献得以保存，他们是普通的南山人，也是所有文物工作者的缩影；带领村民开荒山种小米的村支书王付友迎难而上、敢于人先的精神，是基层村干部的表率；三德范村村民宋继东为年迈的母亲做“杂面了嚎”的故事，体现了传统孝道的传承；传统孝里米粉的制作则传递出南山手艺人的工匠精神，对传统美食文化的坚持和热爱。

有家才有国，无数个小家的努力才有国家的兴旺发达。聚焦小人物，见证大时代，彰显了家国情怀，是《悠然见南山》打动人心，实现宣传目的的有效方式。

三、深扎基层百姓，转变叙述思路

2016 年 11 月，习近平总书记在中国文联十大、中国作协九大开幕式上这样阐述文艺与人民的关系：“文艺创作方法有一百条、一千条，但最根本的方法是扎根人民。只有永远同人民在一起，艺术之树才能常青。”在媒体生态逐步趋向商业化和娱乐化的当下，只有守住初心，深入基层，捕捉最生动最鲜活的故事，抓住时代的脉络，才能创作出有共鸣、有影响力的优秀纪录片。

为了了解真实的南山百姓生活，采集精彩的南山故事，前期调研和拍摄阶段的团队成员每日调研早出晚归，从不懈怠。他们每到一处先与各街道办宣传委员进行座谈，了解整个乡镇概况，不厌其烦地深入到各村各农户家中进行面对面的访谈。每晚各分集导演将调研情况进行汇总，在共同筛选人物与商讨故事结构后，就已经是深夜了。每个团队成员的调研笔记都做了三四本，细致到每一个采访对象的每一句话和所涉及的所有背景资料。在累计三个月的调研里，南山团队一行 12 人几乎没有回家，全部驻扎南山，在南部山区西营、柳埠、仲宫、绣川、高尔，平阴县，长清区，章丘区，历城区走访了 100 多户农家，日行百公里，从上百个故事中反复斟酌遴选，展现出南山农民、村干部党员等多个鲜活的形象，反映出当代农民的现代意识和村支部党员的家国情怀，以及当代中国新农村蒸蒸日上的面貌，抒写为了美好生活而奋斗不息的人民史诗。

在当下多元叙述、风格类型多样的纪录片洪流中，传统的城市宣传片多展现风光，依赖宏大叙事和画外解说，显得过于保守，并且高高在上、不接地气，难以满足受众多样的审美体验。从《舌尖上的中国》开始，国家电视台制作的纪录片开始走向国际化的选题视角和故事化的叙述方式，讲好中国故事，传播中国形象，更加注重镜头语言在叙事上的力量。

纪录片《悠然见南山》选择从微观叙事出发，以小见大，每一个南山人和一草一木都彰显着南山的精神特质。通过平民视角讲述身边真实的百姓故事，引发共鸣。例如，在第二集《泉》中，选择了柳埠镇苇沟村普通村民周树明和吕文英夫妻俩种植油菜的故事。为了灌溉油菜，两人前往山上寻找泉水。通过记录引水灌溉的过程引出南山作为济南泉水的涵养地的知识点，在叙述上也以同期声配合画面的方式凸显平民视角的百姓情怀。

人们对外界的刺激有趋新、好奇的特点，而那些完全确实的情境（无新奇、无惊奇、无挑战）是极少能引起兴趣或维持兴趣的。所以，新奇的东西才能唤起人们的兴趣，才能在新的视角、新的层面上发掘出自我本质力量的新的层次进而得以保持，而“陌生化”正是化熟悉为新奇的利器。石、泉、谷是大自然最普遍的元素，也是农民最熟悉的，对它们的展示如何吸引受众呢？第一，使用方式新奇化。南山的石头遍地，而唯有一种在历城县志中记载的五色石能够帮助乐器笙的簧片发出声音，仲宫门牙村文化站原站长井安详上山寻找这种特殊石头的故事由此展开。这不仅新奇有趣，还体现了南山人对传统文化和工匠精神的追求。第二，细节的新奇化和趣味化。在《谷》一集中，带领村民开荒山种谷子的村主任王付友遇到了问题。在谷子成熟时，麻雀偷吃让他不胜烦恼。简单的驱赶麻雀这一细节扩展成了一场斗智斗勇的故事，既生动有趣，又让人感受到劳动人民的智慧与勇敢，是“陌生化”处理的典范，这种手法颇值得借鉴。

四、深化团队合作，拓展播出渠道

在城市台精品宣传的创作上，与优秀创作团队深化合作有助于突破创作瓶颈，本土基因加专业经验成为《悠然见南山》成功的保证。作为《悠然见南山》系列电视纪录片的主创方之一的济南广播电视台精品创作团队，近年来先后制作推出的《天下泉城》《名士济南》《泉城夜宴》等城市形象宣传片，《小清河》《曲山艺海》《泉城之光》《英雄如山》等系列历史文献纪录片都早已为广大观众耳熟能详，其优势是在技术上已有一定的实力，对本土特色和情况更加了解，便于拍摄的进行；其缺点就是创作模式容易固化，有“不识庐山真面目，只缘身在此山中”的困惑。另一主创方——中央新影集团是中国电视纪录片创作的佼佼者。该集团系由中央新闻纪录电影制片厂和北京科学教育电影制片厂作为骨干企业组建而成，是我国唯一生产新闻纪录影片的专业机构。本片艺术总监由国内资深的纪录片制作人担任，从纪录片专业领域和“旁观者清”的角度给予创作建议。在拍摄过程中，团队默契合作，优势互补，展现出极强的专业素质和敬业精神，共同为观众呈现精彩的三集纪录片《悠然见南山》。

美国著名传播学者拉斯韦尔提出传播过程的“5W”元素，传播渠道是其重要的一环。在全媒体时代，充分发挥平台优势，有利于增强城市宣传片的传播效果。《悠然见南山》正式播出前，在央视、济南台各频道、各大网站、手机客户端推出系列宣传短片，包括主创人员讲述幕后和单个人物故事等，抛出包袱，营造话题效应，吊足观众胃口，形成呼之欲出的氛围。注重线下线上宣传的结合，借助央视新影集团的平台，在北京举行开播新闻发布会，邀请济南广播电视台领导和中央新影集团董事长兼总裁参加，实现全国推广的宣传效果和高度。《悠然见南山》三集纪录片于2019年6月22日央视10套《讲述》栏目正式首播，同时在济南台各频道重要时段播出，同步在全国各大网络门户视频播出，打通全媒体播出渠道，增加影响力和社会效应。

《悠然见南山》是济南广播电视台在精品城市宣传片方面的积极探索。他们敢于涉深水，下基层，结合宣传需求和专业要求，不断探索新思路，立足现实题材，深挖本土特色，弘扬小人物大情怀，通过故事化的讲述和平民视角，将熟悉的风物人情“陌生化”处理，使得三集故事生动有趣，由小见大，既让本地居民了解家乡的美，又向外传播了济南的历史文化和朴实民风。“涉浅水者得鱼虾，涉深水者得蛟龙。”唯有犯其至难、敢涉深水，方可图其至远、擒得蛟龙，真正实现城市台精品纪录片的品牌化和社会效应。

广播新闻报道的策划之道

马艺　李冬艳　徐宁

摘　要：在融媒体时代，新技术带来的传播手段日益多样化，广播、电视、报纸、网络等媒体之间每天都在进行着“新闻大战”。要在激烈的竞争中站稳脚，就需要通过新闻策划，在报道理念、方式等方面有所创新。本文探究了广播新闻策划的意义、具体方法和实践路径。

关键词：新闻策划；媒体竞争；科学方法

一、新闻策划

策划，即筹划、谋划，本意是出主意，想办法。严格说来，新闻报道是不能策划的，因为新闻是对新近发生的事情的报道。所谓新闻策划，指的是对已经发生、正在发生和即将发生的事件的针对性采访，一般适用于深度报道和系列报道，具体包括可以预知的、有重大社会影响的活动和事件性或非事件性新闻；非可预见、有重大社会影响的突发性事件，需要在及时发出第一条消息的基础上进一步进行跟踪报道；新闻媒介自己设立的重要问题性报道、活动性报道。这三类新闻选题有一个共同的特点，就是选题本身的潜在社会影响力及其内容的复杂性决定了报道不能停留在简单、肤浅的层面上，而必须对报道客体进行充分的发掘、展示和分析，以多条稿件在空间或时间上的组合，使受众从多种角度、多个层面上了解事物的全貌和本质。

广义的新闻策划是指新闻传媒的形象策划，包括传媒发展战略策划、传媒营销策划、内部管理机制策划、广告策划以及媒体的风格和定位策划等。狭义的新闻策划是指新闻采访策划，即新闻业务中的“战役”策划，指新闻传播工作者在一定时期内为了达到某种传播效果，对具体的新闻事实的报道所做的设计与规划，也就是指记者对将要采访的题材重大的新闻事实所做的事先谋划或筹划。

二、加强新闻策划的意义

在传统媒体时期，广播新闻编辑主要对记者所写的稿件进行编辑，不重视新闻获得前期的策划。进入融媒体时期，广播新闻面临的竞争日趋激烈，受众对于新闻已从“量”的需求转向了“质”的需求。也就是说，新闻媒体的丰富使得受众获知的信息量足够多，甚至达到饱和、过量。新闻报道仅仅以“多”“快”取胜的做法显然已经过时，而精心策划的新闻报道才能称得上是质量上乘的新闻大餐。

策划能够让新闻不断地出“新”。在新闻报道中，人们常说“人无我有，人有我新；人新我优，人优我快”，力图在气势和形式上压倒对方或超过对方。要达此目的，注重策划是一项重要内容。新闻工作是一项主观与客观相互联系、相互依赖、相互作用的活动。加强策划就犹如在主观与客观之间、此岸与彼岸之处架起了一座桥梁，使我们能够把握客观和静态，谋划微观和动态，写出既受读者关注，又符合新闻规律的新闻作品。如今，新闻策划受到国内新闻界的青睐和广泛应用，结合新闻策划实例的分析，其积极作用大致可概括为以下三个方面：

1. 有利于充分调动新闻资源，形成规模效应

新闻策划作为新闻媒体主动反映新闻客体的群体行为，其新闻产品的制成往往不是孤立的单个作品，也不是两三篇简单的消息报道，而是由新闻媒体在同一时段内密集地推出一件件意义相互联系的新闻作品，以宏大的规模和气势激发社会轰动效应的生成，培养大众舆论的兴奋点和共振点。新闻策划是对传统的“一事一报，一事一因”的报道模式的突破，其特点是由某一个事实或线索入手，主动挖掘各种背景材料，进行综合分析和深度报道。由此，新闻策划对提高新闻舆论的辐射规模，促进受众文化思想观念的变迁和更新，具有无可替代的功能。

2. 有利于提高报道质量，使报道更具深度

新闻策划是群策群力的活动。经过群体讨论后，可以产生最佳的采访方案，以此来展开的采访报道活动也必然更有效，也更科学。新闻策划首先力求挖掘新闻信息潜藏的价值取向，透视事实的本质，这是其深度效应产生的前提；新闻策划又是全体参与人员群策群力的结果，这是其深度效应产生的智能基础；为了深化和提炼主题，新闻策划通常要对信息资源进行配置处理和优化重组，

这是其深度效应生成的关键。

3. 有助于促进记者深入采访

新闻策划需要策划者渊博的知识和丰富的阅历，即策划者不但要有丰富的理论知识，同时还要有极强的实践能力。这就要求记者深入实际生活进行现场采访，只有来自现实的第一手材料才能拿来作报道用。

三、新闻策划的科学方法

策划方法得当，报道就能事半功倍，实效显著；如果方法不当，则吃力不讨好，劳而无功。

1. 媒体在新闻策划实践中存在的不足

（1）主观臆断，制造新闻

新闻策划是关于采访报道方式、方法和技巧的策划，而不是策划新闻事实，不是无视事实的客观规律去策划和编造新闻。

（2）小题大做

策划的目的不明确，选题缺乏分量和厚度，难以引起受众共鸣。

（3）虎头蛇尾

对新闻策划的可行性认识不够充分，对报道时机的把握、报道难度的估计以及思想准备、物资条件等方面缺乏系统周密的考虑，导致策划陷入有头无尾、不了了之或半途而废的尴尬境地。

（4）顾此失彼

策划缺乏科学性，只注重前期内容策划，而忽视后期形式策划，或只注重战役性策划，而忽视经常性策划。

（5）趋同从众

一味地照抄照搬或延续传统的做法，缺乏策划的独创性和新鲜感。策划者在实践中要注意：不能不顾实际情况，什么都策划。策划不是“万能钥匙”，它只能是客观的、重点的策划，要量力而行，量材而行，避免“过度策划”和“新闻炒作”。

2. 做好新闻策划的科学方法

（1）恪守真实，联系实际

那种单纯为了自身的商业利益才去策划热点，小题大做、弄虚作假、导演摆布的行为最终只会使媒体自食其果，失去受众，成为竞争中的淘汰者。因此，新闻策划必须符合社会发展实际和新闻规律要求，来不得半点不切实际的主观臆断。在策划中，应当一切从实际出发，根据已掌握的第一手材料进行科学的分析、梳理，从中寻找出切合实际的报道，使报道感召群众，收到预期效果。

（2）把握好“度”

当前的不少新闻策划都带有舆论监督的性质，而这种“监督”也确实使不少社会问题得到了解决。但是，这并不意味着策划者就是“包青天”，媒体就是“公堂”，媒体该做的只是报道客观事实，以引起有关部门的注意，而不是过多地加入主观成分。

（3）坚持受众需求第一的原则

从本质上讲，电台新闻策划是针对听众的需求而组织的。新闻策划就是要通过深入挖掘，以新颖的方式和多维角度的思维转化告诉受众“有什么”和“为什么”，使报道的新闻在内容上具有吸引力，在形式上具有亲和力。我们在实际宣传工作中要努力改进报道方式，牢固树立“贴近实际，贴近群众，贴近生活”的思想。要把受众高兴不高兴，满意不满意，答应不答应，叫好不叫好，作为检验我们策划成功的一个标准。

（4）随机应变

新闻是对不断运动中的事件进行如实客观地展示和反映，记者的主观思想必须随着客观变化而改变。在新闻策划中，记者必须坚持随机应变的科学发展方法。随机应变的“机”涉及天时、地利、人文、景观、事件、情况、态势、过程等，策划者必须根据“机”之变化而变换策划方式和措施，使策划的新闻报道更鲜活。记者随机应变的能力越强，策划的新闻报道就越贴近客观实际，感染力越强，效果也就越好。

总之，新闻策划要减少人为的因素，尊重事实。如果策划偏离了尊重事实这一基本要求，就会有“无中生有”的嫌疑。新闻策划必须以事实为依据，以新闻规律为准绳。新闻媒体要加强自身的策划力和对策划的执行力，这是在媒体竞争中立于不败之地的根本。

参考文献

［1］胡翠玲.《浅析新闻策划的意义和原则》［J］. 今传媒，2018（6）.

［2］郑军.《策划让新闻不断出新》［J］. 新闻传播，2011（5）.

［3］李健.《浅析重大事件中的新闻策划》［J］. 新闻传播，2015（11）.

浅谈媒体公益活动的实与虚

王书国

摘　要：本文结合济南广播电视台近年来主要开展的“热心姊妹花”爱心支教、助青春圆梦大学两项公益活动，重点探讨媒体公益活动如何科学地定位、策划和实施，才能将公益活动做深做实，起到应有的效果。

关键词：走进去；留下来；做实；做大宣传

媒体做公益不是一个新话题，媒体组织开展或参与的公益活动也一直没有断过，但其中真正能给人留下深刻印象的并不多。分析起来，一个很重要的原因就是媒体所开展的公益活动不够实，提供的实际帮助或解决实际问题的力度和深度不能令人满意。相反，走过场，为公益而公益，为宣传而公益的评价却时常能听到。媒体毕竟不是专业的公益组织，也不是负有职责或具备相关职能的政府部门，因此，媒体客观上不可能集中主要精力专门投入一项公益活动中去。那么，在由此产生的实与虚之间，媒体公益活动究竟该有一个怎样科学的定位和把握？本文将结合济南广播电视台近年来开展的“热心姊妹花”爱心支教、助青春圆梦大学两项主要公益活动作相应的分析和思考。

一、活动的公益性必须实实在在

在立项之初，就要对公益活动的公益性进行严格审视把关。从预期来看，能给援助对象或地区办成几件实事、解决几个对方亟须解决的问题的，可归类为实在公益。济南广播电视台从2016年开始开展的“热心姊妹花”爱心支教大型公益活动就有非常明确和实在的活动目标。该活动依托知名记者团队“热心姊妹花”记者为主的报道组，联合济南市教育局、济南市红十字会等单位和部门重点推进。活动设定了“五个一”基本运作目标：组织一系列特色授课活动，开展一系列校外活动，为学校办一批实事，为多位学生或教师圆一次梦，给多个学生家庭提供一次实际帮助。这些明确实在的目标就把这项活动的实在性圈定下来。济南广播电视台联合济南市红十字会开展的助青春圆梦大学活动的目标更为明确：每年帮助 30 名考上大学但家庭困难的准大学生顺利入学。

不管活动的名头和声势多么浩大，意义多么深远，活动的结果必须落到实处。如果只是虚张声势，那就是砸媒体自己的牌子，进而影响媒体的公信力和权威性，无形损失不可估量。

二、真正走进去是公益行动成功的关键一步

所谓的“走进去”是指公益活动的组织者或直接参与者进入到开展公益活动的地点或对象的生活之中，具体全面地了解对方的现状和需求，并尽可能地扩大走访外延，了解到真实的情况，据此调整和完善最初的活动方案，以保证活动的实效性。

每年的“热心姊妹花”爱心支教活动在开始之前和活动进行过程中都会分步骤落实“走进去”这一重要环节。在支教之前，根据当地教育部门的推荐，支教团队会去多个备选学校实地了解学校软硬件建设、师资力量配备、学生和老师状况等。同时，还特别注意校长的态度，因为校领导对于支教活动如何认识、是否支持直接关系到支教活动的顺利开展以及取得预期的效果。2020 年，在走访和选择支教学校时，支教团队首先来到由济南莱芜区教体局推荐的鹿野小学。学校新建的教学楼和全新的标准化操场让支教团队打了退堂鼓，因为这个学校的条件已经不错了，“姊妹花”的帮扶空间会受影响。当支教团队提出再看看其他学校时，鹿野小学年轻的校长说，听说“姊妹花”要来支教，他非常高兴，并把这个好消息告诉了学生、老师和家长，大家都充满期待。如果不选他们学校，大家会很难过。最终，支教团队没有走访其他学校，直接确定在鹿野小学支教。可见，这与校长的态度有很大的关系。事实也证明，在这一季的支教活动中，学校的配合很到位，活动开展得特别顺利。

确定好学校之后，支教团队在正式入驻学校之前还要到学校进行下一步对接，以具体了解学校的需求、需要帮扶和有特点、有故事的学生、老师及家长。在这个过程中形成支教具体方案和主要环节，确定重点和难点，交由活动组织部门提前制定针对性强的任务分解方案。首届支教活动就是通过提前走访了解到三胞胎家庭的特殊困难和一个离异家庭孩子的团圆心愿。这些直接成为当届

支教活动的重点运作内容，并有了一个比较圆满的结果。

“走进去”明显有别于走过去，在表达态度和诚意的同时，使公益更具针对性，是公益活动成功实施的关键一步。

三、不但要“走进去”，还要留下来

不仅要“走进去”，还要留下来，这是公益活动做深做实的重要保障。在“热心姊妹花”爱心支教活动开始后，“姊妹花”直接住进学校，真正走进孩子们的学习和生活，关注并记录孩子们的日常点滴，这个过程一般会持续一到两个月的时间。只有这样，才能真正实现对帮扶对象的充分了解和展现，采制出鲜活丰富的宣传报道。这不仅使帮扶更全面和具有针对性，更重要的是，在朝夕相处的过程中，支教团队给予孩子们的已经不单单是物质资助，更多的是精神支持、心理陪伴和呵护。

在帮扶过程中，“姊妹花”栏目的记者会给孩子们上课，给孩子们做午饭，帮孩子们做家务，和结对帮扶的学生一家一起下地干农活，护送家远路又不好走的学生上学回家。记者们还会陪患病学生去医院就诊，为支教期间过生日的老师和学生举行生日活动，带他们去想去的地方参观游玩，开阔视野……

这也就不难理解，为什么每届爱心支教结束时，孩子们都会和“姊妹花”栏目的记者们难舍难分了。在这期间，孩子们得到的不只是几套文具、几件衣服，更多的是“姊妹花”阿姨们在日常生活中给予他们的耐心倾听、暖心鼓励和贴心关怀，向他们传递的正能量以及分享的与校园生活中不一样的成长经历。这些会影响孩子们的一生，而这也才是公益支教的原本目的和真正意义所在。

留下来就是一种陪伴，陪伴会给人勇气、力量、希望和光明。它的意义已经远远超越了单纯的物质资助，更是对人内心和精神的扶持。真正的公益就应该是对心灵的滋养，为理想保驾护航。留下来去陪伴，公益活动就有了做深做实的重要保障。

四、投入真情实感，是公益活动内容做实的基础

任何的公益活动，如果没有真情实感，就有可能变成施舍与感恩的交易，全然违背了公益的初衷。支教不仅是去帮助别人的活动，要把支教作为自己受教育的一个过程。要俯下身子去细心感受孩子们的真诚可爱和对美好未来的向往，感受老师们的坚守以及他们平凡中的伟大，感受村民们的淳朴善良和生活

的不容易。这样，整个支教活动才会由被动要求转变为主动作为，支教队员才会真正带着感情去支教，支教过程中就会对所见所闻带上应有的感情色彩。正是因为这样，“热心姊妹花”记者们的支教作品也多了一些情感表达和天然的亲和力。在出镜环节，“热心姊妹花”记者们的状态是积极饱满而又满含深情的，一改平时的客观冷静。情感的调动同步提升了报道的品质，使每一篇支教报道都具有打动人心的特殊力量。

在很多时候，公益活动就只是走个过场。而原因就在于，活动的参与者在个人情感上并没有真正理解和接受被救助者的处境，也没能平等地看待对方，做不到感同身受，就只是去完成一项任务，生硬俗套而又程式化，自然也不会与被救助者共情。这样的公益就失去了做实的基础。

五、借力社会资源，是公益做实的力量保证，是虚实结合的有效途径

公益帮扶往往止步于组织者自身的能力极限，这是许多好的公益活动策划半途而废的重要原因。鉴于此，“姊妹花”爱心支教一开始就确定了做好桥梁和平台，引来各方资源一起做公益的基本思路，要举全社会的力量做好这一件事，以确保善始善终，好事做好。

“姊妹花”自身能做的是上好自己的特长课，其他的特长课就请社会专业人士来完成；“姊妹花”能帮忙干农活，三胞胎母亲的工作就由家政公司免费培训帮助就业，村里产的生姜果蔬等特产，则联系爱心企业和村里签下对口帮销协议；除了服装文具由“姊妹花”提供，学校需要的空调、投影仪、多媒体教学设备以及校园路面的硬化、操场整修换新等就联系红十字会、合作单位来解决。

每一届支教活动的开展之前，济南广播电视台都会联系发动五六家爱心单位一起参与，并尽可能动员当地的扶贫办、文明办、团市委、教育局以及各级政府部门共同参与，大家共同分解任务，兑现承诺。5 年来，该项活动共为被帮扶学校捐助总价值近 300 万元的财物，解决近 20 项实际困难。助青春圆梦大学活动则是“热心姊妹花”记者们借助济南市红十字会的力量帮助家庭贫困的准大学生入学，至今已连续开展 8 年，发放助学金 100 多万元，共有 249 名大学生受益。

众人拾柴火焰高。公益本身就有以公众之力为公众谋利益的含义，而在聚合社会力量的过程中，奉献互助的社会美德也进一步得到弘扬，这就是公益活动“虚”的一方面。这可能是看不到摸不着的，但它已然发生。在细微的感觉中，我们所倡导的正向价值观和守望相助的传统美德已在更广大的人群中生根发芽，茁壮成长，实与虚就这样实现了完美融合。

六、做实公益做大宣传，这是虚实结合的基本辩证思路

公益活动方案确定后，所有的执行环节都要尽最大努力去做实。相应地，活干得好就要喊出去，就要让更多人知道，让更多的人感同身受，引发共鸣。对于公益活动来说，怎么宣传都不为过。

5 年来，“热心姊妹花”爱心支教团队采用自然、纪实的记录风格，以精品标准拍摄制作，对每一年的支教过程都进行了全面精细的伴随式报道，每年 50 多期专题报道在电视端黄金时段重点新闻栏目、移动端重点平台同时播发。报道充分反映出支教地教育事业的蓬勃发展，教育从业者无私奉献、积极进取、甘为人梯的精神风貌和高尚品格；全面展现了社会各界对教育的高度重视、热情奉献和大力支持，为尊师重教、振兴教育、助推文明城市建设营造了浓厚的舆论氛围和正面价值导向。活动得到社会各界的广泛关注，产生了极大的社会反响，得到活动参与方及各级领导的充分肯定和高度评价。也正因为如此，投入大、持续时间长、涉及人员多、头绪繁杂的支教活动才得以持续开展。“姊妹花”记者团队也因此获得了更多的荣誉，2021 年 3 月更是获评“全国巾帼文明岗”荣誉称号。在实干的基础上做好宣传，这使“姊妹花”记者成为一个品牌，也使“姊妹花”记者爱心支教成为一个公益活动品牌。

总之，对于这类公益活动来说，实是虚的基础和决定，虚是实的升华和必须，虚实结合才能更好地推动公益事业的发展和提升。

浅谈舆论监督中的法律纠纷

冯磊　苏君

摘　要： 近年来，电视新闻中的舆论监督受到观众特别是普通百姓的推崇。随着观众（特别是受批评者）对舆论监督适应性的增强和法律意识的提高，由此而引发一些法律问题主要是新闻侵权纠纷，并开始呈逐年增长的趋势。针对新闻舆论监督中存在的种种问题，为避免陷入侵权纠纷，新闻记者首先要提高自身修养，认清新闻本质，坚持客观、中立、公正的新闻报道原则，摆正位置。其次，对于一些动态报道，不要急于盖棺定论，要在发展中把握事实的真实性，平时要留心保存证据。对于当初采访时线索提供者的原始材料、录像素材带及其他有关材料一定要留心保存，这样不至于陷入被动。在报道的事件中，对存在对立的双方或多方一定要尽可能地采访到每一方当事人。

关键词： 舆论监督；新闻侵权；学法；懂法；用法

电视新闻中的舆论监督以其反应快、视觉冲击力强、反响大而受到观众的推崇，许多电视台也利用舆论监督栏目扩大自身在社会上的影响力，树立媒体品牌。但是，随着电视新闻舆论监督的报道深度、涉及领域的逐渐扩展，同时也因为观众（特别是受批评者）对舆论监督适应性的增强和法律意识的提高，引发一些法律问题主要是新闻侵权纠纷，并呈逐年增长趋势。这不仅给媒体的正常工作带来影响，更重要的是，频繁出现的侵权纠纷也使舆论监督的公信力打了折扣，有些观众甚至开始对媒体的立场和判断产生怀疑。在这样的情况下，对舆论监督的方式进行必要的思考，分析新闻侵权的成因并加以预防，对新闻工作者改进自身工作和加强自我保护就显得尤为重要。

通常来说，我们接触到的新闻侵权事件多是因为新闻从业人员在报道中故意捏造事实，或是因自身过错使报道内容明显偏离事实。在有些时候，报道内容甚至超越了法律的界限，从而侵害了特定人或群体的名誉、隐私等。虽然有些地方尝试制定了新闻舆论监督实施细则，但全国性的新闻法的制定还有待时日。可以说，我国现行宪法中确认的言论自由权目前依然是新闻媒体进行采访和开展舆论监督时最重要的法律依据。虽然还有相关的司法解释，但是内容很不全面，没有操作性强的具体法规来保证这一宪法权利的落实。国际上普遍承认的对新闻侵权指控进行抗辩的理由，如公正评论、知情权等，在我国并无明确的法律规定。对新闻舆论监督的权利、义务和责任缺乏明确的界定，在司法实践中很难把握侵权与合理监督的界限，这也是新闻媒体进行舆论监督的一个软肋。

当然，对于新闻侵权的认识最重要的还是要分析内因。舆论监督是媒体公开向社会发出的声音，是表明其立场的重要方式。舆论监督应该侧重于社会现象，要对事不对人，这样就不至于让有些人站出来对号入座，从而引发纠纷。但是，有的媒体不注意自我保护的方式和方法，对批评对象指名道姓，而自己手中又没有过硬的证据，这样就很容易造成新闻侵权。造成新闻侵权的另一个重要原因是记者介入过深，立场不正或者自己妄自断言。说到这一点，我们不妨先来说说国际上关于战地记者的一个惯例。那就是战地记者不能随身携带武器，一旦携有武器并介入一方，他就是士兵的身份而不是记者，而一旦被俘就作为战俘处理，并且得不到国际上记者协会的保护。有的记者现在就是犯了这样一个忌讳，他们不是以无利害关系的第三方的身份进行客观报道，而是明显倾向于某一方，或是自己对正在发展中的事态草率地作出结论。这是在一些纠纷性事件的报道特别是在已经进入法律程序的法制类报道中特别容易出现的一个问题。另外，还有一些技术上的原因，具体说就是隐性拍摄方法的使用和对原始录像素材的剪辑程度。隐性拍摄是在现有的舆论监督环境中使用越来越多的一个种操作方式，是在拍摄对象不知情甚至是不愿意接受采访时进行的，这往往也是事后纠纷中被对方特别强调的一点，这种方法如果使用不当就很容易让媒体在纠纷中陷入被动。至于说剪辑的问题，特别是在有人提供采访线索的情况下，如果记者先入为主，偏信偏听，对以自己事先确定的观点有目的地选取被采访对象的访谈内容进行编辑，往往会被人指责为“断章取义”，最终引来侵权纠纷。

针对新闻舆论监督中存在的种种问题，为了避免陷入侵权纠纷，新闻记者首先要提高自身修养，认清新闻的本质，坚持客观、中立、公正的新闻报道原则，摆正位置，只披露事实，不试图干预事态的最终结果。我们不是政府或司法机关，可以评论但不要试图去宣布结论。对于一些动态报道，不要急于盖棺定论。要在发展中把握事实的真实性，以开放的新闻报道方式，既与事件发展互动，又给公众留有足够的思考空间。另外，出于自我保护，也是为将来可能出现的纠纷做好防范，记者在平时要留心保存证据。对于当初采访时线索提供者提供的原始材料、录像素材带及其他有关材料，一定要留心保存一段时间，这样不至于陷入被动。在报道的事件中存在对立的双方或多方的时候，一定要尽可能地采访到每一方的当事人，即使由于某些原因没见到，也要在节目中交代记者试图采访的过程。隐性拍摄必须是在涉及公众权益的情况下慎重使用，后期剪辑特别要注意体现说话者的意图。当然，对于法律纠纷，新闻工作者最终的维权手段也要借助于法律。在新闻法规中应明确规定：新闻媒体对涉及公众利益的事件和人物有新闻采访权和报道权。为了保护和规范新闻舆论监督，新闻法规应将公正评论原则作为新闻法的一项重要原则和判定是否构成新闻侵权的重要标准加以明确规定。有些国家称这一保障措施为实现言论自由的报道或批评的“特别权”或“优先权”，即在涉及公众利益的情况下，为保护充分的意见表达和舆论监督，法律首先考虑对不怀恶意的公正评论权利的保障，其次才是有关个人或法人包括政府的名誉权等人格权利的保障。为了规范舆论监督行为，对采用诸如隐性采访等特殊采访方式也应通过新闻法加以规范，并限制其采访方式、对象、范围和报道意图。通过完善上述立法，既规范了舆论监督行为，又能为新闻媒体在开展正常的舆论监督过程中维护自身合法权益提供有力的法律保障。

我们知道，舆论监督一般是指批评性报道。这种用事实说话、用法律说理的新闻是激浊扬清、扬善惩恶、扶正祛邪的有力武器。舆论监督有利于加强我国的民主法制建设，有利于增强新闻媒体的影响力，对改进党和政府的工作，使决策更加民主化、合法化、科学化，对于反腐倡廉，净化党风、政风和社会风气有着其他监督形式不可替代的作用。舆论监督是我们建设社会主义法治国家的需要，是人民群众的渴望，是新闻自身规律的要求。但是，要搞好舆论监督，必须依法行事。新闻的真实性原则和法律以事实为依据的原则是相互统一的。对某一事件的报道，新闻工作者首先要遵循的是真实，只有真实才能成为真正的新闻。由此，新闻工作者在从事新闻报道的同时，也具备了法律依据事实的最基本要求。新闻的说理与法律的讲法也是互为一体的。理和法相通，法是衡量理的尺度，有理没理首先要看合法不合法。理是建立在法之上的理，不合法就很少有合理的可能性。只有合法才会合理，法是最大的理，合理必须合法。只有严格依照法律摆事实、讲道理，才能实施有效的舆论监督。如果撇开法律偏执一词，也就不可能把理讲清，把新闻写好写透。要想利用法律武器搞好舆论监督，主要从以下五个方面入手：

一是要学法律，懂法规。只有学法、懂法才能用法，才能更好地利用法律去行使舆论监督权利。

二是要用事实说话，用法律说理。真实是新闻的生命，舆论监督更需要用事实来说话。为此，我们首先要确保所报道的新闻内容完全真实。这就要求我们不仅要做到事情的现象真实，更要保证事情的本质的真实。新闻报道不仅要总体真实，而且每个细节、背景材料乃至每个数据都要真实，不能搞“合理想象”“似是而非”或者“差不多”。其次，我们要以事实为依据，以法律为准绳，分析问题，找出症结，分清是非对错，要用法律说话，而不能单凭个人感情、好恶。近年来，出了问题的批评报道大都是在报道事件的真实性上。这些教训更进一步让我们新闻工作者懂得进行舆论监督必须要贴近实际、贴近群众、贴近生活，多方听取意见，充分掌握材料，在把事情的来龙去脉全部了解清楚之后，再依法加以衡量。要防止先入为主、断章取义，杜绝以偏概全、夸大事实和片面追求轰动效应等不良现象。要知道，失实的舆论监督，不仅达不到监督的目的，而且会给社会造成极大的危害。

三是要用法律的观点辩证地看问题。舆论监督要想真正反映事情的全貌，就必须学会用法律观点辩证地看问题，把法律用活。要懂得什么是量变，什么是质变，什么是矛盾的普遍性，什么是矛盾的特殊性，普遍性问题在什么条件下会变成特殊性问题；要知道哪些是看似合法，实为非法的情况；要思考哪些合法的行为在特定的条件下会发生质变，变成非法行为。只有这样才能把握事物的本质，抓住问题的关键，才能通过选准切入点进行舆论监督，找准关键点，切中实质点，真正成为新闻宣传的锐利武器。

四是既要维护法律的严肃性，又要注重报道的典型性，考虑社会效果。法律是建立在经济基础之上的上层建筑，是国家机器的重要组成部分，公民的一切社会行为都必须在法律允许的范围内进行。舆论监督是一种政治性很强的工作。作为一名新闻工作者，要有选择地进行，而没有权利“想批评谁就批评谁”。面对一种思想行为和倾向苗头，要不要公开批评，怎样批评，批评到什么程度，这都要对党和国家高度负责，对社会负责，对被监督者负责。要着眼于促进改革发展，维护社会稳定，服从、服务于全党全国工作的大局。我们只有开阔视野，增强责任意识，防止盲目性、随意性，增强舆论监督的准确性、针对性，才能真正做到帮忙不添乱，“聚焦”不散光，“转化”不激化，使舆论监督在法治的轨道上健康发展。

五是要依靠群众，依法行使舆论监督。舆论监督实质上是人民的监督，也是群众监督的一种表现形式。新闻媒体的批评报道中的大多数线索来自人民群众。舆论监督的选题应当是群众普遍关心的、社会普遍关注的、政府要解决的问题。批评的对象要由法律和群众去评判。我们要通过讲法、说法让群众学法、懂法、用法。在新闻工作者的采访中，如果有了群众的参与，采访就会更加深入，了解到的情况就会更加全面，道理就更能说透。近几年来，新闻媒体开辟的舆论监督栏目之所以深受广大人民群众的欢迎，最根本的一点就是把话说到了人民群众的心坎上，把法律讲到了具体事件中，讲出了法与理的所在，道出了老百姓的心声。也正是因为这一点，批评性报道才得到广大人民群众的参与和支持，舆论监督才能发挥巨大的威力。

浅析“泉城党建”党员学习手机平台打造“互联网＋党建”新动能

陈景旭　郑富强　邹娅

摘　要：如何利用新媒体方式加强党员学习教育，是新时代党建和组织工作面临的新课题。“泉城党建”党员学习手机平台自2017年3月上线以来，为“互联网＋”背景下党的建设和组织工作提供了新动能。本文梳理了“泉城党建”党员学习手机平台具有借鉴性和推广性的经验和做法。

关键词：“互联网＋党建”；新媒体方式；典型案例

习近平总书记在2011年全国组织部长会议上指出：“各级党委要高度重视信息化发展对党的建设的影响，做到网络发展到哪里，党的工作就覆盖到哪里。”互联网为新时代党的建设进行理念创新、方法创新提供了全新的平台和丰富的资源。如何利用新媒体方式加强党员学习教育，是新时代党建和组织工作面临的新课题。

一、“泉城党建”党员学习手机平台创立的背景

目前，济南市有200多万名党员，原有的“电视栏目＋报纸专栏＋专题图书＋党建网站”的党员教育形式存在内容资源不足、信息时效性差等问题，无法满足互联网高速发展背景下党员“随时学，掌上学，特色学”的需求。为充分满足互联网时代党员学习的需求，有效破解党员教育“形式简单，内容单一，时效性差”的难题，“泉城党建”党员学习手机平台于2017年3月正式上线。该平台经过不断地完善和发展，注册用户已超过20万，内容储备超过4万篇，年点击量超过600万，已打造成济南市党员随时随地学习的“掌上课堂”，为“互联网＋”背景下党的建设和组织工作提供了新动能。

二、做法和经验

1. 突出政治站位

中共十九大以来，该平台重点围绕学习宣传党的十九大精神和习近平新时代中国特色社会主义思想，围绕学习贯彻习近平同志系列重要讲话精神，以图文、微视频、音频集、图解新闻、H5 动画等方式，大力宣传“五位一体”总布局、“四个全面”战略布局和党的路线方针政策，第一时间把党的声音传递到基层、传达到每个党员。围绕党的建设和组织工作中心任务，把中央的重大决策部署、山东省委和济南市委的重要工作安排，第一时间传达到各级组织部门和广大组工干部，推动和抓好贯彻落实工作。

2. 抓好党员教育

通过专题化、系列化的形式，该平台先后整合发布了《新时代　新气象　新作为——学习贯彻十九大精神》《“不忘初心，牢记使命”主题教育》等70余个专题，制作发布了《这个“看一看”的愿望，习近平实现了》《重走长征路　重温红色心》《挂职干部的朋友圈是这样的》等 H5、图解内容 500 余篇，发布《习近平新时代中国特色社会主义思想三十讲》音频版以及《中国改革为什么能成功》系列公开课、《讲习时间》系列访谈、《时代风采》党建节目等视音频内容 1600 余集。中共十九大期间，该平台建立 24 小时轮值制度，第一时间、权威准确地发布相关信息。与此同时，数万名党员干部通过该平台收看开幕会，并参加了“中共十九大精神”线上答题。

3. 优化党建服务

“泉城党建”手机学习平台有效利用“在线”形式丰富的优势，拓展不同方向，服务党建工作。通过在线图文直播，组织全市基层党组织在线观摩了全市基层党建重点项目观摩评议活动、全市基层党建重点项目观摩交流活动。联合各有关部门和市委党校专家学者针对不同专题汇编试题百余套，利用该平台开展在线测试，多批次面向全市组工干部开展在线检测。建立各区县信息员队伍，推荐基层党建创新性经验做法以及典型人物事迹至“泉城党建”手机学习平台 4000 余篇。其中，《张庄路街道“书记直通车”引擎重点工作提升机关整体效能》《平阴这位基层干部，把工作总结写成诗歌，刷爆朋友圈》等点击量过万稿件数篇，为各区县组织工作相互学习借鉴提供了便捷的线上平台。

4. 夯实技术平台

本着“高端合作，专业运行”的原则，“泉城党建”手机学习平台在建设之初，有效整合三大运营商的通信技术、阿里巴巴的云技术和索贝的视听技术，融入虚拟现实技术（Virtual Reality，VR）、人工智能等高科技应用，在国内首创党建专栏虚拟人工智能（Artificial Intelligence，AI）主持人，不断丰富党员干部的使用体验，实现了党员干部学习操作不卡顿、使用免流量的体验，为平台提供了充足的内容储备空间和技术运行保障。该平台还接入生活缴费、天气查询、出行查询、快递查询等生活服务，打通党员干部的学习与生活。通过不断优化和完善，“泉城党建”手机学习平台已经成为济南广大党员干部手中“方便、稳定、高效”的“掌上课堂”。

5. 拓展交流阵地

“泉城党建”手机学习平台一手抓学习，一手促沟通，增加渠道和丰富形式双管齐下。平台开设了“我有话说”版块，引导基层干部和百姓参与其中，结合各地发展实际，交流学习体会，探讨党建服务发展新思路。开展了“不忘初心，牢记使命，做新时代泉城先锋”党建微视频、微电影征集活动，共收到社会各界参与提交的作品390部。在活动期间，全市各级党组织和广大党员群众利用“泉城党建”手机平台对入围作品开展了线上公众投票，党员群众参与观看作品和点击投票达到188万人次。

6. 贴近抗疫一线

自新冠肺炎疫情发生以来，“泉城党建”手机学习平台第一时间推出《让党旗在防控疫情斗争第一线高高飘扬》和《疫情防控　党员先行——让党旗在一线高高飘扬》专题，结合共产党员网内容资源和济南广播电视台融媒体报道资源，累计发布抗疫一线党员干部先进事迹500余篇，充分展现了济南市抗疫一线“党员冲锋、党徽闪耀、党旗飘扬”景象。同时，积极助力复工复产工作，接入涵盖政务服务、企业优惠、金融扶持、人才招聘、品牌孵化五大方面内容的济南广播电视台“鹊华通”济南网上公益服务平台，为相关企业党组织提供了有效的措施和可靠的支撑。

三、成效和反响

“泉城党建”党员学习手机平台作为济南市党员随时随地学习的“掌上课堂”，所设置的各个模块取得了良好的成效。其中，在“实况转播”模块，2017年10月18日，济南市1万名党员通过“泉城党建”手机平台实时收看党的十九大开幕转播。在“竞赛答题”模块，2017年10月30日，济南广播电视台党委率先组织全体党员登录“泉城党建”手机平台答题系统，开展中共十九大知识线上测试。在“支部学习”模块，2018年4月27日，济南市公安局组织处党支部组织党员通过“泉城党建”手机平台视频库集体学习《党组织生活怎么过》四集微党课；在“业务交流”模块，2018年1月24、25、26日，济南市1万多名基层党务工作者通过手机平台线上观看了全市基层党建重点项目观摩评议活动直播；在“党员互动”模块，2019年7月上旬，188万人次在“泉城党建”手机平台对全市党建微视频、微电影征集活动中的130部入围作品进行线上投票；在“专题发布”模块中，2020年4月18日，“泉城党建”手机学习平台《疫情防控　党员先行——让党旗在一线高高飘扬》专栏开辟72天，发布抗疫一线党员事迹500余篇，总点击查看40余万次。

新时期搞好党的建设需要怎样的努力和探索？“泉城党建”党员学习手机平台就是以构建网络平台和网络阵地的形式来加强济南党建工作。上线三年多来，“泉城党建”党员学习手机平台围绕服务党员教育和学习，服务党建和组织工作，积极打造“互联网+党建”品牌，成为党员干部掌握时政信息、学习党建理论、研究业务工作、提升能力素质的助手和利器，入选2017年度山东省网络视听节目内容建设扶持项目，荣获2017年度济南市“互联网+”示范工程首位，各项指标在全国15个副省级城市中名列前茅。

“学习强国”市级学习平台建设的路径探析

——以济南学习平台为例

王丽媛　延磊

摘要：“学习强国”学习平台是习近平新时代中国特色社会主义思想当前最权威、最全面、最丰富的信息平台。“学习强国”济南学习平台自2019年6月11上线以来，通过优化组织架构、强化内容建设、扩大宣传力度等方式，已经成为党员群众学习的“主阵地”，助力党的先进理论和文明创建，让知识走进千家万户。为更好地建设“学习强国”市级学习平台，各地市需要在丰富稿件内容、优化奖励机制、培养优秀供稿员队伍、组织线上线下活动等方面发力，助推市级平台向纵深发展。

关键词：学习强国；济南；平台建设；路径

2019年1月1日，“学习强国”学习平台一经上线就受到广大党员群众的追捧。该平台致力于推动习近平新时代中国特色社会主义思想深入人心，是内容权威、形式多样、免费优质、充满正能量的学习平台。作为全国第二家上线的省会城市平台，“学习强国”济南学习平台守正创新、持续探索，在组织架构、内容整合、活动策划等方面积累了一定的经验。通过追踪济南学习平台建设的轨迹，客观认识每个阶段的成绩和不足，对于加速推进“学习强国”市级学习平台向纵深发展具有深远意义。

一、“学习强国”济南学习平台建设的现状与亮点

“学习强国”济南学习平台由济南市委宣传部负责，济南广播电视台负责具体运营维护。目前，平台学员总数已达100多万，累计对山东学习平台发稿15000余篇，其中2000余篇被全国平台采用，供稿得分、学员总数、活跃度等工作指标

均居山东省前列，武汉、合肥、泰安等市级学习平台纷纷前来学习交流。

1. 超前布局，优化组织架构

为建成具有较强影响力的市级学习平台，济南市委宣传部超前谋划，成立了由济南市委讲师团牵头的“学习强国”济南工作专班。这是一支12人的专职工作队伍，包括8名编辑、2名美工和2名技术运营人员，其中党员比例达到85%。该专班具体负责“学习强国”济南学习平台对上供稿、宣传推广、更新运营等工作。

济南工作专班先后制定了总编辑负责人制度、内容来源规范化制度、四级审核把关制度、24小时应急值班制度等，确保了济南学习平台安全有序地运行；联合各区县、企事业单位，拉起了横向到边、纵向到底的100多家供稿组织，包含近200名一线供稿员，为提高稿件质量、丰富稿件类型打下了坚实的组织基础。

2. 强化内容建设，打造学习型平台

内容是媒体传播的出发点和归宿。“内容为王”的理念一直被媒体行业奉为最根本的制胜之道。“学习强国”济南学习平台以全国学习平台为风向标，以内容建设为重中之重，致力于打造集理论宣讲、权威信息、历史文化、精品“慕课”等内容为一体的学习型平台，使其成为广大党员群众工作、生活的“知识加油站”。

济南学习平台加强与党媒党刊等主流媒体合作，及时发布理论宣讲、权威信息、文明实践等稿件，根据重大时间节点设置栏目、专题，方便大家集中学习。根据济南独特的历史文化资源，主动对接济南市京剧院、济南市吕剧院等单位，深挖其视音频资源，有针对性地进行约稿。作品以合集的形式向全国平台推荐。积极参与全国平台的征稿活动，第一时间通过中共济南市委宣传部下发相关通知，比如，春节印记征文、各地春晚视频等，做好稿件的审核报送工作。

3. 着力扩大宣传，形成学习氛围

为做好“学习强国”学习平台的宣传推广工作，济南学习平台积极探索“平台＋社区服务”“平台＋企业宣讲”“平台＋作品征集”等模式，开展10余场“‘学习强国’进社区”活动，邀请专业讲师讲解如何使用“学习强国”学习平台以及各类生活科普知识；组织百姓宣讲员走进企业，宣讲党的最新理论知识和红色历史；开展强国征文、脱贫攻坚图片征集等活动，扩大平台的影响力和知名度，促进学习平台真正深入党员群众身边，营造良好的学习氛围。

二、市级学习平台面临的挑战

随着“学习强国”学习平台的规模发展，各地市纷纷申请市级学习平台。2019年，山东省首批上线包括济南在内的5个市级学习平台。2020年，第二批5个市级平台相继上线，随之而来的还有5个县级融媒体中心强国号和各大媒体强国号。面对日趋激烈的外部环境，再加上全国学习平台对稿件要求的提高，市级学习平台的建设任重而道远。

1. 活跃度有待提高

通过各种形式的宣传推广活动，党员群众纷纷下载“学习强国”学习平台，平台学员数量迅速增长。但是，由于一部分老年人或者青年学生不太了解“学习强国”学习平台，或者在平时的学习生活中较少用到，所以很多市级学习平台的活跃度不高。如何深入推广“学习强国”学习平台，提高平台的使用范围和频率，在扩大覆盖面的同时提高活跃度，仍是需要思考的问题。

2. 优质稿件的可持续性较差

目前，多少篇稿件上了全国是衡量市级学习平台建设的一项重要指标。独具地方特色的“非遗”视频、高质量纪录片、精品“慕课”、短小精悍的百灵视频等稿件比较容易登上全国学习平台，各大市级学习平台纷纷挖掘当地相关单位的往期资源，整理汇集报送稿件。但是，这些稿件制作周期长、产量低、可持续差，如何持续生产优质稿件仍是当前的重要课题。

3. 供稿员队伍参差不齐

“学习强国”学习平台的供稿员需要具有较强政治素养和业务能力，保持严谨、负责的工作态度，是集新闻采写、视频剪辑制作于一身的综合性人才。目前，各地的供稿员大部分是各单位宣传部门的兼职人员，很多供稿员身兼数职，不能准确地把握供稿规范，供稿效率低。有些年轻的供稿员，他们虽然对新事物上手较快，但是政治素养有待提高，严谨程度和专业素养需要进一步加强。

三、市级学习平台建设的优化路径

作为提高党员群众思想觉悟、文明素质、科学素养的重要抓手，市级学习平台要紧抓历史机遇，迎难而上，从内容、活动、人才等方面守正创新，打造学习型政党，构建学习型社会，使“学习强国”学习平台真正“飞入寻常百姓家”。

1. 以内容为基石，创新奖励机制

2019 年 1 月 25 日，习近平总书记在十九届中央政治局第十二次集体学习时的讲话中指出：“推动媒体融合发展，要统筹处理好传统媒体和新兴媒体、中央媒体和地方媒体、主流媒体和商业平台、大众化媒体和专业性媒体的关系，不能搞‘一刀切’‘一个样’。要形成资源集约、结构合理、差异发展、协同高效的全媒体传播体系。”优质的内容是建好市级学习平台的基石。为了提质增效，市级学习平台要统筹与当地主流媒体、区县融媒体中心、新时代文明实践中心的合作，联合策划优质原创内容；结合地市特色资源，主动靠上约稿，以特色内容取胜。

市级学习平台要创新奖励机制，把各区县在“学习强国”学习平台的供稿数、学员数等方面列入意识形态考核，直接与各区县年度排名挂钩，自上而下地推动工作开展；积极组织优秀作品、学习达人评选等活动，对表现优秀的组织、个人给予一定物质和精神奖励，全方位激发大家的学习热情。

2. 线上线下结合，开展形式多样的推广活动

市级学习平台要创新宣传内容和传播手段，开展贴近党员群众生活的线下活动，进社区服务，进企业宣讲，进高校引导，扩大平台的影响力；推出大量“学习强国”线下体验空间，该线下基地可集大讲堂、展示、阅读等服务为一体，弘扬党的创新理论，传播主流价值观，增强广大党员群众的参与感，营造好学、乐学的宣传阵地；组织丰富多彩的线上活动，如党员知识竞赛、百姓在线宣讲、远程技能培训等，拓展和延伸学习渠道，实现线上学习与线下实践同频共振。

3. 加大培训力度，培养一批优秀供稿员

供稿员作为“学习强国”学习平台基层组织的“细胞”，起着至关重要的作用。随着内容运营、技术功能方面的不断完善，市级学习平台供稿员需要具备较高政治素养和自学能力。

市级学习平台需增强培训力度，每季度组织一次大规模的供稿员培训会，并形成常态化学习模式；设立专职供稿员，便于及时了解最新的供稿规范，随时自我学习，提高稿件的质量；设立奖励机制，对优秀供稿员进行通报表扬，提升供稿员的荣誉感和价值感。

“学习强国”市级学习平台作为各地市党员群众学习、宣传城市形象的重要窗口，需要融合各方力量，在内容建设、队伍建设、机制建设等方面发力，有效打通党员群众理论学习的“最后一公里”。

浅析地方媒体如何用小故事讲好大题材

刘婷　孙佳音

摘　要：在“一带一路”倡议背景下，很多中国企业已经走出国门。但是，在海外，由于商业理念、工作模式、生活习惯的很多差异，中国企业开展工作不易。为更好地反映中国企业在海外的发展，济南广播电视台顺应外宣新要求，主动融入“一带一路”倡议大格局，向世界讲好济南故事，传播好中国声音。

关键词：“一带一路”倡议；外宣；跨国采访

在区域化与全球化发展的新阶段，中国提出并推动共建“一带一路”倡议，促进中国以全新姿态走向世界，世界也通过“一带一路”识读中国的国家形象。“一带一路”倡议让更多的中国企业带着中国技术、中国自信和中国友谊，深入沿线国家参与建设，携手沿线国家提升经济发展。与此同时，宣传“一带一路”倡议，弘扬丝绸之路精神，不仅是主流媒体必须担当的责任，也是新闻报道中难得的资源富矿。

事实上，近年来的中国电视媒体上已经播出了多部有关“一带一路”的作品。由于丝绸之路的题材宏大，摄制中对资源的调动较为复杂，因此，国家级媒体在进行项目操作时往往更具优势。这就给我们众多地方媒体提出了一系列新的问题：面对这种宏大题材，地方媒体应该如何结合实际情况设立选题？能不能操作报道？题材把握是否有难度？资源调度是否有问题？应该如何解决？

2017年，济南广播电视台主动作为，积极打造城市外宣品牌项目，策划“一带一路”相关报道和纪录片，为找准精细角度，做出地方特色，他们对中国重汽集团在异域他乡的精彩故事进行采制，赢得良好的社会反响。在纪录片的拍摄中，作为地方级媒体，我们很难做到像国家级媒体一般宏大叙事，于是我们通过跟拍具体的人物及其言行，用讲故事的方法，以小见大，来诠释主题。

我们在拍摄中坚持纪实的创作风格，在特定的场景下记录特定的人物故事，力求做到声画同步，以增加现场感和真实感。

从一开始策划我们就知道，远赴国外采制与在国内是完全不同的。我们外采的国家有的在蚊蝇丛生的南美热带丛林，有的在政局极不稳定的非洲国家，由于生活、语言、交通、饮食、社会风俗等都充满了陌生和不确定性，拍摄异常艰难甚至有时会危及生命。但无论怎样，我们的目标是不变的，那就是以脚步丈量世界，用镜头传递真情，讲好中国人在海外的故事。

到达南美洲之前，尽管在出发前我们事先做足了各种准备，也与当地的驻华大使进行了联络，但是，当我们到达玻利维亚海关时，团队所有人及设备还是被扣住了，被要求不能入境。最后，我们转了三次机，飞了 60 多个小时才到达目的地。本以为后面的一切会顺利，没想到一到玻利维亚就吃了闭门羹。由于当地官方语言是西班牙语，我们语言不通，最终还是紧急联系当地驻华大使，经过三个多小时的协调，才勉强通关。

在南美洲的拍摄中，我们选择了经济相对落后的玻利维亚，我们拍摄的主人公经常穿梭于危险的亚马孙热带雨林和拉巴斯高原。虽然生存条件恶劣，但我们的主人公依旧在当地取得了骄人的工作成绩。在采访拍摄过程中，我们每到一地都坚持与项目的员工同吃同住，争取获得更多的精彩素材。海拔 4000 多米的拉巴斯高原让团队好几个摄像同事产生严重的高原反应，但他们仍在身体极度不适的情况下拍摄了大量素材，坚持完成了采访任务。

在非洲，我们主要去了尼日利亚和埃塞俄比亚两个国家。在尼日利亚超大城市拉各斯采访时，由于当地政局的混乱和无序，拍摄过程不仅艰难甚至会危及生命。埃塞俄比亚的治安则要好很多，但这是世界上最不发达国家之一，医疗条件十分有限。在当地，气候潮湿，蚊虫遍地。我们在当地采访时，吃饭住宿都相当艰苦。尽管条件十分恶劣，但我们还是在紧张的气氛和节奏中完成了拍摄内容。这些异国风情与景致，为我们的纪录片增添了不少域外色彩，也让我们的记者生涯有了一次难忘的磨砺。

历时半年的策划，奔赴四个国家的境外采摄，其空间跨度之大是济南广播电视台前所未有的，其间的采访拍摄难度也是过去少见的。但是，凭着对“一带一路”倡议的拥护，对纪录片的热爱，我们的团队硬是把这块“硬骨头”啃下来了。济南广播电视台围绕“一带一路”主题的报道，既向沿线国家传递了“各取所需，优势互补，互惠互利，共享共赢”的合作精神，也为国内企业融入“一带一路”发展提供了可借鉴的生动实例。纪录片、新闻报道等不同体裁的作品还通过新媒体平台、“天下泉城”App 等渠道进行发布，收视和评奖双获佳绩。

浅议城市台新闻节目的制胜之道

——电视专题《祖国接我回家》的启示

段文红　王磊

摘　要：城市台的电视新闻工作者触及全国乃至全球大事件的机会往往不多，选题、资源、地域等因素往往是创作的客观限制条件，但是机会少并不代表没有机会。只要创作者的思维不受限，站在一个城市、一个地域的角度去表达和表现全国性的新闻事件，也完全有实现的可能性。电视新闻专题《祖国接我回家》对“小”的精准把握就成功地表现了大主题和大格局。笔者复盘这个作品的创作，希望以此为例，解析出城市台新闻节目的制胜“密码”。

关键词：新闻敏感；自媒体；独家素材；声画表达

电视专题《祖国接我回家》曾获得2011～2012年度中国广播影视大奖。这是一件以新中国成立以来最大规模的有组织撤离海外中国公民行动为题材的电视新闻专题作品。发生在2011年初的这一事件，举国关注，全国几乎所有的广播电视媒体的新闻工作者都直接或间接地投入到撤离行动的宣传报道之中。《祖国接我回家》作为一个并非在撤离行动第一线采制的作品，为何能在全国众多的作品中脱颖而出呢？

一、基本创作过程和感悟

1. 小处着手、大处着眼，才能发现好题材

2011年2月27日晚11点，我们得到了第二天将会有一批从利比亚撤离的人员返回济南的线索，尽管当时中央级媒体和网络上对利比亚局势的报道已经铺天盖地，但是在当时我们并不知道这十几个工作人员有哪些经历，他们的归来到底有什么特殊性。出于新闻敏感，我们还是认为这虽然是十几个人回家的

小事件，但他们身上应该会有很多鲜为人知的故事。于是，我们当晚立即与相关单位取得联系、了解情况，为采访拍摄做好了准备。

2月28日下午，第一批撤离人员安全抵达济南，与亲人的团聚场面感人、温馨。通过采访和当事人的描述，我们了解到了他们在利比亚惊心动魄的经历和一波三折的回家路。我们也更确切地知道了我国在利比亚的多个城市有10多家公司、近4万多名中国工人，因而我们有了清晰的判断：这十几人的经历就是我国在利比亚人员经历的缩影。报道他们的回家和团圆不是小事件，而是彰显我国政府对海外中国公民的亲切关怀及我国外交政策的绝佳素材，这是一个重大题材。

2. 多一步的思索，才会有意想不到的收获

如何在电视上展现他们的这一段经历成为我们制作这期专题节目面临的第一个难题。受当时局势的限制，我们无法到利比亚、希腊等撤离人员集中的地点采访，唯一可以采访到的就是已撤离人员。然而，电视新闻的特点就是要求必须有现场真实的声音和画面，如何在无法到现场采访的情况下做到最好，这成为我们一直需要解决的问题。

在做足采访工作的同时，我们认识到：在相机、手机等摄录器材普及的当时，作为有着特殊经历的当事人，已撤离人员可能会记录下了很多声音和影像。在采访济南第一批撤离归国人员的众多媒体离去之后，我们留了下来，比别人多坚持了一个小时，而正是这一个多小时的工作给这期专题片的制作带来了巨大的改变。在这一个多小时里，我们只做了一项工作，那就是逐个询问回国人员是否用手机或者照相机记录下影像。这一个小时的采访让我们获得了500张照片，存量巨大的独家视频影像素材。由此，我们对他们的撤离归国进行了持续关注。从2011年3月1日开始，我们连续5天对陆续归国的济南公司的工人进行了跟踪采访，先后采访六批一百多名归国人员，并从三家公司、数十位工人手中收集和归纳了许多影像素材。这些影像素材几乎能反映我国从利比亚撤离公民行动的全貌，也为这个新闻专题片的成功打下了坚实基础。

3. 关注个体的情感和细节，才能讲出好的故事

从利比亚撤离中国公民的行动受到党和政府的高度重视，政府第一时间紧急部署，海路、陆路、空中展开立体大营救，成为新中国成立以来最大规模有组织撤离海外中国公民的行动。如何运用已经掌握的素材，以电视的手法呈现这一宏大规模的行动，成为我们需要解决的问题。

通过深入细致的采访，我们了解到的信息更加具体：济南三家公司在利比

亚的两地承建当地的住宅项目，3000多工人中的绝大多数是中国籍，其中也有来孟加拉国、越南的工人等，涉及的人群较为广泛，他们的经历也颇具代表性。他们既有我国第一批从利比亚班加西撤离的，也有我国最后一批从利比亚米苏拉塔撤离的，他们经历了我国撤离行动中多数的重要节点，而他们拍摄的音视频资料生动形象地再现了撤离行动。正是得益于此，《祖国接我回家》节目才最终有了一种血肉丰满的细腻与动人。

在撤离人员身上，我们发掘出了众多的故事：有危难之际救助同胞的，有舍弃个人财物保全国家财产的，有在危险之地安危难定之时思念儿子的，还有在遭遇围困时众人同喝一瓶矿泉水的……如果只做笼统地概述，观众可能感受不到其中的情绪变化和情感，所以我们把掌握的素材用画面和声音展现出来，为观众讲了一个个“小故事”：

2011年2月，武装分子以“借车”为名闯进了济南某建筑设计院在班加西的项目驻地，他们在枪声中匆忙撤离，其中一名员工慌乱中摔进了一个大坑里，手部摔伤，无法动弹，他的同事毫不犹豫地折返了回来，扶起受伤的员工安全转移。受伤的员工在事后说，这就是兄弟情感、同胞情谊，是在危难面前中国人团结互助的精神，这段经历让他此生难忘。

我国某公司驻利比亚项目部被袭扰围困的时候，3名女员工也身在其中。在危难面前，所有人首先考虑的是她们的安全，在被安置到居民楼里之后，由多位男员工专门保护。他们在危险之中的所思、所想，真实感人，使得观众在情感上与之形成共鸣。

毫无疑问，撤离人员拍摄撤离过程的现场画面和声音是这期新闻专题的点睛之笔，尽管画面质量可能不尽如人意，但是这真实地记录下了那个惊心动魄的过程。中国人民遭遇危险时同舟共济，记录下了宝贵的影像，为这期新闻专题提供了独有的视角。

二、城市台新闻节目的制胜“密码”

专题片《祖国接我回家》有一个很大的特点就是对国家宏观层面撤侨措施的用笔极少，整期报道对相关内容的表述只有两处，只有一句解说词和片尾的两个字幕。之所以如此，最主要的是客观条件的限制，而我们成功地突破这一限制，最终赋予了这个节目独有的特质，使专题片《祖国接我回家》在与全国的同题材作品竞争中脱颖而出。这种特质实际上就蕴含着城市台新闻节目的制胜“密码”。

1. 地域有疆，而思维无界

作为城市电视台，在新闻信息的采集上，我们不具备中央级和省级媒体采访的便利和资源条件，但这不应该成为城市台新闻工作者思维僵化、自我限制的借口。

地域有疆，而思维无界。每当有类似的全球性大事件或者具有全国意义的新闻事件，城市台的新闻工作者都应该及时关注，要敢于去想自己参与报道的可能性，要勇于去尝试发现参与报道的契机。没有这个思维，绝无创作出好作品的可能。同时，要正视央媒、省媒的优势，发现他们的不足之处，更要意识到城市台新闻节目自身的优势，那就是离基层近、离一线近、离群众近、离独特的新闻资源近的“四近”优势。在同一题材的报道上，要扬长避短，敢于与上级媒体同台竞技。只要我们能找到一个切入点，就要有与之一较长短的心气儿。

2. 眼界开阔，要有判断力

作为城市台一级的电视媒体，城市里每个普通人不普通的经历都会让身处其中的新闻工作者有足够的好奇心。但是，如何在每天海量的线索中发现独具价值的新闻，则考验着每一位新闻记者的新闻敏感度和判断能力，这种判断力需要开阔的眼界和日积月累的学习。

当下，我国正不断推动构建人类命运共同体，深度参与国际分工与协作，中国人遍布全球各个国家。同时，国内的经济发展和人口流动也使得各个省市人口相互交融，每有国际大事的发生，几乎都会有中国公民身处其中或者受其影响。同样，全国性新闻事件也对我们所在的城市产生或多或少的影响，这些新闻事件中具体的人，很可能就跟我们生活在同一个城市。

城市台的新闻工作者要有身处一域、放眼天下的眼界。要时时保持对国际局势变化的了解，对国家大政方针的学习理解和把握，才能判断什么是有价值的信息，才能采访到离新闻现场最近的人。也只有如此，才会有站在一个城市、一个地域的角度去表达和表现全国性乃至国际性新闻事件的可能。

3. 做足“小”功夫，同样是大文章

在专题片《祖国接我回家》中，一个个小人物、小细节真实而饱满，看似讲的只是他们回家的经历和感受，实则反映出了多样化的宏大背景：国家撤离行动措施的高效有力、危机面前中国人团结互助的精神、国力强盛带给国人的强烈自豪感、党和政府对海外中国公民的亲切关怀、我国的外交理念和大国风范。

这里揭示了一个道理，在同类的节目中同样适用，那就是小人物、小细节虽小，却是大政策、大主题的重要载体。他们的再现和表达，就是对大主题的最好诠释。小细节把握好，小人物刻画好，小故事讲好，同样是大文章。

4. 以人为本，个性化表达

在新闻实践中，城市台新闻工作者习惯以官方的身份出现，宏观叙事、官方话语成为常态，更加习惯于直奔主题的叙事，很多作品缺乏变通和个性化，说服力也往往是差强人意。个体永远是大主题、大政策的微观载体，是新闻报道的核心。新闻人物和受众在情感上都是共通的，站在个体的角度去讲故事，可以形成独特的视角和个性化的表达，更能使受众产生情感共鸣，从而能实现宏大主题和价值观“不着一字，其意自现”的意境，其传播效果要远强于直奔主题的报道。越是容易与其他媒体“撞车”的题材，就越是要在个性化表达上下功夫。

5. 保持好奇“新”，为我所用

如今回过头来审视《祖国接我回家》的创作，在2011年初这个时间点上有一个大的时代背景不得不提。当时，随着手机技术和数字影像技术的发展，拍照和录像功能已经在手机上普及，微博的快速发展深刻地影响了人们的生活和社交习惯，特别是一些年轻人喜欢拍视频传到网上与网友们分享。对经历重大事件的新闻当事人而言，他们既是事件的当事人，更是新闻事件的报道者，“自媒体”在这个时候已经初具雏形并开始蓬勃发展。尽管在当时我们并没有如此清晰的认识，但是值得自豪的是，我们关注到了技术发展和人们生活习惯改变的趋势并为我所用。

新的事物和新的技术往往蕴含着抵达新闻现场的手段。城市台新闻工作者保持好奇心和求知欲，对新事物和新技术的理解与利用，可能会使我们的新闻创作如虎添翼。当下，媒体融合向纵深推进，新技术层出不穷，只有把新的技术学好用好，才能把地方上具有全国意义的新闻事件用融合传播的方式报道好，新闻报道才能出奇出新，保持专业品质，形成核心竞争力。

6. 多思多想，多一份行动力

在全国性大事件面前，城市台新闻工作者往往受制于采访资源匮乏，很难找到突破点，这就需要发挥主观能动性，穷尽一切手段去寻找与大事件的连接点，让获取新闻的触角跨越阻隔，无限延伸。只要主观努力了，往往会有意想不到的收获。

另外，在当前的媒体竞争态势下，媒体同行之间比拼的就是主观思维能力和行动力。前面提到一个细节就是我们在创作过程中比同行在新闻现场多待了一个小时，多问了当事人一些问题，就收获了独家的影像素材，这成为这个作品人无我有的最核心资源。

城市台新闻工作者应该做到在工作中比别人多一点准备、多想一点，很多时候多一点就够了。当自己的脑海里有新想法的时候，要重视起来，并且积极去实践，在实践试错的过程中，这一点想法或许就成了金点子。

综上所述，城市台新闻工作者要明确自己的定位和优势。作为地方媒体，与中央、省级媒体相比，我们离基层更近，离一线更近，离群众更近。这是别人拿不走的优势。我们在题材上聚焦独特性、特色上体现贴近性、形式上追求创新性，把自己该做的、能做的、擅长做的做到位，把自身的优势运用发挥到极致，才能在新闻竞争和比拼中实现“狭路相逢勇者胜”。城市台新闻节目的制胜之道、制胜“密码”，其实就在我们新闻工作者自己身上。

新媒体时代电视剪辑艺术的创新与思考

马壮　贺真

摘　要：本文对新媒体时代电视节目的传播途径、节目形态和节目特点进行了探讨与研究，并对此类电视节目的剪辑手段、艺术表现手法的创新和发展进行了深入分析与思考，总结出了新的观点和建议，对新媒体电视节目剪辑制作工作具有较高的理论参考价值。

关键词：电视媒体；新媒体；剪辑艺术；后期制作

随着互联网技术的快速发展以及新媒体终端的不断进步，当代社会已经步入以移动互联为主的新媒体时代。新媒体时代是一个文艺节目“百花齐放，百家争鸣”，各路信息资讯呈现几何指数飞速激增的时代。大量的电视节目和影视作品利用互联网和移动终端在我们工作生活中广泛传播。于是，传统的电视节目又增加了一个崭新的、广阔的发布传播平台。随之而来的是电视艺术创作也发生了新的变化，展现出了新的特点。当然，电视节目的后期剪辑制作技术也随之发生了显著变化，研究和探寻新媒体时代电视剪辑制作的技术手段和艺术表现手法，也成为创作者的必然选择。在此背景下，笔者以新媒体电视节目的剪辑制作为出发点，对其进行深入探讨和研究。另外，由于传播方式的改变，我们把此类节目称作“新媒体视频”好像更为恰当。

一、新媒体视频节目研究与思考

1. 新媒体节目传播途径

新媒体视频开始打破传统电视台发布、用户通过电视机接收观看的单一传播的途径，向着多元化的、双向传输的方式发展。新媒体视频节目主要通过网络平台进行播放，主要的观看终端是个人电脑和手机，其中以手机为最多。

新媒体视频节目传播带来的最突出变化就是受众的观看时间更加不确定，观看时间更加碎片化。观看视频节目的屏幕尺寸更是变得多样化，有可能是电脑显示器，也有可能是手机屏幕，但总体起来说，当前的显示屏幕变得更便携了，也更小型化了。

另外，新媒体时代的来临也使得双向传播得以实现，其带来的结果就是能够让受众在同一时间有海量的视频节目可以选择。于是，视频节目的受众竞争就变得更加激烈，观众对视频节目变得更加挑剔，对节目的“可读性”要求就更高。因此，对视频作品的创作者来说，每个环节都需要提高相应的标准，当然对后期剪辑制作来说亦是如此。

2. 新媒体视频节目的形态研究

总的来说，新媒体时代下的视频节目形态呈现出更加的多样化。但是，由于创作机构的不同，又可以分为以下两大类：

第一类为传统影视制作机构制作的电视（或电影）节目。为了增加传播效率，电视（或电影）节目在传统媒体（或院线）播出后，再通过开通微信公众号、微博官方账号、媒体客户端、视频网站等方式进行二度传播。一般传统电视节目在进入新媒体发布之前需要二次剪辑，精简和缩短节目，以更适合新媒体传播。通常来说，由于电影的制作成本比较高，拍摄讲究，剪辑精良，有较高的观赏性，一般在院线下线后可以直接导入新媒体播出，以赚取第二轮“票房价值”。当然，现在有很多电影也采用在网络首发的方式，并越来越成为趋势。

第二类是专门为了新媒体传播而诞生的视频节目形态。现在常见的有网络剧、网络大电影、微电影、微纪录片、网络短视频、网络直播等。通常这类视频作品从前期策划拍摄，到后期剪辑制作都充分考虑到新媒体制作的传播规律，这本身就是为新媒体量身定制的。这类作品在网络上越来越多，逐渐成为重要的新媒体视频节目，并对传统电视媒体形成了强大的冲击。

3. 新媒体视频的节目特点

从目前的发展情况来看，新媒体视频节目呈现出以下三个特点：

第一，内容简短化。新媒体视频节目越来越简短化，更加切合当下快节奏的生活状态与碎片化观看时间的需要。

第二，观赏性更强。新媒体视频节目和观众处于平等的地位，视频节目更多的是想办法抓住观众的观看心理，增加视频节目的黏性。因此，对于后期剪辑制作来说，这类节目需要更加精致美观、赏心悦目。

第三，个性化增强。要在众多的网络视频节目中脱颖而出，增加观众的点播量，最简单和有效的办法就是把节目做得与众不同。只有在视频的表现形式、剪辑手段上要不断地创新，才能在新媒体视频节目创作中获得成功。

二、对新媒体电视节目剪辑的思考与创新

法国著名电影导演戈达尔说："剪辑才是电影创作的正式开始。"剪辑，就是将视频制作中所拍摄的大量素材经过选择、取舍、分解与组接，最终完成一个连贯流畅、含义明确、主题鲜明并有艺术感染力的作品。剪辑既是视频制作工艺过程中一项必不可少的工作，也是视频艺术创作过程中所进行的最后一次再创作。由于新媒体视频节目的传播途径、观看习惯和观看条件都发生了变化，所以剪辑制作也发生一些新的变化。

1. 挑选镜头需要更加严格

在进行新媒体视频节目剪辑时，挑选镜头要更加严格。一般来说，剪辑时尽量选择那些构图更加严谨，色彩更加艳丽，视觉冲击力更强的镜头。只有由这样的镜头构成的影片，才能在众多的节目中脱颖而出，得到观众的青睐。

在移动互联为"王"的当下，手机已经成为观看视频节目的主要设备。由于手机屏幕比较小，在选择大全景镜头时就需要格外的小心，即一定要选取那些主体比较突出的镜头，因为观众没有足够的时间在纷繁的大全景中去寻找要传递的主体信息。

2. 气氛节奏依然是新媒体视频节目剪辑的命门

所谓影片节奏，并不是指各个镜头时间长度的比例，而是指每个镜头的延续时间适应于该镜头所能引起并使观众感到满意的那种注意力的紧张程度。

视频节目的本质就是"讲故事"。把故事讲好，把故事生动地讲给观众"听"是剪辑师的首要任务。怎么把故事讲生动呢？简单来说，就是剪辑师需要利用各种手段来营造与故事主题相契合的、有利于推动故事进程的气氛节奏。这一点很好理解。比如，在向朋友讲一个鬼故事时，你选择的时间背景在烈日当头的原野上，还是在夜晚一个灯光昏暗、空间狭小的房间里呢？答案当然会选择后者。原因很简单，因为黑夜里的小房间的环境气氛更容易让听者产生恐惧感，增加鬼故事的惊悚性与恐怖感。想要把故事讲好，就要极力为视频作品营造一种适合故事主题传达的"气氛环境"，而这种气氛环境的营造最具体的表

现就是节奏变化。只有在节奏变化的作用之下，视频作品才变得有紧张，有舒展，有怦然心动，有撕心裂肺……

3. 新媒体视频节目镜头组接的建议

一般来说，由于新媒体视频节目观看屏幕变小，观众浏览一幅画面的时间会变短。因此，新媒体视频节目剪辑时，镜头也要相应的变短。适当加快剪辑师的心理节奏，能够有效提升节目的表现力和感染力。

在进行节目剪辑点选择时，应该更加认真地把握叙事剪辑点、动作剪辑点和情感剪辑点的精确。因为新媒体视频节目的时长本身就短，一个不太合理的剪辑点就会在整部影片中显得很突兀，一个粗糙的剪辑点更容易毁掉整部作品。

在节目剪辑时，还应当注重景别的变化以及景别的组合效果。镜头景别一般分为大特写、特写、近景、中景、远景及全景、大全景。一般来说，景别差别越大的镜头，组接在一起时对观众产生的心理影响越强烈。不同的景别镜头的组接可以产生强调主要内容，展现隐含动作，暗示人物心理等叙事手段，从而更好地形成对比，进而营造情绪气氛。

三、新媒体视频节目制作的手法创新

新媒体视频节目的制作手法只有采用创新的剪辑方式，不断推陈出新，才能制作出在新媒体上更有吸引力和竞争力的视频作品。比如，在剪辑微纪录片《我是设计师》的“沮丧”这个段落时，人物采访就采用了“同一镜头同景别”组接的方式，甚至有地方故意剪掉几帧，刻意制造出画面跳跃的感觉。采用这种组接方式就是要营造一种不连贯的、忐忑的、烦躁的节奏气氛，这恰恰是人物在谈到自己最沮丧的往事时的心理状态的一种传达与延续，能更好地帮助影片传达了“沮丧”段落中这一人物的心理情绪。这种“同一镜头同景别”的组接方式是传统剪辑规则中非常不建议的，但是在这一作品中却为影片增色不少。类似的手法创新在新媒体视频创作中应该多多尝试。

1. 新媒体视频制作中字幕包装的变化

由于新媒体视频的观看屏幕变小，一般来说，字幕需要适当地变大一些。另外，在字幕设计上需要更加用心。字幕不但是视频信息的有效补充，更是对镜头画面的一种装饰，可以用来调整画面构图，丰富画面色彩。通常来说，游动字幕比固定字幕更能吸引观众的注意力。

新媒体视频也可以加入部分网络流行语，让视频更富有时代气息，从而提高作品的网络亲和力。

2. 新媒体视频的声音和音乐的变化

声音的处理是后期制作中最重要技巧之一，尤其是在新媒体时代，对于剪辑师来说，掌握多样的声音处理技巧是十分关键的。恰当的同期声能帮助作品传达主体信息。比如，在一个乡村大全景的画面中加入狗叫声，就能第一时间将观众的关注点引至画面角落里的一条孤独的老狗身上。若是没有狗叫声，观众是很难在大全景中发现一条狗的存在的。

在某些新媒体视频的创作中，我们还可以用一些变声软件将一些声音变调、变速，甚至变成一些稀奇古怪的声音，用以增加作品的趣味性，增强作品在网络传播中的竞争力。

由于新媒体视频的观看一般是碎片时间，环境复杂，观众很难静下心来聆听音乐，欣赏优美的旋律。所以，在新媒体视频的背景音乐的处理上，建议选用节奏感强的音乐，剪辑上追求比传统影视作品更多的节奏变化，节奏段落也要更简短一些。我们强调节奏变化，是因为如果节奏过快，观众会产生“视觉疲劳”，就等于没有快节奏了。有对比才有变化，有变化才能让观众继续观看下去。

当然，强调音乐节奏并不意味着不需要音乐旋律。最好是节奏变化和旋律变化交替使用，合理搭配。要尽量做到既有节奏变化来烘托气氛，又有旋律变化来渲染情感。

总之，研究探讨新媒体视频的传播途径和特性，对创新发展新媒体节目的创作有着至关重要的指导意义。新媒体视频的后期剪辑制作技术正呈现出日新月异的蓬勃发展之势。作为新媒体视频的创作人员，我们需要刻苦钻研、锐意创新、勇立潮头，不断提升和丰富视频节目的剪辑手法与制作手段，创作出更多的更加精彩的视频节目，奉献给新时代的广大观众。

有效构建城市广电发展赋能体系

——以济南交通广播的实践探索为例

魏华　周伟勋

摘　要： 新闻的本质之一就是使受众在对象中找到自己，在需求中得到满足，在新闻延展中得到自我归属。城市广播电视具有独特的在地性资源优势。本文通过济南交通广播的实践探索，就如何集结社会监督力、社会动员力和资源整合力，构建起城市广播电视发展的赋能体系进行了探讨。

关键词： 对象观；需求观；延展观；赋能体系

城市广播电视有其独特的在地性资源优势，如果将其细分的要素成分进行合理、有机地组合，深度发掘新闻运行规律背后的对象观、需求观和延展观，集结社会监督力、社会动员力以及资源整合力，就可以逐步构建起城市广电发展的赋能体系。

对象观指的是将观念投射在异于自己的他者主体和他在客体上。需求观指的是将需求投射在异于自己的他者主体和他在客体上。对象观是需求观的前提和条件，需求观是对象观的核心要素和中心指向。延展观是新闻主体感觉器官的有机伸延，是建立在对象观和需求观基础上的。正是有他在的对象意识、有他者的需求意识，信息或观点（互动交流、评论）才有了延展的新闻价值。

以济南交通广播的《交通雷达网》节目为例。虽然人在直播间，但主持人自己的视角已经投射在正在路上行车的司机朋友、行人身上，信息传递、语气设置、语境创立、氛围制造成为有机连接、打通并融合主持人和司机、行人的中介。主持人表现出的第一时间疏导到位的呵护和关切，就是将观念投射于他者的具象话语体现。此时，对象消失了，因为对象已经成为自己；自己也消失了，因为自己已经成为对象。

自我的本质是他者的表达，唯有通过他者才能显现自身。新闻的本质之一就是使受众在对象中找到自己，在需求中得到满足，在新闻延展中得到自我归属。

一、集结城市新闻功能的社会监督力

新闻价值的时新性、显著性和接近性在城市广播电视中的体现尤为突出。接地气的、热乎乎的发生在这座城市的新闻，紧贴着这座城市的温度和气息，最容易满足这座城市受众的需求。尤其是新闻舆论监督类报道，其作为第四种权力，如果运用合理、得当，就能在短时间内树立新闻媒体的权威形象。

1. 融合主持与采编优势，巧办新闻舆论监督类栏目

《1031 说个明白》是济南交通广播新近推出的一档新闻舆论监督类节目。节目采取记者追踪爆料加主持人评说的方式，关注城市发展、营商环境、百姓身边的烦心事和麻烦事。其中，采访环节是评述环节的素材依据和引发点，评述环节又是采访环节的主题延伸和爆破点。采访素材的热点抓取既是市民关注的又是所涉群体利益攸关的，既是城市治理的痛点又是相关法律、政策以及实施执行层面的堵点。这档节目的采访对象选择得当，评说犀利透彻，将深度发掘与鲜活呈现完美结合。节目仅仅播出三期，就引发市民的强烈关注，所涉医院停车难、小区物业管理混乱、大学生暑假打工薪资回款难等难题，也在不断地追踪报道中有所改善或得到初步解决。

2. 及时抓取受众关切，强化社会监督类报道

2020 年的 6 月 15～19 日，在 5 天时间内，济南交通广播值班编辑就推荐了两篇监督类报道为当周好稿。一篇是关于新楼盘没有学区的问题。推荐理由为：记者根据听众反映的情况，详细报道了这一历史问题的由来，并澄清了开发商是否存在夸大宣传等问题。记者最后追踪到有关教育部门，得到了孩子肯定有学上的回复，使问题得到初步解决。

另一篇是关于烧烤行业点餐、结账的模式探访。推荐理由为：针对近日发生在某市烧烤店的收费乱象和听众在节目互动中反映的相关问题，记者对烧烤行业点餐、结账的模式进行了探访。报道反映了听众对遇到消费陷阱的担忧，并通过采访专业人士分析了烧烤摊结账方式存在的弊端，指明了消费者的维权方式和路径。

3. 连接中心受众群体，垂直深耕汽车服务类栏目

《刘敏热线》是济南交通广播的名牌栏目。其中，每周有两次节目时间，常年专门受理通过热线电话、济南交通广播微信公众号“汽车维权”板块以及《刘敏

热线》网上节目留言等方式反映的大量汽车维权投诉，大多集中在购车、购车后使用、汽车出险、汽车维修等环节。对于部分简单的投诉，节目采用三方现场连线的方式，即时解决或答复用户提出的维权问题。至于部分较为烦琐或棘手的投诉，则采用后续记者跟踪报道的形式，推进相关汽车维权投诉的解决速度和力度。

4. 深挖可听性要素，精办社会新闻类的广播评论栏目

社会新闻类的广播评论历来是个弱项。济南交通广播的名牌栏目《汪鑫非常说》的主持人汪鑫及时抓取热点问题，短短数语，就将话题衍生开来，在引发听众深度思考的同时，又能适时、适当、有情、有趣、有理、有力地将听众的思维引向正确合理的轨迹。

二、集结城市新闻功能的社会动员力

新闻舆论的传播力、引导力、影响力和公信力构成新闻功能的内在张力，而其外在的表现就集中体现在新闻功能线下的社会动员力上。济南交通广播充分发掘城市专业频道的特点，将社会关注热点、市民安全防范要点和地域传统文化特色融合共生，通过创办具有影响力的品牌活动，创生性地集结社会动员力。

1. 紧贴城市受众核心关切，重拳打造“绿丝带公益助考”品牌活动

每年的中、高考都牵动着城市受众群体的心，受众对象主体的关切度体现的是主体的内在需求，如果这一需求能够得到充分满足，就会有机延展生成品牌活动。从2000年起，济南交通广播和济南交警支队联合发起爱心助考公益活动，从最初的一对一，逐步拓展到数以万计的爱心送考车队，再升级到“绿丝带爱心送考”和“1031爱心助考点”相结合的全方位线下助考方阵，使近百万考生受益。“绿丝带飘起来，畅行赶考路”成为济南家喻户晓的公益助考活动用语。

2. 发掘应急广播社会职能，创建“平安伴你行”品牌活动

济南交通（应急）广播作为市政府授牌的应急广播，是市政府授权的应急信息权威发布渠道，在抗击自然灾害、传递防灾减灾信息方面有着义不容辞的责任。自2017年9月1日成立以来，济南交通广播积极发挥应急广播的社会职能，与新成立的济南市应急管理局对接，开展“平安同行——城市安全‘救’在你身边”应急系列公益活动。该栏目从市民最为迫切的用气、用电、交通、防火等方面的安全需求入手，全方位、多角度地宣传和普及应急管理基本知识，提升应急突发事件的基本技能、应急避险能力和自救互救能力。

3. 深度挖掘城市文化内涵，着力打造“鹊华读书会”品牌活动

为深入发掘济南历史文化中的精神元素，助力文化济南建设，由济南交通

广播具体承办的《鹊华读书会》节目充分发掘主流媒体在意识形态领域的文化引领作用，传承齐鲁文化精髓，弘扬红色文化精神，展现泉城文化精彩，形成了城市文化品牌。《鹊华读书会》创意策划的《济南二安》系列咏诵会，来自社会各界的学者、文化名人、著名播音员主持人一起诵读辛弃疾、李清照的词句，用不同的艺术形式回味“二安”的经典作品，深度挖掘“二安”文化的深刻内涵，让市民得到中国传统文化的滋润和教育。

三、集结城市新闻功能的资源整合力

传统媒体与新媒体的融合发展是新闻功能资源整合力的集中体现。这不仅包含不同媒介平台的相互融合，还包含横向和纵向的社会资源的整合和融合。济南交通广播根据交通频率特色，着力联动政府部门、主管部门和新闻媒体等社会资源，实现资源互补，形成合力。

1. 连横发起沿黄九省区省会城市台共同战“疫”诗歌朗诵征集活动

2020 年 2 月 10 日，济南交通广播具体承办的《黄河长江守望相助》共同战“疫”诗歌朗诵征集活动，联动中共济南市委宣传部、济南广播电视台、武汉广播电视台以及沿黄九省区省会城市台等社会资源，通过面向社会公开征集抗击新冠肺炎疫情的原创诗歌作品，号召沿黄各城市市民参与到活动当中，用声音汇聚力量，用诗歌声援战“疫”。

2. 合纵相关职能部门，拓展区域性主流媒体的影响力

济南交通广播作为区域性的主流媒体，在新冠肺炎疫情防控的宣传战“疫”中，与公安、交警、应急、交通、公交、铁路、民航等方面的相关职能部门紧密联动，及时播发市民关注的各类信息。与公安部门对接，报道不配合疫情检查受到处罚的典型案例；与应急部门对接，对酒精安全使用、应急车队驰援外地、运送应急物资等内容进行报道；与工信部门对接，对济南市出台的助力企业渡过难关的 17 条措施、电信部门保障应急通信等内容进行充分报道，帮助广大市民全面了解济南市抗击疫情的各种有效做法。

“遥望齐州九点烟，一泓海水杯中泻。”这是唐代诗人李贺在《梦天》中的诗句，描绘的景象是在济南千佛山“齐烟九点”坊处北望所见到的卧牛山、华山、鹊山等九座山头，虽看似孤立独处，却彼此遥相呼应、相通相连，共同融现济南的梦中美景。济南交通广播紧紧发掘城市广播电视独特的在地性资源优势，锻造出一个个自我闭环而又彼此有机融合的城市广电发展的赋能体系。

新修《著作权法》视角下体育赛事节目版权保护浅析

左娜

摘　要：随着体育赛事商业价值的不断攀升，体育赛事节目的经济价值也日益受到重视，其版权保护问题愈发凸显。在《著作权法》修改前，理论界和司法实践中对于体育赛事节目的著作权属性一直争议不断，节目权利人维权难度大。2020 年《著作权法》的修改，引入“视听作品”这一概念，在法律定性、权利归属、权利救济等方面为体育赛事节目版权保护提供了法律依据，有望开启版权保护的新篇章。

关键词：体育赛事节目；视听作品；独创性；著作权法

一、体育赛事节目版权保护的必要性和紧迫性

近年来，体育赛事产业迅猛发展，商业价值不断攀升，体育赛事节目的经济价值日益受到重视，也正因此，其版权保护问题愈发凸显。

1. 侵权行为猖獗，形式复杂多样

一方面，体育赛事的直播和转播授权、广告收入等是赛事组织者和持权转播机构的重要经济来源；另一方面，盗播赛事节目、播放非法广告等现象十分猖獗，产业投资利益严重受损。中国版权协会网络版权监测中心针对 2017 年中超联赛监测的结果是发现侵权平台 57 个，被侵权场次 240 场，侵权数量极其庞大。互联网环境下，新媒体已经逐步取代传统媒体成为体育赛事节目的主要播出平台。针对体育赛事节目的侵权方式也从最初的直接盗播媒体直播信号，演变为短视频拆解、在线音频直播、Gif 动图等间接盗播行为，侵权形式复杂多样。

2. 法律保护缺位，维权成本高、难度大

当前针对体育赛事节目的法律保护制度缺位，理论界和司法实践中对赛事节目的法律性质、法律规制路径等存在诸多争议，使得权利人对法律维权缺少稳定性预期，在一定程度上削弱了法律的威慑力。加之侵权数量庞大，权利人维权成本高、周期长、难度大，这对版权保护提出了新的挑战，解决这一问题实乃当务之急。

二、《著作权法》修改前我国体育赛事节目版权保护的司法实践

1. 以录像制品保护体育赛事节目

在传统体育赛事节目的版权保护纠纷中，很多法院以体育赛事节目独创性低为由否定其类电作品的性质，将其认定为录像制品。这使得体育赛事节目的权利人无法依照《著作权法》要求盗播人承担著作权侵权责任，只能借助《反不正当竞争法》等渠道迂回维权。

例如，在一个著作权侵权及不正当竞争纠纷案中，一审法院认为，体育赛事节目的电视导播和摄制者对现场比赛的拍摄、解说虽有智力成果的投入，但并非处于主导地位，创作空间非常有限，其独创性未达到类电作品的高度，应认定为录像制品，节目权利人以“著作权人享有的其他权利被侵犯”为由寻求救济无法律依据。但是，盗播人与权利人如果处于同业竞争关系，其行为违背商业道德和诚实信用原则，扰乱社会经济秩序，则构成不正当竞争。这种规制方式具有明显的局限性。《反不正当竞争法》属于事后救济，权利人只能在侵权行为发生后据此被动维权，无法进行事前预防，节目版权也得不到全面保护。

此外，也有法院在认定为录像制品后，以侵害录像制品的信息网络传播权为由判决盗播人承担赔偿责任。该观点在 2015 年某侵害著作权纠纷案二审判决中有所体现。

上述案件的争议焦点往往集中在涉案赛事节目是否构成类电作品上。具体情况有二：一是是否达到构成类电作品的独创性要求；二是是否满足类电作品定义中“摄制在一定介质上”的要求，即可固定性要求。

首先，类电作品的独创性认定标准应当是独创性的“有无”而非“高低”，因为独创性高低带有主观判断。《著作权法》上的独创性是法律概念，不应采用不确定性极强的判断标准。对于体育赛事节目的定性，也应当从是否具有独创性的角度分析。随着技术的提升和制作者的不断创新，体育赛事节目已几乎不

再是简单的机械录制，而是通过故事性叙述、多景别切换、慢动作回放、射门集锦等个性化手法，融入增强现实技术（Augmented Reality，AR）和虚拟现实技术（Virtual Reality，VR）等，使赛事节目更具艺术性和专业性，具备较高的创作水准，蕴含了丰富的智力成果。不能因为制作者无法控制赛事内容、创作空间有限就否定其独创性的存在。

其次，随着新媒体技术的发展，对“一定介质”的界定不应局限于传统的磁带、胶片等有形介质，应扩大到无形介质。观众看到的体育赛事直播画面并不是赛事实况的转播，而是直播装置内缓存图像的再现。此类“脱机存储”“在线存储”“链接存储”“云存储”的方式都应当被理解为在一定介质中完成了固定。

2. 以类电作品保护体育赛事节目

近年来，特别是2020年，司法实践中对于体育赛事节目独创性的认定标准逐渐从独创性“高低”转变为“有无”，对可固定性内涵的解释也更加贴合实际。

具有代表性的是2020年9月的某侵害著作权纠纷、不正当竞争纠纷再审案。北京市高级人民法院再审改判认定涉案中超赛事节目构成类电作品，并在判决中明确指出：对于“摄制在一定介质上”应作广义解释；类电作品与录像制品的划分标准应为独创性之有无，而非独创性之高低。涉案体育赛事节目镜头、剪辑的选择等制作过程，均体现了制作者的个性选择和安排，具有独创性，属于类电作品。此外，在2020年4月的一起著作权侵权及不正当竞争纠纷案和同年9月份的一起侵害著作权纠纷再审案中，审判法院也持类似观点。这些典型案例为体育赛事节目是否构成《著作权法》意义上的作品这一争议提供了极具参考价值的解决思路。

三、新修《著作权法》对体育赛事节目版权保护的影响

2020年，对于体育赛事节目版权保护而言具有十分重要的意义。不仅是在司法实践中出现了诸多典型案例，提供了裁判导向；在立法上，全国人大常委会也于2020年11月11日通过了修改《著作权法》的决定，将“电影作品和以类似摄制电影的方法创作的作品”改为“视听作品”，使得体育赛事节目可以在《著作权法》中找到受保护的法律依据，有望开启版权保护的新篇章。

1. 对体育赛事节目法律定性的影响

虽然目前尚无对视听作品的法定解释，但作为电影作品及类电作品的替代，

视听作品的构成要件应与之相似，只是在概念和范围上更加宽泛。就独创性而言，视听作品更倾向于以独创性的有无作为作品的判断标准，将那些摄制方法不同于电影、不便列入电影类作品但又具有独创性、符合视听表现形式的新兴产出均纳入保护范畴，解决了独创性认定标准不统一的难题。就载体和介质而言，修改后的《著作权法》第三条关于作品的定义提出“能以一定形式表现”，强调了作品的可外化特征，又避免了对其载体和介质形式提出过高的要求。第十条关于“复制权”的修改，更是明确了数字化载体也可以被认定为作品的载体和介质。这一系列调整改变了传统意义上人们对作品定义的局限思维，顺应了新媒体环境下作品载体和介质从有形到无形的发展趋势，使得体育赛事节目能够作为“视听作品”获得充分的法律保护。当然，修改后的《著作权法》对于“视听作品”的含义没有给出明确的规定，为避免过分扩大解释，其具体范围应当在后续修改配套法规《著作权法实施条例》时予以明确和规范。

2. 对体育赛事节目著作权归属的影响

体育赛事节目版权保护的另一个重要问题就是著作权的归属。单纯从法律角度分析，既然符合一定条件的体育赛事节目可以被认定为视听作品，那么其著作权理应归属于制作者。但现实中相较于赛事节目的制作者，赛事组织者往往投入更多的人力、物力、财力，节目的摄制也是以赛事为基础的。如果赛事组织者无法获得赛事节目的著作权，与《著作权法》制定的初衷不符，也有违公平原则。

因此，修改后的《著作权法》在第十七条中增加了第二款规定，电影作品、电视剧作品以外的视听作品的著作权归属尊重当事人的意思自治，采用约定优先原则。赛事组织者可以依据该规定在赛事节目委托摄制合同中明确约定著作权归属己方，充分保护自身的投资利益。

3. 对权利救济的影响

根据修改前的《著作权法》的规定，体育赛事节目的侵权人要按照权利人实际损失或侵权人违法所得给予赔偿，权利人的举证难度相对较大。修改后的《著作权法》第五十四条规定，在权利人实际损失或侵权人违法所得难以计算时，可以参照权利使用费给予赔偿。节目权利人可以通过提供节目有偿使用许可合同、履约凭证等材料，证明权利使用费的数额，举证责任大大减轻。

另外，为了解决民事诉讼维权周期长的问题，修改后的《著作权法》第五十五条还增加了行政救济途径。体育赛事节目权利人在发现侵权行为时，可以第一时间请求主管著作权的部门对涉嫌侵权的行为进行查处，最大限度地降低损失、保护投资利益。

体育产业的发展使得人们越来越重视体育赛事节目的版权保护。在互联网技术与新媒体领域的深度融合下，传统体育赛事节目面临更加严重的盗播侵害。2020年《著作权法》的修改，为体育赛事节目提供了更全面的保护，有利于促进赛事节目产业链的健康、规范发展。

参考文献

［1］杨幸芳．体育赛事节目的法律性质与保护之评析［J］．电子知识产权，2019（12）．

［2］杨岩滔．新媒体时代体育赛事直播画面的版权探讨［EB/OL］．http://www.yichenglaw.com/yjy/detail1.aspx？mtt＝105．2020-10-12。

疫情背景下的济南应急广播发展策略研究

颜秉正　鲍茜茹　许心

摘　要：在2020年新冠肺炎疫情的突发期间，各地广电网络与应急广播承担了重要的使命与责任，24小时不间断地提醒市民注意严格防疫，为各个乡镇等地方的疫情防控做出了不可磨灭的贡献。本文通过问卷调查，分析了济南应急广播在人民心目中的认可度和满意度，为下一步济南应急广播的建设发展提出了有价值的意见。同时，从发展的角度对济南应急广播建设进行了思考研究，并结合官方资料和专家访谈结果就相应问题提出了针对性的提升意见。

关键词：疫情；应急广播；发展策略；聚类分析

2020年，面对新冠肺炎疫情，全国多地的应急广播体系在国家、省、市的应急指挥下快速投入了这场群防群控的战"疫"中。全面铺开的应急广播体系，打通了信息传递的"最后一公里"，应急广播"村村响"，疫情防控人人知。由此，应急广播所发挥的传递信息、防控疫情、遏制谣言、提振信心、维护稳定的重大作用得以凸显。为了更好地促进济南应急广播建设的发展，本文从受众的角度出发，在受众研究和分析的基础上，对济南应急广播的发展策略提出建议。

一、济南应急广播受众问卷设计与发放

为了从受众的角度对济南应急广播建设现状进行理解和评价，笔者设计了调查问卷，对济南应急广播受众进行了调研，以期了解济南应急广播现阶段的普及度和受众满意度。

1. 问卷设计

本文所有问项均来自前人实证研究的文献以及与专家讨论的结果。本文关

于受众对济南应急广播态度的方面共有15个变量，采用利克特5级量表测量。对于济南应急广播在受众中的普及度和受众对济南应急广播满意度均采用利克特5级量表，每个变量用3个问题进行测量。（《济南应急广播建设满意度调查问卷》，略）

2. 样本受众态度聚类分析

聚类分析是指将研究对象的集合分组为由相近对象组成的多个类别的分析过程，目标就是通过聚类的方法对不同群体进行特征分析。通过聚类分析可以针对不同的群体或者问题的特征进行更准确的描述和理解。

由最终数据可知，应急广播受众最关注的仍是其时效性，其次是可靠性，即应急广播能否稳定安全地传递相关信息。受众对于应急广播所传递信息本身这件事也是比较关注和重视的，基本认为应急广播传递信息是一件严肃的、应该认真对待的事情。受众对于应急广播的内容可理解性仍持有比较乐观的态度，这一方面说明现在的应急广播内容比较好理解，易于接受和学习；另一方面，这也要求相应工作人员在以后的播报中继续注意字词的使用，使播报内容因地制宜，得以有效传达。

二、对济南应急广播建设的建议

虽然在现有的制度和规范下，广播行业大多存在人手不足，硬件设备、财力有限的情况，但根据问卷调研结果显示：目前济南应急广播建设受众接纳度和满意度均比较好。笔者根据济南应急广播的发展经历，结合受众问卷调研结论，除完善法律法规之外，本文对济南应急广播未来的发展提出如下四条建议。

1. 了解受众需求，与受众互动，充分利用社会资源

广播业对于受众的研究应该是持续且必须是客观的，不应受利益驱动，应急广播更是如此。只有时时关注受众群体，了解他们的需求，才能促进广播业的发展。

从问卷分析的结果可知，济南受众最关注的是应急广播的时效性和可靠性。基于此，在以后的应急广播建设和宣传时，应着重强调其在可靠性和时效性上的价值，让受众对应急广播有信心，可以在最短的时间内根据应急广播的指引获得救援，将损失降至最低。

2. 调动和整合官方资源

济南应急广播依附于济南交通广播，并且与济南交通管理部分建立了紧密

联系。这样一方面保证了信息的及时性和准确性，在日常讯息传达中，与济南民众建立相互信赖的关系；另一方面，各地应急广播应该因地制宜。根据各地交通广播发展的实情，交通广播电台首先应与市所在城市公安交通管理部门建立专门的交流渠道，制定交通危机信息发布计划。通过这种方式，在处于危机时就可按照预演从容应对，不至于慌了阵脚。除政府部门外，交通广播电台还需要与气象台、高校和医院等专业机构建立长期合作关系，以便在发生危机时获得第一手的专业意见和关于解决危机的建议。

3. 建立和发展完善的应急预案

建立和发展完善的应急预案，需要充分调研济南市的环境和现况。济南应急广播和政府部门合作，共同协商制定了济南应急预案，在危机发生之后，通过应急广播的“两微一端”迅速把官方信息传递给受灾群众。当然，济南应急广播的建设并不是一蹴而就的，应急预案的设计也不可能一步到位，这需要经验的积累和不断地完善。另外，需要注意建立工作人员与所服务群体的相互理解和相互尊重，可以更有效地接收信息。一份可靠的应急预案可以让每一位员工在每一次的行动中都能做到思想统一、行动一致，最大限度地发挥济南应急广播的效用。

4. 应急意识常态化

济南交通广播本着“平急结合”的原则，承担济南市的应急广播职能。交通广播电台在平时事故、日常信息播报方面均积累了丰富的经验，在危机发生后，可以做到有条不紊地把必要的信息传递出去。

如果广播内容脱离实际，它也就失去了应有的价值。应该让应急与生活结合起来，将应急意识植入民众思想中，使民众具有抗灾能力；将应急意识植入应急广播相关工作人员的思想中，使工作人员在平时的工作中都能时刻严肃起来，发生紧急情况便可以不慌不乱，在传递灾情讯息的同时，也能安抚群众。

参考文献

[1] 张亚然. 国家应急广播体系中新媒体运作模式及传播方式探析 [J]. 中国广播，2013 (6).

[2] 吴建南，庄秋爽. 测量公众心中的绩效：顾客满意度指数在公共部门的分析应用 [J]. 管理评论，2005 (5).

［3］周玲，宿洁，杨华东．汶川地震灾情与应急广播报道的契合度研究：以中央台《汶川紧急救援》应急物资报道为例［J］．管理评论，2016（8）．

［4］周新权．应急广播的体系研究和实践［J］．广播电视信息，2016（4）．

［5］姜海清，王磊．应急广播体系建设中信息流转问题初探［J］．中国广播电视学刊，2015（4）．

［6］王效杰．国家应急广播体系规划与建设［J］．中国广播，2014（10）．

［7］杜国柱，程征．“村村响”农村广播系统 应急广播在农村广播中的应用［J］．卫星与网络，2012（12）．

济南应急广播建设背景及难点分析

鲍茜茹　颜秉正　许心

摘　要： 广播是使用最广泛、传播速度最快的大众传播媒介工具之一。当突发疫情、恐怖袭击等公共危机时，应急广播（Emergency Broadcasting）这一广播形式可以提供一种简单迅捷的信息传播渠道，并且在第一时间把与灾难相关的信息传递到民众手中。2017 年 9 月，“济南应急广播”正式建成。本文对济南应急广播建设的背景进行了描述，在收集大量文献数据的基础上，分析总结影响济南应急广播的建设与发展的因素，对于指导和促进区域应急广播的建设和发展，更好地满足人民群众对应急广播发展的需求和期望有着重要的意义。

关键词： 应急广播；发展研究；区域广播

2017 年 9 月，“济南应急广播”建成仪式在济南人民广播电台中心举行，标志着济南交通广播正式成为济南市政府官方授权的应急信息发布渠道。

一、济南广播和交通广播发展现状

济南人民广播电台成立于 1948 年，已有 70 多年的历史，目前拥有新闻、经济、交通、文艺等多套广播节目，全部实现数字化，可以 24 小时不间断播出。

在 2014 全国广播业综合实力榜单发布会上，济南人民广播电台凭借其独特的品牌优势、遥遥领先的市场份额和创收业绩，在只有四家市级广播电台上榜的荣誉榜中摘得桂冠。

二、济南广播的整体发展现状

根据《2017 中国广播收听市场年鉴》统计，济南听众人均收听时间达到 77.7 分钟，位于全国第 8 位，其中 2014 年和 2015 年收听时间分别为 104 分钟和 88 分钟。济南 15 岁以上听众在家收听广播的时间占比最多，达到 46.6%；其次是在车里，占比为 45.8%。同时可以观察到的是：济南听众不在骑自行车或步行时收听广播，其他地点选择比例可参见见图 1。济南听众最喜欢的节目是新闻时事类，其次为音乐类和生活服务类。2014～2016 年，济南广播电视台在济南市场各广播地台的市场份额分别是 72.1%、77.3%、78.7%，其中，山东广播电视台在济南市场所占份额分别为 21.2%、19.2%、18.0%。

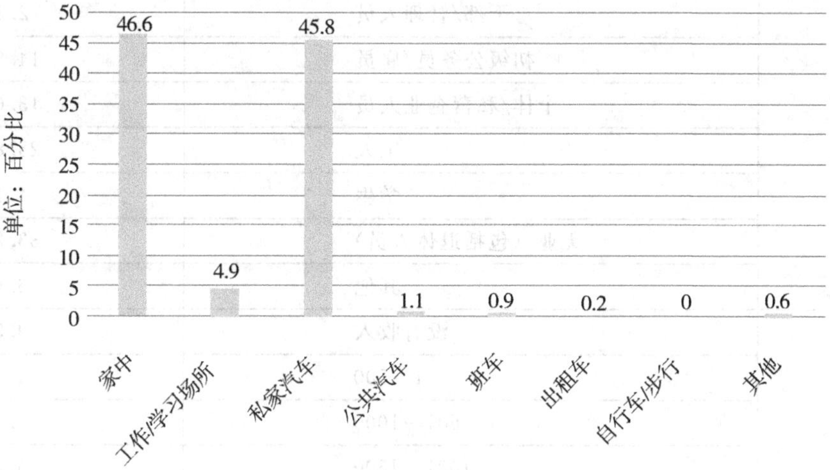

图 1　济南听众收听广播地点选择比例

数据来源：徐立军主编．中国广播收听市场年鉴（2017）[M]．北京：中国传媒大学出版社 2017 年。

2016 年济南市场听众构成如表 1 所示。

表 1　2016 年济南市场听众构成

目标听众		听众构成（%）
10 岁及以上所有人		100.0
性别	男	48.3
	女	51.7
年龄	10～14 岁	0.7
	15～24 岁	7.9
	25～34 岁	15.9
	35～44 岁	17.4
	45～54 岁	21.5
	55～64 岁	19.5
	65 岁及以上	17.1

续表

目标听众		听众构成（%）
文化程度	未受过正规教育	1.3
	小学	10.6
	初中	37.0
	高中	32.5
	大学及以上	18.6
职业	干部/管理人员	2.1
	初级公务员/雇员	14.8
	个体/私营企业人员	13.6
	工人	25.8
	学生	4.1
	无业（包括退休人员）	33.2
	其他	6.4
个人月收入（元）	没有收入	9.5
	1～500	4.1
	501～1000	5.5
	1001～1500	5.3
	1501～2000	13.5
	2001～2500	21.5
	2501～3000	17.1
	3001～4000	15.4
	4001及以上	8.1

数据来源：徐立军主编．中国广播收听年鉴（2017）[M]．中国传媒大学出版社2017年。

三、济南交通广播的发展情况

济南交通广播（FM103.1）自2000年1月1日开播以后，以“服务·伴随”立台，在遇有暴雨、大雪等恶劣天气的时候，总是有以来自一线的及时报道，帮助大家的关怀和陪伴得到相关部门的认可，也得到听众的支持与鼓励。

除了在传统的广播业态做出了不俗的成绩外，济南交通广播在新媒体、融媒体传播方面也走在了业界的前列。现在，济南交通广播已经建成“两微一端”的新媒体架构，并且有着不俗的社会影响力。

四、济南应急工作建设目标任务

济南应急广播是以“资源整合，平台共享”为原则，在济南市应急体系框架下，依托济南交通广播的优势特点及工作资源，发挥传统媒体和新兴媒体的作用，为济南市各有关部门和单位搭建一个面向公众、渠道多样、覆盖面广的应急权威资讯共享服务平台。

济南市应急工作主要以“打造四个中心，建设现代泉城”为中心任务，包括深入推进应急管理体制机制建设，加强基层应急管理建设，做好政务值班和信息报告工作，提高突发事件解决能力，增强应急管理保障能力，提升应急平台支撑能力，开展安全教育培训等。根据济南市政府《应急管理工作要点》，济南市应急工作建设目标任务有如下几个方面：

1. 加强基层应急管理建设

加强基层应急管理建设，需要规范紧急情况报告的信息报告点。推进城市供水、供电、供气、供热、公交、化工等高风险企业的信息报送；规范信息报告机制，积极发挥各类信息报告点的作用，及时向有关部门报告紧急情况和其他与城市公共安全相关的信息。大力推进乡镇（街道）和村（社区）紧急广播的建设，确保民众能够及时听取权威的预警信息，在救援前进行自救和互救。

2. 提高突发事件处置能力

提高突发事件处置能力，需要建立与应急站点的直接沟通机制。市政府应急办公室收到上述应急信息后，可直接与当地负责同志沟通，及时核实，掌握现场情况；处理较严重的突发事件时，在相关负责人到场后，应派专人立即与市政府值班室进行沟通，实时报告救援的进展情况。增加与应急广播的联动，形成全局互通的应急预警机制。

3. 应急平台支撑能力

应急平台支撑能力，需要推进以国家应急广播为基础的应急体系建设。加强应急数据库建设，促进应急平台的互通互联和信息资源共享等，将与突发事件相关的视频、图像极速上报，推动“互联网＋”在应急体系中的应用。

4. 开展应急宣传教育培训

首先，要大力推进防灾宣传活动，推动应急科普教育进企业、进社区、进学校，强化学生公共安全知识和求生技能培养。

其次，制作应急知识公益宣传片。围绕自然灾害、公共卫生、恐怖袭击等议题，制作高标准紧急知识公益视频，全面提高防灾宣传的有效性。

最后，完善相关应急微信公众号等网络宣传的基础工作。拓展信息来源，通过积极做好信息的管理、更新、发布等工作，创新服务内容，不断扩大受众群体，普及科学规范的应急知识。

五、济南应急广播的功能定位

无论在重大突发事件、恶劣天气报道，还是在日常的播出当中，济南交通广播都积累了大量的应急处突的经验，本着“平急结合”原则，承担着济南市应急广播的职能。

一是全天候及时发布突发事件预警信息和处置进展情况，以及公安消防、道路交通、卫生救护、气象、环保、安监、旅游等方面的权威资讯，突出时效性，把握新闻舆论的主动权，服务国家和人民。二是围绕群众关心的热点话题，大力普及应急知识宣传，传授自救互救技能，对虚假新闻进行辟谣，搭建起政府部门与群众之间交流互动的桥梁，营造良好的交流学习氛围。三是在充分发挥全市交通广播路况信息员作用的同时，强化旅游、铁路、机场、公路、公交、地铁、长途客运、交通枢纽、停车等行业和领域的信息交流共享。

六、济南应急广播工作机制

在按照程序报批后，相关人员利用济南交通广播现有的广播频率(FM103.1)、“两微一端”做好应急信息的发布。为了保证应急广播发挥应有的价值，在需要的时候可以帮助人民，服务人民，济南应急广播机制建设如下：

1. 坚持正确的舆论导向，为人民服务

对于涉及自然灾害、疫情暴发、暴动暴乱等爆发迅速、变化不可预测以及受高度广泛关注的事件，通过大众传播媒介传播后，一旦处理不当，往往会带来巨大的负面影响。这时就需要应急广播来传播真实的讯息，打破谣言，安抚受灾群众。

2. 建立突发紧急事件信息发布绿色通道机制

在济南市政府应急办指导下建立绿色通道机制，依照主体、职责、权限和流程做好媒体应对、新闻报道、舆论引导等工作。与济南市各专项部门建立起快捷、通畅、稳固的通信联络系统。一旦发生灾情，务必保证能在第一时间联系到各地相关部门展开救援工作。

3. 日常信息维护和更新

应急知识科普宣教和应急管理工作机构常态信息等的发布，由济南交通广播根据应急管理工作需要统筹安排，可以借助官方网站、微信公众号等进行安排和发布。

4. 全力做好应急保障工作

济南应急广播应时刻保证技术和设备的维护和更新，以满足特殊紧急情况下应急信息发布的需要。

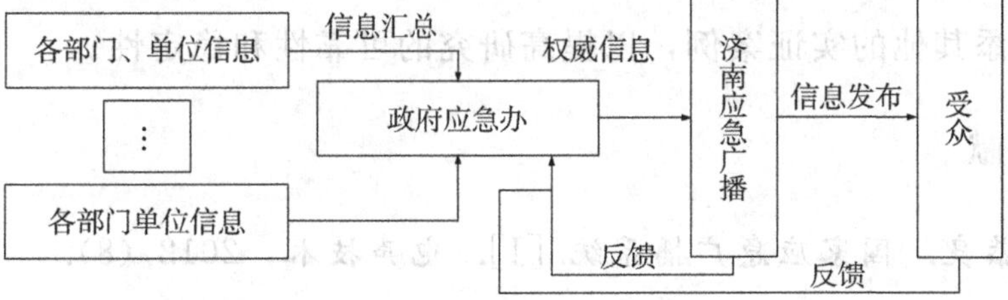

图 2　济南应急广播突发事件报到流程

七、济南应急广播建设的难点

在济南应急广播建设的过程中，需要逐步解决一些问题，主要包括以下几个方面：

首先，总的来说，我国整体的应急广播还处于发展阶段，顶层设计与模式架构依旧在建设过程中，因此可能出现权责模糊、沟通不畅等问题。在整体发展的大背景下，对于济南应急广播建设来说是机遇，也是挑战。其次，部分管理人员对应急广播的认识依旧不够深刻，不能很好地理解应急广播的价值和意义，因此存在对应急广播的建设和维护重视不足，利用效率低的情况。再次，部分区域应急广播体系的人力、财力和物力不足，基础设施未建设完善，导致信息传播效果差，影响救援等工作的开展。最后，应急广播的价值尚未能深入人心，绝大多数市民对应急广播的建设及其建设的意义依旧缺乏了解，不能很好地应用应急广播，使应急广播的价值和效益大打折扣。

八、济南应急广播前景展望

具体考虑济南应急广播的建设发展历程，结合对济南应急广播受众的调研，本文总结了济南应急广播发展的经验：第一，充分调动和整合官方资源，发挥应急广播客观真实的应有之意，增强官方的公信力；第二，建立和发展完善的应急预案，在灾害发生时，可以有条不紊地开展救援工作；第三，实现应急意识在员工内部的常态化，使工作人员可以在第一时间发布讯息，安抚群众；第四，与受众积极互动，充分利用社会资源，降低时间成本，使更多人在最短的时间内获得所需信息。

未来的应急广播发展除了需要继续完善立法保护和技术更新之外，更要重视受众群体对应急广播的接纳度和满意度，使公众认识应急广播，这样就能在发生危难时使应急广播充分发挥它的价值。在以后的学术研究中，可以根据经验的积累增添其他的实证案例，以提高研究的可靠性和稳定性。

参考文献

[1] 钟恭良. 国家应急广播系统 [J]. 电声技术，2012 (8).

[2] 林长海，王新喆，宋占凯，等. 国家应急广播体系建设的思考 [J]. 广播与电视技术，2013 (8).

[3] 杜国柱. 国家应急广播系统建设思路及关键技术 [J]. 现代电视技术，2014 (1).

[4] 陈克军，孟宪国，刘文辉. 地市级应急广播技术体系建设探讨 [J]. 广播与电视技术，2017 (5).

历史文献类纪录片中图像史料编辑的思考

王蒨

摘　要：图像史料为影视创作提供了素材，尤其是为文献纪录片提供了创作的基础。笔者结合编导实践，意在论述历史文献类纪录片如何寻找、发现、探索、归纳、重新整合以及运用好图像史料，让它们发挥出新光彩，展现出新魅力。

关键词：历史文献类；纪录片；图像史料；编辑

历史文献类纪录片展现的历史事件、讲述的故事都是“过去式”，所以创作过程广泛收集和发掘、整合丰富的历史图像资料非常重要。在这其中包括搜集历史物证，探访历史遗存，对一些年代久远、记忆模糊的历史事件的真实性进行多渠道佐证，开展历史文化研究和调查活动，走访大量当事人，到档案部门查阅历史档案，采访历史研究人员等。历史资料一般分为四大类：影像资料、图片资料、文字资料、声音资料。其中，影像资料和图片资料属于图像资料。

珍贵的历史图像资料为创作纪录片提供了基础和素材。要认识资料，走进资料，研究资料，珍视资料的价值，发挥资料的作用。纪录片《追求》追访中共一大代表王尽美的革命历程，其中有一段表现了毛主席对王尽美的战友情。1952 年，毛主席视察山东时说道：“你们山东有个王尽美，是个好同志。听说他母亲还活着，你们要养起来。”1969 年，在党的九大上，毛泽东在历数牺牲的中共一大代表时，第一个提到的就是王尽美。在毛泽东的关怀下，中共山东分局把王尽美的母亲从诸城大北杏村接到济南，派专人照顾其安度晚年。纪录片《追求》采访到当年去接王尽美母亲的女干部，在医院拍下了这位已垂危病床之上的当事人对这段历史的回忆资料，具有重要的史料价值。

文献片的生命和主要载体是历史资料。最真实的历史才能吸引观众，这需要创作者积累丰富的历史知识，尊重历史，还原历史。2013 年，为纪念毛泽东同志 120 周年诞辰，济南广播电视台拍摄制作了大型文献纪录片《毛泽东在济南》。我们走访了省市档案馆、图书馆、党史馆、北园、珍珠泉宾馆礼堂、省农科所等单位，寻访到北京、青岛、德州，从亲历者当事人手中获得了大量的第一手采访资料。同时，还购买、查阅和学习了近百部纪录片和相关书籍、照片，对历史资料进行反复考证甄别。在深入调查和丰富搜集的基础上，获得了许多毛主席在济南的零散图像史料。之后笔者又赶赴北京，在一周内看了几十部纪录片。看资料也是一个学习的过程。笔者偶然发现一本毛主席镜头原始素材本，发黄的纸上用钢笔密密麻麻地记录着毛主席相关的每条镜头，具体到日。在资料采访挖掘和编辑过程中可以体会到，众多新闻工作者前赴后继，为后人留下了宝贵的财富。笔者还查阅到一本关于毛泽东的 35 mm 电影胶片。胶片从京郊胶片库运出，经过多道工序转成了能看到的电视高清信号。根据纪录片主题创作，编辑思路是通过一个个生动的历史细节，以小见大，从而引出历史大事件，多侧面、多方位揭示历史人物、历史事件。封存了 50 多年的毛主席在济南的影像，一位伟人和一座城市的故事清晰地展现在眼前：毛主席的专车从珍珠泉大门驶进，他参观技术成果展览，与干部合影，审看济南市的规划图；他在大明湖荡舟，在珍珠泉赏鱼，在桂香柳前留念；他在专列上开"六级书记座谈会"，在西郊会见外宾；在黄河大堤上，在东郊公社的田埂上，在农科所的棉花地里……毛主席的步履遍及济南各处。这些活动的、形象的、生动的、具有说服力的历史档案，这些稀缺的、罕见的甚至是带有揭秘性的宝贵资源，被一张张、一帧帧地发掘出来，封存已久的历史也被赋予了现代意义。观众身临其境，完成了一次历史穿越，从形象化、生活化、平民化的角度去解读毛泽东，解读新中国那段百废待兴、艰苦创业的历程，激发起人们的深情回忆和对国家、城市的热爱，意义深远。

面对来源不同、零落杂乱的素材资料，编辑要有较高的艺术素养，有强烈的资料意识和创作激情，要寻找、发现、归纳和重新整合，精确把握和运用好图像史料。图像史料的利用与创新，对历史影像的叙事整合，就是剪与编。

五集大型文献纪录片《曲山艺海》，是第一部全面反映济南及山东近八百年曲艺历史和传承发展的电视作品，旨在用电视特有的方式填补曲艺文化的影像空白。该纪录片的历史跨度大、内容厚重、曲种丰富、名家荟萃，但资料匮乏。

笔者作为资料编辑，为此下了很大的功夫：从多种渠道进行搜集、征集、整理和编辑工作，发掘整理了7000多张照片，转录编辑近4000小时的音视频资料，掌握了大量的第一手珍贵历史资料。我们征集有关单位和个人保存的历史图像资料；到图书馆查阅翻录古籍文献史书，考证解说文稿中一句话；用近一个月的时间查看了台里老带库素材，发现了20世纪80年代初杨立德快书、名家名段等珍贵的自制节目；对全国各地外采的50多位曲艺界人士以及片中提到的曲艺名家，基本上都编辑了他们的音视频演出资料；为了一个名家唱段去找中央电视台以及相关省市电视台相助；和演员、名家后人联系翻拍老照片，征集音视频，甄别合影中的每个人名和年代；购买影像资料，包括曲艺唱段、影视剧、新闻纪录片等。一部影片中往往只能获得几秒几十秒的精彩画面，比如1948年济南解放前15秒的老街巷、8秒的老火车站镜头或者一句唱腔；搜集挖掘济南老照片；一些曲艺名家保存的影像资料因为年代久远已无法播放，不是年久失修就是播放机器已经被淘汰，在技术部门的协助下，想方设法地编辑了各种制式的老音视频。当转出的影像重现荧屏时，我们百感交集。这次编辑工作是在曲山艺海里"大海捞针"，在故纸旧影里经历了无数次淘宝历程。围绕主题，纪录片对悠久灿烂的曲艺文化艺术做了一次翔实系统的历史资料回顾和挖掘整理，并从新的角度选用和挖掘史料的内涵，发现史料的闪光点，选择出适合在虚实之间、时空之间、历史和现实之间自由转换。通过综合艺术加工，让观众感受曲艺的艺术感染力，领悟历史文化的变迁和发展，提升视听觉感受，增强表现能力，丰富纪录片的表现手法。

我们创作完成的纪录片是对史料的解读和补充，挖掘创作了一套完整生动的历史影像档案，形成一个更加丰富完整的涉及特定历史时期事件和人物的形象化历史档案。纪录片能提升史料的价值，并把史料价值发挥到最大，突出历史研究的作用，凸显文献纪录片的权威性，有的甚至能填补历史研究的空白。

纪录片《1928，历史的诉说》项目组几近完整地收集了各类与济南惨案相关的历史镜头和珍贵历史照片。在中国电影资料馆找到了日军随军记者拍摄的影像资料，清晰地显示了1928年日军在青岛下轮船和开进济南的镜头，其中还记录了日军在珍珠泉和西门之间举行的入城仪式。虽然这段影像资料只有短短7分钟，但是由于是日本人自己所拍，并且真实地记录了日军在济南的情况，具有重要的史料价值。另一段2分钟的影像史料则来自香港电影资料馆。香港电影之父黎民伟跟随北伐军进入济南，恰巧拍到了“五三惨案”期间的济南。他在到达上海以后放映了纪录片《济南惨案》，掀起了全国范围内的反帝爱国热潮。纪录片《泉城之光》首度披露了王尽美生前的两张珍贵的照片，一张是国共合作期间王尽美到广州参加国民党一大时的照片，一张是王尽美到莫斯科参加远东民族国际会议时的留影。这两张珍贵的历史照片对深入研究王尽美的生平活动具有重要意义，是摄制组对山东地方党史的重大贡献。

用影像讲好济南红色故事

——谈红色题材纪录片的创作

王蒨

摘　要：笔者从红色题材纪录片的内容、手法和创新等方面，谈如何发掘整理、研究保护和传播济南得天独厚、优势明显的红色文化资源，通过主题鲜明的艺术化创作，用丰富的影像资料与济南的历史文化对话，获得更深刻的自我认知和民族自信。

关键词：红色题材；纪录片；影像创作

济南作为共产主义在中国的六个发祥地之一，和北京并列为长江以北的两个发祥地，这是济南的一张红色名片。济南广播电视台拍摄制作了大量的红色题材优秀纪录片，以其主题鲜明的艺术化创作显示着独特的生命力和号召力；通过丰富的影像资料与济南的历史文化对话，获得更深刻的自我认知和民族自信；宣传党的历史丰功伟绩，弘扬党的优良传统，号召大家从前辈的足迹中汲取信仰、信念和信心力量。

1998年拍摄的文献纪录片《中秋夺城夜》，用以纪念济南战役胜利50周年，展现了发生在济南的那场波澜壮阔、震惊中外的夺城战役。在2001年中国共产党建党80周年，三集纪录片《追求》追访中共一大代表王尽美的革命历程，讲述王尽美家族的红色基因和家风传承。2005年，六集历史文献片《1928，历史的诉说》为纪念抗战胜利60周年，用第一手资料详细呈现了“五三惨案”的前后经过，同时通过采访国内外专家学者等方式，对惨案的历史进行了深入的分析，以祭奠济南惨案殉难的先烈和同胞，“勿忘国耻，勿忘历史”。2006年，纪录片《铜像背后的故事》记录了蔡公时铜像从济南申请归国，到新加坡封装运抵机场，再到归国后民众祭奠的全过程。铜像的回归是我们告慰英灵的特有方式，也见证了人们对古城历史的还原与尊重。2008年，六集大型文献纪录片《古城新生》书写了泉城济南沧桑巨变的历史画卷，献礼济南解放60周年暨改革开放30周年。2008年，纪录片《浴血夺城纪》在央视播出，纪念济南战役胜利60周年，重忆了解放战争中在大城市济南开展的决战。2009年，六集纪录片《南下》献礼祖国60华诞，讲述了数万名山东南下干部抛家舍业、在远隔千山万水的江南新解放区，为新中国的建立和发展创立的不朽功勋。2011年，中国共产党建党90周年，以历史的眼光、全新的视角拍摄纪录片《泉城之光》，通过电视手法诠释和解读中共一大代表王尽美、邓恩铭等人参与中国共产党的创立和早期革命活动的情况。2013年，以大型文献纪录片《毛泽东在济南》作为纪念毛泽东同志120周年诞辰的献礼。该纪录片采访近20位见证者，从平民化、生活化的视角由他们娓娓道出一个个鲜为人知的故事，并用大量珍贵的历史影像资料展现毛泽东的领袖气质和人格魅力。2016年，三集高清电视纪录片《英雄如山》献礼建党95周年。纪录片从长眠着数千位英雄的济南英雄山切入，以纪念英雄先烈，讲述当代英雄故事为主题，塑造了一群立体生动的英雄群像，树立了英雄如山、山如英雄的崇高理念。2016年，拍摄电影《血证1928》，讲述了一个饱含国仇家恨、民族大义、命运抉择等情感冲突，既扣人心弦又促人警醒的故事。该电影由济南人民独立完成，尽最大可能还原那段历史，为济南纪录历史的良心之作。

革命前辈是特定历史条件下造就的一个特殊群体，他们在激情燃烧的岁月里都有不寻常的经历。进行红色题材的影像创作，首先要尊重历史事实，注重搜集和掌握大量第一手珍贵历史资料，走生活化道路，深挖细挖令人难忘的故事，贴近现实。2001年，笔者参与编导的三集纪录片《追求》，追访了中共一大代表王尽美的革命历程，讲述了王尽美家族的红色基因和家风传承。制作组赴诸城北杏村、济南市省委秘书处旧址、老泺源桥、铁路机车工厂等王尽美工作生活过的地方寻访，特别是远赴东北原沈阳军区采访了王尽美的大儿子，又到上海采访了王尽美南下的小儿子一家。王尽美在27岁时逝世，当时他的奶奶70多岁，母亲50多岁，妻子不满30岁，家中还有两个幼儿。后几经变故，最终由王尽美的母亲把两个孙子养大，又引导他们走上革命道路。《追求》中记录了王尽美两个儿子对他的追忆，呈现了王尽美对子孙后代在和平年代忘我拼搏、一脉相承的坚强精神品格，彰显了中国共产党人的革命风范。该纪录片贴近生活，注重从小事入手，从细节着眼，挖掘隐藏在他们身上最闪亮的东西。20年过去了，王尽美的两个儿子都已作古，但作为中国共产党员家族百年来传承家风的故事，还是那么真实和生动，恍如昨日，却似经年，感人至深。

制作红色题材纪录片，要创新表现方式。就要以多元化、主体化的创作思路，丰富手段，活跃形式，增强红色文化的吸引力、感染力、冲击力和影响力。同样是反映王尽美、邓恩铭的题材，2011 年的纪录片《泉城之光》使用了再现历史的形式，以深入挖掘现存的历史资料作为基本脉络，贯穿全片。以此为依据，结合 20 世纪 20 年代的社会状况，展现立体、鲜活、有血有肉、有情感的历史人物。同时，通过以王尽美为代表的一批中国共产党早期革命者的真实故事，把建党前后中国共产党的一些重大历史事件全面地表现出来，使这部纪录片既不失真实性，又有很强的可视性，塑造了诸多鲜活的人物形象。该纪录片成功地向观众展示了一个立体、鲜活又不失真实性的党史人物。纪录片立足济南，但又不拘泥于济南，而是把目光放到全国，放到 20 世纪初这个时代大背景下，让历史活跃起来，让文化深入人心。纪录片《英雄如山》在大量运用影像及文献资料的基础上，通过走访事件亲历者，结合历史深度和人文深度，让英雄人物更具亲和力。从当下社会现实切入，纪录当代中国英雄人物，追溯中国近现代史上的英雄人物，全面呈现了一代中华儿女可歌可泣的英雄事迹。纪录片《1928，历史的诉说》和《铜像背后的故事》则深挖细挖“五三惨案”中济南人的难忘经历。电影《血证 1928》在前期策划创作时，完全以权威史料为基础展开人物原型和身份的还原与揭露。笔者还根据历史材料铺陈出当时生活在济南的各阶层日本人的故事，为电影创作提供了重要依据。尊重历史，以人说史，让红色历史“活”起来。

红色题材影像宣传展示出中国共产党从马克思主义小组到执政党艰辛而辉煌的历史进程，深入贯彻了习近平总书记关于“红色基因就是要传承”的重要论述。今后，我们将努力创作出更多的文化精品，让济南的红色历史文化成为抹不去的“红色记忆”，再次焕发时代的光彩。我们讲好济南红色故事，打造好文化济南的靓丽名片，为加快文化济南建设再创新辉煌，为加快建设“大强美富通”的现代化国际大都市做出更大贡献。

浅谈新时代电视采编岗位的职责使命

于新红

摘　要：新时代、新媒体环境下的电视媒体从业人员，要忠实履行好职责使命，要把握好自己的“一亩三分地”，做好舆论场的引导。教育电视台的节目要在关注青少年成长方面做好社会主义核心价值观的传播，用习近平新时代中国特色社会主义思想指导新闻实践。立足当前，要做好红色宣传，弘扬主旋律，激发正能量。

关键词：电视采编；职责使命；舆论引导

2018年9月，习近平总书记在致中央电视台建台暨新中国电视事业诞生60周年的贺信中要求全国广大电视工作者“坚持以人民为中心，忠实履行职责使命”。早在2016年，习近平总书记在党的新闻舆论工作座谈会上就提出了“党的新闻舆论工作职责使命：高举旗帜、引领导向，围绕中心、服务大局，团结人民、鼓舞士气，成风化人、凝心聚力，澄清谬误、明辨是非，联接中外、沟通世界。”对于工作在节目一线的电视采编人员，这是我们工作努力的方向，也是根本遵循。

一、要坚持深入宣传党的理论和路线方针政策，做好舆论引导

进入21世纪的传统媒体行业，真是几分欢喜几分忧，时代发展日新月异，传统媒体和新兴媒体齐头并进，不断融合，观众需求随方就圆，更多的人获取资讯的途径转移到了手机和新媒体平台。面对各种纷扰和时代巨变，我们的传统电视采编人员心里要有一根弦，那就是在新媒体舆情环境下要牢记自己的舆论引导职能，我们要以人民为中心，畅通传播渠道，根据人们需要提升自身在传统媒体平台和新媒体平台的创新和发展。我们要在不经意间掌控舆论场，关

键是在传播社会主义核心价值观方面，坚持用习近平新时代中国特色社会主义思想指导新闻实践。

习近平总书记在中共十九大报告讲话中指出："中国特色社会主义文化，源自于中华民族五千多年文明历史所孕育的中华优秀传统文化，熔铸于党领导人民在革命、建设、改革中创造的革命文化和社会主义先进文化，植根于中国特色社会主义伟大实践。发展中国特色社会主义文化，就是以马克思主义为指导，坚守中华文化立场，立足当代中国现实，结合当今时代条件，发展面向现代化、面向世界、面向未来的，民族的科学的大众的社会主义文化，推动社会主义精神文明和物质文明协调发展。"我们的教育工作关系着祖国的未来，也关系着每个孩子的人生，我们的宣传工作要守好自己的阵地，增强责任感和使命感，让我们的受众能更加全面地了解当代中国，更加客观地看待外部世界。

如何切实把社会主义核心价值观传播好，我们的采编人员是要费点力气研究的。首先，要转变传统的教育方式，从前那种靶向式的传输方式也要随着时代的发展进行方式方法的更新。其次，我们的教育理念深入到社会生活的方方面面，通过教育引导、文化熏陶、实践养成等使社会主义核心价值观内化为人们的精神追求，外化为人们的自觉行动。

二、坚持教育为本，弘扬主旋律，激发正能量

教育电视台的受众更多的是广大教育工作者、大中小学生等群体，我们的宣传方向更要坚持受众在哪里宣传报道的触角就要伸向哪里，宣传思想工作的着力点和落脚点就要放在哪里。教育，关乎国家的未来；青年，处在价值观形成和确立的时期，抓好这一时期的价值观养成是非常重要的。通过线上、线下的活动组织，本着"三贴近"的原则，我们和各学校建立了长期密切联系，工作联动、密切配合，在着力点和落脚点上重在宣传新时代党的教育方针、社会主义办学方向，宣传我们党和国家要培养什么人，明白我们的教育就是要培养社会主义建设者和接班人这一根本任务。我们的节目要宣传正确的思想，树立榜样，树立正确的人生观，让孩子有梦想、有追求、有方向。节目采制跟上新时代的发展形势，创新体裁、内容、形式、方法、手段，做出适合受众需要的节目，引导大众理解和接受我们党的教育方针和政策，让弘扬主旋律、激发正能量成为我们节目的主声调，真正做到：团结人民，鼓舞士气，成风化人，凝心聚力。

“人无精神则不立，国无精神则不强。”2021 年，是中国共产党建党 100 周年，我们的宣传工作更是要围绕这个中心做好节目，讲好红色故事，使革命文化成为激励人们奋勇前进的精神力量。在济南，革命的故事、英雄和烈士的故事有很多，比如四里山为什么叫英雄山的故事，毛泽东同志与济南的故事，中共一大代表王尽美的故事，济南解放的故事，等等。在 2021 年这一特殊节点上，加强革命传统教育、爱国主义教育、青少年思想道德教育恰逢其时，要利用好这样的机会，传播好正能量的声音，把红色基因传承好，确保红色江山永不变色。

三、坚持做好深度报道，让真相更贴近群众

当今社会，新闻传播方式多种多样，各种社会热点能够实时更新。但是，由于传播速度的加快，人们获知的信息大多也是碎片化的，有时是断章取义的，甚至是是非不清、真假难辨的。作为教育信息的传播者，我们更需要擦亮眼睛，澄清谬误，明辨是非，制作有深度的报道。这也是我们的职责和使命。我们对新闻事件进行持续的关注和跟踪报道，进行现场直播，立体全方位地深入事件中心获取大量信息，利用节目内容的厚度，让事实和真相更贴近我们的受众。比如，在报道公安部门联合打击虚假大学的信息时，我们编辑制作了深度报道：教育部提醒广大考生警惕虚假大学，告知学生们获取正确的大学信息的渠道和虚假大学的特征。

为了让大中小学生明辨是非，善于决断，我们要给予他们正确的知识和信息，特别是要把话语权牢牢掌握在自己手中，让我们的受众能充分信任和信赖。我们要树立危机意识，强调危机感。在这个信息爆发的时代，这并不是耸人听闻。现阶段我们面临信息流通渠道的多样化和交流平台的互动化，这使得受众接收信息不再单独依赖一种介质，新媒体逐渐发展起来。那么，我们如何转型，学习和利用新媒体的平台与我们的受众进行交流，这是需要动脑筋想办法的。我们作为新闻宣传的传统阵地，要在新媒体时代的格局中成为强者。

展望未来，电视有困惑、有危机，更有机遇。党的新闻工作者要不忘初衷、坚定信念，新闻舆论阵地既要坚守也要与时俱进。贴近实际、贴近生活、贴近群众，是新闻工作的重要保障；坚持一切为了群众，一切依靠群众，从群众中来，到群众中去，扎扎实实干事，踏踏实实做人，也是我们一直以来的行动准则。我们要做的就是立足岗位，忠实履行好我们的职责使命，做党和人民信赖的新闻工作者，创作出更多属于这个时代的、鲜活的优秀作品。

“弘扬英雄精神”是新闻工作者的使命与担当

赵锋

摘　要：新闻采访中用心用情讲好故事，传播正能量题材的作品，总是能够打动观众，引起共鸣。尤其是基层涌现出的英雄模范人物，感人至深，能引领时代风气。以下通过讲述采访镜头中的“泉城神捕”马绪元和“排爆英雄”张保国的事迹，谈一谈弘扬英雄精神是新闻工作者的使命与担当。

关键词：英雄精神；英模人物；责任担当；传播能量

“英雄精神”是指为了一个集体或者一个国家的正当利益，牺牲自己的部分利益或者全部利益。新闻采访中用心用情讲好故事，传播正能量题材的作品，总是能够打动观众，引起共鸣。尤其是基层涌现出的英雄模范人物事迹，感人至深，引领了时代风气。

一、“平民英雄”马绪元

马绪元是济南泉城路派出所的一名治安联防队员，也是一名反扒高手和“见义勇为先进分子”，被辖区群众称为“平民英雄”。2004 年，马绪元因病医治无效去世。长期以来，我关注马绪元，用镜头捕捉了许多有关马绪元捉贼的精彩镜头。

2001 年 4 月 28 日上午，当我骑车路过马鞍山路的时候，见一个青年人肩上扛着一辆自行车，青年人的后面跟着一群看热闹的人，我感到很奇怪。经询问才知道，这个青年人是个小偷，紧跟在这个青年人后面的就是马绪元——济南赫赫有名的反扒高手。就在刚才，一名青年男子撬开路边的一辆自行车，试图偷走，却被跟踪多时的马绪元当场抓获了。从这天起，我开始关注马绪元，并先后跟随拍摄了他抓贼的很多精彩镜头。

近些年来，济南市先后涌现出以“平民英雄”马绪元、“泉城神捕”石宗仁、“泉城女侠”张业爱、“反扒斗士”朱守营为代表的一大批见义勇为的英雄人物。通过记者的镜头我们看到，在国家利益、集体利益和人民群众生命财产受到严重威胁和不法侵害时，面对血与火、生与死的严峻考验，一大批见义勇为的英雄和先进分子临危不惧，挺身而出，与违法犯罪分子和灾害事故展开英勇搏斗，用汗水、鲜血乃至生命谱写了新时期人民英雄感人至深、催人泪下的奉献壮歌。在他们身上，集中体现了崇高的社会责任感，体现了无私无畏的品德气节，体现了当代中国人的精神风貌，他们是时代的英雄，是全社会的楷模。

二、“排爆英雄”张保国

2005 年 3 月 2 日，济南市公安局治安支队排爆民警张保国依照惯例带着排爆队，将废弃弹药运往山里销毁的过程中，老旧发烟罐突然泄漏起火。经历了这场事故，张保国全身有 8％的面积烧伤，脸部二度烧伤，双手深二度烧伤，落下了七级伤残。记者采访时看到，他的手指至今依旧有的握不上，有的伸不直。经过两次住院和 4 个月的治疗，在多次植皮和矫正手术后，张保国身上因两次大面积植皮而留下了两道 50 厘米长的疤痕。可在他看来，这也成为他身上磨灭不掉的“军功章”。

2018 年 7 月 4 日下午，“全国公安系统一级英雄模范”张保国同志授奖仪式在济南举行，这项荣誉是公安部授予公安系统民警的最高荣誉称号。张保国在会上说，将永远坚定“不忘初心，铁心向党”的政治本色，在绝对忠诚上做表率；永远砥砺“英勇无畏，不惧万难”的崇高品格，在勇于担当上做标兵；永远保持“与时俱进，精益求精”的价值追求，在勇攀高峰上做先锋；永远恪守“敬业奉献，敢于担当”的职业操守，在爱岗敬业上做楷模。张保国的事迹让我们内心澎湃，人们纷纷“致敬英雄，学习英雄，锐意进取，担当作为”，用正能量成风化人。

2020 年 10 月，习近平总书记给四川省革命伤残军人休养院全体同志回信中强调：“中华民族是英雄辈出的民族，新时代是成就英雄的时代。全党全社会要崇尚英雄、学习英雄、关爱英雄，大力弘扬英雄精神，汇聚实现中华民族伟大复兴的磅礴力量。”一个有希望的民族不能没有英雄，一个有前途的国家不能没有先锋，那么，弘扬英雄精神理应是新闻工作者的使命与担当。

随着经济的发展，中国处于社会转型期，有些人的精神世界往往会出现迷茫，一些道德滑坡、价值失范的现象可能会显现，一些青少年对审美和精神气质的追求可能会偏离正轨。越是在这样的时候，越是需要我们营造好、弘扬好“英雄精神”。对于个人来说，以英雄为偶像是净化思想、精神“补钙”的过程；对一个社会来说，以英雄为偶像是激浊扬清、净化风尚的需要；对于一个国家来说，以英雄为偶像是战胜险阻、实现梦想的动力。

尊崇英雄、学习英雄是时代的呼声，也是群众的心声。一次次奋不顾身的救援，一次次义无反顾的奉献，一次次无怨无悔的付出……这些凡人善举、凡人爱举、凡人义举，不仅传递着身边的感动，更震撼着我们的心灵。不同的时代有不同的英雄，但英雄的内涵是相同的。他们在国难当头之时，挺身而出；他们见义勇为，舍己救人；他们心存善意，为弱者发声；他们艰苦奋斗，攻克科技难题；他们精益求精，铸造大国重器；他们坚守平凡岗位，几十年如一日。近年来涌现出的英雄机长刘传健、守岛英雄王守才、“肝胆外科之父”吴孟超、“杂交水稻之父”袁隆平等，都是人们心目中的英雄，他们的宝贵精神都值得我们全社会大力弘扬和学习。

回首来路，无数英雄模范以生命和鲜血完成使命任务；展望未来，新的征程召唤勇于担当的时代英雄。作为一名新闻工作者，要始终不渝，坚持讲好故事，传递好声音；要弘扬社会正气，倡导敬业奉献；要坚持走基层，转作风，改文风，练就过硬的“脚力、眼力、脑力、笔力”。英雄走过的历程，见证了时代前行的力量，生活在和平年代的人们的责任是传承英雄精神。大力弘扬英雄精神，书写新时代的英雄史诗，是新闻工作者的使命与担当。

媒体融合

MEITIRONGHE

“天下泉城”现象引发的媒体融合发展趋势思考

王书国

摘　要：本文重点以济南广播电视台最主要的移动端平台——“天下泉城”新闻客户端的实际运作为实例，结合国内相关主流媒体在媒体融合方面的不同实践尝试，围绕广电主流媒体如何运作新媒体，主流媒体的新媒体会有怎样的发展趋势，当前推进媒体融合所面对的重点、难点和热点问题，给出相应的归纳梳理和深入的分析。

关键词：时空开放；视频基础；技术关键；内聚力；外借力

推动媒体融合发展、建设全媒体是我们面临的一项紧迫课题。要运用信息革命成果推动媒体融合向纵深发展，做大做强主流舆论。为响应这一号召，全国媒体融合工作全面展开并向纵深推进。

一、“天下泉城”成为一种现象

“天下泉城”新闻客户端为济南广播电视台旗下移动新媒体客户端，于2016年12月28日成立，是济南市委市政府官方移动发布平台。截至2020年底，“天下泉城”新闻客户端用户下载量和创收总量双双接近500万，荣获了2019全国最具影响力市级广电融媒产品、2019年度优秀内容创作媒体、“搜狗号”2019年第三季度地方媒体榜、2020年全国新媒体年会年度全国广电十佳融合创新客户端等多个荣誉称号。“天下泉城”新闻客户端的1件作品荣获第30届中国人大新闻奖，1件作品获得2020年度中国互联网辟谣优秀作品，这都是山东省目前唯一的新媒体获奖作品。

“天下泉城”新闻客户端的20多个人获得这些成绩只用了3年多的时间。

也正因为如此，“天下泉城”客户端的快速高质量发展被业内称为“天下泉城”现象，这只是小有所成的开始，在实践过程中包含着新媒体发展的新规律和新趋势，更值得我们探讨。

二、新媒体对传播规律的新发展

1. 时空开放带来更多创新发展的可能

移动端媒体平台和传统媒体最显著的不同是内容容量和时间空间不受限制，这些特点是需要辨证看待和利用的。

从内容容量方面来说，首先，可以尽可能多地发布信息、扩展合作；其次，要求媒体必须更激烈地争抢时效，更突出地做到主次分明，保证重要信息尽可能早地呈现在尽可能显眼的位置。

从时效方面来说，传统媒体环境下的报道时效是以天来计算，最快是以小时或新闻栏目播出档的时差来计算；网络媒体时代则是以秒来争抢。所以，新媒体带来的是更紧张的新闻竞争。“天下泉城”的成功实践之一就是争分夺秒抢时效，没有最快，只有更快。这背后依靠的是两个元素：关系和态度。没有过硬或足够亲密的合作关系，就不可能成为信息发布方的首选媒体；而没有持之以恒的敬业态度，就不可能每次都比别人抢先一步获得重要信息。

从主次方面来说，与传统媒体迥然不同，新媒体完全可以通过技术手段影响一条新闻的关注度，或者说，至少在新闻发布的初始阶段，技术手段造成的差别非常明显。比如，对于同样一条新闻，是否通过弹窗推送给予强制性发布，其初始点击量会有很大差别。由弹窗推送强制发布至所有用户端的新闻信息，点击量和转发量自然都大，反之则少得多。

没有时间空间限制，可以更开阔更自由地创作策划。现场直播可以随时进行，“天下泉城”新闻客户端也因此实现移动端直播的常态化。不仅如此，它还带来两个革命性的提升。第一，可实现和不同城市不同地区间的直播联动。当然，新媒体环境下的直播已不仅仅是新闻直播，更多的是策划性的主题直播。比如，2020 年国庆期间，“天下泉城”新闻客户端就联合泰安、淄博、东营、滨州、聊城、德州等 6 个省会经济圈城市，围绕“月圆花好家国万里”主题，策划推出“我和我的家乡”特别直播，联动推介家乡的文旅资源，为推进省会经济圈一体化发展提供积极舆论支持，营造良好氛围。第二，可实现和央媒新媒体（比如央视新闻客户端）、国内有影响的互联网新媒体（比如腾讯新闻、百度视频等）联动，进行全网直播。2020年初，“天下泉城”客户端联合央视新闻推出《春耕始 万物生》《春天已在路上》《清明·向春而行》等云直播，助力疫情防控和复工复产，受到中央广播电视总台新闻新媒体中心的夸赞，对济南广电表达真诚感谢及由衷敬意。

摆脱了时空的限制，跨地域多平台的联动直播已成为“天下泉城”新闻客户端的主打特色之一，这也是移动新媒体最显著的优势之一。主流媒体运作新媒体时，必须把这一招学好用好。随着直播设备和技术的不断提升，全天或长时间伴随式直播和慢直播越来越成为新媒体移动端的直播新形式，使网络媒体的优势更进一步显现。

更为重要的是，在时空开放的背景下，内容的发布已不再局限于某一个平台，可实现生产内容的主流媒体、央媒新媒体、商业互联网平台等头部媒介的同步推送，集中发布。最终，内容生产者凭借其优质内容在更广泛的平台上获得更大的关注，从而实现其影响力的超常规提升。

2. 以技术为关键动力，以视频为主要元素

从事传统媒体的同仁大都有这样的感受：在电视演播室，实现和场外手机的视频连线存在诸多不完善，比如，无法与主持人和现场记者或当事人进行双向交流互动，不能同时接入多路视频信号、网络信号质量不高且不稳定等。近日，“天下泉城”新闻客户端新配备了一台采编录播一体机，并正式在直播活动中使用，首次实现了和境外澳大利亚网友的视频直播连线。这台设备轻松实现了演播室主持人和现场记者或当事人的双向交流互动，可同时接入10路直播信号，包括国外信号，且信号质量比高，也比较稳定。可以说，这是一台直播利器，它使我们这些从业者受限于技术而不能实现的一些直播设想顺利实现了，这就是技术进步对传播发展的巨大推动力。

实际上，新媒体本身就是技术进步的产物。新媒体要进一步发展，自然离不开技术支持。相应地，要做大新媒体，推进媒体融合，技术投入是必不可少的。这既包括技术维护，也包括新媒体功能的迭代升级、新设备的及时配备与充足保障。这方面的初期投入会比较大，并且要持续保障。

目前，新媒体所呈现的视频基本分为一般性视频新闻、视频类精品专题、各类短视频等。其中，短视频是目前比较适合网络传播的形态，新媒体也在大力发展各自以短视频为主要内容的视频号。从基本的网络传播经验来看，短视频往往是传播爆款的主要贡献者，它能够在短时间内实现超大量的转发和关注，

产生广泛的评论互动，形成社会聚焦的热点，并有可能进一步影响舆论。短视频的宣传作用与威力不可小觑，也不可以传统的眼光和标准来衡量与判断。短视频在一定程度上代表了网络媒体的传播特色和舆论引导力，其潜力不可估量，必须好好研究并科学利用。

3. 联手的早晚影响融合的深浅，网感的强弱事关融合的成败

电视端和手机端在工作流程上尽量往前联手互动，特别是在内容活动策划方面，越早联手，融合越深，互动也就越有效。

2021 年，“天下泉城”新闻客户端的春节策划首次实现和电视端一体运作。从策划阶段开始，客户端和济南广播电视民生新闻栏目《今晚》新闻版块的采编人员就坐到一起沟通研讨，确定融媒合作项目，使融合前置，真正改变了以往电视端只提供成品、客户端被动改编的局面。电视端为客户端提供了充足的内容信息和联动构想，客户端也得以提前植入新媒体的思路和要求，然后分类处置：或联合采访（比如，“新春走基层”“再次走近你”等），或联手直播（比如“新春云客厅”“云端品年味”等），或以适合网络传播的形式整合电视作品（比如，把电视端的“热心姊妹花”记者每天教大家练八段锦、五禽戏的内容做成成套的网络作品，以新年健康礼品的概念推出，更有利于传播推广），或延伸利用（比如，把新闻人物作为主角做成客户端给市民拜年的启动页或海报），或一体互动（比如，线上、线下联合抽奖），从而实现更深度的融合。

目前来看，做得不够成功的新媒体无论是从理念还是具体呈现上都与缺少“网感”有很大关系。可以这样说，凡是把电视或电台的内容简单地搬到网络媒体上的做法，最终都不会有什么好的效果，要么失败，要么成为鸡肋。

所谓网感，就是对互联网的生态的感知能力。互联网有其特殊的表达方式和传播规律，谙熟这种规律，谓之网感。2021 年，“天下泉城”新闻客户端制作推出的新媒体作品《仁仁敏敏济南人大吉祥物系列漫画》荣获第 30 届中国人大新闻奖，是山东省唯一的新媒体获奖作品。这样的作品就是有网感的作品。实际上，客户端能够受欢迎和被认可，与其始终坚持贴合互联网网民思维逻辑，全方位强化内容形式的网感属性有直接关系。

三、新媒体核心竞争力的变与不变

不管是传统媒体还是新媒体，权威性、公信力以及有力度、有深度的报道内容都是其竞争力的核心要素，不同的是具体的处置和呈现方式。

在塑造媒体权威性和公信力方面，“天下泉城”新闻客户端一是紧紧依靠其母体——电视新闻频道，及时常态化获取时政报道。“天下泉城”新闻客户端也通过自身渠道，保持与重点部门单位的顺畅沟通，遇有重要信息可持续优先获取。二是“天下泉城”新闻客户端专门开设“济南发布”频道和专栏，作为济南市委市政府和各级政府职能部门权威信息的发布平台，将其打造成了客户端的品牌平台。三是在济南市纪监委支持下，开通“掌上问政”主打频道，市民可通过这个频道随时反映自己遇到的问题，政府职能部门必须全体入驻并有问必回。“天下泉城”新闻客户端和《电视问政》《电台问政》两档监督节目联动，开设“问政”专栏，常态化开展由纪监部门主导的权威性监督。这在一定程度上使“天下泉城”新闻客户端具备了实用性和必用性。这是其扩展影响的“硬手段”，也是该客户端早期扩展用户时最有效的措施。对于新媒体来说，需要这样的“硬手段”，不管是纪监部门还是其他部门，政府职能部门总会有与市民生活相关的工作内容和职责。与他们建立合作，使客户端成为职能部门与市民对接沟通的平台，这是客户端能迅速被市民接受、短时间内实现广泛下载的重要措施。

浙江安吉新闻集团推出的爱安吉客户端也有类似的运作实践。爱安吉客户端中的安吉美食板块聚焦了全县各处的酒店、小吃、火锅、蛋糕、水果等300余家商户。爱安吉客户端设置了可兑换积分的云豆子，并把乡镇、部门工作人员的餐饮补贴纳入云豆子体系中，可在平台上任意一家店铺使用。这就形成客户端的实用性和必用性，平台黏性也相应增强。

深度报道和调查类监督报道是新媒体不可缺少的内容主体和实力担当。在网络深度报道中，目前以图文报道的形式为主，这是对用户手机阅读习惯的迎合与适应，并且可以影响甚至决定一个客户端的品质和档次。“天下泉城”新闻客户端先后推出了“看见”“后窗”等深度报道专栏。“看见”的定位是：在这里，放慢脚步，聆听泉水叮咚的脉动，看见济南此时此地的不同侧面；为您进行深层次解读，讲好新时代济南故事，助力经济社会更好发展。“后窗”的定位是：放眼全球，以他山之石的视角，发现、解读“新闻背后的新闻”，冀望为城市发展提供借鉴和助力。当前，这两个专栏已经成为“天下泉城”新闻客户端的品牌，在济南获得知名度和美誉度。

这里所说的调查类监督报道，是在全国范围内针对重大突发事件开展的调查式采访，新媒体具有这方面的平台优势和运作可能。其中的典型代表应该是新京报、澎湃新闻和四川观察这一类的客户端，其主要在全国范围内的监督报道方面做出了成绩。开展这类采访要具备以下几个条件：一是有善于做调查采访的记者人才，四川观察就调集了几个获得过中国新闻奖的记者；二是具备一定实力，有财力支持记者全国跑；三是媒体本身所处的舆论环境正常，抗压能力强，监督报道能顺利推出。

总体来看，深度报道和全国关注的重大突发事件的调查监督报道是新媒体核心竞争力的重要组成部分，在布局规划时必须重点考虑。

四、发展思路

目前，国内主流媒体推出的新媒体大都处在初始阶段，下一步如何发展尚没有完全破题。从总体考虑基本有两个方面：一是内部运作，二是对外合作。其中，关于内部运作的基本思路，概括起来就是：举全台之力打造龙头新媒体产品。

如何举全台之力？

一是行政要求，二是考核奖励。通过行政要求，明确某个新媒体为全台优质新闻节目资源汇聚平台，移动端视频直播平台、活动及主播互动平台。通过考核奖励进一步调动全台各部门的积极性，奖励资金来源于新媒体的创收，真正实现一次采集、两次奖励，这样才有效果。除此之外，特别重要的一点是，制定各频道/频率在新媒体端的广告创收考核指标。只有这样才能真正调动全台打造新媒体的主动性，真正做到举全台之力宣传推荐新媒体，才能实现全台工作重心和各方面资源向新媒体平台的主动转移。

思路之一：录播节目的录制过程在客户端直播。此举可有效解决以录播为主的电视节目无法实现伴随式互动的困局，同时极大地丰富了客户端优质直播节目来源。这是电视与移动媒体融合的开创性思路，是传统媒体转型升级和促进媒体真正融合的有益尝试，为电视行业的融合发展理念带来新的启发和冲击。

思路之二：新媒体为各频道/频率开通活动、报道等随时直播的权限，各频道/频率可在移动端自主运作各类现场直播。这有效提高了全台报道的时效，丰富新媒体端的直播内容。

思路之三：依托各电视频道的优质资源，在移动端推出相应的频道、专栏，并且由各频道自主运作。这样，移动端不用增加一人就增加了大量优质内容和商业运营平台。特别重要的是，举全台之力的另一层内涵就是将来广电的人员要向新媒体集中转移，这是一个必须考虑和提前准备解决的问题。各频道在移动端开设新平台，就是为全台业务、人员大转移搭设“新庙”。

思路之四：媒体融合由传统媒体转型升级为新媒体的互动融合。把分散的新媒体科学整合，实现一体化运作。特别是要打通技术后台，全面实现数据共享、内容共享、资源共享、平台共享及在此基础上的优势互补，互相借力，同时大幅降低技术投入及人力、设备成本。

总之，主流媒体必须要发展新媒体，推进媒体融合，核心业务人员也必须同步转移。举全单位之力做新媒体，是主流媒体大概率要选择的发展路径。此外，在传统媒体转型升级的同时，一个媒体单位的新媒体之间的互动融合也要提上日程。只有这样，媒体融合才能不断深入推进。2021 年 2 月，济南市下发的《济南市加快推进媒体深度融合发展　建设“新媒体之都”实施意见》也明确提出，推动新闻媒体转型升级，整合媒体资源，对媒体种类、布局、结构进行优化调整，关停并转受众少、影响力弱、经营差的子媒体、频率频道和平台账号。把全部采编力量转入融媒体，破除条块分割，建立全媒体指挥调度机构和一体化组织架构，打通频道、频率、纸媒、网站、新媒体等各内部端口，打造策、采、编、审、发、评、馈的全媒体采编网络和工作流程，形成集约高效的优质内容生产机制，内部实现同级媒体的内容、技术等重要资源横向互联互通、共建共享。这就是目前市级广电媒体融合发展的基本方向和思路。

在对外合作方面，从省级媒体的融合实践来看，有一种模式也值得借鉴，或者也代表了一种发展方向。这就是山东省互联网传媒集团和一点资讯的合作模式——山东省互联网传媒集团向一点资讯提供大众网及旗下媒体，如山东手机报、山东 24 小时新闻客户端、大众网山东 17 市地方频道、大众网两微矩阵等互联网新媒体，享有信息网络传播权的全部优质原创内容。同时，其所属媒体单位全部入驻一点资讯平台的“一点号”。一点资讯则依托自身的智能匹配、个性化推荐、大数据等技术优势，向山东省互联网传媒集团旗下媒体提供算法分发、智能化推荐、大数据用户分析等技术支援服务，让个性化推荐技术成为传统媒体的标。双方还共同打造了山东手机报客户端。这是个性化聚合平台与媒体的一次合作创新，是实现新媒体与传统媒体融合发展的另一种尝试。

城市台融媒体发展中的“四大功夫”

王三征　赵红

摘　要：在当前的媒体融合中，城市台因其地域和实力等因素处于不利的竞争位置，如何找准定位，发挥优势，形成自身的发展路径，本文结合济南广电的实践，从四个维度进行了探讨和论述。

关键词：媒体融合；原创战略；传播链；多样性；地域性

近年来，城市电视台的融媒体发展已全面进入产品融合阶段，目前正在向融媒体技术中心和融媒体数据中心的建设迈进。和中央级媒体不同，城市台的媒体融合很难按照“高大全”的模式进行，如何突出优势，有效聚合力量，扩大规模效应，形成本地传播的影响力，这仍然是城市台的中心任务。城市台的电视人必须克服双重危机：一是自己的新媒体还没有做大做强；二是电视端已出现“人财物”方面的危机。如何打破困局，保障融媒体的持续发展，是城市台面临的现实。为此，必须在以下四个方面“下功夫”。

一、突出新闻优势，在实质融合上下功夫

目前，城市台媒体融合存在内容简单复制、相加的问题，如何实现从形式融合到实质融合的转变，济南台选择依托新闻优势，突出新闻客户端与电视端的融合。

1. 日常报道以客户端为先锋、以电视端为节点

济南新闻频道原有电视端的优势主要包括时政报道、民生新闻报道、政务监督报道等，过去以电视端带动“两微一端”，而现在以新闻客户端为先锋，先报先发，坚持移动优先、视频优先。如在时政方面，报道全国两会中本市代表团的整个行程。从出发到车上，到驻地，到会议，到访谈，新闻客户端全程直

播跟踪、动态更新；电视端依托四档新闻栏目，做节点性综合报道和直播连线，客户端突破了电视端的局限，当日便赢得150万点击量。可见，电视端的综合类报道弥补了客户端直播的碎片化，同时反哺客户端，形成二次传播。同样的运作还有济南市委市政府代表团三次赴南方城市考察学习，客户端全程跟踪直播，电视端做节点报道，客户端点击量超350万。

2. 新闻直播以客户端为全程、以电视端为综合

重大新闻事件的直播改变过去单纯依托电视端的方式，而是以客户端为全程设计，电视端为节点报道、深度报道、综合报道。比如，全程直播济南市法院抓捕“老赖”过程中，新闻客户端从当日凌晨六点警方行动开始便全程三路直播，路上警方的联络、抓捕对象的动态、紧急情况下改变预案等被全部记录直播，当日达到150万点击量，整个过程持续到当日下午四点，在此间和事件发生之后，电视端做出节点报道，当晚做出综合报道，取得良好的效果。

同样的运作还包括直播济南市食药监部门现场抽检外卖服务的整个过程。从现场电话预约到送餐员送达，再到奔赴配餐地方现场取样、送检到检验中心等过程，客户端承担跟踪、动态报道；电视端承担节点报道、综合报道和深度报道。电视端在当天晚上发布抽检结果，客户端同步更新，当日点击量超过130万次。

与纸面媒体相比，电视记者的视频拍摄和编辑优势更为突出，客户端直播和电视端直播表现出同样的专业水准，这是电视媒体的优势。目前，济南电视台的新闻客户端用户超过500万人，电视端收视份额在济南地区继续保持第一的位置。

二、坚持原创战略，在全媒体传播链上下功夫

媒体融合无论是“你中有我，我中有你”，还是最终达到“你就是我，我就是你”的程度。其根本目的是在新一轮传播格局中提升城市台的品牌影响力和公信力，而目前城市台的融媒体建设存在“重视聚合，轻视原创”的倾向，聚合产品比较容易操作和实现，而原创产品特别是符合本土特点、具有区域优势的原创产品往往不容易做。如何改变这种被动局面，恰恰是城市台必须要下苦功夫的地方。有原创产品，还要有依托原创产品，设计、构建全媒体传播链的能力，在这方面济南电视台紧紧抓住和聚焦电视问政监督节目，实现品牌传播的最大化。

2015年，济南新闻频道开播了大型问政节目《政务监督面对面》，2018年初改为《作风监督面对面》（以下简称问政节目）。问政节目请全市各个主要部门、区县负责人到电视台演播大厅，以“直面问题，践行承诺”为主题，针对问政记者的报道、市民的提问进行现场答复。

五年来，问政节目赢得各级领导和广大市民的高度关注和认可，在区域形成广泛的传播影响力，尤其“直播季”成为街头巷尾、本地网络的新闻热点。借助这一优势，济南台运用互联网思维，依靠多媒体传播平台，打造了以问政监督为核心的多产品、多形态、立体化、全时段的传播方案。

1. 在产品内容上，聚焦区域用户关注的重点、热点问题

城市台必须立足区域优势，围绕本级党委政府的工作重点，赢得本级党委政府的支持，在区域重大社会热点问题上有力发声，形成属于自己的传播力和公信力。

济南台的问政节目在选题上紧紧围绕济南市委市政府提出的“建设大强富美通现代化国际大都市”的中心目标，以市民关注的重点、热点为中心，以2020年连续十二期的直播节目为例，分别聚焦征地拆迁、交通拥堵、雾霾治理、食品安全、教育就医、营商环境等话题。节目中相关负责人现场答复、现场办理，推动问题解决，比如新建小区配套学校建设不足、回迁小区房产证难办、多条城区“断头路”迟迟打不通、渣土车管理漏洞、学校周边的无证食品问题、就医难问题、民营企业融资难问题等，整个问政节目的问题涉及区域群众的切身利益，引起社会各界的普遍关注。

通过对这些重大热点问题的关注，形成城市台资源的独占性，其他媒体以城市台的多媒体传播平台为新闻源。这样，城市台在传播中就形成了自己的引导力和公信力。

2. 在传播链上，构建与区域用户互动的全媒体传播体系

融媒体发展中，必须以互联网思维高度重视传播的分众化、碎片化，从随时随地的易得性和持续有效的互动性来设计全媒体传播链。以问政节目为例，节目全年常规时段为每周一期，上半年和下半年各连续推出六期直播节目，2020年打破常规进行了十二期连续直播。以此节点，新闻频道筹划全年的传播方案。

电视端和新媒体端推出多形态传播产品，包括前期问政线索征集、多渠道反映线索，如热线、客户端、济南政府网、济南12345服务热线、纪委网站等，

线索统一汇集到新闻客户端。记者全年根据每期主题不同，采取公开调查和暗访调查两种手段展开，此过程一直持续到问政节目播出，这是第一轮传播。问政监督节目播出后，相关问题的回复、问题的整改落实、市民和相关部门的反馈、记者的追踪报道、纪委对相关情况的通报等，这是第二轮传播。

从传播轨迹上看，每当问政直播之前和问政直播过程中，电视端和新媒体端都呈现出双波峰效果。其中，新闻客户端的累计点击量超过 5000 万人次。

从产品形态上看，以每周一次的问政节目为主打产品，新闻客户端同步直播。此外，每天在新闻频道的四档新闻节目中设有追踪报道，其中每晚九点在新闻频道专设栏目《问政再问》，作为问政追踪常设性栏目。栏目针对本周问政内容回访、问题的整改落实等情况进行跟踪式报道，保证“天天有问政、日日有反馈”。在问政监督方面，市民可以通过新闻客户端、济南网、政府 12345 服务热线等多个渠道反馈到新闻客户端，用户数据和问题数据得以汇集和分析，对于下一轮的问政聚焦什么主题、市民关注什么等选题策划提供数据支撑。

三、理顺机制，在全媒体人才队伍建设上下功夫

人才资源是第一资源。人才紧缺是制约城市台融媒体发展的重要因素，城市台的融媒体建设需要一支既懂电视业务又懂技术的团队。济南电视新闻中心的团队不分新、旧媒体，统属于一支队伍。平台与平台之间每日以编辑会的形式进行沟通，团队内部形成“技术和业务沟通，调度和灵活结合”的机制。

从某种意义上说，城市台的融媒体建设在技术和架构上难胜过中央级媒体，但在贴近本土、打造一支会打本地仗的团队方面却是其优势和希望所在。在培养业务和技术并重的人才队伍方面，城市台要舍得投入，实现“培训一批，引进一批，吸收一批”，让全媒体团队真正成为融媒体中战斗力强劲的生力军。

四、依靠行政和市场，在经营多样性上下功夫

目前，城市台的融媒体建设仍然处于高投入阶段，营利模式没有形成，基本上靠电视媒体的经营来支撑。如何破解经营方面的压力，济南广播电视台借助品牌影响力，依靠行政和市场两种手段，在经营多样性上下功夫。

1. 变“分散经营”为“一体化服务”

济南广电以“城市品牌形象塑造师”为定位，不断深化“放心广电，智慧广电，实力广电”建设，构建形成了集广播、电视、“一网五端”新媒体、户外

媒体、公交电视、地铁电视等为一体的全媒体传播矩阵，建成和启用济南智慧全媒体中心（鹊华云），构建“6+1”智慧媒体生态圈，精准布局新媒体产业和直播经济。近年来，济南广播电视台主要负责人带队，走访了本地30多个部门单位，并与之签订战略合作协议。同时，打通广播、电视、新媒体宣传，成立专门的总台策划部，一体化服务，把以往涉及公安、食品、城管、卫生、教育等多个部门的宣传，做针对性的策划和打包服务，赢得了本地部门单位的支持。此外，把本台的融媒体中心建设与济南智慧城市建设连接在一起，与多个部门的数字化中心实现共通共赢，强力拓展融媒体发展的空间，获得效益的共赢。

2. 变“单一形式”为“线上线下”互动运作

济南广电大力发展“一老一少，一婚一教”以及文旅、会展、体育、动漫、游戏等板块，事业产业不断发展壮大。依托频道资源和用户特点成立公司，如少儿频道成立专门服务少儿教育的公司，包括少儿书画、少儿口才、儿童剧展演等；依托主持人、舞美等资源，成立婚庆公司，推出高端婚庆服务，目前成为济南区域规模最大、业务量最多的婚庆服务机构；依托宣传优势，聚焦会展业、家电业和美食业等，以大型电视购物节为节点，四季推出展会活动，有力开拓了本地市场，经营创收改变单纯依靠广告的格局。

毫无疑问，在今后一段时期内，城市台的融媒体建设亟待技术、机制、资金等多方面的突破，但是突出自身优势、强化原创战略、加强人才建设、深耕本土市场，无疑是城市媒体融媒体发展必须着力解决的问题。

新媒体时代视频新闻语言的变与不变

孙佳音　刘婷

摘　要： 新媒体时代，信息技术对新闻的采集、生产、制作、发布、传播各流程都产生了巨大影响，特别是视频新闻语言的表达使用上，形成了颠覆式的改变。但万变不离其宗，各种信息技术和文艺手段的加持和运用改变的只是视频新闻的形式，只要抓住新闻传播中的根本和宗旨，其内核仍然是优质的内容，是对社会主义核心价值观的传播。把握住这一实质，传统媒体在新媒体时代仍然大有可为。

关键词： 新媒体；视频新闻；语言；改变

电子信息技术与网络传播的迅猛发展，使得新媒体以前所未有的速度发展，并渗入人们生活的方方面面。新媒体“不按套路出牌”的快速生长，利用各种新技术对信息生产传播特别是视频信息的语言表达方式进行重构，给传统电视媒体单一、程式化的视频叙事方式带来巨大冲击。

一、新媒体内容传播的特点

1. 时效性

视频新闻在传统媒体时代因其能动态重现新闻发生的现场，最真实地表现新闻人物的状态，而优于报纸、广播对信息的传递表达。随着网络信息技术的发展及智能手机的普及应用，视频新闻成为生产门槛极低的一种信息传播形式。任何一个普通人都可以用手机对突发性新闻事件进行现场直播，或经过简单的剪辑制作后上传，给传统视频新闻生产流程形成了颠覆性的打击。特别是短视频平台鼓励用户用手机原生态拍摄记录普通百姓的生活，各种突发新闻现场都有围观群众举着手机拍摄，使得新媒体在视频传播时效性上挑战着传统媒体。

2. 话题性

不同于传统媒体程式化的新闻报道方式和被动等待观众换台的传播手法，新媒体通过网感鲜明的标题、字幕和音效等表现手段，通过前期预告、后续追踪等内容铺垫，主动推送、更新提醒、后台留言、话题讨论等多种功能，持续不断地增加受众接收信息和参与提出意见、表达态度的机会，从而引导受众改变信息接收习惯。这不仅提高了自身平台内容的话题性，同时也有机会让平台自身成为话题，持续增强受众关注度和黏性。

3. 目的性

大数据应用使得媒体后台可以精准地掌握受众数量、年龄划分、区域分布，甚至可以细化到受众人群的受教育程度、收入情况等。依据这些精准的数据分析，各平台大到栏目设置、页面设计，小到文字语言及剪辑风格，都针对目标人群采取订制化的内容生产。仅以标题的设计为例，因为目标人群不同，各平台对同样的新闻内容拟定的标题也呈现出不同的风格，有的诙谐，有的通俗，有的犀利，有的睿智，鲜明地体现平台服务的不同受众的个性和特点。其目的性十分明确，就是将适配的受众牢牢吸引在自家平台上。

综上可以看出，新媒体内容传播摆脱了传统媒体受电视遥控器支配的历史，转而研究受众的心理，其从本质上来说，是一种以内容为产品、以分析受众心理为主要手段的“市场营销”。

二、新媒体手段应用颠覆传统视频生产模式

既然是营销，就首先要找到新鲜卖点。在新媒体时代，新闻内容的生产已经由原来的卖方市场变成买方市场。对于同样一个信息，受众是点赞和转发 A 媒体的稿件，还是会仔细阅读和评论 B 平台的链接，取决于各路新媒体对新闻事实的表述方式和呈现手段的多重运用。

1. 多元化

不同于传统视频新闻语言的常规剪辑和程式化稿件撰写，新媒体对新闻事件的视频呈现方式多样且不设限，多种方式的混搭使得内容更加丰富，传递的情感更饱满。2019 年荣获中国新闻奖一等奖的《朦子书记》，就是一篇典型的适应网络传播特点的新媒体视频新闻。其中大量运用的航拍、动画、CG 技术甚至蒙太奇手段，配合精致的后期 AE 包装，对主人公三年驻村扶贫工作进行生动的情景再现，从而极大地弥补了资料镜头不足的问题。特别是在结尾处运用

CG技术，模拟出未来花椒林成熟后的繁茂景象，充分满足受众的想象空间，这在以往电视新闻制作过程中是难以想象的。同样运用新媒体手段进行视频新闻生产的典型案例是荣获中国新闻奖二等奖的《鼓岭！鼓岭！》。因事发久远，除了以纪录片形式对当事人进行回忆采访外，全篇创新采用沙画加配乐的艺术手段对过往事件进行还原讲述，巧妙地表达了习近平同志细致入微的人文关怀，和美国的加德纳老人发自肺腑的异乡“乡愁”，使这一视频新闻在真实还原事实的同时，还呈现出温馨质朴的艺术效果。

2. 个性化

以上两个例子充分说明新媒体突破了传统媒体报道方式的束缚，文字、图片、视频、音频、绘画可以同时进行一体化的运用，利用更多个性化的文艺甚至戏剧语言综合呈现。比如，很多视频新闻中加入了音乐元素，用音乐加字幕的形式代替了传统视频的解说词。音乐元素应用于新闻传播领域是一种全新的尝试，因为音乐选择带有强烈的创作者的主观意愿，新闻事件配以不同的音乐，改变了以往传统媒体画面加配音的表述方式，转为率先表明媒体的立场和观点，从而争取更多受众对于新闻内容的代入感，也容易引发不同观点受众的讨论，形成关注热度。

3. 碎片化

在新媒体语境下，对于视频新闻没有了整体时长、篇幅等的限制，被“解放”出来的视频新闻有了更多的表达空间。事实上，目前新媒体对于“短视频新闻”的定义最长可以到8分钟，从时长上也远远大于一条传统电视新闻的长度，由此形成了新媒体视频新闻从长度上的“两极分化”。对于题材重大、内容丰富的新闻事件，可以像以前的短纪录片一样进行精心的采访制作；对于日常的突发新闻事件，则充分适应受众信息接收习惯的改变，以碎片化方式推送，开门见山，直奔主题，用最短的语言交代清楚新闻五要素。比如，2020年初的一个爆款短视频《抗疫护士面向家乡鞠躬送别母亲》，讲述的是在武汉疫情防控的紧要关头，火神山医院护士在得知云南家中母亲突然病逝的消息后，冲着家乡的方向洒泪三鞠躬，又立刻投身抗疫一线。不足一分钟的视频，只有两个机位变化，仅用三行字幕交代了上述背景，除了这名护士的哭泣声和背景细微的钢琴配乐，没有一句同期采访，却引爆了上亿网友的爱心与抗疫激情，舆论正向引导达到最佳效果的同时，也引发网友们了解更多主人公情况的好奇心。随后，与主人公相关的一系列背景及延伸内容陆续被推出，每次推出都会形成原始新闻的二次甚至多次传播，实现传播效果的反复叠加，形成完整的传播链条。

三、主流媒体视频新闻生产应对策略

新媒体对视频新闻语言表达逻辑进行了颠覆性的改变，也从根本上改变了传统媒体和新媒体在市场占领上的格局。如何应对是摆在传统媒体面前的一个迫切的命题。无论是多种表现形式的综合运用，还是视频容量的改变，内容所传递的价值核心却始终不能变，这也是主流媒体相比自媒体来说一个无可比拟的优势。坚持信息的权威性和正确的舆论导向，弘扬社会主义核心价值观，传递社会正能量，始终是主流媒体人的从业根本。

1. 转变思维方式，加强舆论引导

2020年新冠肺炎疫情防控之初，正值春节假期，群众一时很难接受居家隔离防疫的要求。传统视频新闻说教式的宣传形式很难入脑入心，济南广播电视台新媒体记者充分利用新媒体手段，借用网络歌曲改编制作了《防疫 Disco》的音乐视频，并在全网推出，凭借吸睛的旋律和新颖的形式，在全网累计转发和点赞量突破2.3亿。这支视频包含了新闻的全部要素，但生产制作手法又完全是新媒体式的，经过大数据的细致分析，该视频在25～35岁年龄段的人群中传播度最高。这些人正是社会活跃度最高的一群人，他们对内容的接受也充分影响了身边的人群。这个产品的成功充分证明了在新媒体时代，视频新闻需要变化的是讲述方式，不变的是主流媒体的立场与责任。

2. 转变叙事方式，弘扬核心价值观

传统视频新闻的生产无外乎记者出镜、现场采访、画面拍摄及后期的剪辑和稿件配音，一般两三个人用一两个小时就可以搞定。但新媒体手段的综合运用则复杂得多，有些时候需要几天的时间才能完整呈现。这种制作手法的改变也促使主流媒体人员转变传统的叙事方式，转而发挥自身的优势，从前期的题材内容策划这一强项入手，对某一重大题材新闻事件从生产源头上进行精心的组织安排，特别是策划以新媒体的手段展开叙事。在新媒体时代，受众不再仅仅满足于媒体记者告诉自己的事实，而更加希望一种体验式的参与感。针对这一特点，济南广播电视台新媒体中心在2020年初疫情防控期间，采用当下流行的Vlog形式，以记者自拍的手法展现各街道、社区疫情防控措施和基层干部奋战一线的坚守。这种自我讲述式的视频报道手法，极大地满足了当时封闭在家的居民群众的沉浸式感受，同时也有力破除了当时社会上关于社区封闭生活不便的谣言。节目在推出后收到强烈的社会反响，也成了众多新媒体平台纷纷模仿的对象。

新媒体语境下的视频新闻语言变的是形式手段，不变的是内核实质。注重优质原创的内容为“王”，遵循主流引领的传播规律，是“万变不离其宗”的恒定坚守。

把握战机　打好“战役”

——打造全媒广电新优势的思考

卢忠民

摘　要：当前，面对新媒体的冲击，社会上唱衰广电的论调此起彼伏。然而，广播电视作为主流媒体，其传播真相和主流价值观的权威性和专业性不可替代。本文以济南广播电视台的成功经验以及全国广电在新冠肺炎疫情期间良好的收视收听表现，阐述广电作为主流媒体具有无可替代的权威性和强大的生存能力，探讨如何把握新闻战机、打好新闻“战役”。

关键词：广电媒体；融合发展；优势再造

当前，广播电视媒体的生态环境已经发生了巨大变化，互联网已经成为媒体的主战场，部分电视台面临生存发展的“危急时刻”，社会上唱衰广电的论调此起彼伏。广播电视真到了山穷水尽的地步了吗？答案当然是否定的。广播电视作为一种传播工具，它的兴衰成败取决于其在信息传播中的社会存在价值。

虽然，网络新媒体个性化、交互式传播受越来越多的人青睐，但电视大众化、广播式传输覆盖范围广、成本低、安全性高的特点，仍具有很高的存在价值。据统计，到 2019 年 6 月底，全国互联网用户 8.54 亿，普及率 61.2%，不仅远远低于广播电视的综合覆盖率，而且有近 6 亿人口不是网络用户，农村中的网民占比不到农村人口的 1/3，巨大的数字鸿沟与城乡差距造成的信息不公平将长期存在。网络传播虽然使社会信息更加公开透明，但大量良莠不齐、真假难辨的信息让人莫衷一是。面对剧烈的社会转型和复杂的国际环境，中国社会的稳定需要广泛认同的主流价值来维系。广播电视作为主流媒体，其传播真相和传播主流价值观的权威性和专业性是不可替代的。

新冠肺炎疫情暴发以来，在重大突发事件面前，广播电视媒体的权威性、公信力和影响力再次凸显。根据国家广播电视总局广播电视节目收视综合评价大数据系统（CVB）统计，2020年1月25日至2月29日，全国有线电视和交互式网络电视（IPTV）较去年12月份日均收看用户数上涨23.8%，收视总时长上涨40%，电视机前每日户均观看时长近7小时。成绩的取得是广电系统广大编辑记者把握战机，打好新闻“战役”，进而扩大战果的不懈努力。下面以济南广播电视台打造大型融媒体直播新闻节目《济南战“疫”》的具体实践为例，分析广电打造全媒新优势的成功经验。

2020年春节假期伊始，新冠肺炎疫情突发。疫情就是命令，济南广播电视台紧急启动应急响应，编辑记者迅速集结，全员到岗，全天候及时发布权威信息，第一时间开启了济南广电战“疫”行动。2020年2月1日，济南广电确立了电视新闻战“疫”作战计划：整合精锐力量，打通晚间两档新闻节目，倾力打造100分钟大型融媒体直播新闻节目《济南战“疫”》，计划于2月3日晚正式推出。策划方案拍板，距离正式开播只有不到50小时。新闻频道全部外采力量协同作战，线索共享、素材共享、资源共享；新闻客户端在每天发布数百条疫情信息的同时，抽调骨干力量协同《济南战“疫”》进行融媒体直播，全时段拆条与图文推送；后期包装制作人员两天一夜不眠不休，齐心协力完成了《济南战“疫”》的大片头、小片头、宣传片的创意和制作。电视台转播部、制作部、播出部紧急调整技术人员支援一线，打破了常规值班流程，增加直播保障团队，部门负责人亲自在现场调度演播室灯光、音响、机位等，实现全频道总动员，全台相关部门协同作战。

大密度直播连线是《济南战“疫”》的显著特色。节目开播后，现场连线的范围覆盖全市各县区和功能区，覆盖20多个市直部门，还有街道办事处、隔离点、交通卡口等一线战“疫”现场，让不出家门的济南市民能从不同视角、不同层面直观真切地看到济南战“疫”全景，感受到济南市委市政府和各级各部门打赢疫情防控阻击战的高效措施和坚定决心。在这些直播连线中，最受市民关注的是“连线湖北”。从首批济南援鄂医疗队出征到圆满完成任务归来，济南观众每天都可以通过《济南战“疫”》直播看到武汉前线医院红区内珍贵的视频画面、医护人员的无畏付出、家人的牵挂与互动。

大型融媒体直播新闻节目《济南战“疫”》创下了当前多个济南广电之最：策划推进最快、筹备时间最短、直播体量最大、现场连线最密集、市民关注度最高……据央视索福瑞数据统计，济南电视新闻综合频道每晚21:10—22:50播出的100分钟大型直播新闻节目《济南战“疫”》，收视率和收视份额比开播前同时段提升幅度达到50%以上。除了电视直播，《济南战“疫”》还在“天下泉城”新闻客户端、叮咚FM、无线济南、济南发布、济南网以及百家号、新浪微博、今日头条、企鹅号等新媒体平台同步直播，全网每天平均点击量屡屡突破1000万。

分析大型融媒体直播新闻节目《济南战“疫”》的成功经验，我们可以看出这档节目有着鲜明的特点。一是济南广电积极发挥喉舌作用。在重大新闻事件面前，讲政治顾大局，敢发声擅发声，充分展示了主流媒体的责任担当。二是新闻报道通过多样化的表现形式和传播手段进行加工组合，提高了新闻的可视性，同时新闻播发注重权威化表达、正向价值观引导。三是电视、广播、新媒体相互配合，多平台联动，形成强大传播合力，让新闻信息的传播范围更广，实现交叉化、立体化传播，覆盖不同的受众群体。

济南广播电视台的成功经验以及全国广电疫情期间良好的收视收听表现，充分说明广电作为主流媒体具有无可替代的权威性和强大的生存能力，也展现了广电系统广大编辑记者把握新闻战机、打好新闻“战役”的能力和信心。下一步，广电人要做的是持续不断地扩大。疫情终将过去，广电人要认真总结战“疫”期间的成功经验，转化为行之有效的常态操作，未雨绸缪，把握新的时机，打好新的“战役”。首先，要牢牢把握正确的舆论导向，坚持“三贴近”，不断强化“四力”，以脚力深入基层，以眼力去粗取精，以脑力深思熟虑，以笔力精彩呈现，关注发展大势，把握新闻热点，精准服务和满足受众需求。其次，要善于捕捉和把握后疫情时代的新机遇，特别是新基建、新消费、新生活、新社交等，都将出现众多的机会，产生众多的热点。广电人要结合自身优势，汇聚关键资源，不断激发发展新动能。

在战“疫”宣传成功的基础上，广电人切不可沾沾自喜、小富即安，要知道前进的道路上必定关山重重，要弘扬一往无前、敢打敢拼的战“疫”精神，把握一个又一个时机，打好一个又一个战役，不断扩大战果，积小胜为大胜。

网络传播环境下新媒体议程设置对公共议题的影响

王洪靓

摘　要：随着互联网的发展，以互联网语境、用户创作内容与实时互动为依傍的新媒体正广泛而深刻地影响着当代信息传播格局，传统主流媒体在议程设置中的主体地位受到网络自媒体的挑战，同时也受到网友自发设置议程的冲击。本文通过分析近年来新媒体的议程设置案例，阐释新媒体介入公共议程的时机、形式及作用，明确新媒体在议程设置中的角色定位，寻求新形势下的议程设置理论应用空间，就传统媒体如何适应并引导新媒体的议程设置给出合理的答案。

关键词：新媒体；公共议程；舆论引导

近年来，媒体资源极大丰富，受众主动性显著增强、网络中传播权泛化。新媒体对权威的消解性、低门槛、去中心化等特性为当下网络新闻传播中的议程设置提供新的范式与方法。新媒体不仅作为新闻的报道者、传统媒体内容的搬运工而存在，更作为网络议题的设置者、引导者和参与者，很大程度上实现了新媒体对公共议题的干预。在近年来的公共议题中，新媒体发挥着引导舆论风向的重要作用。新媒体与传统媒体面对同一事件所表现出的不同反应，其发生机制亦值得探究。新媒体的介入为传统的议程设置理论打开了一扇新的大门，本文针对网络能否成为哈贝马斯所说的“公共领域”的研究，从网络议程的特点及传统媒体如何应对网络议程设计的冲击做简要分析。

一、网络议程的特点

1. 议程来源的多样化

在网络传播环境下，由于传播权的分散，人们有了更多的信息来源。决定某个议题成为公众议题的不是由谁提出，而是其适应公众某种需要和信息模糊、答案不确定的品质。对于网民来说，大众媒体依然重要，但是大众媒体的主导地位在逐渐弱化。人们开始习惯通过网络接收更加全面和相对真实的信息。

2. 网络议题的多元化

传统的新闻媒体将时政新闻设置为最重要的议题，但在网络上，时政新闻尤其是冗长的会议报道难以得到媒体期待的关注度，一些与国计民生相关的民生新闻及社会事件反而极易受到关注。娱乐新闻也大量吸引着人们的眼球，同时，星座运势、小众爱好等也可形成稳定的关注群体，从而在圈子内产生议题。议题内容越来越长尾化和多元化。

网络媒体没有传统媒体的版面和时间等的限制，凭借其传播技术优势，可以随时安排海量的个性化信息；不仅可以随时更新议题，而且能把最新消息与往日的相关报道以超链接的方式连接起来。网民在打开网站或社交媒体时，面对的是全面而新鲜的新闻信息。同时，也可以把用户关心的信息纳入传播渠道，进而吸引受众眼球，成为热门议题。

网络传播的互动性和参与性使受众的反馈可以及时参与到信息传播的过程中来，从而对议题的发展和演变产生影响，不断扩大议题。网民各自关注的角度、阐释话题的方向、产生的影响力都会有所不同，同一议题会衍生出多次的议题设置。

3. 更快的议程时效性

在重大突发事件中，网络媒体没有传统媒体编辑、出版等许多流程的羁绊，可以实时发布消息。这比从传统媒体“一停二等三靠”慢三拍的新闻报道要快得多，从而极大缩短了议程发生效应的“时滞”。受众在接触信息的第一时间便形成自己的观点和看法，等到传统媒体设置议程时，受众对这些观点和看法早已具有了先入为主的认识，并产生了初步的舆论发酵。

4. 强大的话题转向能力

网络传播议题的多元化使大众能够通过网络从多角度、多层次广泛而深入地了解事件本身。但是，通常网络媒体提供的信息与受众的反馈一并呈现在其他受众面前，从而干扰其他受众的理解与判断，不同的观点和信息相互渗透、交融，使议程发生变化，难以按媒介原本设定的方向进行。比如，某政府领导开会的视频在发布到网上后，网友的关注点却在于会议照片中这位领导所佩戴的手表。随后，各大网站相继爆出其所佩戴手表的价格，由此引发了网友对该政府领导贪污的怀疑。一条会议议题的消息经过大众的信息交融，就变成了反面性的议题，向着相反的方向发展。

5. 议程设置主体的多样化

在传统媒体的传播活动中，议程设置是由媒体通过发布和突出信息为公众设置“议事日程”而得以实现的，媒体处于绝对的主导地位。但是，单向传播在网络传播时代寿终正寝，在互联网传播条件下，传播者和受众互相融合，公众和媒体（包括传统大众传媒和网络自媒体）成为议程设置的共同主体。

6. 网络传播者和传统大众媒体共同设置议程

最初，网络媒体与传统大众媒体的新闻是“取”与“予”的关系，网络媒体仅是传统大众媒体的影子，网络媒体在传统大众媒体之后亦步亦趋。随着网络媒体时代的到来，网络传播技术发展、网络媒体的时效性远远超过传统大众媒体，此时非彼时，网络新闻成了传统大众媒体新闻的“源头之水”，它们在“取”“予”之间，实现议程设置的互通。

7. 网络议题对传统媒体议题的引导

传统媒体跟进网络媒体的报道往往会形成比较大的社会舆论，以此促进相关部门解决问题。比如，“山东女子爆料自己两次被人顶替上大学”事件，源于当事人发布的举报质疑微博，随后在网络上引发了热议，之后主流媒体跟进报道。人民日报以《严查“冒名顶替”真相，告慰“被偷走的人生”》评论该事件。在社会舆论的压力下，山东省纪委监委机关、省教育厅、省公安厅等部门单位组成的工作专班与济宁市、任城区有关单位一起，对“连续两年被冒名顶替上学”等问题进行了调查核实，并依规依纪依法对相关的 15 名人员作出处理。

二、传统媒体如何应对网络议程的冲击

由于网络议题多发源、发酵于网络，传统媒体在时效性上难以与新媒体比肩。但是，传统媒体可发挥优质媒体资源、权威媒体的公信力、专业的新闻从业人员等优势，在深度挖掘、后续报道中发力，深挖事件背后隐藏的事实，从

一角探究冰山全貌。另外，传统媒体还可主动出击，为网络传播设置议程。双向互动才能取长补短，互利共赢。

1. 积极跟进网络议题

移动互联网时代的网络环境具有实时、开放、互动的特点，容易形成热点。但这有两大弱点：一是真实性存疑，信息来源不可控；二是进展性信息缺乏，不能跟踪调查，网民大多只是评论者和信息转述者。

传统媒体却拥有稳定、敬业、富有专业精神的采编队伍，具有独立调查的资质和能力。传统媒体可以让网络媒体的快捷、互动为我所用，密切关注网络议程的设置，选择精彩、典型议程一追到底，进展性调查一定会让网络关注，反过来为网络设置议程，“抢跑”网络影响力。

2. 策划议题，领跑网络

策划是传统媒体的强项，而策划的往往是独家报道、深度报道、调查性报道，影响力巨大。网民追看、追评实际上是给网络设置了议程。这种策划还表现在通过议程设置引导网络，影响舆论。2011 年 10 月发生的“小悦悦事件”，当网上舆论铺天盖地谴责“见死不救”、抨击“社会道德滑坡”时，羊城晚报即开专栏“传递善举，点亮心灵”报道人间有真爱。后来，又开专栏“曝光冷漠，刮骨疗伤”，引导社会深刻反思，起到纠网络非理性之偏的作用。

3. 强效借力意见领袖

传播学“两级传播”理论认为，信息并不是从传播者直接“流”向接受者，而要经过“意见领袖”这一中间环节，即“两级传播”。“意见领袖”往往有较强的综合能力和较高社会地位或被认同感，比如专家、知名人士等。传统媒体也应建立自己的主持人、知名编辑、记者和法律顾问等“意见领袖”队伍，培育具有媒介素养的网络知名人士，在热点事件中请他们发声，在受众迷惑不解时指点迷津，进而影响网上舆情，引导社会舆论。

4. 草根化选题，贴近公共议程

传统媒体的议题要与公众利益密切相关，有民生意识、百姓情怀才能激起公众兴趣，激发公众参与。选题应从百姓中来，“群众路线主题教育活动”不应被视为上级布置的“作业”，而应成为媒体的内在需求。这是贴近社会、贴近生活的必需，是议程设置的必经之路。

5. 主动发声，引导舆论

网络媒体“意见功能”很发达。对于热点议程，网友均可发表议论，形成

“意见洪流”。但因网民的复杂性、发言的随意性，一些言论往往有非理性甚至极端化、情绪化倾向，如果集中形成能量，容易偏离议程设置的正确方向。这时，需有权威声音来引领舆论走向，这是传统媒体的优势所在。

参考文献

[1] 郭庆光. 传播学教程 [M]. 北京：中国人民大学出版社，2002.

[2] 孙艺嘉. 浅析网络媒体的议程设置功能——以微博为例 [J]. 新闻研究导刊，2017 (6).

[3] 胡泳. 众声喧哗：网络时代的个人表达与公共讨论 [M]. 桂林：广西师范大学出版社，2008.

[4] 吴巧惠，余杨. 论新媒体环境下议程设置理论应用的新变化 [J]. 传媒论坛，2020 (4).

[5] 师曾志. 沟通与对话：公民社会与媒体公共空间——网络群体性事件形成机制的理论基础 [J]. 国际新闻界，2009 (12).

广电新媒体互动应用的思考与探索

郑富强　邹娅

摘　要：本文以新媒体互动方式为切入点，总结剖析新媒体互动发展过程中的案例，分析新媒体互动如何应用在广电新闻生产之中，传统采编人员面临怎样的机遇和挑战，重点探索广电的新媒体互动创新的方向以及广电新媒体新闻生产的变革。

关键词：新媒体互动；互动新闻；互动视频；弹幕

互联网凭借其更加自由、开放等特性在各行各业掀起了一场数字革命。据第46次《中国互联网络发展状况统计报告》显示：截至2020年6月，我国手机网民规模继续扩大，攀升至9.32亿，使用手机上网人群占比99.2%，手机持续成为网民上网的首选手段。移动互联网和智能手机的迅速普及、信息技术的快速发展为新闻传播带来了颠覆性的影响，单一、线性的传播形态被打破，新闻产品多元化的趋势倒逼传统媒体转型升级。

现今，广电媒体多已布局新媒体发展，建立了融媒体采编队伍，搭建了技术运维平台。广电新媒体的新闻生产方式也需要进行变革。时下，以手机为代表的基于移动互联网媒介所产生的互动新闻、互动短视频和视频弹幕等内容及手段，具有可研究和借鉴的价值。

一、新媒体互动的兴起

1. 新媒体互动的基本内涵

新媒体互动在形式上表现为传者和受者之间交流互动的增强。它不仅体现在制作者和受众之间的互动中，而且体现在受众之间的互动中。在这一过程中，受众的话语权得到前所未有的尊重，从根本上拉近了受众与新闻现场、受众和传播者、受众与受众之间的距离，创造出新的传媒形态。

（1）互动新闻的基本内涵

从“诞生”之初，互动新闻就与技术密不可分。互动新闻是一种通过代码来实现故事叙事的视觉化呈现，用户通过多层次的触觉控制实现获取新闻和信息的目标。互动新闻通过整合视频、图像、音频、地图和文本等多种形式，讲出了只有互联网才能讲述的故事。互动新闻最显著的特点就是互动性，它可以是一款应用程序，也可以是一篇多媒体报道。在这些产品里，用户可以遵循自己的选择路径去发掘和体验，感受到一种双向交流。

（2）新媒体互动新闻的开展情况

2012 年，《纽约时报》推出《雪崩》互动报道，利用喀斯喀特山脉的 3D 旋转视图，读者可以按照自己的想法点击和探索地图，当在浏览页面滚动鼠标时，会生成一个添加了音频的视频内容。这是一个大胆却也非常成功的实验作品。除了带来巨大的商业流量价值外，这篇作品还获得了当年的普利策奖，获奖词写道：它“通过巧妙地整合多媒体元素而实现了增值”。

（3）国内外互动新闻的优秀案例

《我是摩苏尔人》是 2019 年荷兰广播记者开发的一款新闻游戏。摩苏尔是伊拉克北部重镇和该国的第二大城市。游戏真实还原了摩苏尔城市的景象。该互动新闻探究了一个问题：你能在战争中活下来吗？游戏中“玩家”遭遇的困难和问题都来自摩苏尔人的真实生活案例。

2018 年是中国改革开放 40 周年。春节期间，央视基于“多人脸融合”技术推出了《幸福照相馆》创意互动项目，只要上传单人照就可一键生成不同年代的照片。通过这种方式，受众回顾了 40 年中国家庭生活的巨大变迁。该作品获得了第二十九届中国新闻奖新媒体创意互动一等奖。

2. 互动视频概况

（1）互动视频的基本内涵

互动视频是由用户选择分叉剧情，多个不同剧情的片段之间可以选择跳转，不同的选择呈现不同的剧情走向结果的新的视频形态。相比于传统内容，互动视频的最大特点在于打破了传统的线性叙事结构，赋予了用户参与内容选择的权利，从而重构内容与用户关系。

与此同时，互动视频也给传统的内容生产制作模式带来挑战。比如，丰富的剧情容量提高了拍摄和制作的成本。例如，《黑镜：潘达斯奈基》为观众提供了上百种选择，最终导向12种结局，全剧累计时长超过300分钟。这使得互动视频的创作角度和过程相对复杂，需要投入更多的人力、时间和资金成本。另外，互动的巧妙设计也对产品技术和专业人才提出了更高的要求。互动视频允许观众根据个人喜好选择不同的剧情走向。在这一过程中，叙事角度的策划、选项的合理设置等都需要专业人士的参与。

（2）互动视频的开展情况

2018年，《黑镜：潘达斯奈基》推出后，也将这股潮流蔓延至国内。2019年，哔哩哔哩网站推出互动视频，腾讯视频、爱奇艺等国内主流视频平台纷纷布局互动视频，加快推动互动视频技术的应用和标准化，涌现出一大批互动剧，大大提升了互动内容的认知度。

3. 视频弹幕概况

（1）视频弹幕的基本内涵

弹幕在ACG［即动画（Animation）、漫画（Comics）与游戏（Games）的首字母缩写］文化中的一种互动机制。用户可以在作品中评论，这些评论会作为流动字幕在视频中出现并被其他用户看到。弹幕最早应用于日本的视频网站中，并被哔哩哔哩等网站效仿。弹幕可起到发表感想、谐音恶搞、补充知识、引起注意等作用。

（2）视频弹幕的应用情况

弹幕早就已经是网络文化中不可或缺的部分。它既是对于视频内容的点评分析，更是观看视频的人的互动讨论，受众也变成了参与到创作中的一部分，大大提高了作品的丰富性。

现在，很多年轻人在观看视频时离不开弹幕的互动，视频本身变成了一个社交的空间，变成了一个具有社交功能的“情境”，作者和受众共同完成了这个作品。某种“集体意识”在弹幕的对话中形成，这种群体性的效应已成为弹幕最重要的影响。

二、广电新媒体互动的破“圈”之旅

1. 广电新媒体互动的特点

广电新媒体互动产品都是基于深耕媒体的自身价值，牢牢把握公共传媒的属性而做，很好地坚守了新闻的底线。其作品符合新闻专业性，且在重大选题中能够发挥较好的作用。广播电视生产的内容会很好地挖掘新闻故事，但传播方式要求的时效性、及时性制约着其无法在短时间之内将新媒体互动植入内容中，或受技术功能制约而无法实现。

在实际工作中，仍有两种方式可将新媒体互动融入其中。一是在制作重大选题时，策划筹备时间充足，制作周期跨度较长，有充分的时间和空间细致考虑，进而在采制、编辑、开发和运营等各项环节中落实新闻互动的功能，实现互动新闻、互动游戏、互动短视频等新闻形式。二是利用好现有的视频直播平台，借助其现有的弹幕或直播评论功能在新闻现场发声，与观看用户进行互动，将新闻现场及舆论声场相结合，增强互动性。

2. 广电发展新媒体互动面临的问题

从内容层面看，与国外互动新闻案例相比，国内互动新闻的表现形式、故事内容比较单一。国内对新闻的创新依然更多地关注内容层面，对于表现形式层面的探索仍显不足。“好用”“好看”的互动新闻产品代表案例仍显不足。

从人才层面看，制作人员配置方面的掣肘更大。互动新闻作为一种兼具多种表现形式、依赖数据处理和视觉化呈现、重产品设计的新实践，对新闻从业者的技术能力、综合素质提出了更高的要求。广电发展新媒体互动最大的短板在于技术、视觉设计等岗位人才的招揽与培养。任何功能的实现都是依托技术力量变为现实，由美术设计人员包装。广电需要从体制机制上进行改革，通过政策扶持、资源注入等方式支持互联网相关技术人才、专业人才进入广电队伍中。传统媒体的编辑也需要加强采编、策划、设计、逻辑和文案能力，转型为能够胜任新闻媒体互动的融媒体人才，进而使所在平台逐步与行业顶尖接轨，实现新闻及内容产品的飞跃。

从制度层面看，需要设立相应的配套制度，充分给予团队施展的空间，令采编、技术、运营团队融为一体，突破原有广电系统的构架，才能真正成为顺应当代互联网需求的媒体。

融媒体时代下广播音乐节目创新的探索与实践

杨国伟　尤晓

摘　要：随着融媒体时代的到来，传统媒体和新媒体形成了“你中有我，我中有你”的新局面。融媒体时代所带来的不仅有挑战，也有前所未有的机遇。广播工作者应积极应对，了解新技术，探索新模式，用创新突出重围，重新建立媒体影响力。本文分析了融媒体时代下广播音乐节目的现状，并对融媒体时代下广播音乐节目的创新做了初步的探索与实践研究。

关键词：融媒体时代；广播音乐节目；创新；实践

在融媒体时代下，媒体边界变得模糊，媒体样态发生了改变，这给当下媒体提出了新的要求：融合、创新、发展。没有旧的媒体，只有旧的观念，广播音乐节目要在挑战中实现自我革新，走出一条属于自己的融合创新发展之路。

一、广播音乐节目在融媒体时代的现状

1. 市场占有率持续下滑

在传统媒体时代，电视和广播是音乐宣传的主要阵地，而广播以其独有的移动性、易获取性、及时性成为音乐的最佳载体。广播音乐传递了最新的音乐资讯，培养了听众收听音乐的习惯，并塑造了一代人的音乐审美能力。广播音乐节目是爱音乐人士较大的聚集阵地，二十世纪七八十年代的人都有拿着收音机收听广播音乐节目的经历。

随着智能手机的普及，互联网公司凭借其大数据优势和雄厚的资金，积累了大量的用户，并逐渐拥有了音乐版权优势。互联网改变了音乐产业模式，音乐爱好者们从广播时代的被动收听音乐转变为主动寻找音乐；从永远不知道下

一首歌曲是什么，变为自定义歌单；从主持人为听众推荐歌曲，变为大数据为听众推送歌曲。唱片作为工业时代的音乐载体正在被淘汰，基于唱片销售的版权分成体系也随之瓦解，大量受众从广播、唱片的获取模式转变为新媒体的模式。广播音乐的资源优势随之瓦解，大量喜欢音乐的受众被分流，市场占有率持续下滑，广播音乐节目引以为傲的资源优势已成为过去。

2. 专业性不足逐渐凸显

与互联网音乐平台使用大数据计算用户的收听习惯和爱好不同，传统音乐广播对受众音乐喜好的把握基本停留在从业人员的个人喜好上，对受众的画像比较模糊，需要靠个人的感知和不甚准确的样本调查，这凸显了对受众的了解不足、方式不够专业。

另外，大量的音乐行业专业人才从唱片公司流转到互联网音乐平台，使得新媒体公司将音乐的编辑、推荐、分类做得精准又专业。这更加凸显了传统音乐电台专业性的不足。市场占有率的下滑，媒体影响力的减弱，导致唱片发行方很少再考虑让艺人的通告和宣传必经传统音乐广播，这又导致了音乐广播与唱片公司沟通的缺失。大量的音乐信息甚至音乐本身需要通过互联网音乐平台来获取，再进行二次加工后传播，这使得传统音乐广播的信息相对滞后，显得专业性不足。

3. 车载收听崛起带来的宝贵机遇

流量为“王”的时代，传统音乐广播已丧失原有的新鲜性、专业性和权威性，但是依旧有着自己得天独厚的优势。随着我国私家车保有量的持续飙升，汽车成为人们出行时必不可少的工具。汽车业的飞速发展和居民购买能力的提高为媒介创造了极大的发展空间，电台媒体从中显现出强大的生命力。在受众需求多元化和媒介竞争日渐激烈的分众时代，电台再次站在了变革的前沿。如何让受众在有限的时间内持续锁定，如何在5G时代全面来临时在车载媒体中继续保留一席之地，如何让音乐电台在众多车载媒体中脱颖而出，这都是亟须思考和解决的问题。

二、广播音乐节目的创新探索与实践

1. 广播音乐节目的可视化

2019年，中共中央政治局在人民日报就全媒体时代和媒体融合发展举行第十二次集体学习，习近平总书记在讲话中指出：“全媒体不断发展，出现了全程媒体、全息媒体、全员媒体、全效媒体，信息无处不在、无所不及、无人不用，导致了舆论生态、媒体格局、传播方式发生深刻变化，新闻舆论工作面临新的挑战。”在“四全”媒体时代，广播大有可为，可以融合多种媒体形成一种崭新的广播媒体形态。融媒体时代是一个你中有我、我中有你的时代。广播不再仅仅是收音机里的声音媒体，而是可以以多种形式存在。它可以成为声画一体的电视节目，也可以成为文字声音结合的新链接，还可以成为多平台直播、多平台分类展示的新形态。

以 2018 年济南广播电视台电台音乐广播发起的新广播音乐真人秀节目为例，此节目通过在直播间安装可视化设备，并将信号链接自有 App 叮咚 FM，实现了节目的可视化直播。此举不仅丰富了广播直播的节目形态，让声音有了画面，更拓展和转化了受众。这让原本只能在车里收听的“听众”转变为通过手机平台观看的“观众”；不仅使广播节目立体化，也为 5G 时代车载媒体的 App 时代铺好道路。

广播节目的可视化，不仅是可以看这么简单，还要做到“很好听、很好玩、很好传播”。这对节目策划提出了很高的要求，原来音乐广播由一个主持人单打独斗制作节目的工作模式也要随之发生改变。一个适应融媒体时代下的广播节目的新型工作小组产生了。这里面包含的工种是原先的广播媒体不会涉及的：节目导演、视频导播、视频后期剪辑、新媒体宣发。这些工种不仅对于广播人来说是全新的，对于其他新媒体也是一样的，因为在广播与可视化相遇之后产生的都是“崭新”的。相比于电视的直播，广播的可视化要“短、平、快”。相比于新媒体的博主直播，广播的可视化具有专业、精致、系统的特点。一个被认为已经老化的媒体广播在遇到视频之后，一下子变得新鲜和潮流了起来，并且带动广播从业人员全方位、立体化的传播信息，让人才队伍不断全面，让广播媒体不断垂直，横向拓宽了受众，纵向完成了延伸。

2. 音乐成为载体

在传统的广播音乐节目中，音乐是绝对的主角，以音乐为素材创作出的“佳肴”都是音乐的衍生品。这样的“菜品”单一又容易复制。比如，榜单类音乐节目、新歌推荐类音乐节目、情感陪伴类音乐节目等，这些传统的音乐节目形式已经逐渐失去统治地位。由于音乐再也不是稀缺资源，音乐广播也不再具有资源的垄断性，所以音乐也渐渐丧失了宝贵资源的推荐价值。在融媒体时代下，应该借助新的互动形式，充分利用广播的媒体特性，让音乐适时地走到身后，成为信息的载体。

以早晚通勤时段为例，音乐向后一个身位，让新闻资讯、游戏段子等更具有实效性、互动性和娱乐性的节目形态走在前面。手机互动可以与受众完成及时沟通，让反馈及时触达直播间，极大地发挥了广播节目快速、贴近的优势。不管是电视节目还是手机自媒体，都需要经历制作、播出到传播这个过程，但是，广播具备从发生到传播一步到位的优势。这种优势的发挥可以弥补音乐电台的短板，让音乐成为陪伴又不止于陪伴，既丰富了节目内容，又防止过大语言含量带来的编辑压力。

3. 个人 IP 与整体运营协同发展

在人力资源紧缺、制作成本不断上升的时代，要更好地集中优势资源打造强力 IP，再用拳头产品反哺整体发展。车载人群的出行习惯是 80% 的人群在 20% 的出行时间里密集通行，这就是所谓的"通勤时段"，所以应该用 80% 的精力打造百分之 20% 的通勤节目，从而制造更大的经济效益和社会效益。比如，在早晚通勤的节目设置上要丰富、多样、精致，打造拳头产品。集中人力、物力、财力打造出几档富有竞争力的节目，跳出音乐广播的窠臼，大胆融合新形式、探索新渠道、使用新方法，不要平均用力，均衡发展。原来的音乐节目大都可以由一个主持人完成所有的工作，现在的通勤时段则需要动用多人力量来完成文稿编辑、游戏创意、节目互动等任务。丰富的节目形态和多样的节目内容，会让节目不止于音乐，而有了重复收听和被广泛传播的价值，正是这种价值才是广播节目出"圈"的重要属性。

基于早间时段大家对新鲜资讯的需求，早通勤时段的节目可以是"新闻＋互动＋娱乐＋音乐"模式；基于晚通勤时段大家对于餐饮娱乐的需求，相应时段的节目可以是"互动＋美食＋休闲＋音乐"模式。当 80% 的付出换来 20% 的 IP 之后，再通过对受众分析画像，实现广告精准投放和内容精准创作。基于 IP 的产业延伸和价值拓展也可以随之展开，不管是品牌代言还是直播带货，在有了流量之后，后续的延展才有了可能。

通过对不同媒体特性的研究与探索，广播音乐节目可以实现多角度、多层次的融合创新，在弥补短板的同时蜕变成为新的节目形态。任何一个媒体都不存在新、旧之分，只有新观念和旧观念的区别。在日新月异的媒体融合发展时代，广播音乐节目遇到了前所未有的挑战，却又迎来了前所未有的发展良机。只有努力学习新知识、新技术，不断提高新本领、新能力，在工作实践中富于创造性，把握时代性，增强规律性，才能促进自身转型升级和融合发展的实现。

参考文献

[1] 李兆阳. 融媒时代广播音乐节目主持人应具备的素养 [J]. 西部广播电视，2019 (3).

[2] 谭云峰. 新媒体时代广播音乐节目的困境与出路 [J]. 新闻传播. 2018 (13).

[3] 朱春阳. 全媒体发展是媒体融合创新的行动坐标 [J]. 中国广播. 2019 (4).

[4] 张玫芬. “不止于声”——融媒体时代广播新声势 [J]. 西部广播电视. 2017 (23).

[5] 郭庆云. 广播节目中音乐编辑素材研究 [D]. 南京航空航天大学. 2014.

"互联网+"思维与广播电视编导专业实践技能提升策略探讨

王歌

摘　要：随着网络技术的日渐提高与网络的全面覆盖，目前我们已经进入了互联网时代，"互联网+"模式在各个行业与领域迅速得到普及和应用。在目前的电视行业中，广播电视编导专业的实践技能得到业界的关注，如果仍然沿用旧有的方式进行广播电视编导专业的实践技能培训，将会很难培养出符合新时代需求的专业人才。因此，必要紧跟时代步伐，将"互联网+"思维与广播电视编导专业实践技能有效融合在一起，借此实现学生专业能力的提升。基于此，本文主要分析探讨"互联网+"思维与广播电视编导专业实践技能提升的相关策略，希望能促进该模式的应用。

关键词："互联网+"思维；广播电视编导专业；实践技能

"互联网+"模式是现代社会中极具代表性的一个社会形态，是互联网与各个领域的深度融合，也是互联网促进各个行业与领域深化发展的具体表现。应用型本科院校广播电视编导专业应积极学习"互联网+"思维，将"互联网+"模式合理应用到广播电视编导专业的实践教学中，借助互联网的优势，充分提升学生的实践技能。在实际的广播电视编导专业教学中，如何应用"互联网+"模式促进广播电视编导专业的实践教学，本文就对此展开详细的分析研究。

一、"互联网+"思维对高等教育的意义

对于高等教育来说，"互联网+"模式的普及发展无异于为其开辟了一条创新发展的新途径。现阶段，翻转课堂教学方式在我国各大高校盛行开来，实现了教学观念的改革与创新，很多学校都出现了学生利用互联网平台自学，学校

课堂交由学生主讲，而老师从旁协助的新型课堂教学方式。这种方式最大限度地锻炼了学生自我表达与处理问题的能力。翻转课堂教学方式对学生的自学能力也有所提升，充分弥补了传统教学模式的弊端，极大地提高了学生的就业能力。由此可见，“互联网＋”思维对于高等教育来说具有非常重要的积极意义。各高校应积极培养“互联网＋”思维，进行教学模式的合理优化与创新，以便实现最佳的教学效果。

二、“互联网＋”思维与广播电视编导专业

客观地讲，各高校对广播电视编导专业的期望与要求就是努力培养高素质的复合应用型专业人员，为社会输送更多的有用人才，在最大限度地提高广播电视编导专业教学效果的同时，为国家建设与发展贡献自己的力量。广播电视编导专业主要是传授广播电视节目编导、制作以及策划等多个方面的理论知识与技能，可以用于广播电视节目策划、创作，音响设计宣传以及撰稿等各个领域。相对来说，广播电视编导专业最为重视的是致力于培养学生的实践应用能力，所以应以此为目的进行专业教学课程体系以及专业实践教学条件等各方面的建设，实现专业建设的全面发展。广播电视编导专业应强化与企业以及地方的产学研合作，做到对社会资源的有效利用，立足于突出专业特色，促进广播电视编导专业的长足发展。

在当前社会中，“互联网＋”几乎成了网络时代的标志，其主要目的就是利用网络平台实现传统行业的资源整合，推动传统行业的创新与转型。有学者曾经表示，目前的互联网既是技术手段，也是基础设施，同时也是一项产业，是一支全新的思维与文化。因此，广播电视编导专业需要与时俱进，运用“互联网＋”思维认真考量实践教学的开展。

三、从“互联网＋”思维看广播电视编导专业实践技能问题

当前，我国社会各个方面都受到了网络和新媒体的极大影响，很多传统行业受到严重冲击。为了谋求更好的发展，各行业都要充分利用互联网和新媒体的力量与影响。广播电视编导专业的立学宗旨是为传统电视行业培养和输送人才，在重视专业建设与教学效果的同时，也应重点考虑互联网的重要性，全面分析如何利用互联网的优势，进一步促进广播电视编导专业实践技能的提升。

目前，艺术考试招生越来越火爆，参加艺考的考生逐年增加，部分高校出

于对人才质量问题的考虑实行了减额招生。一些学校的广播电视编导专业开设了电视摄像、广播电视导播以及影视录音技艺等多个实践课程，理论课时有一定程度的减少，但是因为学生数量太大，在实践课程中很难做到人人兼顾。分组实践又难免出现部分学生消极对待的问题，形成实践技能方面的问题。再者，由于很多学校都存在实验条件和实验教学经费不足的问题，这对实践效果也造成一定的消极影响。在经费不足的制约下，摄像机等专业实验设备可以满足上课需要，但是进行课外实践和综合性实践时却得不到有效利用。同时，目前的电子产品更新换代快，设备淘汰率较高，并且部分设备难以满足高质量作品的制作，加之镜头或者摇臂等设备不足，致使学生没有足够的实践机会与实践时间，在一定程度上限制了学生实践技能的提升。基于此，高等院校需要考虑实践教学和人才培养的需要，采取措施提高实验条件和教学条件，并考虑借助互联网的优势，开展虚拟仿真实验室建设，以便有效解决实验设备、实验场地不足的难题，通过实体实验室与虚拟仿真实验室的互补，改善学校实验条件，有效提升学生的实践技能。

部分高校也存在师资力量方面的缺陷。由于广播电视编导专业在我国高校成立时间较晚，高学历人才有所欠缺，加之多方面的原因，业界优质人才又少有人愿意从事高等院校教学工作。对于高校来说，引进业界师资有较大的困难，即使已经引进的人员也很难成功留住。站在“互联网＋”的视角下，不论是对于高校还是业界而言，互联网与新媒体都是亟须积极探索的领域，互联网方面的师资力量更为薄弱，需要利用自我培养和培训等手段补足师资，借此最大限度地提升学生的实践技能。

四、“互联网＋”思维与广播电视编导专业实践技能提升策略

1. 组建创新型教师团队

教师团队是否具备足够的实践能力和对专业知识的驾驭能力，在一定程度上决定着广播电视编导专业的教学水平。老师只有充分掌握该专业的基础知识，并具备熟练的实践技能，才有足够的知识储备对学生进行传授和指导。尤其是在互联网时代，只有组建具备“互联网＋”思维、富有创新精神的师资团队，才能培养出更多的实践人才。

2. 对互联网资源的高效利用

在日常教学中，需要充分发挥互联网的优势，利用各种平台搜索学习资源

以及有关实践的视频。大多数相关学习网站都会上传一些教学视频，为学生的课余自学提供了极大的便利，更加有利于提升学生的学习效率与效果。此外，互联网中还有一些供同业人员交流和讨论的网络平台，有效利用这些互联网资源，可以进一步实现学生实践技能的提升。

3. 增加学生实践的机会

在互联网得到广泛应用的新时代，很多高校都在积极搭建广播电视编导专业技能操作的网络练习平台，以便学生通过虚拟方式进行理论知识实践，在此基础上发现自己的不足，合理调整学习状态。在“互联网＋”背景下，极大地增加了学生的实践机会，同时也可以自主控制进度，充分提升了学习与实践的灵活性和便利性。在此之余，学生也能在相关平台进行实际操作，利用组织网络歌手大赛等形式开展实践活动。只有充分增加学生的实践机会，开展各种实际操作，才能实现专业知识的吸收与巩固，切实提高自身专业水平。

综上所述，为了进一步实现广播电视编导专业实践技能的提升，各高等院校只有认识到“互联网＋”模式的重要性，积极培养“互联网＋”思维，充分重视高品质教师队伍建设，有效利用各种互联网资源，切实增加学生实践的机会，紧跟时代步伐，不断进行创新与完善，才能培养出更具行业竞争力的专业人才。

参考文献

[1] 周子月.“互联网＋”思维与广播电视编导专业实践技能提升策略[J]. 记者观察，2020 (6).

[2] 孙友欣.“互联网＋”思维与广播电视编导专业实践技能提升策略[J]. 传播与版权，2016 (9).

浅谈融媒体时代的新闻编辑工作

方芳

摘　要：新媒体与传统媒体相互融合发展的融媒体时代已经到来，“融媒体”“全媒体”“新媒体”“自媒体”等新名词层出不穷，新闻报道的外延和内涵都在发生着深刻的变化，这些都是新时代新发展背景下新闻报道工作面临的新问题。在此背景下，越来越多的新媒体迅速吸睛，不少传统媒体选择“断臂求生”，寻求融合发展之路。本文首先对融媒体时代下广播新闻编辑工作现状进行分析，探讨新闻报道内容和形式的更新对编辑工作提出的新要求，继而初步探讨如何紧跟时代步伐，不断推陈出新，让新闻编辑工作更好地适应融媒体时代的新要求。

关键词：舆论导向；新闻编辑；融媒体时代

一、牢牢把握正确的舆论导向，提高党媒的公信力

2016 年，习近平总书记在党的新闻舆论工作座谈会上发表重要讲话，提出了党的新闻舆论工作的职责使命——高举旗帜、引领导向，围绕中心、服务大局，团结人民、鼓舞士气，成风化人、凝心聚力，澄清谬误、明辨是非，联接中外、沟通世界。当前，新闻传播格局和舆论环境正在发生着深刻的变化。在众声喧哗的时代，在众说纷纭的声音中，更需要有“定音鼓”，需要我们发出主导声音。作为广播新闻编辑，要时时刻刻坚持正确的舆论导向，在工作中不抢发任何未经证实的新闻，不盲目追求点击率，不为吸睛做“标题党”。特别是在遇到重大主题、突发事件、热点话题时，时刻提醒自己用“48 字要求”检验新闻报道的本质和内容，守好关，把好度，书写伟大时代，凝聚社会力量，做到热点事件不缺位，民生事件暖人心，守正创新，提高党媒的公信力。

二、找好"第二落点"，以渐进独特获取关注

在传统媒体时代，新闻传播往往是过去进行时，大家都很难在新闻发生的第一时间加以传播，而融媒体时代的到来为这一切提供了可能性，"第一时间""独家新闻"越来越难。当一手新闻越来越少的时候，传统媒体不要将眼光仅仅放在独家或者首发上，要转而去寻找新闻背后的新闻，去追寻新闻事件的"第二落点"，甚至是"第三落点""第四落点"，对新闻做渐进式报道，对新闻事件做出更加深入的解读。这样不仅可以让受众了解到新闻事件的前因后果，同时也避免了新闻报道有头无尾，让新闻更加真实可靠。在这项工作中，新闻编辑的工作尤为重要。他们要为前方记者的采访做好背景资料的补充和传递，更要在第一时间寻找新闻事件的前因后果，做好新闻链接补充，让新闻报道的内容更加充实。广播新闻在这方面更是有着得天独厚的优势。近年来，济南新闻广播在这方面做了很多有益的探索，不但提升了新闻质量，丰富了节目形式和内容，也让广大听众有了更多的选择，收获了更多的有价值的信息。2020年，备受关注的申军良寻子事件发生后，在关注当事人一家团聚的同时，济南新闻广播的编辑第一时间邀请到"梅姨案"的另外一位当事人——被称为"画像神探"的退休警官林宇辉做客直播间，在"新闻当事人"环节中呈现寻子事件的来龙去脉，并联动广播热线和新媒体叮咚FM现场直播，引发了极大的关注，听众呈现出极大的参与热情。

这样的尝试不断获得听众的认可。比如，在三八国际妇女节，邀请还在抗疫一线战斗的济南籍医护人员连线直播间的亲人和同事，节目效果感人至深；公交司机奋不顾身地参与失火车辆扑救的事件发生后，邀请四位当事人做客直播间，重现那一幕幕惊心动魄的画面……这些新闻报道都没有一味地追求第一时间，而是将重点放在多媒体联动上，放在新闻当事人的感受上，让听众"感同身受"，让新闻更加鲜活生动。

三、内容为王，在快时代坚持慢坚守

进入融媒体时代后，随着技术手段的不断更新，新闻报道的时效性、可听性、可看性不断增强，媒体的话语权逐渐下沉。与此同时，部分新闻报道也呈现出缺乏优质内容、"掺杂水分"的问题。在这样的情况下，内容为"王"就显得尤为重要。在确保新闻内容真实的前提下，新闻编辑要充分利用好融媒体的

时效性，克服自身的限制，利用传统媒体开展深度报道的优势，在扩大新闻广度的同时挖掘新闻的深度。

在当前媒体融合的背景下，许多媒体都非常重视新闻的故事性和趣味性，以跌宕起伏的情节、曲折翻转的故事吸引受众。这也使得许多媒体在对同一新闻进行报道时很容易出现同质化的现象，缺乏个性和深度。深度报道除了呈现新闻的故事性外，还需要较强的专业性。媒体要引导受众从新闻表面去发现事件的本质及其所蕴含的道理。也就是说，在保障广大受众知情权的同时，传统媒体要更多地承担起社会责任，扑下身子做好功夫活，在快时代坚持慢坚守，透过现象看本质，做好舆论引导，传递正能量的工作，这也是新闻舆论工作者的职责所在。

四、更新理念，充实自我，在融媒体时代搏击冲浪

在传统媒体时期，新闻编辑工作的要求比较简单，着重于做好信息传播和受众服务。随着信息技术的不断发展，媒体格局和传播手段的变化也是日新月异。“明者因时而变，知者随事而制。”在媒体融合中做好新闻编辑工作是时代的要求，也是自身发展的必然要求。首先，要转变理念。我们要顺势而为，积极融入新时代，融入新发展，增强创新意识，学习其他媒体的优点，在此基础上融会贯通，不断充实自己，提升自身的专业技能和素养。其次，要善于运用新技术，对网络上纷杂的信息进行有效的整合，去伪存真，从中发现真正的新闻，将有价值的信息传递给受众。最后，还要具备创新报道形式的能力，能够熟练运用新技术新设备，将表格、图片、视频等形式有机融合到新闻报道中，让新闻事实得到更加有效的呈现。

融合的过程就是发展的过程。新闻编辑作为融媒体时代中的一员要尽快形成适应融合发展的理念和认知，用理念引领行动，用认知推动实践，攻坚破难，借力发展，加快融合步伐，为受众提供更高质量的新闻作品。

跨界传播 守正创新

——浅论融媒体时代媒体人的素质

王卫东 方芳

摘 要：要实现媒体融合发展，人才是关键。"用才"须先"识才"，融媒体时代媒体人才应该具备哪些素质？如何培养高素质的融媒体人才？这是实现媒体融合发展必须解决的重要问题。跨界传播、守正创新是融媒体时代对媒体人提出的基本要求，本文从掌握跨界传播的技术和能力、政治文化素质、新闻采编基本功三个方面分析融媒体人才的基本特征，指出了当前培养融媒体人才方面存在的一些思想认识误区，对于融媒体人才的培养，促进媒体融合发展提供有益的借鉴。

关键词：媒体融合；人才素质；跨界传播；守正创新

在当前媒体融合的大潮中，很多传统媒体深感高素质融媒体人才的匮乏，分析其原因，一方面这是媒体转型期"青黄不接"的阵痛，出现了人才断档的现象；另一方面，当前我国各大院校新闻专业传媒理论教学与传媒实践存在脱节的问题，不能完全适应媒体融合发展的需要。在培养融媒体人才方面也存在一些思想认识的误区。新时代融媒体人才需要具备的素质，除了掌握先进的传播技术和跨界传播的能力外，面对数字时代海量的信息和复杂的舆情环境，融媒体人才还必须具备较好的政治文化素质、高度的政治判断力和丰富的文化科学知识视野，必须具备传统媒体人应有的扎实的采访功底。

一、必须掌握先进媒体技术，具备跨界传播能力

数字化技术对新闻传播带来了革命性变革，打破了原有的媒体界限，全媒体时代来临了。从受众方面看，我国网民数量已经超过欧洲人口总量，人们的

工作、生活、消费购物和文化娱乐都离不开网络，网络传播已经成为当代社会主要的传播方式。从传播渠道看，与传统媒体比较，新媒体融合意味着从原有的广播、电视、报纸等单一传播渠道，转换为文字、音频、视频、网络、手机等多样化的播出路径。对传统媒体人来说，这是一次新闻业务的重大转型升级，必须拿出从头再来的勇气和决心，提高掌握跨界传播的能力。以济南电台在2020年疫情防控关键时期推出的战“疫”报道为例，新媒体的影响力迅速提升，媒体融合的社会效果正在逐步显现。济南电台推出了大型融媒报道《济南战“疫”》，实现了疫情防控内容的全天候关注，手机端叮咚FM新闻快报推出“抗击疫情，济南在行动”大型直播版块，24小时不间断，通过直播、图解、视频、音频、图片、H5等形式第一时间报道济南、山东乃至全国的防控疫情的最新进展，以及疫情防控战线上感人的先进典型和温暖故事。叮咚FM在同城媒体中率先推出精心制作的长图《全面战“疫”，济南这样让我们安心》，盘点济南在这场疫情面前所做的努力，在推出10多个小时后，点击量已经突破20多万。《电话短信微信拜年，济南市疫情处置工作领导小组发出倡议》《济南发布紧急公告！这些车次发现确诊患者》《107家！济南市储备大白菜投放地点详单来了》等多篇稿件的单篇阅读量全都达到20万～30万。2020年2～3月，整个涉及防治疫情的新媒体稿件阅读量已经累计达到5000万次，影响广泛。

二、要守正创新，政治素质和文化修养不能是短板

新媒体时代传播渠道丰富，网络信息发达，给创新带来了前所未有的机遇。直播购物、虚拟现实、“网红”现象层出不穷，足以让人感受到网络时代的纷繁复杂。然而，相比于过去的传统媒体时代，融媒体时代的舆论环境变得非常复杂，在创新中“守正”难度大大增加。在“守正”的基础上创新，这是主流媒体融合发展的初心和使命，要做到这一点，要求媒体人有明辨是非的能力，正确、坚定的政治立场和丰厚的历史文化知识修养。

当前，有些媒体对媒体融合发展的认识存在误区，把媒体融合简单地等同于新兴的技术手段，用短视频、H5等新潮技术把新闻内容呈现一下就是媒体融合。这种唯技术论显然是片面的。在融媒体时代，人人都有麦克风，每天有大量的网络热点新闻，新闻事件的背后还有各种商业的炒作。复杂的舆论环境对媒体人的政治素质和文化修养提出了更高的要求。面对突发事件、热点事件，媒体人要具备冷静思考、明辨是非的能力。要做到这一点，没有对习近平新时

代中国特色社会主义思想和党中央一系列方针政策的深刻理解和把握，没有系统的历史文化知识和对国情、省情、市情的了解是做不到的。在媒体融合过程中有一个现象值得我们关注，那就是很多传统媒体往往在议程设置和内容生产过程中盲目仿效新兴媒体，跟随某些自媒体、公众号的话题引导，对一些网络自媒体“随声附和”，跟风过后才发现苗头不对，舆论导向出了问题。分析其中的原因，某些单位新进的媒体人往往只是熟悉新兴传播技术，但政治文化素质其实不高，“矮人看戏何曾见，都是随人说短长”，政治站位不高导致在舆论场随波逐流，有违主流媒体融合发展的初心。

三、提高新闻敏感度，增强记者“四力”永不过时

无论媒介如何融合、创新，内容永远为“王”。在移动互联网时代，一般信息不再稀缺甚至泛滥，但思想深刻、见解独到、能为受众提供独特价值的专业优质内容依旧较为稀缺。在优质内容生产方面，传统媒体拥有专业化采编人才队伍，有着新媒体无法比拟的原创内容生产优势。要保持这样的源头活水靠什么？靠的是媒体人的新闻专业素养。“四力”是新闻工作者四个方面的基本素质，构成一个紧密联系、相辅相成的有机整体。其中，脚力是基础，眼力是关键，脑力是核心，笔力是落点。要坚持深入基层群众，深入新闻现场，获取一手素材，这样才能写出“沾泥土”“带露珠”“冒热气”的优秀作品。要学会多方面、多角度观察和思考问题，增强由小及大、由点及面看问题的能力，使新闻报道能经得起事实检验。读图时代来临，视觉文化渐成压倒性趋势，但书面文字的魅力并不会因此减少。“言之无文，行而不远。”媒体人的笔力在媒体融合时代依然是不可或缺的看家本领，这也是很多优秀的传统媒体人在转型后很快就能在新兴媒体上大显身手的原因。

对于融媒体人才的培养问题，我们当然寄希望于专业新闻传播院校能提供越来越多的优秀人才，同时也要立足现实，加大对现有员工的培训力度，从内部挖潜力。传统媒体的老员工大多具有较好的政治、文化知识素养，新闻采访的功底扎实，通过系统的跨界传播能力业务培训，他们很快会成为媒体融合的生力军。这方面一定要走出“重引进，轻培训”的误区，积极改革用人激励机制，让素质全面、熟悉跨界传播的人才茁壮成长、脱颖而出，这是搞好媒体融合发展的可靠保证。

浅谈如何摆脱地方电台手机 App 运营中的束缚

许科

摘　要： 当前，互联网带给人们更多地拉近人与信息距离的选择，但是地方广播电台依然是最具有影响力的媒体之一。于是，多地电台开发了自己的手机 App。本文分析地方电台 App 面临的竞争、管理、资金这三层束缚，并就如何摆脱这几项束缚进行了探讨。

关键词： 电台；广播 App；束缚

中国互联网络信息中心发布的第 47 次《中国互联网络发展状况统计报告》显示，截至 2020 年 12 月，中国网民规模已达 9.89 亿，手机网民规模达 9.86 亿，中国互联网普及率已达 70.4%，高于全球平均水平。2021 年 2 月 23 日，在世界移动大会上，工信部副部长刘烈宏披露，国内已开通近 72 万个 5G 基站，约占全球的 70%。中国电信董事长披露，国内 5G 套餐用户总数已超过 3.2 亿。中国 5G 用户的手机网民中占比超过了 32%，这让许多地方电台的手机 App 运营部门看到了其中的“商机”。

一、地方电台手机 App 现状

手机电台 App 竞争激烈。如果去应用市场搜索就会发现，手机电台软件数量不少，在手机应用商店中，应用汇可搜索到的电台软件有 401 个，九号下载可搜索到的电台软件有 233 个，历趣手机 App 排行榜可搜索到的电台软件有 100 个，豌豆荚可搜索到的电台软件有 76 个。这些电台软件大致可以分为三类：综合音频软件、专业收听软件、地方电台软件。其中，综合音频软件下载基本集中于头部，例如：蜻蜓 FM、喜马拉雅、荔枝 FM、企鹅 FM、豆瓣 FM

等。专业收听软件都是基于一部分人的爱好，比如某位网络意见领袖的节目，或者专门听小说的软件等。地方电台手机软件则更多，例如：济南广电的叮咚FM、广州广电的花城FM、安徽广电的海豚听听、吉林广电的沐耳FM、湖北广电的九头鸟FM、浙江之声等。

地方电台App之所以日益增多，是有其必然性的。尽管互联网带给人们更多拉近了人与信息距离的选择，但是，地方广播电台依然是最具有影响力的媒体之一，接地气的本土新闻采访依然是很多用户的首选。2019年上半年，全国收听市场的竞争格局依然是省级电台和城市电台占据90%的市场份额，这说明各地收听市场依然呈现本土化的竞争态势。地方手机电台大部分是基于广播电台节目覆盖本地以及本地周边地区，有些地方电台手机软件的音频点击量过千万，充分说明电台加互联网会在地方产生不小的影响力，广播节目的本土化对用户具有一定的吸引力。

作为本土化手机电台，其提供的服务也是相对比较本土化的。例如，接地气的新闻采访内容包括政务服务、民生消费监督节目、本地突发新闻，电台主持人组织在周末与听众用户见面活动等。这些本土服务的内容如果出现在各个电台频率就是分散的信息，而出现在手机电台App上，就是集中的服务信息。电台手机App的运营部门将这些信息集合在自身的软件上，是省时省力地吸引用户的优质内容。现在大部分的电台手机软件都是综合了本地广电体系内的各个频率的音频直播节目、音频直播节目回听、音频直播节目片段剪辑以及各个频率的线下活动，同时加上各频率记者采访上传的本地新闻。电台手机软件的运营部门大多是在广电体系内的一个独立部门，这个部门大多数为技术人员以及部分的工作协调人员，缺乏自己独立的记者以及独立的节目创作人员，高度依赖各个频率的节目，同时缺乏资金和人手，无法掌握各个频率的节目详情，当然也无法提供更加精细的节目服务。

二、地方电台手机App遇到的束缚

第一层束缚来自竞争。中国互联网络信息中心发布的第47次《中国互联网络发展状况统计报告》显示：截至2020年12月，我国互联网政务服务用户规模达8.43亿，较2020年3月增长21.6%，全国一体化政务服务平台实名用户总量达8.09亿。在数字政府建设方面，各级政府“一网通办”“异地可办”“跨区通办”渐成趋势，“掌上办”“指尖办”逐步成为政务服务的标配。所以，政府本身有自己的政务服务与信息发布平台，电台手机软件所发布的政务信息在本土的政务服务软件以及网站上都可以看到，用户缺乏这种政务信息渠道的依赖性，这就形成了政务平台与地方电台在手机软件方面的竞争。省、市级电台电视台都有手机软件，这就造成了本土化新闻内容和服务的竞争。

第二层束缚来自管理机制。多数广播电视台设立新媒体部门或者是打造电台手机 App，只是意识上认为这是一种新型的媒体形态，会有潜在的发展可能。但是由于缺乏理念和管理机制的全面创新，我国的电台手机 App 推广应用工作并未获得理想的效果，虽然引进了技术、搭建了平台、形成了表面的新媒体技术中心，但是并未真正进行运作与转型。电台手机软件的管理经验依然是来自传统电台，不重视手机业务，将手机软件与传统电台融合当成一项政治任务来完成，为了融合而融合，对于电台手机 App 的运营重视程度仅仅停留在口号文件和虚假的数据当中。传统媒体大多数是在国家事业单位体制内进行管理，而互联网企业多是从市场环境中发展起来的，互联网企业将大多数的财力、人力、物力投到了产品运营当中去。事业单位的人力、物力、财力的分配是有一定的管理规则的。当新媒体业务进入这个环境当中，作为一个新建部门，其只能在其他部门当中获取微薄的收益。现在的广播电视台广告分两种运营模式：一种是没有独立的广告部门的广播电视台，一种是有独立的广告部门的广播电视台。无论是哪一种模式，广告客户都是在固定的对接人手中，与传统广播电台有着多年的合作经验和信任度。如果将广告分给电台手机 App 部门，无论是客户还是运营人员都存在着新的风险和压力。因为在整个广告管理体系当中，没有专门属于电台手机 App 的广告运营部门。

第三层束缚来自资金的压力。所有的新媒体运营特别是手机软件的运营，需要大量的资金支持。在互联网企业所做的电台手机 App 当中，蜻蜓 FM 是头部当中的一个。蜻蜓 FM 创建于 2011 年，用户规模超过 4.5 亿，生态流量月活用户 1 亿。该平台收录了全国 1500 家广播电台。这些数字的背后都是资本的运营，根据公开数据查询，蜻蜓 FM 共接受融资接近 15 亿元。喜马拉雅 FM 在 2014 年先后完成了 5 轮融资。根据媒体估计，其估值已经达到了 240 亿元。可见，手机电台 App 的运营需要大量的资金投入和资本的运营。可是，地方电台手机 App 的运营费用基本上都是来自电台本身的日常运营，各项资金都需要层层审批、严格管理、漫长等待之后，资金甚至可能无法拨付到位。

三、地方电台手机 App 如何摆脱束缚

1. 摆脱竞争束缚

摆脱竞争束缚，首先要承认竞争存在的客观性，同时要将内容与传播做扎实，因为电台手机 App 的原创内容多为电台本身的节目，内容本身就有扎实的根基，而 App 运营人员的“扎实”是对电台节目的细分。现在的广电融媒体运营采用的大多是“传统广播电台＋传统电视台＋广播 App＋电视 App＋微信公众号＋微博＋短视频平台＋小程序＋官方网站”的模式。这些传播渠道的运营模式都不一样，将广播节目剪辑成符合每个平台运营特性的模式进行分发传播。聘请编辑策划人员，邀请主持人制作手机 App 专属节目，利用广播电台主持人的影响力，以视频加音频的模式在各个平台进行分发，分发时用统一的名称进行宣传，例如“某某广电 App 制作播出”，抢占本地新媒体市场。

2. 摆脱管理束缚

目前，电台手机 App 的管理没有完备且全面的理论支持，也没有确定的前瞻性发展策略，大多数广播电视都是随波逐流，把手机 App 当作门面、渠道和业绩。现在，应当摆脱传统媒体的管理模式，用产业链的思维来经营，建立经营团队，制定目标，至少将手机 App 作为一个独立的电台频率去运营，节目制作收听数据、传播渠道都要到位。同时，在内部沟通交流合作方面给予一定的支持，做到节目好调动，主持人好合作，领导好说话。要通过后台数据分析用户需求，新闻发布节目内容更加贴近用户。

3. 摆脱资金束缚

电台手机 App 的运营需要资金，广电内部在一段时间内需要提供资金支持，同时电台手机 App 也要成立专属的广告部门，至少要有专人负责 App 广告服务。广告应该符合互联网传播规律，从免费到收费，用数据说话，为客户着想。地方电台广告客户的目标用户其实与电台手机 App 用户高度重合，要让客户看到效益，让客户找到用户，心甘情愿地提供广告费。通过自制节目方式打造“网红”音视频节目与主持人，实现广告招商的营利模式。同时，可以让“网红”主持人做购物直播。第 47 次《中国互联网络发展状况统计报告》显示，截至 2020 年 12 月，我国网络购物用户规模达 7.82 亿。值得一提的是，网络直播成为“线上引流＋实体消费”的数字经济新模式，直播电商成为广受用户喜爱的购物方式，66.2％的直播电商用户购买过直播商品。直播购物有可能让地

方电台手机 App 有稳定的收入，这样才能获得补贴运营，最终实现自负盈亏，独立运营。

参考文献

［1］姜笑君；焦曦莹．“互联网+”时代辽宁传统主流媒体的现状与发展趋势分析［J］．新闻研究导刊，2018（13）．

［2］梁毓琳，胡洋．2019 年上半年全国广播收听市场分析［J］．中国广播，2019（8）．

［3］陈晓娟．我国网络广播的发展现状［J］．新闻传播，2011（6）．

［4］刘婷．网络广播的传播特征及优化策略［D］．吉林大学硕士论文，2015．

融媒体时代下如何培养新闻编辑的创新意识

王禧　张钰琮

摘　要： 当前，从广播、电视、报纸等传统媒体到互联网媒体的逐步发展，改变了信息获取的手段，在这种时代背景下，新闻行业也在发生着翻天覆地的变化。如何通过媒体融合来促使新闻行业的转型升级，推动智慧业态的发展，走高质量发展的道路，成为新闻行业的热门话题。基于此，本文从融媒体时代的背景出发，对新闻编辑的创新意识进行了分析，对培养这种意识的途径进行了探讨，以期为新闻行业的发展提供一些借鉴意义。

关键词： 融媒体时代；新闻编辑；创新意识

"融媒体"是对多种媒体的全面整合，不仅是对传统媒体与非传统媒体的整合，还包括不同媒体种类之间的整合，进而实现内容资源的匹配、兼容、促进。在媒介融合的时代背景之下，传统的新闻生产流程已经无法适应新的环境需要，无法满足用户的需求，因此，必须顺应融媒体的时代潮流，借助新兴的媒体技术对新闻的内容和形式进行创新，从而提高新闻的质量和新闻编辑人员的水平。在千篇一律的新闻中，编辑人员要充分发挥创新意识，提高创新能力，整合新闻信息，运营好新媒体，从而适应融媒体时代的新的新闻传播方式。

一、媒体时代下新闻编辑工作的意义

科学技术是第一生产力，是推动社会不断向前发展的最活跃因素。5G网络、大数据、人工智能等技术促使各行各业的发展达到了前所未有的高度。新的媒介技术改进了出版技术，进而促成新闻出版革命的发生和新闻业的发展。新技术的革新是大势所趋，新闻行业只有顺应时代的潮流才能实现转型，开拓创新。在这个信息爆炸的时代，在技术上，用户越来越注重信息获取的效率；在内容上，用户越来越讲求自身的体验感。如何平衡读者个性化阅读需求与新闻行业经营之间的冲突，媒体融合的快捷性、便利化特征提供了很好的解决途径。因此，搭建新闻编辑与媒体融合之间的桥梁，以集成更多的阅读资源来满足不同群体的需求，正在逐渐成为新闻产业发展的主流之一。

1. 降低时间成本

相对于传统的媒体，融媒体的时效性更强。在通过融媒体对新闻进行编辑的过程中，由于新闻采编的媒体技术更加先进，因此其制作流程要更为简单，能够帮助新闻信息实现快速的编辑和传播，从而降低新闻编辑的时间成本，实现新闻信息的时效性。

2. 增强互动性

传统的新闻编辑主要是编辑人员对新闻信息进行采集、编辑、审核和发布，是单向性地向受众传递信息。在融媒体的时代背景下，借助互联网技术能够实现传播者与接受者之间的信息流通，能够有效地实现与受众的互动。借助信息网络技术，在很大程度上提高了新闻编辑工作的互动性。

3. 良好的发展前景

马克思主义哲学认为，新事物终将取代旧事物。作为一种新事物的融媒体，它在吸收传统媒体的优点的同时，也克服了传统媒体的缺点，更好地为新闻编辑工作提供服务、满足用户的需求，从而获取更好的未来发展前景。

二、融媒体时代下新闻编辑融合的特点

1. 内容的融合

《关于加快推进媒体融合发展的意见》指出："要推进内容生产供给侧结构性改革，更加注重网络内容建设，始终保持内容定力，专注内容质量，扩大优质内容产能，创新内容表现形式，提升内容传播效果。"正所谓"内容为本"，而新闻内容方面的融合主要是在精神产品生产阶段。要利用大数据对信息进行深度挖掘，借助专业算法，实现更有针对性的编辑策划，通过计算机技术进行组稿、审稿和编辑加工等，再以电子书、语音、视频等多种形态对新闻载体进行设计，将媒体融合贯穿于新闻编辑生产的方方面面。

2. 技术的融合

所谓"技术为用"，表明数字技术的特征或属性决定了数字出版的内容选

择、编辑加工和传播的方式。随着新一轮技术革命的不断深化，技术不再仅仅发挥着支撑作用。《论媒体融合与出版的关系》一文中曾提道：“内容是内容，技术本身也是内容，技术也在创造新的内容。”技术与技术的融合是当前新闻媒体融合发展的一大亮点。在媒体融合的新环境下，技术融合并非单纯的技术与内容之间的融合，更是各种技术之间的相互融合。

3. 人员的融合

编辑人员与技术人员的融合是新闻出版融合中人员融合的典型代表。然而，在新的新闻生态面前，以这样的融合来应对全媒体时代略显得力不从心。互联网时代追求的是内容与市场的融合，策划与营销的一体化。因此，将营销编辑纳入人员融合的格局中是势在必行的。只有编辑人员、技术人员、营销人员三类主体相互影响，才能为新闻行业的融合发展提供人力支撑。

三、融媒体时代下培养新闻编辑创新意识的措施

1. 新闻思想的创新

（1）提高新闻的敏感度

新闻编辑工作人员对社会事件都要尽可能地关注到，同时，要跟随时代的脚步及时更新新闻编辑知识，不断丰富新闻表现形式和内容来满足读者的需求。

（2）综合考虑多种因素

新闻编辑工作人员要从多个角度来看待新闻问题，运用不同的思维逻辑方式来对新闻的内容和市场进行分析，更好地去揣摩用户的阅读需求。要用互联网思维来开展新闻信息的编辑工作，发现新闻的市场，不断提高新闻编辑工作的质量和水平。

（3）坚持守正创新

要秉着“大胆质疑，小心求证”的心理，基于事实的真相去报道新闻信息。

2. 新闻内容的创新

（1）发现新的报道流程和方法

新闻编辑工作人员要灵活选择报道的材料和明确的传播方式，以清晰、流畅的新闻编辑流程来传递新闻信息。

（2）细分市场，有针对性地选择受众群体

要注重对广大用户关注的民生新闻的报道，要注重加深新闻报道的深度，新闻编辑工作人员要注重挖掘新闻背后的价值。

(3) 以内容融合提升新闻产品价值

内容是新闻的“灵魂”，融合之路不能脱离内容这一基础。在全媒体时代中，新闻编辑工作人员要善于捕捉各个领域的文化内容，运用数字化技术进行整合、创新，实现内容的增值和变现。

3. 新闻技术的创新

(1) 将现代技术与新闻内容相融合

新闻内容资源的组织和表现形态，只有与当时的技术吻合，其价值才能得到实现。融合发展的时代中，技术不仅要和内容融合，更要和产品融合。例如，人民文学出版社的“人文读书声”等新的产品形态的出现，正是在新技术的加持下实现的。

(2) 熟悉新技术的应用

新时代的新闻编辑工作人员只有熟悉新技术的应用，通过各类技术的叠加实现技术的融合，才能带动新闻产品的创新，催生出更高阶的新闻产品。

综上所述，在如今的媒体融合的形势下，新闻是当前重要的信息传播载体。因此，相关的新闻编辑工作人员要清楚地认识到融媒体时代的特点，最大限度地将融媒体的优势发挥出来。在全媒体时代，新闻业要认识和把握时代规律，在内容、技术等方面不断创新，提供更优质的文化产品和服务，要以融合发展之势，努力打造全媒体对外传播格局。这就需要新闻编辑工作人员不断提高创新意识和创新能力，从而促进新闻行业的发展。

参考文献

[1] 孟涛. 融媒体时代下如何培养新闻编辑的创新意识 [J]. 传媒论坛，2019 (2).

[2] 娜丽卡孜. 基于融媒体时代下新闻编辑的创新意识 [J]. 环球市场，2020 (14).

[3] 惠宁. 融媒体时代下新闻编辑的创新意识和编辑能力探究 [J]. 记者观察（下），2020 (6).

[4] 王春艳. 融媒体时代下新闻编辑的创新意识和融合能力解析 [J]. 企业文化，2020 (14).

融媒体时代下如何做好宣传舆论工作

王冠敏　姚兰　张梅

摘　要：在融媒体时代，媒体格局发生了深刻的变化。新闻工作者要紧紧围绕党的新闻舆论工作要求，从政治方向、报道内容、笔触表达等方面，进一步提升宣传舆论工作能力。

关键词：主旋律；内容鲜活；笔触有力

在融媒体时代，舆论环境、传播方式发生了深刻变化。如何做好党的新闻舆论工作，是我们需要时时刻刻思考的一个重要问题。新时代党的新闻舆论工作要求“高举旗帜、引领导向，围绕中心、服务大局，团结人民、鼓舞士气，成风化人、凝心聚力，澄清谬误、明辨是非，联接中外、沟通世界”。我们新闻工作者要在这面旗帜的引领下，践行“四力”“三牛”精神，做好新形势下的新闻舆论工作。

一、要做到政治明确

1．“为党为民”，弘扬主旋律

要自觉坚持党性原则，在思想上、政治上、行动上与党中央保持高度一致，把围绕中心、服务大局作为基本职责，旗帜鲜明地宣传党的理论和路线方针政策；要把服务群众同教育引导群众结合起来，多角度、多侧面地发掘与中心密切相关的新闻，及时把党的声音传达给广大人民群众，真诚倾听群众的呼声，真实反映群众愿望，真心关心群众疾苦。

2．“激浊扬清”，弘扬正能量

舆论引导就是通过新闻报道弘扬社会正气。这就要求每个新闻工作者坚持正确的舆论导向，坚持正面宣传为主。新闻舆论工作要以传达正确的立场、观点和态度为己任，引导人们分清对错、好坏、善恶和美丑，激发人们向上向善的精神力量，巩固和壮大主流思想舆论。

3. “贵耳重目”，激发全社会团结奋进

新闻舆论工作者必须联系实际、知行合一，通过理论的指导，利用实践的总结，做到“以我之洞见，解人之疑惑”。要根据事实来报道事实；要注意向上看，掌握政策方向，吃透上级精神，将上级精神贯穿下去；要坚持向下听、向下看，“走基层，转作风，改文风”，切实将群众观点、群众路线体现在新闻宣传实践中。

二、要做到内容鲜活

1. 抓好第一时间，做到先声夺人

时间是新闻的生命。新闻报道要在坚持真实准确的前提下，力争第一时间介入、第一时间发布。要随时关注政府部门的信息、动态，在政府部门的信息公开中占据主动，及时发布权威信息。要打好舆论遭遇战，利用各种方式在“第一时间”把真相传递给观众，避免因为没有第一时间回应关切和澄清事实而导致的真相缺席、权威失语，从而使谣言泛滥、众声喧哗，整个舆论工作陷入被动境地。例如，济南经济广播《经广新闻网》在节目内容设置上，每天清晨第一时间聚焦世界与中国的重大实时新闻消息，将济南最新的信息动态第一时间传达给群众。

2. 找好第一视角，吸引受众的眼球

新闻贵在快速反应、快速播出，更贵在快速引领。新闻报道能否在社会上引起较大的关注和反响，还在于报道者有没有发现力和报道力。因此，要找好新闻视角，新闻视角是报道中隐含的意见倾向。基于事实本身的特点，选好报道角度，有利于更迅速、顺利地开采新闻价值，更准确、鲜明地表现新闻价值，使得新闻价值倍增。第一视角往往能够占得先机，吸引受众的眼球，为舆论引导工作打好攻坚战。例如，济南经济广播《经广杠子头》节目每日从众多的新闻中选取当前人民群众最关心的热点话题，围绕新闻话题展开评述，引导民众理性看待社会问题。

3. 亮好第一观点，做好思想引领

新闻舆论引导工作不仅要摆事实，更要明辨理论是非，澄清模糊认识。因此，新闻舆论工作者应该及时准确地亮好第一观点，针对新闻所报道的事件，高屋建瓴，透过表象看问题，表达对新闻事件的判断和对新闻引发的各类社会问题的思考。新闻话题是人们观念冲突和意见交流常用的媒介，所以，新闻工作者要善于利用“首发效应”，第一时间设置议题，把该说的说到位。要通过设置的议题引导社会舆论，而不是被社会舆论牵着鼻子走。例如，济南经济广播《846 传真》热线节目从采访素材中深入挖掘新闻价值，引导民众理智处理问题。

三、要做到笔触有力

1. 要有“立乎其大”的思想能力

新闻舆论工作面对的是纷繁复杂的社会现象和多元的社会思潮。要能够保持思想定力，就需要新闻舆论工作者掌握思想利器，明确认识方向。要用马克思主义理论武装头脑，用马克思主义的立场、观点和方法来观察问题、判断是非，一针见血地点出现象背后的本质问题，及时、有力地引导社会舆论。要时刻了解国家政策，心中装着国家大事，多掌握国际国内的形势和动向。要深入基层，了解基层的现状、动态，找准上、下的契合点。这样，记者在报道某一件具体的新闻事实时，就容易找到其在时代大局大势下的最佳定位。

2. 要有“见微知著”的观察能力

习近平同志指出：“要勤于思考，学会用心，学会望闻问切，既见人之所见，亦见人之所不见。”只有“明察秋毫”，才能瞅准目标，找准视角，捉住一条条活蹦乱跳的“鲜鱼”。要学会用逆向思维、全面思维的方法去观察和思考问题，打破常规，看到别人看不到的东西。不少事情只要换个角度想想，便会得到不一样的启发。新闻工作者必须长期深入生活、观察生活，不断有新的认识、新的理解、新的感受。只有这样才能透过现象揭示事件的本质，找到与众不同的新闻角度，揭示新鲜、深刻的新闻主题，取得常规思维所达不到的新闻价值。

3. 要有“恰如好处”地把握时机的能力

要采得“鲜菱笋”“活鱼虾”，必须学会把握时机。新闻舆论工作也是这样，要因事制宜、因时制宜，精准研判舆情，恰如其分地掌控舆论引导的密度和尺度。报道时机，就是在策划和组织报道中找到有利于报道获得良好效果的机会。只有抓准报道时机，才能有效地利用新闻资源，有效地表达媒体意见，使得舆论宣传达到较好的效果。

4. 要有“手到擒来”的捕捉能力

要捕好鱼，就要经常研究鱼的习性，提高捕鱼技巧。古话道：“四两拨千斤。”只要善用巧劲，便可以达到事半功倍的效果。要提高专业知识与技能，善于运用现代传播手段，运用科学的方法、技巧来有针对性地构建舆论引导新格局；要掌握经济、政治、文化、科技、历史、法律、社会、生态、国际、党建等各方面的知识，拓宽知识领域。

抓问题要抓节骨眼。针对层出不穷的新情况、新问题，要加强研究，善于从本质上捕捉有效的信息。要统筹兼顾、谋划有方，妥善处理好缓与急、轻与重、局部与整体、眼前与长远的关系，增强工作的预见性、针对性和实效性。

5. 要有“灵动多姿”的表达能力

习近平同志指出：“有铁的事实、好的道理，还得有耳目一新、引人入胜的表达。”语言有不同的层级，基础层级是语言通畅，表达方式恰当；发展层级是用词精准，表达具体生动；高端层级是用语鲜活，表达灵动多姿。新闻语言就是运用最鲜明、最生动、最准确的文字，报道最丰富的新闻内容。要用群众耳熟能详的语言、喜闻乐见的形式、普遍认可的道理、有目共睹的事实来教育引导群众，学会用心、用真诚平等的姿态来进行沟通交流，避免用“教训口吻”来说教。要多以讲故事的方式来讲道理，多以时尚感的话语来写新闻，用鲜活的语言把故事讲出来。

当前，我们正处在一个变动不居的时代，思想舆论领域空前活跃。受众需求越来越多，参与意识越来越强，思想观念越来越多元化。“操千曲而后晓声，观千剑而后识器。”新闻舆论工作者应该多思多想，让脑子动起来、活起来，遵循规律，加强创新，不断提高新闻舆论的工作水平。

媒体融合背景下意识形态主导权研究

李子一

摘　要： 本文通过研究大量数据和查阅相关文献，探讨了在媒体融合背景下意识形态主导权面临的挑战。在媒体融合背景下，信息变得更加复杂化、多元化，也更加表现出交互性、开放性。在这样竞争激烈的环境下，如何将意识形态的主导权牢牢握在手中，这是对媒体工作者一个重大的考验，本文就这一考验提出了一些想法与策略。

关键词： 媒体融合；意识形态；市场逻辑；媒介文化

一、研究背景与价值

“融媒体”作为一个新的传播概念，是指充分利用互联网载体，把报纸杂志、广播电视、互联网等既有共同点又存在互补性的不同媒体，在人力、内容、宣传等方面进行全面整合，实现“资源通融，内容兼容，利益共融”的新型媒体。主流意识形态是一定时期内在一个社会中占主导地位的意识形态。我国的形态意识虽然不断丰富，但始终坚持以马克思主义基本原理为不变的内核。

意识形态主导权建设关系到党和国家宣传工作的开展，也能更好地反映当前国家的情况。将主导权握在手中，加强了中国共产党的领导，增强了中国特色社会主义意识形态的地位，探究媒体融合背景下意识形态掌握主导权的路径，对形成强有力的政治话语权具有战略意义。媒体融合作为维护网络意识形态安全、做好网络意识形态工作的重要切入点之一，应当成为新时代意识形态建设的重点。

对融媒体时代的主流意识形态建设研究而言，从已有的研究成果可以看出，学者们已对融媒体予以较高的关注，但研究的着力点似乎仍滞留于融媒体的工具性价值上，对融媒体“本体论”价值的研究较为缺乏。从研究视角来说，如果学界的研究难以将问题聚焦到融媒体的精神文化生产机制上来，就无法把握融媒体时代精神文化生产与意识形态生产的张力关系，也就难以从社会文化心理层面探讨意识形态的建设路径。

在学理层面上，要深入探讨融媒体传播格局下精神生产的生成机理与运行机制，进而力求在把握社会精神文化生产与意识形态生产的良性互动中，探究主流意识形态建设的现实路径，使主流意识形态真正“掌握群众”，并发挥出我国社会主义意识形态建设的强大凝聚力和引领力。

二、媒体融合对主流意识形态的影响

1. 信息的复杂性弱化了意识形态的影响力

传统媒体时代的通信模式更加单一，言论内容更加统一。传播在很大程度上取决于媒体的官方意识形态。主流媒体不仅具有宣传功能，而且承担着“守护者”的角色，有强大的控制力与影响力。但是，在媒体融合背景下，网络技术迅速发展，新兴媒体成为主流意识形态传播的重要载体，传播媒介逐渐增多，信息资讯爆炸式地产生和扩张，主流意识形态和非主流意识形态的话语充斥着整个网络空间。

融媒体使多种传播媒介结合，改变了传统媒体各司其职的传播格局，促使话语主体和传播主体变得复杂化。随着新媒体的不断兴起和发展，几乎人人都可以在网络平台上发声，有些言论非常吸引眼球，造成了影响力的分流，冲击了主流意识形态的权威性，使得主流意识形态影响力减弱。

2. 信息的交互性弱化了意识形态的引导力

融媒体的蓬勃发展也改变了传统媒体的“只读文化”，人们更倾向于选择可以互动的信息获取方式。近年来应运而生的直播以及弹幕等，就表现了如今大众的偏好。这种交互性虽然能更加及时地反映大众对信息的评判，但是也弱化了意识形态的引导力和话语权。人们更偏向于自己的思考，但是思考的结果不一定符合主流，甚至在主流意识形态传播过程中被一些人曲解后，对社会风气造成不良影响。

3. 信息的开放性弱化了意识形态的传播力

过去信息传播方式比较落后与单一，导致信息比较闭塞和简单。在媒体融合背景下，人们了解到了更多信息传播的方式，信息也逐渐变得开放透明。这在增大信息安全维护与监管的难度的同时，也降低了主流意识形态的传播力。有人说这是个流量至上的时代，许多人为了流量所带来的巨大利益做出各种惊险刺激、博人眼球的行为，各种天花乱坠的文章的背后也是信息传播领域的激烈竞争。如果主流意识形态的语言不够生动有趣，就很难吸引人们去了解和传播，况且主流形态意识所带有的一些严肃性难以在激烈竞争中胜过娱乐信息。

三、媒体融合背景下意识形态工作的主旨

1. 坚持主流风气引导

马克思和恩格斯曾指出，统治阶级的思想在每一个时代都是占统治地位的。我国是人民民主专政的社会主义国家，人民是国家的主人，人民的思想和意志是占统治地位的。这决定了我国主流意识形态话语必须坚持人民立场，为人民说话，为人民服务。

对于主流风气的引导，首先应该着重加强对媒体人的引导。一些新闻机构只重视媒体人创造效益的能力，缺乏对媒体人职业道德和马克思主义信仰的教育和引导。只有坚持主流风气，我国社会的精神面貌才能是昂扬向上的，而不被一些奢靡享乐风气污染。一个国家的社会风气决定了这个国家未来的走向，所以主流意识形态建设要坚决抓牢。习近平总书记的重要讲话为新时代意识形态工作确立了“坚持以人民为中心的创造导向”，为融媒体时代的意识形态工作指明了方向与路径，共同构成新时期意识形态工作的实践与旨归。

2. 积极遵循时代规律

任何一个领域都需要与时俱进，意识形态领域也不能排除在外。新的媒体融合时代固然给我们带来了巨大的挑战，但是我们也要掌握时代的规律，摸清时代脉搏，抓住时代机遇。要想抓住意识形态的主导权，与其他信息竞争，这一点是不可少的，也是各行各业迅猛发展的指导思想。

四、媒体融合带来的机遇与挑战

媒体融合背景下，首先面临冲击的是传统媒体。新兴媒体给大众带来了新的信息传播途径，与传统媒体构成竞争关系，所以媒体融合主要是针对传统媒体的。人们的需求随着所见事物的增多而不断变化，这就要求传统媒体做出改变，在不丢失其本质的情况下变得更加符合需求，符合时代科技的发展。

当前，国家对融媒体的大力支持，对传统媒体来说是一个非常好的机遇，

借着国家的东风，传统媒体可以更加放心大胆地去尝试。以济南广播电视台为例，其开通“天下泉城”新闻客户端，是依托济南广播电视采编团队和平台优势打造的具有济南特色、广播电视特点的新闻资讯类客户端。另外，济南广播电视台整合资源，成立融媒体中心，力求摆脱自身的困境，谋求自身品牌的跨越式升级。但这也要求传统媒体改变固有思路，丰富传播手段，加强与用户的交互性，积极创新实现自我转型。

五、媒体融合背景下强化主导权的策略

1. 维护传统媒体的影响力

通过今昔对比我们可以发现，在传统媒体作为主流信息传播手段时，国家的意识形态主导权位于一个极高的位置。而如今，传统媒体逐渐衰败，受众大量流失，主流意识形态的建设也受到了极大的挑战。这表明我们或许可以尝试从传统媒体入手，加大对传统媒体的扶持力度，建立以传统媒体为重要渠道的信息传播体系，通过对传统媒体进行调整，使其更加被大众接受以及便捷使用，从而达到强化信息主导权的目的。

传统媒体的主导地位的恢复，也有利于媒体行业竞争的有序性，可以明确媒体行业的秩序，作为国家宣传部门的直属部门进行规范管理，减少了很多不正当的竞争和宣传手段。

2. 促进新媒体管理体系的完善

新兴媒体发展迅速，国家的相关管理规定的出台速度却没办法做到及时更新，所以应该更加偏向于完善对新兴媒体的管理体系，除了对内容的管理，还要加强对新兴媒体人的管理，及时引导他们的主流价值观，让他们首先树立起正确的思想意识。增进新兴媒体与国家的合作以及与传统媒体的交流，让新、旧媒体互相影响，互相学习和借鉴对方的长处，修补自己的不足。

在互联网扶持政策下，新兴媒体门槛较低，信息传播更加方便，少了很多对内容的监察，相关部门应尽快制定监察措施，让新兴媒体的发展更加规范化，对主流意识形态的建设更加重视。

3. 削弱非主流意识形态的传播力

由于新兴媒体不成熟以及互联网空间相对自由，非主流意识形态仍然传播不止。国家应该加大打击力度，联合媒体人及网络大众，削弱其传播力度，尤其应防止这些不正之风向青少年的传播，加强各地思政工作的展开。

2015 年《关于推动传统媒体和新兴媒体融合发展的指导意见》的通过，使媒体融合从宣传部门的意志上升为国家意志。在这种大背景下，主流意识形态主导权面临着技术和价值观两个层面的挑战，要加强意识形态引领，必须做到形式、内容、渠道三位一体。

参考文献

[1] 余雅娴，桂美娜，杨冬，等. 高校融媒体建设及提升主流意识形态引领力研究——以江西财经大学为例 [J]. 新闻文化建设，2020 (2).

[2] 姜建成，张洁钰. 融媒体时代意识形态建设的精神生产视阈述评 [J]. 西南石油大学学报（社会科学版），2021 (1).

[3] 武雅君，范益民. 融媒体时代主流意识形态话语权的建构 [J]. 新闻爱好者，2020 (4).

[4] 台馨遥. 融媒体时代主流意识形态在网络新闻传播语境中的挑战与对策研究 [J]. 传播力研究，2019 (13).

[5] 杨金柱. 以人民为中心发展思想的路径与指向——以融媒体视域下的意识形态工作为例 [J]. 观察与思考，2020 (2).

[6] 张爱杰. 融媒体时代意识形态引领的特点及建议 [J]. 青年记者，2020 (33).

融媒体监管应该如何与时俱进

王悦星

摘　要： 媒体融合是近几年来媒体领域普遍流行的一种趋势，媒体产业的领导者已经意识到了这种融合的趋势，并加快了融合步伐。技术的进步带来产业格局的变化，也促使媒体重新思考自身的监管问题，思考如何在保证社会效益的前提下获得经济效益。本文试图讨论在应对媒体融合的影响时，如何判断何为正确的监管模式。

关键词： 电信业；媒体融合；社会效益；监管；合作能力

一、背景：数字梦想

未来信息社会被赋予了不同的标签，如知识经济、地球村、后工业社会、信息高速公路、全球信息基础设施等。这预示着一个基于网络市场的信息商品和服务交易的新社会的到来。这些年来，新应用程序和服务的广泛应用，一直是我们寻求的主题。在这一方面，我们无疑还取得了显著的进展：商业和个人消费者比以往任何时候都更依赖和熟悉信息的生产、处理和分发，手机的广泛普及也许是全球信息经济诞生的最好例证。媒体融合带来了社会信息爆炸，对现有媒体监管基础提出了挑战。

二、数字化和媒体融合

媒体融合是近几年来普遍流行的一种术语，用来描述人们认为影响电信行业和视听行业的技术、服务、行业结构和政府政策方面的几个变化趋势。过去，通信网络分别承载了不同类型的信息，如语音电话网络、视频广播网络等，个人仅限于通过电话交流或收听广播节目。由于带宽有限，双向通信仅限于语音和文本，广播媒体受到单向特性和频谱可用性的限制。现在，数字技术允许操纵多种形式的信息——语音、文本和视频，跨越所有类型的网络。因此，不同类型的网络之间的区别正在消失。此外，数字压缩意味着随着未来高容量网络的引入，过去的通信约束将逐渐消失。宽带网络可以将移动便携设备连接起来，实现无数的一对多信号。

这种技术融合有两个基本特点，并将影响未来的发展。第一个特点是从一个稀缺的世界转变为一个看似无限的能力。第二个特点可能是第一种逻辑的结果，这就是交互性。技术融合使视频点播、远程银行、远程医疗、互动游戏等新的交互式多媒体服务首次成为可能。这些新服务的前景正在模糊以前不同的行业部门之间的区别，如电信业、计算机、视听产业、出版和其他内容提供商。为了成功地提供新的服务，传统的方法是企业汇集必要的要素和技能，纵向和横向的双向结合。正是这种通信网络与其他媒体的融合，成为一个新的信息产业结构。

三、不同的监管传统

在传统上，通信行业监管一直涉及有形基础设施、网络提供商、运营商以及对该网络的访问地管理。换句话说，这就是管道的监管。通常来说，经营者必须遵守许可证义务。通信监管机构控制市场准入、服务定价和技术法规，以确保设备的可操作性。

相比之下，在视听部门的重点一直是内容的监管。例如，在电影行业，通过分类和审查制度进行控制。在广播业，许可证制度为管理政治和文化标准提供了基础。政府的目标通常包括确保多元化、公正、代表性、保护弱势社会群体（如少年儿童）、保护优秀的传统文化遗产等。因此，媒体所有权集中与多元化的竞争一直是一个重要问题。在应对趋同融合的影响时，应该首先考虑在什么情况下对媒体监管加以规范。

四、监管的必要性

信息基础设施发展的步伐和方向不应该完全由市场决定。因为向市场开放竞争的可能性并不一定意味着市场真正具有竞争力。市场也有失灵的情况，监管则是必要的。此外，对经济效益的渴望应该在政府持续干预、以追求公共利益目标的前提下进行。然而，无论是面对市场失灵还是为了效益，都必须明确干预的基础。融合意味着网络对其所承载的部分和服务的性质保持中立，但是一定要从公共利益的角度出发考虑监管的必要性。

在内容的创造、包装、分销和消费者的接受等各个环节中有可能出现市场失灵问题，市场失灵可能出于各种不同的原因，在这一方面最重要的是现有的垄断倾向造成了市场的扭曲。

融合是否会自动导致支配权的滥用，这是一个备受争议的问题。有人认为，融合加剧了公共基础设施的垄断和地方循环的瓶颈，因此需要具体部门严格监管，以确保公平性，防止垄断资本。不对称监管是一种可行的方法，即不允许电信运营商进入视频和娱乐服务等细分市场。在荷兰，有线电视公司不允许制作电视节目。我们要总结这里面的问题症结，做提前的预防：第一，主要运营商联合提供宽带网络是否阻碍或拖延了竞争；第二，限制使用宽带网络提供电缆电视服务是否人为地阻碍了创新。

目前看来，我国的运营商发展正在有条不紊地进行着。一直以来，国内运营商发展娱乐视频业务都具有强大的内在动力。自 3G 时代开展流量经营以来，娱乐视频业务已是运营商拉动流量刚需、开展存量经营的主要载体，即采取与 T-Mobile 相似的发展策略（即定向视频免流量）。但是，当前的策略形式显然不足以满足国内运营商娱乐视频业务的目标要求，中国移动、中国电信与中国联通早已建立了各自的流媒体平台——咪咕视频、天翼视讯与沃视频。运营商期望借助娱乐视频等视频业务革新商业模式，开发新的收入增长点，推动企业进入智能生活和家庭娱乐领域。

五、始终以社会效益为主线进行调节

广播中的内容管制只能由于频谱稀缺而合理，消除了这一障碍，对内容的管制就不再合适了。但是，互联网的爆炸性增长和“不良”材料的广泛供应导致了对内容监管的迫切需求。关于互联网上淫秽、色情、暴力和其他“不受欢迎”材料的报道虽然经常被夸大，但不能否认的是，几乎所有形式的材料都可以通过互联网而获得。

在电信网和其他媒体之间的融合中，不能放弃自我监管，内容过滤和评级系统可能不是万无一失的，但似乎提供了最好的希望，用以平衡表达自由的需要和道德保护。社会效益目标无疑将继续因国而异，但同样的类别是共同的。政府都必须就言论自由程度，构成淫秽、隐私、色情、暴力等问题作出监管，这一事实是无可否认的。媒介融合本身不应损害这些基本原则，但随着媒介融合的发展，要不停地调整不同范围的监管。

一个相关的概念也是出版的概念，叫“公共性”。一旦信息服务变得广泛和普遍可用，它就不能被视为私人交易，而是成为社会事实。然而，衡量一项服务的公共性的问题不是绝对的，必须包括市场份额的因素。

总之，融合确实需要我们重新审视监管的基础，并设计一个适合新信息市场的监管框架。其中的主要原则应该是在保证社会效益的前提下，建立一个有竞争力的市场，在向竞争市场过渡时，必须采取保护公共利益的干预措施。仅有一个竞争性的市场无法确保社会、政治和文化目标，相反对公共利益的干预很可能在塑造未来的信息社会方面仍将持续性发挥作用。

参考文献

[1] 王艳. 电信产业和传媒产业的融合研究——基于手机电视的实证分析[D]. 北京邮电大学，2009.

[2] 陈力丹，付玉辉. 论电信业和传媒业的产业融合［J］. 现代传播（中国传媒大学学报），2006（3）.

类型化音乐电台创新发展的策略研究

——以济南广播电视台电台音乐广播FM 88.7为例

尤晓　杨国伟

摘　要： 融媒体时代下，类型化模式已经不能满足当下的媒体环境，类型化音乐电台受到了前所未有的冲击和挑战。越来越多的类型化电台在寻求改变，他们通过不断的实践探索，积累了宝贵的创新发展经验。本文分析了类型化音乐电台发展的困境，并以济南广播电视台电台音乐广播为例，探讨了类型化音乐电台的创新发展之路，尝试总结了类型化音乐电台创新发展的策略。

关键词： 类型化音乐电台；创新发展；策略

类型化广播是指格式化的广播，不同于以往的分拆时段打造不同的栏目，而是全频率打造一种概念、传播一种文化、经营一类人群。任何时候，听众打开这个频道，听到的内容是基本相同的，不再需要固定时间段锁定自己喜欢的内容，这就极大地拓宽了受众对整个频道的接受程度。21世纪初，类型化的引入突破了当时广播发展的瓶颈，取得了非常好的收听效果和经济效益。类型化音乐电台利用时尚潮流的音乐资源，采取不间断播出、不打断收听的播出模式，很快受到了听众特别是年轻受众的喜爱。

随着网络时代的来临特别是智能手机普及之后，音乐电台最宝贵的资产——音乐已经失去了原有的资源优势。但是，类型化广播并没有失去生命力，它只是需要结合当下技术和媒体发展趋势不断创新发展。

一、类型化音乐电台发展的困境

1. 资源优势的丧失

随着网络音乐平台强大的曲库和对受众的分析能力，音乐电台的必听性大大下降，众多的收听场景里已经没有了音乐广播的踪影。学生、上班族、私家车主等曾经的主要收听群体纷纷选择使用手机音乐平台收听最新的音乐，只有车载收听群体。由于驾驶的特殊性保留了对于广播的收听需求。广播特别是类型化音乐广播，在新时代媒体环境下受到了前所未有的冲击和挑战。

2. 内容同质化严重

类型化音乐电台的可复制性极强，通过曲库打造、模块设置、信息流搭建，很快会形成一个崭新的媒体。这是前期类型化音乐电台的发展优势，他们用较低的成本创造较高的价值。然而，可复制性极强的特性也导致了内容同质化严重的问题。往往一个城市有多个类型化音乐广播电台，他们之间的差异性极小、听众的黏性不高、品牌忠诚度较差，没有沉浸式、约会式的收听，竞争力较弱。

3. 缺少地方特色

广播带有强烈的地域属性。在网络媒体融合了智能手机之后，广播电台更需要以鲜明的地方特色贴近本地受众，服务于本地受众。目前，类型化音乐电台的主要内容构成是流行音乐和硬广告。为了打造随时随地打开广播都能听到音乐的需求，主持人极大地压缩了语言含量，这就导致了信息量的不足和地方特色的缺失。

4. 互动性较差

互动性是广播的宝贵属性，及时的互动和信息传递是广播媒体的巨大优势，这项优势在融媒体时代下越发凸显和加强，成为广播强有力的竞争武器。类型化音乐电台为了凸显强烈的音乐属性和不间断的收听感受，要求主持人躲在音乐背后做一个串联者，以整体风格打造替代节目和主持人特色。但是，音乐的特殊性较差，形成不了鲜明的品牌特色，加之主持人话语的缺失，让类型化音乐电台失去了与受众紧密的互动。

5. 产业融合能力较弱

新媒体的飞速发展给传统广播经济营收带来巨大挑战，传统的硬广产品竞争力大幅度下降，类型化音乐电台的广告产品出现了匮乏和单一的局面。在产业促节目、节目与产业垂直融合方面，类型化音乐广播的整体属性导致细分不足，产业融合能力比较弱。

二、类型化音乐电台的创新发展

1. 保持类型化模式，打造特色品牌栏目

新媒体时代下，类型化音乐广播面临着诸多挑战，但是依旧有存在的优势和必要性。要想让类型化音乐电台更加适应当下的发展形势，我们必须对电台品牌节目进行改革创新，打造特色品牌。

（1）在通勤时段大幅度增加主持人的语言含量

早通勤时段以活力、幽默、新闻、段子、音乐为主要风格定位的节目《城市 Morning call》，满足早通勤受众对新鲜信息的需求，并通过主持人幽默、活力的人设带给受众一早的正能量。在满足受众收听需求的同时，牢固树立主持人的个人特色，并逐步形成听众黏性，稳固和扩大节目的影响力，让陪伴式收听变成约会式收听。这就改变了节目主持人的语言含量少、特色不明显的既往模式，拓宽了音乐电台的信息属性，满足了受众的收听需求。

（2）建立节目工作室，打造主持人 IP

通勤时段改变了平均用力、没有重点的节目模式，投入了更大的人力、精力，用倒金字塔式的模式打造精品栏目，全力抢占早晚通勤市场。品牌栏目的打造收到了显著的效果，不仅实现了更好的品牌效应，在广告创收上也形成了新的增长点。新的广告产品“植入式口播广告”的打造，与主持人个人 IP 相结合，用轻松幽默的方式完美融合于主持人的串联中，受到了听众和客户的喜爱，成为已显疲态的广告形式中的亮点。

2. 强化本地属性，为城市文化赋能

（1）类型化电台节目

通过品牌栏目和品牌活动的打造，积极融入本地城市生活，力争成为城市声音的名片。济南电台音乐广播将城市品牌形象塑造视为己任，传播咏诵济南的民谣音乐，感受济南的美丽风光，了解济南的历史人文，相继打造了“民谣济南”“爱行走 I walk”“打卡济南”等品牌活动和栏目。通过一系列的活动和节目，完成了与一座城的深入融合，在丰富频率品牌和节目内涵的同时，也参与到了市民精神文化构建中，提升了市民的幸福感和凝聚力。

（2）创新宣传方式

在宣传方式上，不断与新媒体融合。通过广播可视化、新媒体直播、创意短视频等形式，不断丰富传播手段，在品牌推广的同时也完成了媒体的深度融合。在节目形式上，保证满足受众的音乐需求、陪伴需求的同时，创新实现与听众的互动。通过济南电台手机 App 叮咚 FM 与听众实时互动，及时传递反馈信息，有效沟通本地受众，并持续引流，将听众转化为用户，为未来 5G 时代的广播变革铺好道路、打好基础。

（3）实现产业融合

晚高峰音乐谈话类节目《音乐超转速》在产业融合上迈开步子。该节目通过与美食结合，聚集了济南众多美食餐饮品牌在此宣传推广，不但形成了品类垂直，也满足了下班路上的听众对美食的信息需求，对城市的夜经济发展持续赋能。

济南音乐广播电台对本地属性的强化，让类型化音乐电台的内容同质化问题得到了很好的解决，形成了有竞争力的品牌栏目和活动，强化了频率的特色，增强了用户的黏性，为城市文化赋能。

3. 拓宽收入渠道，探索产业经营

品牌栏目和活动的打造带动了产业的经营，拓宽了收入渠道，实现了传统媒体的华丽转身。类型化电台节目巧妙地将听众转化为用户和顾客，实现了经济效益和社会效益的双丰收。

第一，利用主持人“段子手”的IP属性，济南音乐广播成立了自己的脱口秀品牌。他们大胆尝试线下小剧场售票运营，将听众转化为观众，不仅实现了经济营收，而且丰富了城市的剧场文化，满足了市民对高品质精神文化产品的需求。

第二，线上购物、直播带货持续火爆。济南音乐广播成立了“优咖”项目，通过线上引流、线下搭建商城和主持人直播带货等形式，将听众转化为顾客。在为听众提供更好的服务的同时，丰富了产业内容，是融媒体时代下产业经营的有效尝试。

第三，“YUE读会”项目邀请大家一起阅读，细分类型化音乐电台积累起的优质收听群体，将爱阅读、有自我提升需求的受众集合，利用电台主持人的声音优势录制声音读物进行售卖。这不仅增加了经济收入，还反哺了线上收听，对整个电台品牌品质的提升大有裨益。

类型化电台是与电视媒体竞争中出现的崭新形式，曾经引领了潮流，取得了辉煌，它的基因里一直书写着创新、改变、潮流，在新的媒体竞争形势下依旧有着旺盛的生命力。为了更好地适应媒体环境，重塑媒体竞争力，从业人员也要积极探索、改革创新，让类型化成为扎根在本土的、有城市特色的类型化，一味地跟风模仿和守旧传统都是不可取的态度。济南电台音乐广播通过积极的实践，积累了宝贵的发展经验，也证明了类型化音乐电台依旧是活力满满、持续发展的媒体。不管媒体环境如何改变，只要不变的是对广播媒体的热爱、对高品质精神文化产品的追求、对创新的积极渴望，就能使自己立于不败之地。

参考文献

[1] 郭常伟. 移动网络广播媒介场景营造及其指导意义 [D]. 湖南大学，2017.

[2] 怀楠. 网络时代下的类型化音乐电台的现状与未来发展 [J]. 新媒体研究，2015 (2).

[3] 张文敏. 新媒体场域中类型化音乐广播的发展瓶颈与纾解 [J]. 中国广播电视学刊，2017 (5).

网络自制综艺节目的成功之道

——以《奇葩大会》为例

李冬艳　马艺　李燕

摘　要：自2014年小投入、小制作的网络自制节目萌芽以来，2015～2016年网络自制综艺节目爆发式增长，2017年网络自制综艺节目发展相对成熟。笔者认为，能够从这些较成熟的网络自制综艺节目中总结归纳出一些值得其他综艺节目学习、借鉴的方法，尤其是在融媒体时代，各平台都在做脱口秀等综艺节目的尝试，本文即选取《奇葩大会》为案例，就其受年轻人欢迎的成功因素进行具体分析。

关键词：网络自制综艺节目；网生代；多元化；精准定位

一、网络自制综艺节目的兴起

网络自制综艺节目就是由网站独立投资，或与其他专业影视制作公司共同参与策划、选题、拍摄以及后期剪辑制作具有互联网性质的娱乐化综艺节目。2007年的《大鹏嘚吧嘚》是我国网络自制综艺节目的开山鼻祖，之后却发展缓慢；直到2014年上半年，几档网络自制综艺节目引爆互联网，成为业内承认的网络自制综艺节目元年；2015年，首次提出“纯网综”的观念，到同年年底，累计播出约96档网络自制综艺节目，有大家耳熟能详的《隐秘而伟大》等；2016年，腾讯视频、优酷等视频网站综艺节目有近100部在线；仅在2017年上半年，就上新了159部网络综艺节目，播放总量超500亿。其中，自制综艺节目占据了70%，包括《奇葩大会》《吐槽大会》等，至此可以看出，网络自制综艺节目进入高峰期。随后经过一年的发展，2017年之后的网络综艺节目开始理性化发展，整个网综行业不再以数量制胜，网络自制综艺节目更是努力打造小爆款，促使网络综艺节目的健康发展。

随着网络技术的迅速发展，网络自制综艺节目成功冲破传统电视综艺节目的同质化、内容僵硬、观点传统等特征，凭借有竞争力的视频平台，利用大数据技术精准定位，以年轻人喜闻乐见的表现和表达方式呈现受众所期望的内容。相比于传统电视综艺节目，网络自制综艺节目具有灵活性强，播出时间、篇幅等不受限制的优势，而且互动性强、互动反应速度快，同时还穿插有网络热点、网络语言，是受年轻人喜爱的网络生态节目。但不可小觑的是，网络自制综艺节目受制作成本、制作人员等因素制约，节目最终质量难以获得传统电视媒体的认可，普遍显现出低级趣味化、泛娱乐化甚至内容低俗化。想要网络自制综艺节目稳健发展，就需要解决以上这些问题。

优秀的节目应该自觉承担文化传播的重大使命，不能够一味地迎合观众的心理预期和审美标准。《奇葩大会》中就设置了专门传播知识而不参加竞赛的嘉宾，在娱乐的同时能够提升精神层面的深入思考，这是一档优秀的节目应具有的真正内涵，也正是《奇葩大会》获得大众口碑和流量的关键所在。

二、以年轻人喜爱的形式交流

《奇葩大会》是由网络平台爱奇艺与传媒公司联合制作，于 2017 年 1 月制作推出的一档观点分享类网络自制综艺节目。作为爱奇艺“奇葩”系列节目之一的《奇葩大会》，聚集了一批先行、勇敢和新锐的青年，打造了一个史无前例的先锋青年观点集会，分享者们可以自由分享和表达自己真实的生活经历和人生观点。截至本文完稿前，《奇葩大会》已经推出了两季，第一季被作为《奇葩说》的预选赛，导师是由业界颇有人气的明星担任，集结了一波从《奇葩说》中走出来的“老奇葩”坐镇现场，并邀请了各界领军人物登场，导师和“老奇葩”们需要从现场的分享者中选出杰出的分享者，并向他们发出直通《奇葩说》的诚意邀请。第二季《奇葩大会》全线升级，主题为“我们不一样”，于 2018 年 2 月上线。首先，节目导师阵容变为三位固定导师和一位明星的模式；其次，节目不再作为《奇葩说》的预选赛而单纯为寻找“特别的人类”、不一样的生命，跳出辩论的形式，加入观众较量的环节，让观众充分参与其中，不再追求“奇葩”的观点，而是把“奇葩”延伸到生活中，让他们分享自己特别的经历和人生观点，更多地展现真实而特别的“活法儿”，让观众“体验”不一样的人生经历。

互联网的开放性决定了网络媒体的自由、开放和包容性。当代大众生活在快节奏的高压环境下，需要通过娱乐来放松，尤其是年轻人需要找到一个能缓解压力的方式。《奇葩大会》中的多元的嘉宾选手们的敢说、直接、真实的个性深受大众的喜爱。作为一档官方定义为观点分享类综艺节目，其内容实质上并没有什么不同，但是通过节目的再创造所呈现出来的效果却能够在视觉、听觉上给我们带来快感，迎合了受众碎片化的收视习惯，获得审美愉悦。尤其是第二季，除了辩论高手外，还选拔出了一些跟受众年龄、阅历、身份差不多的"普通人"。除了娱乐之外，节目通过探索观众的内心世界，邀请各领域知名人士作为节目嘉宾，更多元地表达观点，想要给观众传达充满正能量的价值主张，让观众对自己的生活有更准确的定位。在观看节目时，受众透过别人的故事去看待自己，更加包容地看待问题。用娱乐的形式与年轻人交流，这也许就是《奇葩大会》受欢迎的一个重要原因。

三、用年轻人喜爱的语言沟通

随着大数据、云计算技术的成熟，网络自制综艺节目能够便捷地利用大数据来明确节目定位，实现节目精准化传播。节目可以在通过对平台海量用户数据进行分析和发掘潜在用户的同时把握用户需求，达到精准化定位市场、受众、营销策略、广告投放等信息，从而准确地指导节目运营。当前，20～40 岁人群是《奇葩大会》的主要受众，制作团队利用平台进行大数据分析，在节目内容语言应用、宣传推广、广告营销等各方面都可以做到精准化。在大数据时代，制作团队应该学会运用数据分析来制作和完善节目线上、线下产品，创造更多元的经济效益。

《奇葩大会》汇聚的都是综艺界极其会说话的人们，他们的花式口播广告让广告自带洗脑功效，已经成了"奇葩"系列的特色。他们总是能够用独特的广告语让观众眼前一亮，在不知不觉中被"洗脑"，心甘情愿地接受推广。节目用年轻人喜欢的语言，博得他们的欢心，还巧妙地凸显了产品功能；口语化的表达不仅不会引起年轻观众的反感，反而具有"洗脑"魔力；贴近年轻人的语态，让年轻人认同，更好地与年轻人沟通。

笔者认为，《奇葩大会》节目以"我们不一样"为主题，找来的"特别"人群，并不是为了标新立异和搞怪，而是想要他们讲述出有过不同经历后的独特感受，内容也充满正能量。这种以娱乐的方式进行精神思考所释放出的力量，是节目能够成功的秘诀。

在新媒体时代，网络自制综艺节目《奇葩大会》凭借其独特的运作方式和新颖的设计占据了一席之地。节目在充满娱乐性的基础上，也向大众传递着正能量，将娱乐和大众生活相结合，促进受众价值观的认同与共鸣，成为网络自制综艺节目的一个典范。该节目的交流形式和沟通方式对于其他自制综艺节目或是自制节目具有一定的借鉴意义。

以《奇葩大会》为代表的网络自制综艺节目的成功并不是偶然，观众对综艺节目的期待值越来越高。未来的多元融合发展将尽可能多地满足受众的不同需求，扩展受众的范围。通过多元融合，不仅在一定程度上能够降低节目的宣传成本，还能够丰富节目内容，强化节目效果。但需要注意的是，融合不能只是简单叠加，而是强调真的“融”在一起。就目前而言，网络自制综艺节目的市场潜力和前景还很广阔，应充分利用科学技术实现更精准的定位。只有在明确节目定位的前提下，根据数据分析，对节目传播内容加以创新改造，才能创造出更多高口碑、高收视率的高质量自制综艺节目。

参考文献

[1] 李卓林. 奇葩说：引发国内综艺节目新思考 [N]. 吉林日报，2015-01-01.

[2] 陆地. 网络自制视频节目发展的特点和空间 [J]. 新闻与写作，2014 (3).

[3] 郭琳媛. 网络综艺节目的发展现状及出路分析 [J]，中国广播电视学刊，2018 (1).

播音主持

BOYINZHUCHI

探析融媒体背景下传统媒体主持人的融变创新

雷震

摘　要： 随着媒体融合进程的不断加快，传统媒体正经历着变革的阵痛，传统媒体主持人面临巨大的冲击。技术赋权使“草根”主持人不断涌现，碎片化的传播环境使受众不断流失。传统媒体主持人的融变之路该何去何从？本文从三个角度来探讨传统媒体主持人的融变创新，即提高业务能力、拥抱新技术和利用软硬件优势打造多频道网络（Multi-Channel Network，MCN）头部主播。

关键词： 媒体融合；主持人；创新

2019 年 1 月 25 日，中共中央政治局在人民日报社就全媒体时代和媒体融合发展举行第十二次集体学习，还把“课堂”设在了人民日报社媒体融合发展的第一线，强调“推动媒体融合发展、建设全媒体成为我们面临的一项紧迫课题”，再次凸显了媒体融合工作在当前国家战略中的重要地位。媒体融合是一个复杂而艰深的过程，它改变了传统媒体的运作生产方式，也给传统媒体主持人带来巨大的冲击。因此，传统媒体主持人一定要认清自己在融媒体环境中的角色定位，化被动为主动，自发地把融媒思维运用到工作中，积极进行融变创新。

一、融媒体背景下传统媒体主持人面临的冲击

1. 技术赋权使传播主体多元化

新媒体环境下，无线、互动、低成本和低门槛的传播方式使传播主体越来越多元化。借助技术赋权，普通网民可以介入信息的生产过程之中，使信息生产更加去中心化、去组织化，呈现出个性化、草根化特征。因此，新媒体的发展使传播模式中的“主客身份”被弱化，每个人既是信息的接收者又是信息的

传播者。“话语权”的下放使内容生产者变得多样化，呈现出专业生产内容（Professional Generated Content，PGC）、用户生产内容（User Generated Content，UGC）和品牌生产内容（Brand Generated Content，BGC）并存的现象，人人皆可成主持人。

在融媒体时代，“草根”主持人大量崛起。他们极少受过专业的主持训练，常常凭借自己独特的个性或过人的技能走红，成为细分领域的意见领袖。比如，“95后”青联委员凭借活泼质朴的形象，成为扶贫电商主播的典范。媒体融合使“传者本位”向“受者本位”转变，受众的自主权和选择权更大，传统主持人的固化风格难以满足受众多样化的需求。除了“草根”主持人外，非专业的“跨界”主持人也大量涌现，给传统媒体主持人带来威胁。比如，有些地方卫视的综艺喜剧节目会邀请相声演员来担任主持人，也有的地方卫视邀请电视导演来担任主持人，都取得了不错的反响。

2. 碎片化的传播环境冲击传统主持模式

碎片化传播在狭义上指的是信息场域内的信息以简短、微小为特点进行的一种传播活动，即一种篇幅短、时长短的内容传播。广义上的碎片化传播指的是整个信息传播过程中的一种碎片化的传播状态，呈现在信息生产、内容分发、交往语境、知识体系等多方面。移动终端的便捷性与碎片化的传播环境在很大程度上改变了人们获取信息的方式和习惯。根据美国传播学者卡兹提出的“使用与满足”理论，获取信息的难易程度直接影响着人们对该媒介的选择。传统媒体节目播出时间固定，时间较长，需要人们通过固定的渠道且拿出完整的时间段来收听或收看，与当前人们在碎片化时间连续性获取碎片信息的习惯相悖。因此，在快节奏的现代生活中，人们对传统媒体的依赖度降低，对新媒体产生了高依赖性，并且在信息海量化的新媒体中，人们更容易找到替代性内容，致使传统媒体的受众进一步流失。

碎片化的传播环境带来一种互动机制下的点对点的人际传播模式，每个人的个性和需求被放大，分众化和多元化特征明显。传统媒体属于自上而下、点对面的大众传播，难以对受众进行精确细分，大部分属于一刀切模式。因此，传统媒体主持人的主持风格普适性较强，没有太多空间展示个性魅力，辨识度不够。除此之外，传统媒体主持人长期处于稳定的工作环境中，主持模式固定单一，缺乏创新性，再加上对新媒体了解不足且实践经验少，很容易失去个人竞争力。

二、传统媒体主持人如何进行融变创新

1. 提高素养和业务水平，向“全能型主持”迈进

传播学奠基人拉斯韦尔提出了“5W”传播模式，主持人是该模式中居于首位的传播者。在融媒体时代，主持人还有另一个更重要的身份，即把关人。新媒体使传播主体多元化，但由于传播主体的媒介素养参差不齐，面对海量信息不能明辨是非，使虚假信息和谣言层出不穷，造成恶劣的社会影响和公共资源的浪费。传统媒体主持人要抓住机会，提升自身素养的同时发挥权威性的优势，在鱼龙混杂的信息面前，帮助受众辨别真伪，做深受信赖的把关人。

传统媒体主持人不仅要提高媒介素养，还要全方位地提升业务能力，学习更多融媒技能。如果内容为“王”是传统媒体时代和融媒体时代通行的原则，那么业务为“王”就是传统媒体主持人最坚实的后盾。不管是“草根”主播还是“跨界”主持，他们都因为没有受过系统的训练，或是因为不标准的字音影响了表达的清晰度，或是因为不懂使用内外部技巧而达不到理想的表达效果。总之，这类非专业主持人的业务能力和公信力远不及专业主持人。在保持业务优势之余，主持人要学习更多的新媒体技能来适应融媒体环境。传统节目流程分工精细，主持人只需要担任“播”的工作，但媒体融合后很重要的一方面是人的融合，分工界限的模糊使得“全能记者”“全能编辑”“全能策划”需求变大。主持人要主动参与节目编排，把受众的反馈融合进去，同时运用自己的社交媒体对节目进行宣传，扩大影响力。主持人要有意识地训练互联网直播能力，熟悉选品流程和带货技巧，顺应直播带货的潮流。

2. 拥抱“5G＋4K＋AI”新技术，积极融入媒体融合大潮流

技术不仅是媒体融合的核心动力，也是媒体融合的首要体现。随着技术彻底重构信息传播机制和形态，传播流程、传播技术、传播范围、传播效果都发生了颠覆性变革，以“5G＋4K＋AI”为代表的新技术也开始直接影响内容生产、呈现、分发和消费等链条。4K即4K分辨率，帮助传统媒体打造超高清、沉浸式的视听体验；5G即第五代移动通信技术，具有高速率、低延时和宽带接入性能，助力4K开辟多维场景；AI智能技术实际应用于媒体融合的具体场景，通过虚拟化、云计算和大数据等信息化技术打造AI智慧广电。

不管是频道还是栏目，传统的内容生产方式相对独立，倾向于“单打独斗”。技术的革新重塑了传统媒体的业务流程，因此，主持人要积极融入和适应

“中央厨房”式的内容生产模式和“N进N出”的生产发布体系。“中央厨房”是集采编发于一体，一次采集，多种生成，多元传播的高效内容生产模式。“N进N出”是基于5G和大数据拓宽信息来源渠道，实现专业生产内容和用户生产内容的相互补充，并通过线上线下多渠道把采集到的信息发布出去。同时，技术的进步使传统媒体实现了5G现场连线、4K信号多路直播、VR直播，这对主持人的直播能力提出了更高的要求。除此之外，智能审核、智能转码和智能语音等人工智能的应用，大大提高了媒体的工作效率，甚至还有AI主播的出现。比如，3D版AI合成主播“新小微”在全国两会开幕前夕正式亮相，AI“可佳”以特约记者的身份采访了网络与科技观察家凯文·凯利。与此同时，与AI主播合作也成为主持人的新挑战。比如，2019年AI“小灵”亮相中央广播电视总台播出的五四晚会。

3. 实现跨媒体内容融合，打造广电MCN头部主播

布局广电MCN是媒体融合的重要方向。新媒体的出现严重影响了传统媒体的收视率和营收，打造广电MCN能够继续发挥传统媒体的内容和公信力优势，将内容矩阵做大做强并且实现营利。

广电主持人拥有多年的一线工作经验，具备专业的镜头表现力和语言表达能力，并且有一定的公信力和话语权，也有一定的群众基础，如果要转战小屏也有优势。在布局广电MCN的过程中，主持人要把握住从大屏跨入小屏的机遇。首先，要找准自我优势，持续创作垂直类的精品短视频内容，打造能出“圈”的个人特色。例如，某地方广播电视台早新闻以一分钟左右短视频新闻为主，收获了上百万的粉丝。其次，在广电MCN的打造过程中，主播与主播之间要形成金字塔结构的梯队阵营，头部主播通过同框合作、事件连线等方式提升腰、尾部主播的曝光度，助推热度，形成合力。最后，主持人要推动大小屏的跨媒体内容融合。以寻人类民生节目为例，可以通过传统大屏制作新闻、小屏短视频更新进展、小屏直播连线当事人的全媒体传播矩阵模式来实现线上线下的联动，把广电的硬件优势与新媒体的实时互动相结合，实现两者的相互引流，融合互通。

媒体融合给传统媒体带来了极大的挑战，但同时也是机遇。作为传统媒体的主持人，不能因循守旧，故步自封，而是要勇敢地踏进融合的浪潮中，做到内外兼修。要做到对内提高自己的业务能力和媒介素养，对外积极学习融媒体技能，开拓内容创作的思路，成为融媒体时代不可替代的复合型人才。

“播”与“说”结合是新闻播音的趋势

齐志敏

摘　要：关于新闻是“播”还是“说”存在着不小的争论，对此，作者对中央电视台及很多省市台的新闻节目做了一些研究，并根据多年来的实践经验总结认为，“播”与“说”结合才是新闻播音的大势所趋。新闻节目的内容决定着不同的播音方式，严肃庄重的新闻需要“播”，轻松自然的新闻需要“说”，综合性新闻需要“播”“说”结合。播音工作既要做到真实准确地传达党的声音，也要做到及时地反映人民群众的意愿，这便决定了播音员的新闻播报方式需要多样化，而不能简单地局限于一种。

关键词：广播电视；新闻播音；新闻栏目

广播电视新闻媒体的主要职责不仅是宣传党和国家的路线、方针、政策，其工作任务还有传播信息资讯，丰富和活跃人民群众的文化生活。近年来，各级广播电视台以新闻立台为根本，新闻节目的时长不断延长，信息量不断加大，一个小时甚至两个小时的新闻节目中综合了各种资讯。从报道内容上看，涉及时政、社会、民生、体育、娱乐、国际等方面；从报道类型上看，有长消息、短消息、记者连线、系列报道、新闻专题、新闻评论、通信等。这对播音员主持人提出了很高的要求，要根据不同的稿件内容采用不同的播报方式，做到“播”“说”结合，灵活运用。

中国人对美的认知是强调端庄、含蓄、质朴、自然。在长期的语言实践中，无论是“有稿播音”还是“无稿播音”，播音主持人都以追求内容和形式的统一为目标，使语言表达具有民族风格和民族气韵，满足我们的审美习惯。曾经有一段时期，关于新闻是“播”还是“说”就存在着不小的争论。对此，本文对中央台及很多省市台的新闻节目做了一些了解，并根据多年来的实践经验总结认为，“播”与“说”结合才是新闻播音的趋势，因为新闻节目的内容决定着不同的播音方式。

一、严肃庄重的新闻需要“播”

广播电视等新闻媒体是党的宣传阵地和喉舌，宣传党的路线、方针、政策理所当然地成为其工作的首要任务。在宣传党和国家的重要会议、活动、庆典等内容时，如果用近似随意、轻松的生活式语言，甚至纯自然化的调侃，显然很难达到庄重、严肃、权威的要求，甚至会造成不好的社会影响。所以，播音时做到字正腔圆、庄重大方是非常有必要的，也是必需的。播音员要用什么样的播音方式播报新闻，需要结合稿件的内容、主题、社会气氛等因素进行综合分析，其中，政治环境和氛围是必须要考虑的一个重要方面。如今，央广的《新闻和报纸摘要》、央视的《新闻联播》以及各大省市台的广播电视龙头新闻栏目都是这类新闻节目的代表。

从某种意义上说，所谓字正腔圆的“播音腔”是我们的播音前辈们经过长时间的探索实践和继承发展而来的，也是现在人们最认同的一种播音方式。“播”新闻有普遍性的特点，小到县级广播电视台或融媒体中心的新闻播音，大到各省级广播电视台及央广、央视的新闻联播，“播”新闻的方式得到广泛应用，可以说，这是对新闻稿件进行有声语言创作的基础手法，有其自身特有的规律和表达技巧。“播报”是播音员、主持人在各类节目中最独特、最鲜明而又自成一派的语言样态。播音艺术家张颂教授认为，语言样态分为“字正腔圆、呼吸无声、感而不入、语尾不坠、语势稳健、讲究分寸、节奏明快、语流晓畅”。“字正腔圆、呼吸无声”强调的是保证信息传播清晰所应具备的用气发音的基本功；“感而不入、讲究分寸”是新闻节目应遵循的客观性、真实性特点对播报提出的要求；“语尾不坠、语势稳健”是适应新闻传播的“新鲜感”和“权威感”所必需的；“节奏明快、语流晓畅”既反映了新闻语体所固有的特征，又是听众和观众对新闻播音声音形式听觉上的审美要求。这正好应和了一些时政新闻或者是条文法令的播报。比如，在播报全国抗击新冠肺炎疫情斗争取得重大战略成果、新时代脱贫攻坚目标任务如期完成等重大新闻事件时，播音员需要用一种特别能激动人心、催人奋进的播音状态来向受众传达信息，而此时对稿件进行再创作的手法就要用到播报的方式。湖南卫视的《新闻联播》是“说”新闻的典型例证，但“说”的同时也没抛弃“播”的存在，因为新闻有真实性的特点，一味地“说”恐怕有失其严肃性，毕竟新闻不是平常的聊天说话。有人说，吐字圆润、字正腔圆的播报方式是随着新闻的出现应运而生的。这种说法虽然有些片面，但确实是目前播音员在进行新闻播音时最经常用到的一种语言样式。对于广大受众来说，这种语言样式已经深入人心，认为新闻播音就应该这样清楚地传达信息，因为时政新闻需要站在全部新闻的最前头。

二、轻松自然的新闻需要“说”

广播电视新闻媒体在传播信息的同时，还有丰富人们文化生活的重要职责。如果整天都是会议报道或者数字型新闻的话，受众对新闻媒体的关注度就会大打折扣。所以，老百姓需要了解全国各地发生在不同地方却是“身边”的事情。我们现在讲求以人为本，有需求就要有供应，然而对于民生新闻的播报，如果还是保持一种庄重但缺乏感情色彩的表达方式的话，估计就会使新闻变得不伦不类，并且因为缺乏贴近性，收听收看的人群也会变少。现如今，诉说式新闻不断普及开来并且很受人们欢迎，这也是新闻传播与时俱进的结果。

一档新闻栏目是否成功，很大程度上要看受众的反响如何。同样是在播报新闻，什么时候用“播”、什么时候用“说”一定要把握好。首先，要考虑受众的心理需求。山东广播电视台齐鲁频道的方言新闻节目《拉呱》很受观众的喜爱，主持人用他独具特色的语言风格，用一口地道的济南话和观众聊天，对恶劣的行为进行批判，对善言善举进行赞扬和褒奖。这些来自主持人内心的真实话很接地气。北京电视台主持人刘元元的主持方式是“说”新闻的典范，曾经的《元元说话》就充分把握住了受众的心理需求，真正“说”到了观众的心窝里。

三、综合性新闻需要“播”“说”结合

目前，各大广播电视媒体的新闻节目形式各异、风格独特，信息量丰富，内容范围广，既有高层高端的国际大事，又有平民百姓的生活琐事。这就要求播音员主持人在主持这类节目时认真权衡稿件，并决定使用什么播音样式。央视的《新闻周刊》报道的是当周内的重大事件或关系社会民生的新闻，主持人虽然有一副严肃的面孔，但他在处理稿件方面还是非常灵活的。一周之内的热点新闻浓缩是播报给受众的，其他的节目语言则非常灵活，甚至还经常用疑问句、反问句等形式来引发观众的思考。

有声语言的表达方式，是要根据节目的不同内容来选择的。新闻播音中的“说”是指对新闻节目内容的评述，典型的节目有中央广播电视总台央广的《新闻纵横》、央视的《焦点访谈》等。很多地方台的民生播报栏目也是会选择一些发生了有一段时间的新闻事件，因为栏目注重的是整个事件的来龙去脉，对事件进行定性后再以叙事的口吻进行评述。从这个角度来说，时效性较强的新闻事件较适合“播”的样式，较弱的则适合“说”的样式。

此外，很多新闻栏目中还包含通信、系列报道等，这些内容往往既有描述的情节又有感人的故事，既文采飞扬又贴近生活。很多广播电视台的新闻节目中播出过“红色家书”系列，其中有一期内容选取了我国民营企业家鲁冠球写给儿子鲁伟鼎的信件，书信内容只有短短不到百字：“伟鼎，舍己为公、大公无私、公而忘私是先进的；先公后私、公私兼顾是允许的；先私后公，私自当头是要批评教育的；假公济私、损公肥私是要制止和打击的；表面为公、暗自为私是伪君子，是要防止的，千万不可重用。”若信件出现在新闻节目中，一定要使用“说”的播音样式，这种“说”要有口语的感觉，要有人物的感觉，要有面对面的感觉。同时，我们在读信件时，一定要深刻理解当事人当时的心境，是什么人对什么人说话一定要弄清楚，把意思充分地读对。就像演播艺术家李野墨老师所说，不但要把文字表面上的意思正确地说出来，更要把文字背后的意思充分地说出来，由此才能把自己理解的意思尽可能地说出来，才能达到高质量的传播效果。

随着广播电视媒体的融合发展，在形式各异的新闻节目中，播音样式中的“播”与“说”都会得到不同程度的完善，一定会达到一种共存和互相结合的状态。我国的新闻传媒机构是党和人民的喉舌，其中，播音工作作为新闻的直接传导者，其作用至关重要。播音工作既要做到真实准确地传达党的声音，也要做到及时地反映人民的意愿，这便决定了播音员的新闻播报方式需要多样化而不能简单地局限于一种。为了能够将时政新闻的权威性和真实性表现出来，播音员在进行有声语言创作的同时会多倾向于“播”的样式，做好党的声音的传话筒。涉及民生的新闻节目则主要倾向于反映人民的意愿，要本着替老百姓说话的原则进行播报，可以将播音员自身的主观意愿融合进去，这明显轻松了许多，不再那么严肃。播音员在进行有声语言的创作时会更多地倾向于“说”的模式，做好人民群众意愿的反映员。新闻的“播”与“说”之间是一种共存结合的关系，而不是此消彼长，更不是分裂发展。

融媒体时代广电主持人转型创新探析

刘姿伶

摘　要：当下，传播渠道的多样化既给广播电视主持人带来了危机，又提供了新的生机。在传播力变化、市场份额被细分、内容形式多样和受众收视转变等一系列的挑战下，作为融媒体时代的广电主持人，只有保持政治定力、提升核心竞争力、催生创新能力和创造附加价值，才能更好地适应变革，融入融媒体时代的浪潮中，从而获得更好的职业发展前景。本文重点围绕当前融媒体环境下的广电传播现状、主持人面临的危机以及对策、措施等方面展开思考和分析。

关键词：融媒体；主持人；创新

一、何为融媒体

融媒体是一种新型媒体模式，是充分利用各类媒介载体进行融合，将报纸、期刊、广播、电视等传播载体与数字技术、网络技术、移动互联网技术等新技术进行充分融合，实现资源互通、内容兼容、宣传互融和利益共融。以融媒体为代表的融媒体时代呈现出新的信息传播特点，包括传播面更广、时效性变强、信息量增大、互动性提升以及个性化明显等优势。融媒体时代展现了新兴媒体技术进步和社会发展的必然趋势。主持人在此环境下应该何去何从？具备何种素养才能不被时代所抛弃？本文旨在分析主持人在融媒环境下面临的机遇与挑战，并提出主持人适应新环境应必备的素养。

二、融媒体的多样性表现

传统媒体中的电台、电视台主持人的概念已经越来越模糊，很多电台目前已经开启了视频直播化广播节目，打破了只用耳朵听的模式，边听边看已经不是新鲜事。电视平台持续扩大市场占有率，由家庭区域覆盖到公交系统、户外社区等公共区域，媒体的边缘性区分越来越模糊。

当下，网络直播和短视频平台迅速崛起，信息传播渠道呈现多样化趋势。各新媒体平台竞争激烈，助推了人人都是自媒体的发展趋势，催生了“网红”经济和“网红”机制，各类网络明星“百花齐放”，使得传统受众不断分化。

为顺应直播和短视频发展的潮流，广电系统相继成立了多频道网络（Multi-Channel Network，MCN）机构，打造自身的直播平台或开展平台合作的方式，投入到视频直播行业的产业链条中，大批广电主持人进驻到直播平台，广电 MCN 积极培养自己的关键意见领袖（Key Opinion Leader，KOL），力求抢夺受众份额。虽然当前取得了一定的成绩，但与头部 MCN 机构相比仍有一定的差距。

三、广电主持人面临的危机

1. 主持人影响力下降

当下，碎片化阅读成为受众越来越习惯的浏览方式，全国广播电视行业占有率呈持续下降趋势。2020 年中国短视频年报显示，用户对短视频在黄金时段的依赖增长迅猛，晚九点至十点的接触率为 56.7%，超过了电视媒体，成为第一接触率媒体。中国互联网络信息中心（China Internet Network Information Center，CNNIC）发布的第 44 次《中国互联网络发展状况统计报告》显示，截至 2019 年 6 月，全国网络直播用户规模达 4.33 亿，占整体网民的 50.7%，新增主播数同比增长 49.6%。可见，网络媒体的信息量巨大，内容丰富，形式多样，网络媒体从业人员的井喷式增加，加之受众通过多种渠道获取信息和娱乐能力的提升，自主选择和观看自身所感兴趣的内容的自主性提高，形成了受众的强烈分化，不断抢占了广电媒体的市场份额。

在融媒体时代的大背景下，许多广播电视节目自身的吸引力下降，加之部分栏目出现了主持人角色弱化、定位不清晰、品牌栏目缺失等问题，造成广电主持人的品牌弱化，存在影响力下降的问题，从而直接影响到市场号召力和经济收益。

2. 思维固化

播音员和主持人对多样性传播渠道的接受认识不足，二者的专业区分过于明晰，即认为广播人做广播，电视人做电视。在融媒体环境下，广播电视人要树立服务思维、用户思维、合作思维和终端思维。即使大部分广播电视系统进行了融合性改革，广播电视主持人工作的交融性较以往有了很大的提升，但这也对播音员和主持人的业务能力和适应能力提出了更高的要求。当前，许多人的认识还停留在广播人做广播，电视人做电视的状态。

首先，在广电系统内有很大一部分主持人并不完全接受短视频直播的展示方式，以不泄露隐私、不放下身段等作为自我安慰，依然生活在舒适圈，不进行创新学习。其次，部分广电主持人进入短视频直播平台后，开始探索多样式呈现、多形象转化，但主动性不足，实际传播效果收益不大。最后，思维意识影响主持人的影响力。广电人做电视已经形成固定化的电视语言和思维，很难转化成网络语言。固有的记者跑对口、用通稿、社会新闻共享已经让传统的广电人患上了“创新”的缺乏症：不愿突破，不敢突破，不会突破。团队的思路直接影响主持人的作品能否有热度，作品的热度直接影响了主持人的影响力和知名度。主持人没有知名度，作品就没有浏览量或收视率。如此，主持人和团队作品相互牵扯，相互制约，形成恶性循环。

四、主持人如何走出危机，寻找生机

危机就是生机，也是实现蜕变的转机。2019 年 10 月，党的十九届四中全会提出“建立以内容建设为根本、先进技术为支撑、创新管理为保障的全媒体传播体系”。面对融媒体环境下的媒介变革，主持人更要学会处理坚守和转变的辩证关系。

1. 坚持四力要求，培养核心竞争力

习近平总书记提出了新闻工作者要着力培养“四力”，即脚力、眼力、脑力、笔力，这同样是对主持人的深切要求。

（1）锻造脚力，提升文化传播力

传播形式在变，主持人服务基层、宣传文化的职能不能变。媒体融合为我们带来多样化的展现形式，新时代的主持人更加需要利用好多样的传播形式，走出直播间，做基层文化的传播者，深入生活，扎根群众，取材基层。更要善于利用短视频直播媒体平台缩短主持人和受众之间的距离，开展互动，实现精准有效的传播，提升主持人的生命力。

（2）培养眼力，提升社会观察力

首先要培养全球视野、家国情怀和责任担当，放眼全局，提升观察和分析问题的能力。其次，要善于发现身边的美好事物，并及时有效地进行传播，提升主持人的感染力，从而有效提升受众的关注度。

（3）激发脑力，提升思考学习力

面临媒介融合下纷繁复杂的信息、技术和传播样态，作为新时代主持人，首先要善于思考，不盲从、臆断，时刻保持警惕，提升判断力，从而确保主持人在受众之间的影响力和公信力。其次，要勤于学习，主动积累知识体系和实践经验。要挖掘自我长处，发挥自身优势，将能力和知识相融合，特长和专业相融合，全面提升自身的媒介素养和适应能力。

（4）磨炼笔力，提升语言感染力

主持人作为一名有声语言创作的传播者，首先要坚持语言组织和逻辑思维能力的训练，做到语言平实、感情真挚，防止假、大、空。其次要坚持播音主持艺术的创作道路，理解稿件、具体感受、形之于声、及于受众。在这个过程中不断提升个人语言的感染力，从而吸引更多的融媒体受众。

2. 坚持政治素养，保持政治定力

无论媒介融合如何变化，新媒体技术如何发展，有一样东西是不能变的：坚持守正，就是保持政治定力，把握正确导向。要时刻坚持以习近平新时代中国特色社会主义思想为指导，坚持正确的舆论导向，坚持主流价值观引领。特别是面对逐渐碎片化的互联网传播语境，更应该以马克思主义新闻观武装自己，提高政治站位，积极发挥主流媒体担当，坚持做正能量和主旋律的传播者。2019 年 7 月 29 日，中央电视台推出的短视频题材节目《主播说联播》多以政治性话题、正面典型人物和社会热点事件为主，凭借其接地气的话语表达和硬核评论模式传递着主流声音，在复杂的网络环境中把握正确导向。

3. 转变思维模式，提升创新能力

在融媒体环境下的主持人要实现思维和身份的双重转变，同时打造自身的闪光点，应该创新自身的话语表达模式，契合节目特性，形成个人特色。此外，主持人应该根据不同传播平台受众的特点形成一套专有的话语表达方式。比如，在微博等平台紧跟热点话题，有效甄别信息，形成优质内容，传递给受众。

4. 丰富表达样态，适应市场需求

在融媒体环境下，网络传播的表达样态日益更新，传统的广播电视使用的镜头、声音语言表达方式用在新媒体平台中，需要根据新媒体受众的接受程度和喜好进行改变。作为主持人，应顺应这一变化，改变固有的广播电视语言，运用自我特点和短视频号的自我定位，将声音状态转化成网络语，让粉丝了解多面的你。

5. 优化能力结构，增加附加价值

主持人要设立全能型媒体人的能力目标，从最初的采编播一体化要求提升到融入更多社会角色的要求。勤奋、努力、坚持、真诚是值得融媒体时代广电主持人深思、反省和借鉴的，要增加自身的附加值，做到你无我有，你有我精，你精我全。

融媒体时代的当下，广电主持人转型的道路任重而道远。要保持政治觉悟，做好党的风向标，树好公众人物的舆论导向；要改变传统的广播电视语言和状态，发自内心地接受，而不是形式主义地完成工作，融入全媒体平台；要根据新媒体平台便捷度高、传播速度快的特点，深度挖掘身边的新鲜事物和热点，第一时间实现特色的传播；要真诚对待每一个听众或观众，通过固定时间进行直播留住老听众或观众，吸引新听众或观众；要多发短视频，增加点击率，了解平台的不同推流特征，做垂直化账号，助推平台分类短视频；要组织线下交流，成立粉丝团、粉丝群，及时在群里进行互动，增强听众或观众的黏度；要在线上宣传的同时，积累一批线下车友会或者增援团之类的团队做商业助推，形成良性的产业链。这才是当今主持人应有的真正融入新媒体时代的融合性发展之要义。

电视综艺节目主持人业务提高之我见

汪鑫　王媛媛　李晓彤　王靖

摘　要：近些年，综艺节目越来越多地出现在电视荧屏上，给老百姓带来了丰富的精神文化大餐，而综艺节目主持人也成了大家关注的焦点。现在的主持人不再是简单的报幕员。一台好的综艺节目需要主持人在现场将多种艺术形式凝练成一个有机整体，富有创造性地表达编导、导演的意图，在节目进程中做出快捷反应，从而与整场节目产生共鸣，引起互动。可以说，主持人在综艺节目中不仅担当着节目形式的体现者，更是节目高潮迭起的引导者；不仅担当着节目突发状况的救场者，还是节目互动引发共鸣的带路者，是节目当仁不让的“主人”。

关键词：电视综艺节目；主持人；业务技能

通过多年的实证研究，西方学者概括出电视的四大功能，即认知功能、教育功能、娱乐功能以及审美功能。随着消费社会的成型，电视的娱乐功能日益凸显，“娱乐至上”成为一股世界性的风潮，娱乐类节目在电视节目中所占比例越来越大，逐渐成为电视节目中的一支生力军。我国娱乐节目的发展相对较晚，娱乐类节目主持人的业务素质参差不齐，但是随着物质文化生活水平的提高，人们的欣赏水平和视野得到不断的提升和拓宽，与外界交流加强，对娱乐类节目主持人的要求逐渐提高。面对此态势，娱乐类节目主持人在节目中到底应该如何定位，如何更能吸引电视观众、适应电视的发展，就成了电视工作者面临的一个新课题。

据中国广播电视协会统计，目前我国共有1万多名各类广播电视综艺节目主持人。由于节目定位、市场定位的不同，各类综艺节目对于主持人的要求也不尽相同。目前，相当数量的主持人是通过主持人大赛选拔上来的，而比赛的标准主要是长相、口齿与才艺，致使电视荧屏上活跃的大都是俊男靓女。诚然，娱乐类节目主持人应该具有娱乐的性质，理应包含观众乐于接受的愉悦与审美，但是过于注重外在形象，难免忽视对综合素质特别是文化修养的要求。现在，一些综艺类节目中常识性错误频出，主持人读错字、出口误时常存在，致使节目苍白、轻浮，文化内涵匮乏。为迎合观众，有些主持人常常拿噱头当话题，拿无聊当有趣，拿肉麻、刺激当武器标牌，节目中充斥着调侃、挑逗、暧昧的言语，主持人的庸俗化致使节目文化品位和教育功能缺失。正确认识综艺节目主持人的业务水平，对提升节目品位和质量有着重要的意义。

本文的研究主要采用文献调研法与中国综艺节目的观察分析法，首先对国内外相关著作、中国学术期刊网上的相关文献以及相关的调查报告和公告进一步加深研究，借鉴前人研究的成果，对中国综艺节目主持人的业务水平有一个清晰的认识。根据现如今中国综艺节目的实际观察，分析出发展现状，在综合分析的基础上，对中国综艺节目主持人的业务水平有一个完整的认识，以完善提高中国综艺节目主持人的业务水平。

一、专业主持人在现代电视综艺节目中的重要性

2005年，在我国一档歌唱类电视节目的决赛中，面对选手的突然退赛，主持人凭借多年来的舞台经验，使节目得以稳健的进行，充分体现了主持人丰富的经验和个人修养，获得受众的普遍好评。有人说，主持人从来都不是一串璀璨珍珠项链上的夺目的珍珠，而是那根被埋藏在珍珠中间的牢固结实的串线。有时你看不到它，是因为被珍珠夺目的光彩掩盖，可如果没有串线，这些珍珠只能是珍珠，成不了光耀璀璨的项链。

1. 从经验角度来看，专业主持人把握更稳健

主持人经过专业的训练，对于由技术原因、人为因素导致节目出现中断或插曲的情况，都能根据自己丰富的经验进行化解。非专业的主持人往往经验不足，学识修养也不够深厚，在现场出现问题时很有可能因为慌张而不知所措，进而造成笑场、冷场甚至是闹场等情况的发生，对节目的整体乃至后期的收视率带来严重的影响。可见，成就的取得需要始终坚持不懈的努力和学习。作为一名专业主持人，需要有独特的思维和理性的头脑，才能够在危机时化险为夷。

2. 从语言角度来看，专业主持人表达更精准

现代电视节目在形式和内容上更加多样化，如大家广泛关注的民生类节目、

谈话类节目、购物类节目、选秀类节目以及综合娱乐节目等，不同的节目有着不同审美的受众。但是，无论是什么节目，观众都希望能在享受中观看和欣赏，希望节目足够精彩，而主持人在其中可以起到串线的作用。传统的主持人大多采用“播”的形式，无论是新闻报道还是舞台节目，仅仅是按照稿件内容一字不漏地读出。随着时代的进步和人们生活水平的提升，大众对电视节目的要求越来越高，对细节也越来越挑剔，因此很有必要提高主持人的专业化水平。首先，从语言的表达上，专业主持人的表述往往更精准，能够言简意赅地引导和控制节目的进程和方向。其次，专业主持人有着较强的即兴表达能力，能够通过语言的表达和表演元素的融入让节目变得生动活泼、形象连贯。例如，在面对选手突然退赛这一突发事件，专业主持人没有在舞台上抱怨或者直接中断比赛，而是巧妙地解释这一现象，并提出自己的见解，一下子缓解了观众不安的情绪，同时收获了观众的掌声。如果是非专业主持人，很有可能采取中断比赛的做法，使节目效果大打折扣。

二、现代电视对电视综艺主持人的业务要求

1. 良好的语言表达能力

主持人要勤于锻炼自己在语言和语流上的基本功，要言语有心，言语用心。不能因为口语化而忽视对主持人语言功底的要求，否则在长时间的主持中会使语言走形、差错增多，进而影响节目播出质量。

语言要通顺流畅，这是对主持人最基本的要求。主持人要口齿伶俐，表达清楚，尤其较长篇幅的串场词更要如行云流水、一气呵成，这样才能让观众有信服之感。倘若说话吞吞吐吐，语流滞涩，前言不搭后语，观众尚且不能明白主持人要表达的意思，又如何进一步了解编导的意图，融入节目的氛围？

在此基础上，主持人还要具备严密清晰的逻辑思维，这一点十分重要。因为主持人无论是把自己的所见所闻，还是将编导的意图传达给观众，都是要把头脑中已有的东西按照一定的逻辑思维整理出来，然后再形成言语表达。作为一名主持人，一定要做到心中有数，时刻培养自己缜密的逻辑思维，使脑中思路清晰、条理清楚，以利于更好地表达，更好地与观众进行沟通与交流。

2. 提高与受众的交流感和亲和力

亲和力是主持人在节目传播过程中散发出的令人亲近，易于产生信赖感的特殊品质。从受众角度衡量，亲和力主要包括三个方面：一是可亲近的待人态

度；二是可信赖的对事态度；三是可接受的主持能力。

"有声语言传播是传播者与接受者双向交流的过程。在这个过程中，传播者力图用话语有效传达自己的思想和情感，接受者希望正确理解传播者话语的用意，二者要达到契合，实现有声语言信息良好的传播和接受的目标。"我们说某节目主持人非常有"台缘"，受众群体跨度很大，这就需要主持人对自身形象的细心经营。要以受众需要为出发点，营造一种接近观众的媒介形象，从而培养良好的亲和力，成为节目与观众的纽带。让受众主动接受和认同自己喜好的主持人，并非以夸大形象或随意忘形的个人喜好营造所谓的亲和力。节目主持人的亲和力来自用心去交流，观众需要看到的是一个真诚、有智慧的主持人。通过节目定位、观众需要来充实自己，设计自己的形象，使不同年龄、学历的受众都能对其产生信赖感。一名具有亲和力的主持人应当有人文关怀，尊重受众。当受众认为某位主持人如同生活中的一位不可或缺的朋友，对他产生熟悉感、亲切感和信赖感，认同其社会地位时，主持人的亲和力在无形中就具有了品牌意义。想抓住亲和力的精髓，就离不开受众的信任和偏好。只有在受众中营造良好的社会形象，才能有利于自身的进一步发展壮大。

3. 良好的思想政治修养

"如果一个人不具备思想政治素质，没有树立马克思主义的世界观、人生观和价值观，没有确立社会主义、共产主义的理想信念，那么他就不能坚持正确的政治方向。"在各种传播媒介中，还没有哪一个从业人员像电视节目主持人那样万众瞩目。作为公众人物，主持人在任何时候都不能忘记自己的"公众身份"，必须保持头脑清醒，立场坚定，旗帜鲜明，掌握正确的舆论导向，时刻铭记自己为群众服务的责任，不应以低级的价值取向娱乐大众。

4. 深厚的知识底蕴

渊博的知识是主持人应有的修养。主持人应该是博学多才的有识之士，这样才能在面对观众时侃侃而谈。渊博的知识来自工作中的积累，也来自平时勤奋的学习采集。主持人一定要充分认识自身所处的重要地位和作用，不断提高自身的文化修养和知识水平。当今世界不断发生变化，电视成为一种涉及面广而多的信息传递方式。身处于不断变化的时空，作为一名主持人，要不断更新所学，拓展思路，活跃思维，切勿"书到用时方恨少"，腹中空空，无言以对。只有不断地充实自己，才能更好地把握时代主题，紧扣时代脉搏，贴近群众，贴近生活。"腹有诗书气自华"，是对专业节目主持人的写照和要求。

5. 积极的心理状态

节目主持人的心理状态十分重要，往往能左右节目播出的效果。这种心理状态包括两方面内容：一是节目主持人在主持节目过程中心理状态的调整；二是节目主持人对节目现场气氛的掌控。

三、电视综艺节目对主持人的业务水平要求

1. 培养和树立编导意识

作为综艺节目内容的引导者和贯彻者，主持人对内容掌握的好坏直接影响到整体节目的质量，这就需要综艺节目主持人具有编导意识。主持人只有主动参与节目创作的策划、准备、录制等环节，以节目编导的意识和自己独特的感受诠释节目内容，才会使自己与节目、观众共同进退，从而产生共鸣。作为综艺类节目主持人，应明确自己的任务，即如何让节目主持令观众满意，取得应有的社会效应。

2. 收放自如的临场驾驭能力

综艺类节目主持人是节目开始、展开、推进、结束的掌舵者，更是整个节目情绪、气氛、高潮的控制者。主持人现场掌控力的好坏决定了节目的精彩程度。临场驾驭与发挥的度的掌握也非常重要，综艺类节目主持人在驾驭现场时需要随节目现场的变化调整自己的状态，以独有的职业敏感度捕捉现场契机，使自己完全能驾驭整场节目的流程。主持人要理性把握现场、驾驭现场，这也是其自身内在素质的体现。如何将综艺类节目中的“秀”做到凌驾于“秀”之上而不过于浮华，这是一个优秀的综艺类节目主持人所应掌握的职业素养。

3. 树立良好的语言形象

综艺类节目中的语言游戏环节如果能够做到恰到好处，就可实现画龙点睛，制造轻松欢快的节目氛围。综艺类节目主持人要时刻关注现场变化，因而对声音形象的塑造起着十分重要的作用。我们在要求主持人树立语言形象时，不仅要使用富有生活气息的语言表述，还要努力锻造以说理见长、富有逻辑性的语言表述；不仅在树立语言形象时要注重富有文化感的语言表达，还要练就风趣、诙谐的语言特色，富有幽默感的语言表述。一个成功的主持人不仅可以做到妙语连珠，更让人感觉在不经意间出口成趣，塑造了一个能达到“慧于心而秀于口”的语言传播境界。

4. 打造个性主持风格

综艺类节目样式各异，对主持人的要求却是一样的，那就是主持的个性化、

风格的自然化、表达的敏捷化。综艺类节目主持人既要有主持人基本素质所具有的共性，更要在自我成长过程中寻找个性，从而逐步树立自我的个性特点。对于电视传媒而言，我们认为，主持人的“个性”是传播的手段，“个性”是主持人的一种品质，是主持人内在修养的外在表征，是思维与智慧的外化与延伸。

随着时间的推移，综艺类节目会有更多的变化。只有与时俱进才能保证节目的新颖性，但不管节目怎样变化，作为主持人都应具备规范用语、清晰表达、亲切的交流感等专业素质。主持人的工作主要通过语言与受众进行交流，只有在提高专业素质的基础上，才能形成自己的风格。不论是娱乐节目主持人还是其他类节目的主持人，都应明确自己的身份，掌握正确的舆论导向，不断充实自己，明确自己永远都是为受众服务的。

参考文献

[1] 俞虹．节目主持人通论［M］．北京：中国广播电视出版社，2014.

[2] 劳承万．审美中介论［M］．上海：上海文艺出版社，2010.

[3] 吴郁．播音与主持人基础教程［M］．北京：北京广播学院出版社，2014.

[4] 吴郁．当代广播电视播音主持［M］．上海：复旦大学出版社，2010.

[5] 刘洋，林海．电视综艺节目主持概论［M］．北京：中国传媒大学出版社，2012.

[6] 娄可伟．中国电视主持人传播文化品位提升战略研究［J］．西北大学学报（哲学社会科学版），2007（6）.

[7] 陈晓鸥主编．广播电视主持人风格多样化研究［M］．北京：中国广播电视出版社，2011.

[8] 王群，曹可凡．主持人魅力智略［M］．上海：复旦大学出版社，2008.

采编播合一型主持人的审美素质之思

王萌

摘　要：采编播合一型主持人要求对节目进行完美策划，以合适的角度进行采访并获得素材，将符合美学思想的编辑理念融入节目制作过程，把审美感受体现在表达中，具备更高的审美素质。身兼记者、编辑、播音工作的采编播合一型主持人，在掌握和了解新闻学、文学、心理学等多领域知识的同时，必须学习和研究美学。在当下，努力提高采编播合一型主持人的审美素质已是当务之急。

关键词：主持人；采编播合一；审美素质

随着广播电视事业的发展，庞大的主持人队伍直接影响着受众。随着大众文化品位、思想内涵的提升，受众更加注重主持人的内在“形象”。由此，采编播合一型的主持人应运而生。然而，我国的广播电视节目在制作过程中只有少数节目能够实现主持人的采编播合一，并保证节目质量。当前，提高采编播合一型主持人的审美素质已是当务之急。

一、培养审美素质的必要性

1. 审美素质贯穿节目制作的全过程

主持人是节目播出过程中的“最后一棒”。其中，只担当播出环节的主持人一般有稿件依据和编辑等创作集体对所做的节目进行把关，其审美素质既是个人素质，也是集体素质。而采编播合一型主持人的节目播出环节往往和采访环节同步，大多是在第一步的采访中完成对节目的整体把握和语言表达。采编播合一型节目主持人参与新闻事件的策划、采访、主持与后期制作，独立把握整个新闻报道。在这其中，每当报道一个新闻事件，主持人都不只是在制作节目时看稿子，首先是他直接参与新闻报道，以目击者、参与者的身份采访调查事实，叙述分析事实。

因为采编播合一型主持人与新闻事实的距离最近，所以传播的细节能带给受众更强的真实感、权威性。这类主持人在主持前进行策划、采访，在节目过程中既报道新闻、传播知识、提供服务，又说理抒情、发表议论，融叙事、议论、抒情于一体。这为采编播合一型主持人的审美创造提供了广阔的平台，其可以充分展示其学识才华，大大发挥审美的主观能动性，显示其独特的风采和魅力。

采编播合一型主持人既是某个节目的当家人（即节目组的组长或制片人）、总体设计师，又是节目的实践者和主持者。这就要求采编播合一型主持人有更高的审美素质，在对节目完美策划的基础上，以合适的角度进行采访和获得素材，将符合美学思想的编辑理念融入节目的制作过程中，把自己的审美感受体现在对节目的表达中。所以，广播电视机构对采编播合一型主持人有着较高的审美要求。

2. 主持工作的边缘性要求其学习和研究美学

主持人这门学科因其边缘性、综合性的特征，与多学科相关、渗透，难以分离。主持专业不但与传统语言学的词汇学、语法学、修辞学、逻辑学密切相关，还直接涉及现代语言学的诸多方法论理论，同时还与大众传播学、新闻学、社会心理学、职业生涯管理理论、公共关系学、艺术学、美学等学科紧密相关。因为节目类型的需要，主持人还要掌握诸如经济学、法学等更多的专业知识。既然采编播合一型主持人承担了编导的任务，就更要注重节目播出效果，满足受众的审美需求。因此，美学是身兼记者、编辑、播音工作的采编播合一型主持人所必须学习和研究的。也就是说，采编播合一型主持人应该是一个特殊的艺术创造者，是集记者、编导、制作、播音、解说甚至某专业领域专家潜在功能于一身的荧屏艺术家。

3. 美学素质是政治素质、新闻专业素质的集中体现

审美是一种复杂的心理活动，其中，情感是最活跃的因素。情动于中，才会有创造的兴趣和欲望。优秀的广播电视作品常常蕴含着美的感染力。这些作品在特定的历史条件过后，其使人知悉事件的新闻价值虽然消失了，但是它的美感还能继续征服受众。这也说明，作为一个广播电视方面的专业人士，要能够感悟美，表现美。作为主持人特别是身兼采编播重任为一身的主持人，在主持节目的时候要时刻想到：我是党的宣传员，是媒体的体现者，在节目的策划、构思、编排及话筒前的一言一行都要从国家和人民的利益出发、从大局出发。这样就可以避免个别主持人在话筒前出政治性差错，犯导向性错误。新闻工作

者的政治素质和业务素质保证了节目本质的美学要求，保证节目在真实、新鲜、导向正确等方面的完美统一，是更高层次的美。作为美学素质的体现，语言美、体态美、风格美等则是政治素质和新闻工作者的业务素质提高的重要标志。在节目制作当中，采编播合一型主持人要在熟练掌握技术的同时，用美学思想指导节目的制作，从而提高节目的整体质量。

二、有声语言传播的美学要求

1. 标新立异的语言美

节目主持人既是在广播电视传媒中从事信息传播工作的新闻工作者，又是以有声语言为手段、最终操作和把握节目进程的有声语言工作者。有声语言创作的“语言本身不等同于生活语言，它是一门语言艺术”，从感受到表达，从情感的引发到表现，都具有某些艺术属性。

语音是语言的物质外壳，是语言的三大要素之一。商品及人都很重视其外表的包装，语音当然也应“包装”。“外壳”（声音）不美，自然直接影响到人们对“材料”（词语）的兴趣。有声语言工作者的声音美与不美，自然直接影响其传播效果。因此，有声语言工作者要让受众获得美感，必须做到“先声夺人”。只有充满活力、富于表现的优美动听的声音才能吸引受众，给人以美的感受。声音美是表现播音美的首要因素和手段。如果播出的稿件内容很好，足以引起受众的美感，但播音员声音素质差，就会影响受众对此作品产生美的愉悦。现在能达到这种要求的电台、电视台的主持人还不是很普遍，很多采编播合一型的主持人不是科班出身，这就出现了主持人专业素质欠佳的问题，比如吐字发声不到位、声音不够悦耳、话语功力不考究、普通话不标准等。面对这些主持人专业层次上的问题，笔者认为，应该通过专业的辅导来提高主持人自身的专业素质，符合节目的审美要求，而不是一味地盲目坚持“不标准”的风格。

采编播合一型主持人语言的审美特征整合了主持人的采访语言实践、对语言价值的认识等，是将其对节目的审美体验和感悟表现在有限的语言之中，以主持人的语言传达出丰富的审美信息。采编播合一型主持人能在表现节目内容中融入自我，完整地表达其思想性和艺术性，塑造出一种听觉艺术的态度，采用标新立异的语言表现形态驾驭语言，让受众在不知不觉中感受语言的冲击力。

采编播合一型主持人集采编播于一身，其发挥作用的主要方式是语言。不论是前期采访和后期包装得多好，如果一个采编播合一型主持人缺乏语言美素质，就会使节目质量大受影响。所以，采编播合一型主持人更应该注重语言美的培养。

2. 独树一帜、风格统一的美的技巧

古今中外的艺术家都非常重视技巧在艺术创作中的特别功能。列夫托尔斯泰在谈艺术时强调，艺术技巧是任何艺术作品所必备的条件之一。技巧是从自然形态中走出来的，成为人们意识中的能动武器，必须立足于服务性目的之上，发挥自己“为他人做嫁衣裳”的独特作用。有声语言的表达技巧尤其如此。播音语言表达技巧分为内部技巧和外部技巧。有声语言是美的，美在声音、美在气韵、美在创造、美在感知。作为有声语言的创作者，我们不断探索美、追求美、塑造美、传播美，让美无处不在，这才是广播电视有声语言艺术传播的最高境界。有一位文人曾说过，作为有思想的节目主持，语言是思想的外壳。作为一个采编播合一型主持人，语音就是语言的物质外壳，主持人的职业语音便直接给受众提供乐音美感。

广播电视作为一种艺术，与美有着密切的联系。美应该是广播电视艺术的灵魂，审美应该是广播电视艺术的核心本质。采编播合一型主持人是以个体出现的，容易形成自我语言中心，如何让采编播合一型主持人在考虑节目质量的同时注意自己的语言美和亲和度。只有拥有良好的美学修养，把握好美学在语言中的应用，才能让主持人声音美的表现和受众的需要相一致，才会在以内容夺人的基础上利用语言美做出更为受众欢迎的节目。

风格的形成是时代、民族、创作者在艺术上超越了幼稚阶段，摆脱了各种模式化的束缚，从而趋向成熟的标志。我们说一个创作者在艺术上是成熟的，这实际上就是说他已形成了自己独特的艺术风格。当然，创作者个人风格的形成是一个艰难的过程，需要多方面的因素和条件，既包括创作者的主观修养，也包括社会历史客观因素。从创作者的主观方面看，个人的审美趣味、生活经历、文化积淀、艺术修养、才能和个性等都对风格的形成有直接的影响。

在市场经济的运作中，节目的设置复杂多样。主持人的语言风格容易迷失在节目的变换中，缺乏自我的美学个性。因此，只有独树一帜的语言个性，主持语言富于变化而风格统一，具有通俗性、准确性、针对性，才能实现雅俗共赏。庞大的主持人队伍直接影响着受众，而这种影响的作用又日益明显和重要。提高采编播合一型主持人的审美素质对于节目质量的提高、主持人素质的培养而言已是当务之急。

浅析广告配音的发展趋势

王敏　孟雨田　高娟

摘　要：经过十几年的发展，中国的配音产业已经处于一个态势良好、规模壮大的新时期，配音产业的商业化特点越发明显。其中，广告配音作为商业配音的一个重要类别，见证了中国广告业的发展与成熟。以广告配音为主要代表的商业性配音的出现让其作为一种“变现”的形式，证明了这种商业化同样可以融入艺术当中。文化在发展，科技在进步，传媒行业也在不断地与时俱进，本文在面对新技术新事物对传统广告配音产生冲击的背景下，分析从业人员的发展方向问题。

关键词：商业配音；广告；配音演员；人工智能

随着中国广播电视新媒体的飞速发展，中国的配音产业不断地进步成长，配音的商业化成为必然趋势。配音作为语言艺术的重要表现形式，已经成为实现特定商业用途而进行的语言艺术活动。

一、广告配音的发展历史

广告是广告发布方自我宣传的一种手段，而不同时期广告宣传的核心与重点也有所不同。但无论形式如何变化，这些广告不仅能有效地宣传产品，对广告发布方自身形象的打造和宣传也起到了一定的作用。自从广播电台、电视台开始播出广告，广告配音便随之出现。从最初的只是介绍产品的功能、地址、电话，到男女对播情景剧一样的广告出现，再到“大力丸”震耳欲聋的广告形式的出现，这些已经不能满足人们对美的追求，于是一些朝气蓬勃、积极向上的广告用语层出叠见。

商业配音按类型可细分为宣传片配音、专题片配音、广告配音、纪录片配音、动画动漫配音、外语配音、课件多媒体配音等。其中，广告配音是对音质、音色等的优化处理，从而让人心情舒畅，增加对商品的效用感受。广告配音演员则是用自己的声音去展现广告意图，将广告发布方想要传递的信息内容传达给受众。现如今，广告配音已作为配音艺术的常见的“变现”形式，这充分说明了商业化同样可以融入艺术。

随着广告形式的演变，广告行业对广告配音的要求也在不断改变，这促使广告配音行业迅速发展起来。迄今为止，观众的审美标准逐渐呈现多样化态势，从业人员也紧跟时代潮流，不断扩宽自己的视野和思维，开拓出更为现代化、更别致和更符合受众心理特点的广告配音形式。也就是说，我国的广告配音不再像以往那样单调枯燥，相反，活力四射、沉郁顿挫、细声可爱等一系列广告配音方式不断涌现。这也意味着广告配音演员要提高配音的方法与技巧，自身素质与能力也要增强，即从单一的讲述到情景的感染力，再到简短语言的瞬间代入感，语言的魅力需要进一步显现。

二、广告中的配音定位

毫无疑问，现如今的广告配音在广告中所占比例逐渐增大。那些脍炙人口的广告词必须有优美精准的声音表现。广告词可长可短，但感情一定要真挚浓烈，直击听众的心脏，在给听众带来强烈的情感冲击的同时，又能创造出一个真实的，仿佛可触摸的本体产品。

用语言诉说产品本身已经不能满足大众对广告的要求，人们对广告的要求呈现出多层次的特征。广告配音可以说是当代艺术的具体形式之一，也可以说是一种精神指向。广告配音必须在了解广告需求的基础上，分析广告创意，通过适当的声音模式，强化广告品牌，推广产品。这就要求配音演员以自己的声音为媒介，将要表达的商业信息转变为对受众的实际感受，要求众多。

实践证明，一个成功的配音会给观众带来巨大的影响，从而使广告充分发挥推广产品的作用。例如，在一个优秀的电器产品电视广告中，光听声音就足以让人产生好奇，进而产生需求。只有这样，我们才能成功地进行广告配音。毫无疑问，声音能留给我们无限的想象。因此，广告配音也给我们带来了新的课题和新的挑战：如何恰当使用声音，使声音能够恰到好处地塑造产品，让产品更加立体化，让虚无变成二维乃至三维，起到推广和宣传的作用。

三、广告配音对配音演员的要求

随着市场对广告品质需求的提升，为了取得完美的语音效果，对广告配音的要求也越来越高。在高品质的广告中，配音并不是配音演员适应广告内容，而是企业根据自身品牌产品的定位及广告内容的表达方式选择合适的配音演员。

作为企业，首先要考虑配音演员个体的差异与区分及其语音特点和特性。在大多数情况下，男声形象有助于塑造大气、厚实的商品和企业形象，更适合汽车、家电、酒类等商品。女声形象适合表现一些具有温婉柔和特征的商品，诸如家居饰品和化妆品等。年龄差异也同样需要关注。要根据广告产品的受众适当选择婴幼儿、青少年、中老年等不同年龄段配音演员的声音形象。在把握了性别特征和年龄差异后，要根据广告的风格和特点选择与广告语气相一致的配音演员的语言风格和语调。

作为配音演员本身，除了配音相关的基本功一定要扎实之外，还要吐字清晰，字正腔圆，发音准确。因为同一个配音演员可能要接到不同类型的广告配音，这还要求配音演员的声音有更高的可塑性。广告配音按声音需求可以细分为大气浑厚、活泼可爱、诙谐幽默、时尚温暖、年轻动感、沧桑历史感、走心情感等。不管是什么类型的商业配音，其目的还是要服务好需要配音的商业事务，使其更深入人心，印象深刻。

另外，作为广告配音演员，当拿到一个文案的时候，一定要知道如何更好地去理解客户的预期效果，用声音呈现客户（或者导演）想要表达的意境。商业配音不同于影视配音，其商业性质更浓。在注意力分散的时代，要了解客户的预期，明白到底想表述和传达的是品牌与某类产品之间的关系，或者是某一款产品的具体功效，用以把握文案当中的重点。

电视广告配音需要配音演员声音的个性化处理。配音的艺术特色给广告带来很大的益处，在最大限度满足客户需求的同时追求独到的艺术创作。因为只有做到了个性化，才能够另辟蹊径，才会在受众心里留下深刻的印象。比如，对于不同的公司，他们对高质量产品的配音有不同的要求，因此在配音特点上必须独特，这样才能更好地代表企业的形象。

四、广告配音的发展趋势

2016 年前后，国内配音行业还相对封闭，无论是专业配音从业者还是从事配音兼职相关人员都处在一个很小众的圈子，行业入门门槛较高，能以配音为生的人很少。而到了2020年，据非官方数据显示，中国配音演员激增到30万，网络配音爱好者更是突破了500万，配音行业有越来越多的爱好者和专业人士涌入。虽然当前中国的配音市场在扩大，但受专业水平和地域分配差异的影响，配音市场供需依旧混乱，配音员的收入两极分化现象十分严重。

随着人工智能（Artificial Intelligence，AI）技术的发展，人工智能语音技术可以并且能够运用到配音工作中去。比如，2018年1月，科大讯飞AI研究院通过对知名解说、已故配音演员李易老师的配音进行量化分析后，在纪录片《创新中国》中用AI语音成功对其声线进行了复原。这是世界上第一部用人工智能配音的纪录片。

我们需要注意的是，专业的人工智能语音需要很高的资金成本来制作一个大型的音库，以便针对不同的发音人进行详细的规划与调整。这样，音质好的情况下，一般句子的自然性也很好，但这并不意味着人工智能语音技术在配音上需要支出更多成本。一些精度稍低但使用成本低廉的人工智能语音合成技术也日臻完美，有些“机器人”已经能做到轻重缓急，跌宕起伏，只是感情稍微欠缺。这些廉价且高效的人工智能语音已经被广泛应用到一些自媒体平台的内容制作发布中。下一步，这些“机器人”必将取代一些只是为发声而发声的配音演员，这类人工智能语音必定会以低成本优势逐渐垄断中低端广告配音业务。

面对双重压力，只有把配音艺术钻研得更深更透，达到配音语言“声入人心”的效果，满足客户更高的需求，才能在商业配音中站稳脚跟，不断促进配音业的发展与成熟。

参考文献

[1] 王晓宁. 商业配音员发展困境初探［J］. 新闻研究导刊，2016（3）.
[2] 张恋. 广告配音的声音造型艺术分析［J］. 西部广播电视，2020（7）.
[3] 孙艳. 浅谈广告配音中的声音运用［J］. 视听，2019（11）.
[4] 冀萱. 广告配音的声音造型艺术［J］. 戏剧之家，2019（6）.

主持人的平民意识

尹丽丽

摘　要： 电视节目是人民群众了解新闻事件和各类信息的主要媒介，主持人是各类电视节目的关键所在。深入基层采访与联系群众是保证新闻真实性的重中之重，也是节目的创作源泉。本文就电视主持人如何沉下心来，俯下身子，聆听百姓心声，讲好百姓故事，做百姓喜闻乐见的节目进行了深入探讨。

关键词： 平民意识；深入基层；主持技巧

平民意识，是相对于“贵族化”而言的。一段时间以来，“贵族”风尚渗透到社会生活的许多领域，电视节目也受到影响。诸如，一些广告词中的“贵族气派”“豪门风采”等；作为电视节目中的重要角色——节目主持人，也受到了“贵族化”的冲击，一些参与采编的主持人手中的话筒热衷于指向私营企业或者明星；一些节目主持人在主持节目过程中，无论是内容还是在表达方式上都油滑而不朴实，动作举止追求“洋味”，并以此标榜自己的“超前”。类似的现象还有许多，不胜枚举。因此，我们有必要在电视节目主持人领域提倡增强平民意识。

一、节目主持人应该面向最广大的受众群体

对于“大众”一词，在传播学中一般理解为“为数众多、各不相同而又分布广泛的受众”，没有对大众的成分进行详细的划定。“大众”一词在我国非传播领域通常被理解为“劳动群众”。不管是何种解释，有一点可以肯定的是，普通人在电视受众当中所占的比例是第一位的。只有牢固树立平民意识，节目主持人才能赢得为数最多的普通人的心。主持人要说“人话”，对于这个“人话”的解读，就是主持人的台词从语态到词汇的组织，都要更接地气，更贴近百姓，而不是高高在上，也不是那种空而大的话，要说得更实在。

电视节目主持人的作为如何，会影响到电视台的“收视率”。主持人是电视这一媒体以及所主持的节目的“人格化”形式，他（她）的“人格”就显得愈发重要，而要塑造好屏幕上的“人格”形象，树立平民意识是非常关键的。

在电视受众的构成中，普通人一般包括工人、农民、知识分子等。可以说，他们占受众中的绝大部分。节目主持人要获得观众的好感，就应接近他们，不能居高临下，不能唯我独尊，也不能作鹤立鸡群之状。要摆正自己的位置，将角色定位在与普通人平等的位置上，这样去想问题、看问题，才能增强接近性、客观性和信任感，从而赢得更多的观众。

二、节目主持人要以为人民服务为宗旨

树立平民意识不仅是电视传媒自身特点所要求的，也是节目主持人政治立场的具体体现。我们党的宗旨是全心全意为人民服务，党的方针、政策代表了最广大人民群众的根本利益。节目主持人的一言一行要始终与党和政府的宣传要求相一致，应以党的宣传中心为目标，以服务大众为己任，要知道该宣传什么、不该宣传什么，能宣传什么、不能宣传什么，做到心中有数，不能盲从。

作为在电视台工作的节目主持人，要发挥党的喉舌的作用，必须体现为人民服务的思想。目前，受市场经济的影响，在社会效益与经济效益的主次位置上，一些电视台的节目主持人没有处理好两者的关系，作为舆论喉舌，社会效益还是要摆在第一位。电视节目主持人要与人民同甘共苦，息息相通，不能脱离人民群众。节目主持人在话筒前的言行有着重大的导向作用，特别是在一些比较敏感的阶段，谈论的话题更应慎重。否则，稍有不慎就会违反党的宣传纪律，不仅给党的宣传工作带来负面影响，自身也会受到严格处分，这方面的教训是非常深刻的。节目主持人应不断加强学习，关心时事，了解和熟悉广大受众的思想感情，保持思想敏锐度。只有这样，才能准确表达节目的宣传宗旨和思想内涵。

三、要“走下去”“沉下来”，用心倾听百姓心声

电视节目主持人在头脑中树立平民意识之后，就要落到具体的实践中去。要多深入基层，多深入生活，去体察民情，了解和反映普通人的生活。济南电视台《今晚》栏目中的“热心姊妹花”节目版块中的主持人，她们是在济南家喻户晓的“热心姊妹花”记者，她们被大爷大妈们亲切地称为“贴心小棉袄”。她们正值青春年华，充满阳光，富有爱心。“请让我来帮助你，就像帮助我自

己”的“热心姊妹花”记者们受到了广大观众的喜爱，原因就是其具有强烈的平民风格。她们每天奔波在大街小巷，为百姓解疑释惑、评事说理，提供救助，解决各种难题。自从团队成立以来，“热心姊妹花”记者已经帮助群众解决问题达上万件，募集捐款上百万元。作为每个节目的重要一员，主持人都应从这个节目中受到启发。对于采、编、播一体的“制片人”式的节目主持人，责任要更大一些。这样的主持人在为节目选取题材和撰写稿件时，都应尽可能地去反映老百姓的喜怒哀乐，为老百姓服务，就是在为党做工作。

节目主持人应该认真处理群众的来信、来访工作，把老百姓的冷暖放在心上，帮忙他们解决困难。由于主持人是节目的代表和门面，为广大观众所熟悉和信任，观众遇到问题时更愿意给主持人打电话或写信。对待这些普通观众的来信，主持人要多加重视，能解决的要给答复，不能解决转交给有关记者或部门。

节目主持人要多深入农村、企业和社区等基层去采访，改造自己的思想，净化自己的心灵，反映美好的生活，歌颂人间的真善美。现在，有的电视节目主持人“贵族气”太重，吃不得一点苦，排斥去艰苦的地方采编。曾获“金话筒”全国主持人大赛金奖的济南电视主持人就经常与节目组深入到农村中去，到村民家串门，在田间地头甚至村民家炕头上，与村民话家常，谈致富，深得农民朋友的喜爱。

四、主持过程中体现平民意识

一位电视节目主持人能否在屏幕上站住脚来自广大观众对他的“认同”，而这种认同感是相互的。只有主持人先对千千万万以普通人为主体的广大观众的认同，才能有观众对主持人的认同。认同来自主持人对普通干部群众的尊重，来自对劳动群众自身价值的承认。

中央电视台节目主持人倪萍主持的《等着我》之所以受到广大观众的喜爱就在于此。她重视和观众的情感交流，和千千万万的电视观众在一起，把他们实实在在地放在心上，主动热情地向他们奉献自己的情意，让求助嘉宾感受到主持人的尊重。可以说，倪萍的成功是与其质朴和热情的平民风格分不开的。

在语言运用和外部包装等方面都注意不要离百姓太远。优秀的主持人有一个共同点：朴实忠厚，贴近观众。其中，在外部包装方面要自然平淡。我们的根要深植于老百姓之中，否则，将失去根基，失去养分，最终便会枯萎。

电视节目主持人与观众存在一种特殊的人际关系，要建立良好的关系，关键在于主持人要清醒地认识到自己是普通人中的一员，是全心全意为人民服务的党的新闻工作者，这就是主持人的平民意识。

产业 经营

CHANYEJINGYING

融媒环境下的广播运营之变

刘蒙

摘　要：在互联网主导快速迭代的时代，媒体的生存发展只有进行时，没有完成时。广播作为传统媒体，其经营出路何在？如何继续成长？承接变局，连接赋能，破“圈”服务，改变旧打法，找到新逻辑才是运营之变的根本。

关键词：媒体融合；广播运营；赋能；跨行；社交营销

在互联网主导的这个快速迭代的时代，媒体的生存发展只有进行时，没有完成时。广播作为传统媒体，经营出路何在？如何继续成长？一方面广播面临这样的现实压力，另一方面广播也要以更开放的姿态迎接传媒变革的新机遇。

一、往内看，真正有价值的努力都是朴素的

如何打动客户？全力以赴的努力是必经之路。广播营销团队要以用户的心态去捕捉稍纵即逝的市场机会。朴素、直接虽是一个简单的做法，但是有效。要让策划团队走到一线，和营销团队直接沟通，理解客户的关心点，并以此为起点，开始全方位的改造。目前，从金融、快消、教育到地产、汽车、健康，各行各业都在发生着深刻的变化，工作的流程、商业的逻辑、行业生态都在变化。广告、内容领域已全面转向效果驱动。从传播到营销，技术正在全链条地重塑产业生态的每一个环节。对于新的市场需求的理解，需要整个广播营销跨部门、跨栏目、跨领域的协作，环环相扣，步步衔接。2020年，济南一个客户的闪念被我们市场专员抓住，策划团队马上跟进，帮助客户锚准方向，放大投入额度，执行团队全案承接落实，总台领导调度全媒体资源传播，终于实现市场化大单花落广播。这是一个共同进化的过程，每一个环节的选择都将影响到最终演化的路径。反应的速度也是关键的影响因素。在这样的变革面前，只有

每个人都打破传统的界限，尽可能去寻找解决问题的方法与思路。这样才能重新定位，更快地到达下一个路标。

二、往前看，才能抓住机会

虽然说媒体融合是迭代不是替代，但在整个融合过程中有一些关键机会，跨过去能飞得更远，跨不过去会掉队，甚至倒下。2020 年，移动互联网十年发展即将迎来下一波升级。这意味着线上线下的一体化，实体和电子方式的融合。虚拟世界和真实世界的大门已经打开，无论是从虚到实，还是由实入虚，都在致力于帮助用户实现更真实的体验。从人民日报入驻抖音，到央视主播参与淘宝直播带货，传统媒体的各种“不务正业”牵出了大举出“圈”的热潮。出“圈”冲破“次元壁”，既是传统媒体迫于现实的压力，也是传统媒体以更开放的姿态迎接传媒变革的新机遇。

在现实的压力下，广播营销必须做更多破界出“圈”的工作。要尝试越来越把广告销售变成整合营销团队，这种整合不单单是媒体本身资源的整合，而是跨行、跨域的破“圈”，出“圈”最终的目的是追求更大范围的传播，实现整合营销的规模效应和长尾效应。比如一个国际快消品牌，已经多年没和广播合作，近年广播营销团队帮助他们进入济南当地的一家连锁食品机构，同时又引领这两家合作伙伴落地济南景区的夜经济布局，结果这两家企业双双进行广播投放，一举实现上百万的收入。这种破“圈”让广播营销试水商务服务，同时还要变成民生服务团队，再利用广播资源变成政务服务团队。在传统广告经营基础上，不断拓宽新的边界，拓展新的服务方式。这也正契合了中共中央《关于加快推进媒体深度融合发展的意见》，要发挥市场机制作用，增强主流媒体的市场竞争意识和能力，探索建立“新闻＋政务服务＋商务服务”的运营模式，增强自我造血机能。

三、连接赋能，势在必行

媒体融合没有边界，有连接处必有融合。营销要做连接器，不仅要把客户连接起来，也要把服务与受众连接起来。市场上品效合一的巨大需求让连接价值飙升，一切的技术最终都要服务于人，一切的服务最终都要到达人。深化人与人的连接，服务与服务的连接，让连接创造价值，这应该是我们广告营销不断前进的方向。广播营销要试水社交圈层的建设和运营，无论是初期引流还是保持社群的活跃价值，都需要一步步地摸索。对于客户而言，广播需要回归“营销专家”的角色，从销售自身渠道变为整合多渠道资源，探索全新服务场景，为客户精准适配“人、货、场”。要帮助客户提升效率和效益，同时帮助受众节约时间、金钱，只有这样，广播的运营与模式才能畅通。广播营销必须致力于为行业创造真正的价值，将内容、流程、渠道等生产要素重新排列组合为新的生产方式，真正让客户和受众获益。因为为他人赋能，才能与他人共赢。

四、以正为本，迎难而上

长期来看，如何应对内外各种挑战、把握关键机会，这是广播营销团队时刻思考的问题。宏观的外部环境很难左右，关键还在于发展广播营销团队自己的能力。在这个“灰犀牛”（比喻大概率且影响巨大的潜在危机）、“黑天鹅”（比喻小概率而影响巨大的事件）接踵而至的时代，更需要向内提供精细化服务，促进传统业务提质增效。这两年济南广播关注的“三贴近”服务：贴近客户的直接需求，贴近客户的潜在需求，贴近客户的短板弱项。“尽心、贴心、用心”的精细化服务提高了客户的黏性，使合作方在有需求时第一个想到我们。比如旅游行业，2020 年在受疫情影响市场高度疲软的前提下，得益于团队的精细化服务依然开拓了一些区域外客户。济南广播以做“省会市场的文旅综合服务者”为定位，采用了关联活动落地、文化 IP 赞助、视频直播、短视频传播等多种呈现方式，实现“广播＋N”的融媒表达，非声音传播让广播“活”起来。因为这些更多更丰富更有价值的服务，提供了从品牌到集客、从线上策划传播到线下精准推广的精细化服务，所以虽然面临市场的不景气，但旅游行业依然不断有新客户的成功开发。这说明，传统业务依然有“蓝海”，只要找准客户的需求点，精细化服务，就能进一步开拓市场增长点。

在媒体融合的大潮中，广播经营一方面要竭尽所能用传统方式增加收入，另一方面还要创新方式，从各种角度试水变现。市场之所以变了，是因为时代在变。这种变化酝酿已久，因为未来已来。

广播的流量和“留量”

刘蒙　苑磊

摘　要：受众流量如何转化为“留量”？广播电台的私域流量如何构建？对于仍然持有海量流量的广播电台来说，进行必要的私域流量搭建，对于传统媒体不断尝试融合转型有着积极的作用。私域流量的运营成为互联网大浪潮下满足受众个性化、定制化需求的主要路径，也是广播未来融合发展的一条可持续且能变现的有效道路。

关键词：媒体融合；私域流量；品效合一

曾几何时，广播电台是车内场景唯一的可直接触达媒体，广播也凭借对移动人群的覆盖和影响获得了市场的认可。我们曾乐观地认为，只要城市汽车尤其是私家车保有量不断增加，随着城市道路拥堵的加剧，受众在车上的时间越来越长，作为传统媒体的广播电台就可以无后顾之忧，继续乐享汽车带给我们的无限红利。这也是当其他报纸、杂志、电视等传统媒体都在断崖式下跌的情况下，广播电台依然可以保持对受众的影响力和传播力，以及仍然可以获得客观的市场份额的原因。在流量为“王”的时代，这是难得的宝贵资源。

截至目前，广播电台或许是受互联网冲击影响最小的传统媒体，但前提并不是毫无影响和波及，广播电台的范围领地绝对不是铜墙铁壁，坚不可摧。多媒体的选择、智能终端的跨媒体属性，都让传统媒体的壁垒显得苍白无力，5G时代的到来、受众个性化定制需求、车联网业务的不断发展，甚至是当新势力汽车品牌造车时已经不再把收音机当作必选项，扑面而来的是无人驾驶技术的应用等一系列的科技呈现，都让我们广播人深深地产生疑虑。广播电台还能否继续保持在汽车场景的主体占据性？广播电台有没有可能成为车联网智慧屏上的一个内容提供商？广播电台会不会像报纸等传统媒体一样面临着同样的难题？

我们引以为豪的流量真的能留得住吗？

受众流量如何转化为“留量”？广播电台的私域流量如何构建？对于仍然持有海量流量的广播电台来说，进行必要的私域流量搭建，对于传统媒体不断尝试融合转型有着积极的作用。私域流量的运营成为互联网大浪潮下满足受众个性化、定制化需求的主要路径，也是广播未来融合发展的一条可持续且能变现的有效道路。

私域流量对于目前的广播电台来说，可以实现的渠道有很多，广播电台的微信公众号、自有 App、小程序等都可以成为广播电台的私域流量池。但是从最近几年的现实操作来看，使用最广泛的微信公众号的受限越来越多、内容打开率几乎只有不到 5%。自有 App 和小程序也因本身诸多原因很难成为广播电台私域流量的阵地。与此同时，微信社群（微信群）的横空出现，被很多先行的企业实例证明为私域流量目前最有效的工具。微信的市场占有率、使用率以及受众对其社交的依赖性，确保其先天具有私域流量的基因，其广泛的社交性、互动性和黏性也很好地补充了广播电台在与受众进行传递、连接时的一些不足和短板，不但可以有效地将流量转化为“留量”，同时可以建立一条与受众之间 24 小时随时在线的沟通渠道。2020 年新冠肺炎疫情期间，受众基本上都选择居家、足不出户，很多城市的道路上没有车，曾经拥堵的街道也不再堵车，这对广播带来最直接的影响就是收听率的断崖式下降，广播电台的巨大流量瞬间消失，可谓是影响巨大。如果广播电台具有前瞻性，及时进行了私域流量社群的建设，那么流量就从广播端转化为社群渠道上，流量依然在，而且具有公信力的广播电台可以随时随地进行连接和互动，确保媒体平台的影响力和覆盖率。可见，私域流量的当前最佳工具——微信社群是广播电台有力的抓手。

广播电台的微信社群建设其实就是把电波一端的听众邀请加入某一个电台或电台某位主播的微信社群好友，把原本在两端遥远陌生的主持人和听众进行了微信社交。其本质上就是采用了互联网的概念，打破了用户触达方式的边界，使这个边界的时间由过去的固定时间改为了全天 24 小时互动在线。广播电台的主播凭借多年的节目主持经历与听众建立了良好的互动关系，成为听众心目中可信赖的人，听众也愿意接受主播的指导和建议。尤其是一部分主持人已经做成了某一行业的专家，成为专家型主持人，更容易获得受众的信赖和信任，从而建立起一个有效率、有信任、有情结、有温度的微信社群。根据受众不同的消费习惯和定位，科学引导受众进入到其感兴趣、有需求的针对性社群。广播电台的主播可以培养发展特定行业或领域的关键意见领袖（Key Opinion Leader，KOL），成为这一行业或领域的消费领袖，并通过对受众的标签定位、精细化管理、科学的管理和运营，给广播电台的私域流量建设带来无限的可能，真正意义上实现广播电台的“留量”，也为广播电台的融合转型发展带来更多的机会和可能。

广播电台的社群建设，可以为广播带来有利的改变和益处，同时也促进媒体融合的进一步发展，这主要表现在以下三个方面：

一、反哺广播电台现有节目

广播电台的节目相比于其他报纸、电视等传统媒体来说，实时交流互动成为其与听众进行连接和沟通的最直接、最有效的手段。但是在互联网高速发展、媒体渠道多元化的今天，广播电台原有的短信平台、热线电话、公众号留言、微博留言等一些传统的方式显得十分单薄，互动方式让受众和主持人之间的连接和交流并不是特别顺畅。过去互联网不发达的时候，这种形式可以接受，但在互联网沟通渠道和方式花样百出、应有尽有的今天，这些传统的方式已经逐渐被受众所放弃。广播电台微信社群的建立，可以对其节目起到很好的反哺作用。比如，对于话题类的节目，可以把节目话题实时发布到微信社群中，让社群中的受众实时进行参与和交流，同时也可以和主持人进行更有效、更直接的多轮互动，主持人和受众在社群这样一个实时平台上把话题内容进行更好地拆分和探讨，给节目带来更加丰富和精彩的内容。这种随时在线的交流方式也让受众找到了归属感和参与感，培养与主持人以及电台之间的感情依赖，对于广播电台“铁粉”的打造产生积极作用。针对交通路况可以在社群中开设路况报道功能，大家及时将路况信息在微信社群通过微信语音的方式上传给主持人，让路况信息更加精准和及时。失物招领、阅读节目、体育节目等一大批内容和节目可以通过微信社群进行实时沟通和交流，让节目和内容与听众离得更近，黏性更强。

二、融合转型的有力加持

传统媒体互联网转型已经持续了很长一段时间，但具体到真实操作层面，可行且有效的转型思路和方向不是很明确，也没有一条可借鉴的成功转型模式供大家来学习。但是，互联网最核心的价值就是尊重每一位受众的个性化需求，通过大数据用最好的服务来与受众进行连接和互动。广播电台更多的还是单向的媒体传播载体，而服务的功能却基本上处于刚刚起步的阶段，更谈不上精准的大数据建设和使用。在互联网时代的今天，个性化和定制化已经成为大众对内容服务的重要诉求。社群媒体模式的建立，可以有效解决作为区域媒体的广播电台的一些弊端，通过微信社群的建立，尽可能地给微信社群的受众进行标签化定位；通过传统媒体的公信力和影响力，更好地进行服务内容的提供，真正实现媒体双重价值回归。

三、品效合一，扩大营销可能

广播电台这两年的广告收入逐年下降，其中最重要的原因就是广告商的广告投放有越来越多的考核指标，越来越追求品效合一。品牌宣传是广播电台的强项，也是过去十多年来的立足之本，这也是所有广播电台全部定位品宣的重要原因。但是一提到效果，就碰到了广播电台的短板。例如，某客户在广播电台投放了 100 万的广告，想知道有多少受众听到了广播电台的广告？有多少人是听到广告后进行消费的？这一组广告给商家带来了多少消费额？这些问题的确会让广播电台所有的从业人员直冒汗，我们的确没有办法给客户提供这些数据和答案，在明明知道广告效果很好、转换变现很强的情况下，也是苦于没有数据来佐证。微信社群的建立，可以对效果进行补充和完善。微信社群的建立，可以顺其自然地开启广播电台的直播带货路径。通过微信社群的建立，不仅可以对社群受众进行相对精准的标签定位，而且有了很好的情感依赖和黏性。通过广播电台的大众传播力和影响力以及主持人的号召力，以直播的方式对商家的品牌和产品进行有针对性的推荐和介绍，实现主持人、受众和商家的三者融合，进行品牌与价值人群的深度链接，实现“品效合一”。这就赋予广告很多意义，产生新的价值，从而精准定位社群消费受众，带动传统广告，反哺广告主业。

在私域流量如此被看重的今天，作为传统媒体的广播电台有必要进行“留量”思维的建设和开拓，为受众建立多维、立体、个性化的定制服务，用互联网的思维去服务用户、经营用户、打动用户、赢得用户，也赢得属于广播电台自己的未来！

传统媒体在积极老龄化社会中的产业发展策略探究

林勇

摘　要：网络新媒体的发展给传统媒体带来了巨大的冲击，但是，随着中国人口老龄化的发展趋势，老年人成为传统媒体的主要受众群体。传统媒体要顺应实施积极应对人口老龄化的国家战略，充分发挥自身公信力优势，拥抱新技术，打造专业服务平台，不断拓宽为老年人服务的产业服务领域，就一定能够在中国积极老龄化社会中大有作为。

关键词：传统媒体；积极老龄化；产业发展策略

随着网络技术、数字技术、移动技术的快速发展，有线网络、无线通信网等新媒体给人们生活带来了巨大的方便，人们可以通过网络电视、电脑和手机等终端，几乎不受地点、时间的限制，实现个性化的阅读、收看、收听、发送或接收各类信息，可以实现在网络上购物、交流、处理事务，可以享受传统媒体不能实现的更多功能，从而对传统媒体带来了巨大的冲击。但是，电视、报纸、广播、杂志等传统媒体在科技高速发展的今天，在中国积极老龄化社会发展中仍然大有可为。

一、积极老龄化成为中国社会的长期发展趋势

我国是当今世界上老年人人数最多的国家。据统计，2019 年底，我国 60 岁及以上老年人口已有 2.54 亿，占总人口比重的 18.1%，其中 65 岁及以上人口为 1.76 亿，占总人口的 12.6%。预计到 2023 年前后，我国 60 岁以上人口数量占总人口数量的比重将超过 20%，其中 65 岁及以上人口数量占比将超过 14%，我国将快速进入高老龄化社会。预计到 21 世纪中期，我国老龄人口数量将达到

5亿，占总人口数量的1/4以上。

为了应对国家老龄化社会的到来，党的十九届五中全会通过的《中共中央关于制定国民经济和社会发展第十四个五年规划和二〇三五年远景目标的建议》提出“实施积极应对人口老龄化国家战略”，就是让每位老年人都能生活得安心、静心、舒心，实现广大老年人及其家庭对日益增长的美好生活的向往，发挥老年人在经济社会建设中的积极作用。积极老龄化将成为中国社会长期发展的趋势。

二、积极老龄化为传统媒体创造了发展机遇

由于网络媒体的不断兴起，媒体行业的竞争愈发白热化，传统媒体受到了前所未有的挑战和冲击，年轻受众不断流失，传统媒体的发展进入瓶颈期。但是，随着中国老龄化人口的不断增加，传统媒体的老年受众却不减反增，老年人成为传统媒体的主要受众群体。现在的老年人都是随着中国经济改革发展大潮逐渐步入老年的，他们经历了中国经济由贫穷、温饱到小康的发展历程，对个人的生活质量要求逐步提高。特别是城市中的老年群体，其知识文化水平较高，不仅对物质生活质量要求较高，而且追求丰富多彩的精神生活和更高的人生价值。老年人的生活本地化属性更强，更看重产品服务的信誉。老年人口的增加、经济条件的宽裕、生活的本地化、对美好生活的追求以及国家战略的确立，这些都为传统媒体创造了难得的发展契机和广阔的发展空间。

三、传统媒体在积极老龄化社会中谋求产业发展的几点建议

1. 固本强基，巩固公信力优势，履行社会责任

作为伴随传统媒体成长起来的群体，老年人对传统媒体的忠诚度正是来源于传统媒体的公信力优势和社会责任感。特别是在互联网和移动互联网等新媒体大行其道的今天，新媒体的开放性和虚拟性带来了网络舆论的鱼龙混杂、真假难辨，让人对网络信息无所适从，降低了用户对新媒体信息的信任程度。鉴于此，传统媒体作为政府与百姓之间的桥梁和纽带，更应该珍惜自身的公信力，不断加强与政府和百姓的交流沟通，传播政府声音，反映社情民意，换位思考，制作更多体现社会责任的栏目，筑起公信桥梁。要避免出现为追求短期经济效益而影响媒体公信力的行为，充分认识到公信力才是传统媒体长期良性发展的基石，要始终把公信力作为传统媒体的生命线进行珍惜和呵护。

2. 顺应新形势，运用新技术，打造亲民服务平台

移动客户端、大数据、人工智能、语音识别等新技术的兴起，促使各行业基本上实现了“移动互联网+”的线上服务新模式，拉近了与用户的距离，让老百姓足不出户即可享受方便快捷的服务。传统媒体也应充分利用移动客户端等新技术为老年人打造一个专业的养老综合服务平台，深入老年人生活的方方面面，为老年人提供周到细致的服务。由于老年人视力逐渐减弱，各种新媒体平台呈现出的纷繁复杂的操作界面令人眼花缭乱、无所适从，增加了老年人的使用难度，接受使用率普遍较低。为解决老年人对平台的感知易用性问题，平台应增加无障碍使用功能建设，积极利用人脸识别、智能语音识别等人工智能技术，在操作界面设计中采用简单结构、大号字体，避免广告弹出，减少手工录入，提供自主定制服务，力求操作简便、视觉效果简洁，以提高平台的简洁易用性，让老年用户更能接受此类平台，并真正在生活中使用。

另外，电视作为老年人使用最多的媒介之一，其大屏特性更应该被平台充分利用。平台需积极与电视厂家或当地通信运营商合作，将平台客户端植入智能电视系统或播出终端系统中，实现以电视屏幕作为平台入口，使老年用户更乐于接受和使用。

3. 对接社会资源，拓宽服务项目，实现共同发展

随着互联网技术的广泛应用，各政府部门、企业等都逐步搭建了各自的网络工作服务平台，实现了线上服务模式，涉及养老方面的医疗、健康、教育、旅行、理财、养生等各行业平台也如火如荼地建设起来。传统媒体作为老年人信赖的媒介，一直承担着政府、企业、百姓之间沟通的桥梁作用，在与政府、企业合作方面有着丰富的社会资源。因此，传统媒体应充分发挥桥梁纽带作用，主动与各社会资源服务平台对接，发挥媒体宣传优势，为各服务平台做好宣传推广的同时完成自身平台的用户引流，合作共赢，为老年人呈现一个集合各政府部门和老年产业公司服务资源的综合性养老服务平台，让老年人足不出户即可享受专业、便利的全方位生活医疗服务。

4. 弘扬孝亲文化，创新节目形式，倡导健康生活

中华民族自古以来就重视家庭和亲情。“百善孝为先”“养亲”“敬亲”等传统美德一直是我国积极弘扬和推崇的。家庭是我国老年人养老保障和生活照料的重要来源。首先，传统媒体在传播和弘扬中华优秀传统文化上更应积极作为，在倡导尊老爱老、树立良好家风、促进老少和顺等方面创新节目内容，为老年

人创造良好的生活氛围，促进身心健康。其次，老年人生活范围更加本地化，这就给本地的老年文化产业提出了更多更高的要求。传统媒体要积极走进老年人的生活，研究老年人的生活爱好，发挥专业媒体制作和内容资源优势，结合当地传统文化和生活习俗，挖掘有特色的IP产品，制作贴近本地老年人生活的节目。最后，还要开阔视野，精选世界各地的老年文化生活节目，让老年人足不出户也能领略世界各地的自然风光、文化风情，让老年人了解各地同龄人不同的健康生活方式，不断调整充实个人生活；利用新媒体互动形式实现线上的“老年大学”“才艺大赛”“诗词大会”等活动，给老年人提供学习新知识和展示自己知识技能的平台；着力打造一批娱乐、康养栏目，用丰富多彩的娱乐节目让老年人开心，用科学的康养知识指导老年人科学健身、科学营养，保持积极的心态和健康的体魄。

5. 推崇老有所为，实现人生价值，改变社会形象

当前，城市中刚刚步入老年的人们大多刚离开工作岗位，具有过硬的专业技能和丰富的工作经验，不愿被社会边缘化，渴望继续发挥自己的专业技能，为社会、为家庭作出一份贡献。针对这样的老年群体，城市传统媒体应在平台中设置老年创业、社会互助等功能，发挥老年人与社会、企业之间的桥梁纽带作用，帮助老年人在如何创业、如何奉献社会、如何发挥余热上下功夫，使其老有所为，促使其积极参与社会活动，继续创造社会财富。媒体要积极宣传这一老年群体在参与社会活动中取得的成绩和自我精神满足，唤醒全社会对这一特殊群体蕴含的巨大能量的认识，改变老年人是社会负担的传统认知，鼓励支持更多老年人继续发光发热，实现新的人生价值。

6. 加强服务监督，保障老年人权益，引导健康消费

老龄人口的增加无疑会拉动医疗保健、医疗护理、托管托养、家政服务、信息服务、老年教育、老年旅游、休闲娱乐、金融理财等服务需求的增长。据统计，2018年我国养老产业规模超过3.7万亿元，预计2021年老年产品及服务市场总体规模将达到5.7万亿元，老年产业市场空间广阔。但是，在老年人消费过程中常会遇到质量不合格、服务不到位甚至上当受骗等权益受损的状况，严重影响了老年人的消费积极性和消费潜力的发挥。为此，传统媒体应该履行其民生监督的职能，为保障老年人消费权益积极作为，在利用平台为老年人提供产品服务的过程中，首先要切实把好产品服务质量关，甄选信用评级高的商家，对商家每个产品服务环节做好监督，确保服务全过程公开、透明。其次，建立消费者权益保障机

制，成立消费者权益保障基金，同平台入驻商家签订消费者权益保障公约，实行违约先行赔付机制，建立平台淘汰机制。最后，充分发挥媒体宣传监督职能，为优质企业站台，打击不良商家，为老年人切实打造一个可信赖的消费平台，保障老年人的消费权益，让老年人放心消费、健康消费。

总之，在国家积极应对人口老龄化战略的指导下，只要传统媒体做到积极作为，“危”中寻“机”，深入挖掘老年人的全面需求，发挥公信力优势，融合新媒体新技术，先做好媒体，再做实体，整合资源，合作共赢，打造最具公信力、用户口碑最好、产业链全面、综合实力最强的老年产业服务平台，为传统媒体忠实的老年用户群体做好服务，就肯定能够将老龄风险转化为“长寿红利”，将老年产业发展成为传统媒体未来新的产业增长极，让老年人生活得幸福、充实、健康、舒心。

参考文献

[1] 王湘宜，刘英杰. 移动广播 App 面向老年人需求方面的问题及对策——以喜马拉雅 App 为例 [J]. 新媒体研究，2020 (1).

[2] 郭丽娟. 传媒推动“积极老龄化”的策略研究 [D]. 郑州大学，2015.

[3] 陈琦，陈慧. 新媒体时代关注老年人媒体发展 [J]. 新闻研究导刊，2019 (9).

[4] 石万昀，杨茜. 城市广播老龄化发展策略 [J]. 视听界，2018 (11).

探索疫情下广播旅游节目产业化发展

孔维娅

摘　要：2020年的新冠肺炎疫情限制了人们出游的脚步，对我国蓬勃发展的旅游业造成了极大的冲击，也减缓了广播旅游节目产业化发展的步伐。本文从新冠肺炎疫情对旅游行业及广播旅游节目的影响及思考等方面进行分析论述。

关键词：广播旅游节目；产业化发展；破局思考

随着国民大众旅游消费时代的到来，旅游消费需求将维持快速增长。在全国经济发展速度放缓的情况下，旅游产业的发展速度仍是惊人的。目前，我国已经把旅游产业定位成战略性的支柱产业和现代服务业来加以培育。

济南电台《我要去旅行》栏目从2013年开播至今，一直在探索广播节目怎样与旅游行业跨界融合，打破行业界限，发挥传统媒体的优势，在旅游领域寻求发展空间，开拓更多的创收渠道。新冠肺炎疫情前，该栏目一直保持每月两次线下活动的频次，95％的活动都有创收，栏目已进入良性发展循环。新冠肺炎疫情暴发后，全球旅游行业停摆，《我要去旅行》栏目也受到巨大影响。进入防疫常态化后，或是疫情过后，怎样才能进一步提升栏目品牌影响力，满足市场释放出的旅游需求，拓宽创收渠道，是笔者一直思考的问题。怎样能更好地利用广播这一传统资源，结合新媒体手段，追求节目宣传效果和利润的最大化便是探索的方向。

一、疫情对广播旅游节目产业化发展的影响

新冠肺炎疫情暴发后，旅游业是受其影响最大的产业之一，无论对消费者心态、生活方式、消费模式，还是对旅游业的经济效益、运营模式、市场开发等，都带来了深刻的影响。

1. 全国旅游经济阶段性下滑

新冠肺炎疫情导致文化公共场馆、旅游景区景点、旅行社暂停营业，旅游收入大幅下降。市场端、渠道端、目的地端整个产业链条停止了运转。因抗疫需要，2020 年 1 月 24 日，国家文旅部下发通知暂停团队游，我们栏目的线下活动——1 月 25 日发团的“贵州过大年”活动也整团被取消，其他旅游活动全部叫停。当前国内外疫情防控形势严峻复杂，增加了 2021 年旅游行业复苏的不确定性。

2. 疫情对旅游消费观念的影响

每次大的疫情都使人们的心态发生变化，进而影响到生活观念、消费观念以及旅游出行观念。从旅游行业的调研结果看，一是疫情后人们因长时间居家形成的出游意愿比较强烈，然而也仍然存在戒备心理，所以会选择避开人群密集和空间封闭的景区或景点出游。二是人们对景区环境卫生和健康状况提出更高的要求，包括对环境卫生清洁、人群聚集安全监测、安全应急体系等方面有更多的考量。三是更热衷选择以家庭为单位自驾出游的方式。四是户外健康自然主题更受青睐。人们对康养型、亲子型、田园自然型等旅游主题偏好增强，露营、野营、徒步、户外运动、休闲农业等项目更受欢迎。

在这种情况下，继续循着老路“等风来”显然已经不够了。市场变化倒逼着与旅游行业挂钩的广播旅游节目也必须做出调整。

3. 旅游行业的洗牌、变革影响与媒体的合作方向

新冠肺炎疫情对旅游行业更深层次的影响是旅游企业的破产、收购、合并、重组、转型。疫情期间，部分旅游企业不能正常经营，行业的整体洗牌是不可避免的，要么坚持，要么出清。有的旅游企业思考转型和战略问题，及时调整了业务方向。作为对市场反映最灵敏的在线旅游企业（Online Travel Agency，OTA），率先开始转型探索。旅游直播成为众多旅游 OTA 不约而同的选择。某集团先后策划“公益文旅直播课”“文旅产业振兴在线大会”“全国百名县长爱心义卖直播大会”等直播活动。某票务服务公司创始人在三亚酒店进行直播秀，未来将实现直播的平台化。旅行社也纷纷发挥各自的业务强项，有的与目的地端合作，整合优质农特产品，为本地市民提供优质、实惠的生活用品；有的则加强业务培训，研发优势产品。

旅游行业的变化使我们不得不重新思考广播旅游节目的未来发展，该怎样对接旅游行业的新变革。

4. 疫情导致的节目资源缺乏

《我要去旅行》是济南广播电台最早运用微信音频、视频等新媒体手段联系全球各地的旅行者在直播中连线的节目。受疫情影响，世界各地的旅行者都困足在家，寻找新鲜的节目源变得困难。栏目原本的线下旅游活动全部叫停，也损失了很多节目话题。

突如其来的疫情重创了全球旅游业，打击了大众的出游信心，改变了大众的出游观念，而作为与旅游行业紧密相关的旅游节目《我要去旅行》及其产业发展自然也不能超然物外。粗略统计，2020 年，《我要去旅行》的线下活动数量较 2019 年下降 85%，组团人数较上一年同期下降 78%，活动创收较 2019 年下降 87.5%。新冠肺炎疫情前，栏目发展享受了多少旅游业发展的红利，疫情后就感受到旅游业停滞所带来的多大困扰。

二、广播旅游节目产业化发展的破局思考

疫情后的复苏要靠创新来破局，但创新背后的风险究竟会让你成为“先锋”一骑绝尘，还是成为“先烈”一声叹息尚未可知。不过，广播旅游节目产业化的创新所承担的风险要远小于旅游企业，所以更应该大胆突破，勇于尝试。

新冠肺炎疫情是一次大考，它并不会改变旅游业长期向好的趋势，但抗疫常态化后，旅游需求难以快速暴发性增长，各地为了巩固疫情防控成果，也会谨慎对待市场启动问题。这正给了我们重新审视广播旅游节目产业化发展方向的时间。要针对旅游行业的变化和疫情造成的影响，准确研判形势，采取有效对策。

1. 因势而谋

研读国家政策才能把握发展大势。2021 年 2 月，中央“一号文件”公布，提出了全面推进乡村振兴。国务院印发《关于新时代支持革命老区振兴发展的意见》，支持革命老区立足红色文化、民族文化和绿色生态资源，加快特色旅游产业发展。在政策扶持下，特色乡村游和红色旅游一定会有长足发展，广播旅游节目应把握好时机，在做好政策宣讲的同时，紧跟政策指引，积极研发特色乡村游和红色旅游项目，把特色乡村游、红色旅游与旅游扶贫公益行动结合起来，为农民脱贫致富做出贡献。

如何在后疫情时代重振文旅市场，如何吸引客源地游客到目的地旅游，这是文旅部和旅游目的地政府关注的重点，各地政府也会制定出相应的鼓励措施。广播旅游节目产业化发展要紧跟政府推进旅游复苏的需求，用足各地复苏政策，

就会赢得更大的发展空间。

2. 应势而动

（1）创新业态，寻找经济增长点

新冠肺炎疫情后，人们的出游习惯、出游方式发生了变化，对旅游产品提出了更高的要求，普遍希望旅行社和目的地能够做好健康安全保障工作，希望有多样化的旅游产品可选择，特别是私人定制游、自由行产品和深度体验游产品，并对旅游产品的品质要求进一步提高。

市场发生变化，广播旅游节目在内容选择上应及时跟进，应势而动，着重选择有市场需求的节目内容和线下活动。在个性化定制产品、深度游产品、小团产品上加大研发力度，而对自驾游则需要着重思考怎样做好线路规划和沿途服务。

（2）寻找新的契合点

当下，旅游企业的结构性调整势必会影响与媒体的合作方式，尤其是OTA企业。当他们自己的平台搭建起来后，传统媒体应怎么找到与之合作的契合点和共赢点，是广播旅游节目需要下功夫做功课的问题，也是广播旅游节目产业化发展突破的方向之一。

3. 顺势而为

广播旅游节目产业化的发展既要顺应传统媒体与新兴媒体的融合发展，又要顺应旅游行业的结构性调整的发展。传统媒体要想实现突破，就需要新媒体的加入，传统旅游业发展同样也需要科技创新。在抗击新冠肺炎疫情过程中，人们的部分工作、学习、生活都依赖于网络，“云旅游”的概念也被大家所熟知。在今后，广播旅游节目应积极利用好新媒体平台，实施智能化改造，充分利用5G网络、人工智能等新技术，实现广播旅游节目产业化发展的转型升级。

当前，中国旅游业的回暖速度已快于世界上的大多数国家。在这一强劲复苏的大势中，谁先确定优先行动，谁就能获得先发优势。否则，就将错失市场新动态带来的全新商机。中国旅游业已经具有较好的内生增长动力，虽说有疫情影响，但保持我国旅游业长期增长的因素依然存在，恢复是必然。所谓“凡事预则立，不预则废”，只要我们做好准备，坚信“长风破浪会有时，直挂云帆济沧海”。

电视广告管理系统设计理念的新探索

张勇进　张连起

摘　要：本文介绍了“所见及所得”设计理念的优点及其在原电视广告管理系统中实现的功能，标准流程化设计理念的优点及其在新电视广告管理系统中实现的功能。升级后系统的成功运行说明新、旧系统并非对立，而是可以相互融合、相得益彰，更好、更方便地服务于电视广告管理工作。

关键词：广告管理系统；流程化设计；所见及所得

济南广播电视台电视广告管理系统已运行了十几年，当时设计的功能已不能满足事业发展产生的新需求，运行中出现的bug亟待解决，运行效率低的问题也需要通过优化算法来提高。为了更好地满足日趋严谨的监管需要、日益庞大和复杂的业务需要、数据多口径统计的服务需求，方便广告管理人员录入、运算、输出、串编、统计、管理等工作，济南广播电视台进行了电视广告管理系统的升级改造。

一、“所见即所得”设计理念

原系统在设计时，秉持了“所见即所得”的设计思想，其订单录入界面完全仿照4A（美国广告代理商协会）公司的订单格式和内容，又加上必要的辅助信息和控件进行设计的。

录入员在录入订单时，界面完全展现订单的内容：客户名称、播出频道、段位名称、品牌名称、广告版本、时长、播出位置、排期、刊例价格、次数、优惠比例、实收金额等。待订单录入完成，录入员可以在不进行任务界面切换的情况下，对照订单逐项核对。如果发现有错误需要修改时，不用切换界面，即可在当前界面立即修改，后台数据相应改变，“所见即所得”，非常直观，方便快捷。

以整张订单为一个对象（Object）——一个不可分割的单元，一屏信息完全覆盖订单内容，现在看来习以为常、理所当然，但是在十几年前设计之初，这样的构思却是很大的创新。笔者所见其他广告管理系统都是以一个段位所涉及的排期及广告内容作为一个单元进行设计和处理的。一个订单包含多少个段位，录入时就要切换多少个窗口，不能直观地看到订单的全貌，如果发生重复录入或遗漏的情况，录入员就无法直接看到。另外，录入和修改处在两个界面下，也就是说，如果不小心录入错误，想修改的话，必须到另一界面下面。这增加了操作人员的工作量，出错概率也相应增加。

济南广播电台正在使用的旧系统虽然在处理一些新业务时力有不逮，但经过十几年的运行和打磨，其采用人性化的设计，界面精细巧妙、数据丰富、运行稳定，数据可靠性高、数据结构也相对合理，基本得到大家的认可。在征求意见时，大家普遍留恋旧系统，希望保留旧系统，在此基础上进行升级改造。

二、标准化流程设计理念

整个广告业务执行是一个非常长的流程链：广告洽谈阶段就有品牌申报流程；如果有支出，就涉及活动申报流程和活动结算流程；录入客户、合同、订单信息后，有发票申请流程；进款方面还有回款确认流程、订单分配流程。这些流程都由不同的人员负责，广告片还有专人进行内容审核；纸质版的合同和订单在入档后，需在系统中进行标注；广告播出后，还有监播审查。（具体流程见文末附图）

随着广告业务数量的增大，品类的增多，内容逐渐繁杂，操作人员随之增多。针对不同的功能，不同的操作人员有不同的权限，分权审核和协作处理成为常态。引入符合业务、财务、监管要求的标准化流程设计理念进行业务处理成为必然。

三、通过前置调研完善顶层设计

该项目自启动之初就成立了由各部门领导和骨干组成的领导协调小组，进行了诸如考察业内先进系统、上门学习兄弟电视台先进经验、邀请山东省计算所专家指导、请专家和相关岗位人员座谈等广泛充分的调研活动，汲取了各方面的先进技术和成功经验，并结合我台工作实际，形成了技术领先、功能全面、颇具人性化和智能化的软件顶层设计。之后，就各“所见即所得”集约功能模块和各流程的实现思路，我们又和相关人员进行了深入对接，对重点功能模块进行了反复推敲和提升优化。

四、改造升级后的系统功能优势

首先是桌面操作方式和网页操作方式结合。客户信息、合同信息、段位信息、订单信息等的录入和修改都有同一操作权限的模块，采用“所见及所得”的桌面操作方式。其界面设计精细、运行稳定，有利于提高效率。

统计和功能控制采用流程化的网页操作方式，不用安装客户端软件即可完成操作，占用资源少，简单方便。本系统吸取了两种界面的优点。

1. 先进的流程控制

本系统按功能需要，采用国际先进的美国安码流程控制技术，设计了诸多流程，优化了工作流程，不同人员在流程的相应节点进行审核、处理，使得每个工作细节的逻辑处理科学而严谨。（见表 1）

表 1 系统改造升级后的工作流程

序号	流程名称
1	济南广电首报申请流程
2	济南广电活动申报流程
3	济南广电活动结算流程
4	济南广电发票申请流程
5	济南广电发票作废重开流程
6	济南广电回款确认流程
7	济南广电订单分配流程

2. 全面直观的操作界面

保留了原系统“所见即所得”的订单录入及其他信息录入界面，令业务员在录入时可以总揽订单各细节，避免重复、遗漏。

3. 理顺流程，提高工作效率

打通了品牌首报、活动申报、活动结算、发票申请、进款确认和分配、工资绩效管理、广告制作、素材管理、样片审查、广告播出、监播管理之间的通道，实现了流程一体化运作。

4. 数据联动处理，保证统计结果协调统一

以三种欠款统计方式为例：收到回款后，在对订单进行分配款时播出欠款数据会即刻更新。同时，系统会自动更新合同欠款数据和订单欠款数据。因此，以三种方式统计的数据会达到实时、准确、统一。三种欠款统计方式的特点：（1）合同欠款。从合同执行角度，客户和业务员最关心的是按合同约定，什么日期该付多少合同款。此时，系统会结合合同约定、实际付款金额和下单情况，提供实时更新的付款计划表。（2）订单欠款。如果双方签的是框架合同，没有体现付款计划，或有其他原因无法确定付款日期及金额的，系统可提供按订单实际执行情况，以月统计的欠款数据。（3）实际播出欠款。从业务管理角度，业务主管和统计人员会关心已经播出了多少广告，播出的这些广告有多少还没有付款。针对这种情况，系统可提供按照播出（合同实际执行）统计的欠款表。

5. 科学控制成本，提高统筹协调能力

如何避免入不敷出的活动，如何保证以毛利润为基数进行奖励，这些难题在采用活动申报流程和活动结算流程后得以解决。在举办“家居节”“汽车展”等大型活动时，会涉及几十甚至上百个客户，这些合同和订单的进款、支出、奖励等都需要统一管理。针对这种情况，系统提供了活动审报流程和活动结算流程，供业务员、各级负责人进行填报和审核。在录入或修改该活动涉及的订单时，订单修改界面上选填活动名称就可以实现活动与订单的关联。相关人员录入支出数据后，系统后台就可以对该活动所涉及的所有订单及成本支出情况进行统一核算处理。

五、流程再造的相加到相融

“所见及所得”的录入集约化与功能权限细分的流程化不是割裂的，而是有机统一的。

1. 痕迹化管理与动态提示

将订单后的结算、合同入档、进款分配、订单修改等工作环节相互关联，相关数据联动统一，做到了逻辑科学严谨，保证了数据的安全和准确。

2. 经营税费自动核算

系统在按不同类别计算合同（订单）应缴印花税款的基础上，针对在合同执行中金额有所变化的情况，当订单金额修改后，再次计算印花税时，系统会形成新的记录，对原有税额进行多退少补。

3. 周播、日播栏目吸纳量的精准核算

电视栏目内会有相对固定的一个或几个段位，同一个段位也会有因周播、日播对应不同栏目的情况。系统提供了相应窗口，将栏目播出额与相应段位播出额进行对应。如果发生栏目停播、改版等情况，用户可对栏目和段位重新进行对应设置，系统会自动更新相应栏目的投放量，继而生成导出栏目排名表。

4. 合同、订单入库管理

纸质合同原件入档（入库）时，合同管理员需在系统中标注该合同或订单是否入库，并写明检索号，以方便随后的查找和调用。当合同执行过程中发生停播、改版、延后等变化，录入员对订单进行修改后，为保证数据正确，订单上的“已入库”标记会变为“未入库”，提示档案管理员及时索取新的纸质合同或修改协议，作为附件追加到合同档案中，确保合同订单数据和纸质凭证统一准确。

总之，桌面版的旧系统集录入和修改于一个界面，实现订单全要素集约化处理，全览、精细、全面的特点是流程化的网页版的新系统不具备的；流程化操作在分权、审核、明确责任方面是旧系统做不到的。显然，最好的选择不是全盘推翻旧系统，而是各取所长。当然，具体操作起来，也不是两个系统的简单叠加，而是按照逻辑进行相互关联，实现系统化经营管理流程。

本次项目充分考虑系统功能与实际业务的结合情况，其中对广告业务流程的重新梳理，为广告业务人员提供了更清晰便捷的系统操作功能，同时进一步规范了广告业务的管理，提升了整体广告业务流程的运转效率；基本统筹数据录入优化提升，为数据录入人员的日常工作提供了更有效的系统功能支持；与业务结合的多元化报表统计分析功能，为台内业务分析及数据汇总提供了有力支撑。

目前，经过不断的体验、反馈和改进，该系统已正式上线运行两年。新系统规范、优化了工作流程、提高了工作效率，最大限度地杜绝了各类风险漏洞。该项目目前总体运行良好、稳定，并与开发单位共同取得了著作权证书，成为具有知识产权的创新型项目。

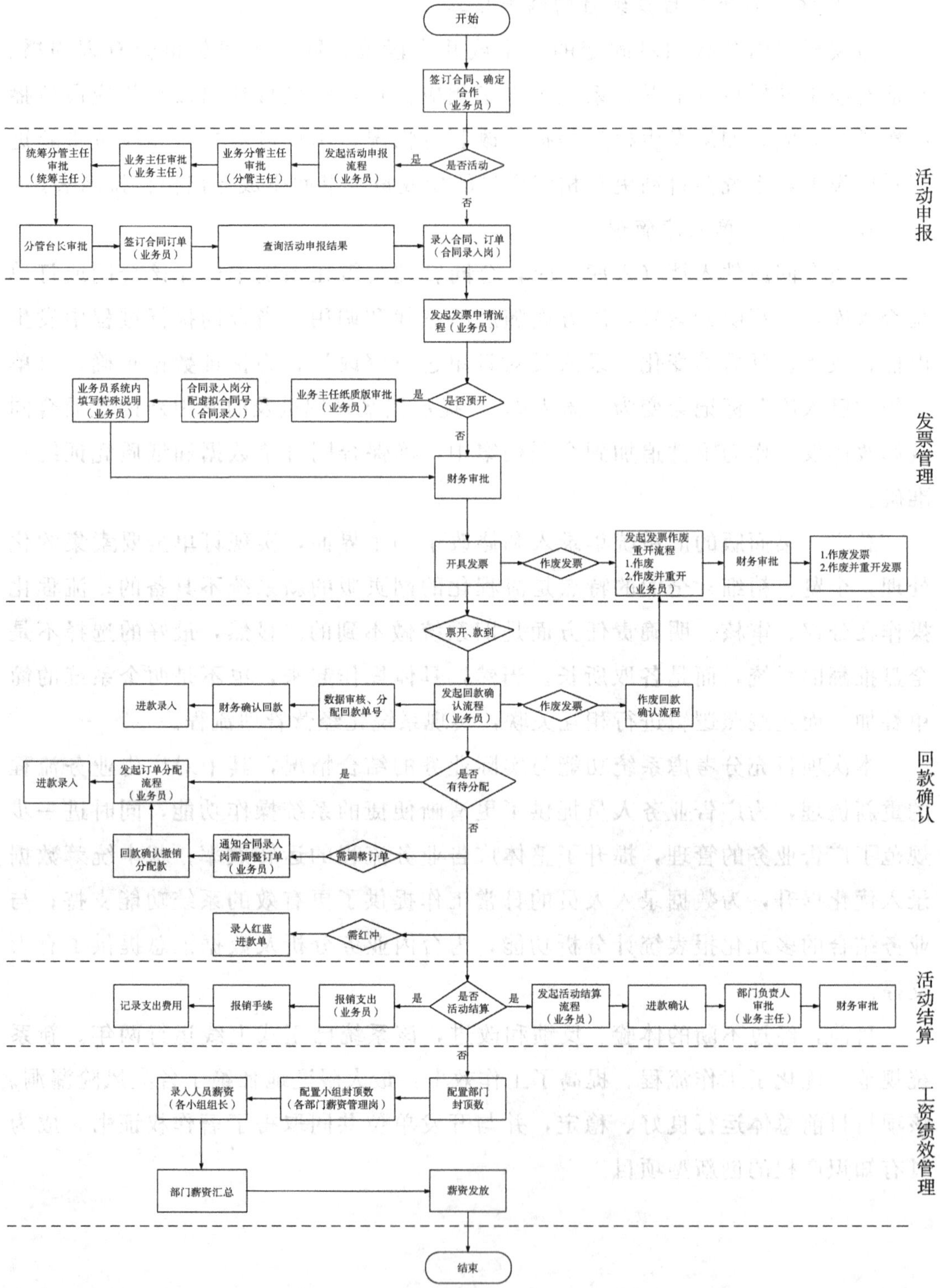

广告系统业务流程示意图

加强成本核算　助力广电管理升级

杨爱军

摘　要： 加强成本核算是实现企业利润最大化的重要控制手段。广播电视行业由于体制原因，一直以来的成本意识淡漠，成本管理的核算基础弱、成本核算制度不健全、绩效考核标准与成本指标脱节导致成本失控，企业管理滞后。因此，我们必须强化成本核算意识、建立健全成本核算制度，制定与成本挂钩的绩效考核方案，以便提高成本经济效益和资金使用效率，激励员工工作的积极性，增强广电事业发展的活力和动力。

关键词： 成本核算；广电行业；制度；管理

我国广播电视行业实行国有独营，事业体制下形成的粗放式管理使得人员成本意识淡漠，不注重投入产出比，资源配置不合理，成本核算的基础工作和组织工作薄弱。广播电视行业实行的是一级核算制度，内部组织机构与成本核算的要求不对接，造成了统计数据和原始记录不健全，使得成本核算工作失去了基础和前提；没有针对行业特点开发的企业资源计划（Enterprise Resource Planning，ERP）信息系统，导致财务工作效率低下。在收入分配机制上，没有建立与成本挂钩的收入分配制度，使得人工费用比重过高，人员工作缺乏积极性。广播电视行业目前尚没有一套科学完善的成本核算制度，成本失控，浪费现象严重，效益水平低下。因此，认清目前广播电视行业成本核算的现状和影响，加强成本核算是非常重要的任务。

一、成本核算的概念

成本核算是指将企业在生产经营过程中发生的各种耗费按照一定的对象进行分配和归集，以计算总成本和单位成本。成本核算通常以会计核算为基础，以货币为计算单位，对于企业的成本预测和经营决策等存在直接影响。广播电视成本核算是通过记账、算账等财务管理手段，对广播电视节目生产制作过程中的实物消耗和劳动消耗（包括物化劳动消耗和活劳动消耗）与劳动成果（广播电视节目的质量和数量）进行分析、对比和考核。

二、成本核算的要求和重要性

成本核算要求正确划分各种费用支出的界限，认真执行成本开支的有关法规、制度要求，按成本开支范围处理费用，做好成本核算的基础工作，包括建立和健全成本核算的原始凭证和记录、合理的凭证传递流程；要制定劳务费用标准和消耗定额，建立各种物料采购、验收、库存、领发、盘存制度，制定内部结算价格和内部结算制度。根据广电行业的特点和管理要求，选择适当的成本计算方法，确定成本计算对象、费用的归集与计入节目成本的程序、成本计算期、节目成本的归集方法等。

成本核算是成本管理工作的重要组成部分，是将企业在生产经营过程中发生的各种耗费按照一定的对象进行分配和归集，以计算总成本和单位成本。成本核算的正确与否直接影响企业的成本预测、计划、分析、考核和改进等控制工作，同时也对企业的成本决策和经营决策的正确与否产生重大影响。成本核算过程是对企业生产经营过程中各种耗费如实反映的过程，也是为更好地实施成本管理进行成本信息反馈的过程。因此，成本核算对企业成本计划的实施、成本水平的控制和目标成本的实现起着至关重要的作用。

三、当前广电行业成本核算中存在的问题

1. 成本核算意识淡化，缺乏成本效益观念

多年来，广播电视行业长期在事业单位体制下运作，非营利的组织形式和公共产品的特性，使人们将其视为社会公益事业，忽视了其产业属性。目前，广播电视行业实行事业单位企业化管理，自收自支，自负盈亏。这种模式在广播电视行业处于垄断时期，广告收入市场一家独大的情况下可以持续，但随着新媒体行业的发展，广告市场受到巨大冲击，广告收入断崖式下滑，广播电视行业出现连年亏损，经营形势异常严峻，加强成本核算异常迫切。

2. 会计核算模式与事业发展相矛盾

广播电视台由于事业单位性质纳入财政预算管理体系，在具体财务核算工

作中执行事业单位会计制度，一般采用收付实现制，这与成本核算所要求的核算基础权责发生制核算相矛盾。加强财务核算，转变核算方式，提高财务核算水平，将财务管理由财务会计向兼顾管理会计方向转化升级问题亟待解决。

3. 成本核算人才短缺

成本核算是一项综合性经济指标，需要高素质专业人员进行核算分析。随着高科技在行业中发挥的作用逐渐增强，人才缺乏问题也日渐突出，需要引进一批专业性、复合型成本核算人才，组建一支思想品德优秀、精通业务的成本核算队伍势在必行。

4. 成本核算信息系统不完善

目前，广播电视行业的财务软件尚停留在财务核算阶段，没有针对行业特点开发的ERP信息系统，导致企业成本核算工作效率低下。大量的成本核算信息统计分析和数据处理功能需要借助先进的科学手段予以实现，开发相关的软件管理系统，提升成本核算效率势在必行。

四、加强成本核算的建议和意见

1. 建立内部结算制度，进行全成本核算

以各频道、频率等业务部门为利润中心或模拟利润中心，以技术部门、后勤部门以及管理职能部门为成本中心，各核算中心日常业务（例如：各频道、频率的广告资源、技术后勤等部门的设备和转播车租赁服务、节目制作部门策划设计服务应签订广告代理、租赁协议）遵循独立交易原则，签订合同，通过合同形式明确各方责权利关系，进行内部结算。各责任中心按照权责对等的原则，授予业务管理、成本审批的权力，并按照责任成本控制（或责任利润完成）情况进行业绩评价和考核，对部门负责人和相关人员予以奖惩，以此来调动其成本管理的积极性，建立全面的成本核算体系，真实反映经营业绩，做好业绩评价。

2. 建立成本费用核算制度

按照“谁受益，谁承担”的原则归集成本费用，力求科学、准确地核算各责任中心的成本费用执行情况。成本费用按性质可分为三个层次：

第一层次为直接成本。由成本费用发生部门直接承担，包括人力成本、公用支出、节目制作成本、外宣成本等直接成本。

第二层次为间接成本。该部分成本按一定的规则向各责任中心分摊，包括技术成本、发射传输成本、覆盖成本等间接成本。例如，技术成本按照各部门使用转播车、演播室等专用设备的时长来分摊；发射传输成本按照各频道、频率使用的发射设备功率来分摊。

第三层次为间接费用。例如，总部的管理费、研发经费、广告营销费等，通常按经营总收入、广告总收入等指标的固定比例向频道、频率等责任中心分摊，并进行内部结算。

3. 建立成本费用考核制度

成本费用考核制度是依据成本费用考核指标对成本费用执行情况进行考核，并提出成本费用管理的改进方案。

首先，在年度预算的基础上，与各责任中心签订目标责任书，明确利润中心的利润考核指标和成本中心的成本考核指标。其中，成本考核指标是目标责任考核指标体系中不可或缺的组成部分。

其次，通过按时间进度分析成本费用预算执行率、节约额等数据，动态反馈各责任中心成本费用预算执行情况，激发业务部门和人员的成本管理动力，有效促进成本节约和目标责任完成，年终以全年成本费用指标完成情况作为考核依据。

最后，通过对成本费用的同行业比较分析、因素替代分析、结构比率分析等方法来评价成本费用控制的有效性，发现成本费用管理中的薄弱环节，并寻求有效管控成本费用的途径和方法。

4. 结合信息技术，提高核算手段和工作效率

成本核算中大量数据信息的填报、汇总、加工和统计分析，涉及企业组织的各级层面。为提高工作效率，落实各级责任，加强成本核算信息的准确性和效率，需要合作开发一套基于集团共享管理的 ERP 系统软件。通过 ERP 软件平台为各核算中心提供成本核算分析数据，为集团管理进行科学决策提供及时、准确、有效的数据支持。

广电行业引入成本管理制度，重视成本核算管理，建立健全以成本核算为核心的管理体系，将成本管理制度与全面预算管理体系、目标绩效考核体系深度融合、互为支撑，全面反映了业务成本费用信息，最大限度地调动业务人员、财务人员成本费用管理的积极性，从成本费用管理角度为广电行业整体战略目标的实现提供了有力保障。

浅议植入式广告与电视节目的融合

王小菁

摘　要：本文围绕植入广告的特点、发展和植入方式等探讨电视节目如何巧妙自然地做好植入广告，既满足客户要求，为媒体带来经济效益，又保证节目质量，赢得观众喜爱。

关键词：植入式广告；优化设置；广告收益；节目

植入式广告（product placement）是把产品及其服务具有代表性的视听品牌符号融入影视或舞台作品中的一种广告方式，给观众留下深刻印象，以达到营销目的。目前来看，在我国南方大城市各类媒体上，植入式广告的发展相对北方城市更加繁荣，而且其产生的效果也是非常明显的。以《中国好声音》等电视栏目的热播和巨大的广告受益来看，电视台通过每个栏目每季的植入式广告收入过亿。

现在，许多人每天上网浏览影片和各类视频的时间可能已经多于观看电视节目，不少人也习惯了将资讯、娱乐、广告共冶一炉的网络影片风格。例如，在某个视频 App 网站上看到影视剧或是综艺脱口秀节目的同时，可以一面捧腹大笑，一面接收明刀明枪的宣传资讯，而且丝毫没有违和感。这种情况在过往由免费电视节目主导的年代，根本是难以想象的。

国家新闻出版广电总局在加强对各类医疗广告的严格管理之后，2009～2012 年也放宽了电视节目中的广告间接宣传，包括植入式广告的合理限制。从 2012 年开始的数据显示，优质的植入式广告越来越多地被广大观众接受和认可，为传统电视媒体带来一个新的广告效益的增长点。

一、植入广告使广告商和电视台获得双赢

相当多的广告业人士认为，植入式广告可为广告商及电视台带来双赢效果。现

在电视台的广告时段有限、时间有限且价格太高，规范对植入式广告的限制，广告商便可选择在节目中宣传产品，减少广告时段的拥挤；允许广告商透过道具或其他形式在节目中植入广告，也为缺乏资源拍摄宣传片的客户提供了更多的选择。从电视台立场来看，增添新的宣传形式可吸引更多客户投放广告，开拓收入来源。

植入式广告的效果非常明显。我国植入式广告的正式出现是在室内情景剧《编辑部的故事》中。“百龙矿泉壶”这一产品在剧集中频频出镜，更设置必要的情节指出产品的优点和使用效果。相对于电影、电视剧中的植入式广告的运用，电视节目中的植入式广告出现的时间较晚。早期的选秀节目中将合作冠名客户产品作为重要道具在节目中频繁地被嘉宾和选手使用、提及，这种简单直接、效果有力的植入方式也助推了品牌的成长。例如，某选秀节目为客户创作的植入式广告主题曲《酸酸甜甜就是我》，至今仍为一代人耳熟能详的歌曲，可见其影响之深远。

除了广告商受益之外，电视台的收入也是明显提升。各大卫视高收视率的综艺节目通过巧妙的植入广告，不但在内容上赢得了观众的喜爱，更是在广告收益方面取得了较大的创新和突破。

作为常年从事在电视媒体广告创收一线的编辑记者，无一例外地了解众多本土企业在投放广告时候的顾虑，其主要原因首先是电视媒体的广告价格较贵，其次是广告成片的创意与制作。采取形式多样的植入式广告不仅解决了上述两个重要的问题，还增加了本地企业的知名度，在和电视媒体紧密合作的同时，不仅使本土企业得到良好发展，也提高了本土的就业率，电视媒体和企业之间多赢的局面令人欣喜。从 2010 年开始，国家新闻出版广电总局严格管理医疗广告之后，植入式广告不仅使城市本土企业有了新生机，而且吸引了更多的中小企业开始关注与传统电视媒体的合作，从而吸引全国中小企业在城市电视台投放广告，增加城市电视台的收入。

二、如何在节目中巧妙植入广告

电视节目广告植入空间与内容创意植入升级一直以来都是电视台节目制作人和广告经营人员探讨和研究的课题。在各种自办节目中，主持人口播是较早就开始的植入方式。随着客户在广告植入中要求的提高，主持人口播的形式也产生了一些变化。在某地方卫视的综艺类节目中，导演对主持人固定口播的呈现方式进行了设计，通过一镜到底的形式串联起各个品牌口播，并配合灯光音效等，使得原本中规中矩的口播变得灵动，给人赏心悦目的视觉享受。

那么，城市电视台如何尝试让植入式广告在节目中出现得较自然，各个种类的栏目制作一定要看是否与广告品牌的品位一致。有些时候更会要求主持人和嘉宾把刻意的广告演得自然一点，不仅要依靠主持人的主持技巧和嘉宾演员的演技与产品融合，更要靠制作人平衡广告商的要求和节目制作的质量。地方电视台在演播室室内拍摄场景相对固定，故而依托生活场景或在节目进行的过程中设计游戏类环节进行广告植入的空间较小，尤其是各类晚会或是谈话类节目的录制中，场景上有较大的局限。这就要求主持人和嘉宾之间的互动要有更加智慧的交流方式，对现场观众席的布置提出更多的要求，要通过全方位运作制作出精良的植入式广告，才能既满足客户需要又提升节目收视率。据 2018 年央视索福瑞数据显示，在 2014～2016 年地方电视台广告收益大幅缩减后，2017～2018 年，因为大量优质植入式广告的产出，地方台的广告效益有了大幅度提高，虽然较 2010 年前后的最高点有差距，但是各地方企业以新的广告形式为各地方电视媒体的广告创收带来新的增长点。

各大卫视电视媒体的植入式广告为广告商和电视台带来双赢效果，与此同时，不少观众也是意见颇多，因为目前很多植入广告文案太过直白，观众并不买账。另外，在节目进行的过程中突然插入关于产品展示和广告口播，破坏了节目本身的质感和连续性，严重影响了观众观看节目的情绪。当前，以上情况越来越明显，电视台必须考虑到这些影响观众观看情绪的症结，进而采取改进的举措。这就要求广告营销部门把握植入客户的权益设置，要站在观众的角度考虑广告植入是否会对节目内容观看造成影响，把握尺度至关重要，要尽量避免因为最初的广告权益设置产生植入执行的尴尬。

如何将植入广告与节目内容融为一体，这是优秀的商务导演团队需要做的。同时，这也要求品牌方不能一味地盲目追求植入的次数和时长，凌驾于内容策划之上的广告植入，而忽视节目组提出的两全的优良建议。

在各类型媒体日渐发展的今天，广告形式的多样化已经超出我们的想象。植入式广告隐蔽性强、容易引起二次传播、深入性高、传播效果好，越来越受到品牌客户的支持和认可。植入式广告可以无处不在，它们隐藏在节目中，成为电视台创收的重要组成部分，影响着电视节目质量的优劣，甚至是传统电视媒体未来发展的方向。好的植入式广告必须从内容本身出发，用创意实现内容和广告的融合，才能达到双赢或多赢。把握植入式广告的度是至关重要的，需要栏目制作人员和广告营销部门工作人员高强度的紧密合作，将来的电视节目和创收是一体合成的，是依靠团队来成就的。

论电视媒体在服务乡村振兴中的价值体现

吴海霞　庄志

摘　要：在乡村振兴过程中，需要调动社会各方面的力量，媒体也将发挥重要作用。近年来，随着媒体融合的不断深化，电视媒体在沉浮中适应、前进、转型。如何助力乡村振兴，在平台建设、内容建设、传播策略、受众培养等方面开辟新篇，是值得研究的问题。

关键词：电视媒体；乡村振兴；价值体现

电视媒体是以电视为载体，兼具传递信息、创作视听文化、参与政治生活、发挥经济作用等多方面功能的文化综合体。乡村是具有自然、社会、经济特征，兼具生产、生活、生态、文化等多重功能的地域综合体。二者不仅在内容上有相通之处，而且从近年来的国家战略角度来看，也都受到了高度的重视。对地方广电媒体而言，如何利用当下乡村振兴的契机，把媒体融合逻辑与乡村振兴中的多元主体对接，有序展开，是值得研究的问题。

一、赋能乡村振兴主体，助力乡村人才振兴

农民是乡村振兴的主体。在媒体融合形势下，电视媒体不仅要做好党和政府的喉舌，更应该抓住乡村振兴的机遇，转变角色“嵌入”其中，借机提升融合能力。

1. 激发信息生产动力，释放发展潜能

要改变传统地方广电媒体封闭、单向的信息传播模式，使乡村传播从“外视角”转移到“内视角”，让更多的农民成为乡村传播的主体，在农村中创造一个良好的“民间舆论场”。电视媒体可以借助视频生产者与行动者两大角色，积极参与乡村信息生产的宣传实践。一是利用新技术赋能，强化农民群体在多媒

介平台中的话语权，充分发挥乡土文化的主体作用，为农村经济发展释放更多潜能。二是引导电视媒体借助电商渠道，不断拓宽自身的受众范围，充分发挥农民“网红”在市场中的粉丝效应，促进乡村文化的传播。

总之，在从大众媒体向自媒体转变和发展的过程中，电视媒体要主动自我革新，带动多元化主体协同发展，以更好的信息资源配置激发乡村振兴主体的信息生产动力，从而带动乡村文化迸发出新的活力。

2. 发展广电讲堂，提供智力支持

电视媒体可以通过研发广电讲堂，打通直达基层的信息通道。利用城市中的大学、研究所等优势资源，选派师资进讲堂，实现群众点单、按需派单，并通过研发讲堂画面回传、语音动态传播、内容云存储等功能，形成工作回路闭环、教学反馈闭环、培训管理闭环、资源共享闭环，推进乡村振兴讲堂线上线下深度融合发展。同时，还可以打造乡村振兴节目带，提供丰富的教育培训资源，满足广大党员群众的学习需求，为乡村振兴提供智力支持。

二、推进乡村治理提升，助力乡村稳定繁荣

乡村振兴的主要目标是有效提升乡村治理能力、建设有文化吸引力的宜居之地。电视媒体融合以文化振兴为归宿，因此成为乡村社会治理的有力推动者。

1. 升级服务，实现角色转变

过去很长一段时间，电视媒体主要是从行业、公共服务角度参与地方治理，如通过开展各种“新闻行动”，配合党委和政府的政策落实，即使在特定时期内产生了一定效果，也很难转化为乡村治理的长效机制。当前，随着科技进步，电视媒体不仅发挥着文化、经济的社会功能，也正朝着成为乡村社会治理综合信息平台的方向努力。电视媒体可以利用自身的公信力与联结能力，构建社会治理综合信息平台。如以“节目＋”为核心理念，搭建问政云平台、帮扶云平台、调解云平台，实现广播、电视和网络媒体的深度融合以及信息发布、反馈、跟进的闭环管理，针对农村社会治理的实际问题，深入调查研究，引发思考并提出合理化建议，积极稳妥地做好农村热点难点问题的舆论引导工作。

2. 乡村文化数字化，留住乡愁

中共中央、国务院印发的《乡村振兴战略规划（2018～2020）》明确要求：以乡情乡愁为纽带，引导和支持各类人才服务乡村振兴事业；引导企业家、文化工作者、退休人员、文化志愿者等投身乡村文化建设。2019 年 5 月，中共中

央办公厅、国务院办公厅印发的《数字乡村发展战略纲要》提出：繁荣发展乡村网络文化，推进乡村优秀文化资源数字化，建立历史文化名镇、名村和传统村落“数字文物资源库”和“数字博物馆”，加强农村优秀传统文化的保护与传承。

电视媒体可以发挥自身的资源优势，并结合当下媒体融合的时代背景，牢牢抓住乡村文化数字化这个契机，打造“乡村文化博物馆”，积极推进数字资源进乡村，保存和宣传中华优秀的农耕文化，为个人和机构提供乡愁文化资料在线存储空间，搭建地缘乡村文化交流和大数据服务平台。同时，还可以组织乡村文化创意大赛，挖掘乡村文化产业价值，赋能传统产业转型升级，着力营造全社会参与乡村振兴的社会氛围。

三、发展直播带货，助力乡村产业振兴

乡村振兴的要务是产业振兴，没有良好的产业经济支撑，乡村振兴就失去了根基。面对农村各领域活跃的产业个体，电视媒体可以利用内容生产、传播优势成立多频道网络（Multi-Channel Network，MCN）机构，这是当下较为流行的一种高度产业化的内容组织模式，可以高效对接生产者与平台方，对内容进行统一定位、运营与管理，进而保证内容高效、持续、稳定地输出。

1. 电视主播直播带货，打开销路

电视媒体一直是节目生产和广告创收“两条腿”走路，与以往客户找电视台不同，当下的直播经济需要媒体主动去吸引客户和消费者，这对于电视媒体人来说既是机遇也是一个彻底的转变。从央视到地方广电，严肃的新闻主播华丽转身，利用其自身的社会影响力和号召力，在短视频平台进行直播带货，为当地的农特产品代言，吸引网友和消费者在线观看和互动，从而产生购买行为，实实在在地帮助老百姓，助力了乡村振兴与发展。

2. 成立 MCN 机构，嵌入产业链条

“网红”经济价值创造空间巨大。一些市场意识较强的省市级广电媒体已经走在了前列。他们通过成立 MCN 机构，有效嵌入各产业链条中，不断打造产业供需新的信任中介——“网红”群体，也在新环境下找到了崭新的价值创造方式，这无疑是营利模式的创新之举。可以携手各区（县）长、乡（镇）长、村干部及农户，通过“短视频＋电商”的形式，帮助广大农村地区开展农产品销售，并逐步衍生到开展农副产品种植、售卖直播、线上线下推广交易等，为乡村振兴搭建新的模式和平台，创造更多的融合业务。

传统广告在融媒体时代下的机遇与挑战

薛莉

摘　要：随着媒体融合的不断发展，技术的改进、市场结构的变化、传播主体的泛化等因素都对传统媒体广告经营模式的创新提出了新的要求。本文旨在通过对媒体融合发展的研究，探讨媒体融合对传统媒体广告行业带来的机遇与挑战，深入分析媒体融合背景下创新传统媒体广告发展模式的策略。

关键词：媒体融合；传统媒体广告；机遇与挑战；发展模式

媒体融合是互联网时代催生的媒体发展新理念，报纸、电台、电视台等传统媒体将与互联网、手机、手持智能终端等新兴媒体传播通道有效结合，衍生出不同形式的信息产品和传播平台。在媒体融合时代，传统媒体广告作为一种既反映社会又反作用于社会的重要传播媒介，机遇与挑战并存。如果能顺应时代洪流，抓住改革机遇，便能取得重大突破；反之，如果缺少改革创新的敏锐性，便会在激烈的融合竞争中逐渐失语。

一、媒体融合背景下传统媒体广告面临的生存挑战

1. 传统媒体广告市场整体低迷

随着媒体融合迅猛发展，传统媒体广告的用户黏性、吸引力和市场竞争力明显下降。2019 年底，央视市场研究（CTR）发布了《2019 上半年中国广告市场回顾》。该报告指出，2019 年上半年传统媒体市场收入同比降幅达到 12.8%。其中，电视广告刊例收入减少 12.4%，广告时长减少 17.2%，电视各级频道的广告收入和时长度呈现不同程度的下滑；广播广告刊例收入减少 9.7%，广告时长减少 12.9%；报纸和杂志的广告刊例收入分别下降 30.6%、6.1%。此外，国家市场监督管理总局发布的统计数据显示，广播、杂志、电视等传统媒体的广告收入占各

类媒体广告总收入的比重由2013年的74.16%下降为2019年的49.66%。

2. 人才流失成为制约行业发展的短板

根据国家市场监督管理总局在2020年初发布的年度广告数据，2019年中国广告从业人员增幅为6.32%，相较上一年度增幅明显收窄，达到近五年增幅的最低点。传统媒体广告从业人员已经呈现负增长，比如2019年电视台从业人员同比下降15.99%，相较2018年4.05%的负增长，人员流失明显加剧。广告行业作为典型的知识密集型和人才密集型行业，人才流失意味着行业危机。

3. 传统媒体广告理念相对滞后

在传统媒体时代，"创意"是广告的核心卖点。一句朗朗上口的广告语吸引消费者兴趣的情景故事，一个充满新鲜的广告创意就能有效扩大广告的传播效应。在媒体融合时代，广告拥有了其相应的配套营销系统，广告和营销融为一体，同时也成为营销的一种手段。相比于新媒体中系统的广告营销，比如一系列直播带货的兴起、电商消费节的塑造、广告赠送福利等手段，传统媒体广告的营销理念仍然单一而滞后。

4. 传统媒体广告的经营模式被颠覆

当前的传统媒体广告多为固定、单向传播，内容基本上是遵循事先安排好的版面，在固定时间投放，受众也只能在特定的时间、场所和媒介中获取，互动性较弱。而在媒体融合时代，广告发展方向变为从客户需求和传播效果出发，强调随时、随地、即时互动的传播，对喜欢的内容，只需指尖轻轻一点，后台便能接到反馈，而这些与传统媒体的固有属性存在冲突。可以预见，如果广告还是站在单一传统媒体的层面发展，必将举步维艰。

二、媒体融合背景下传统媒体广告面临的发展机遇

1. 传统媒体坚守着广告大众传播的本质

新媒体在向受众提供定向化服务的同时，也在无形中为不同群体编织了一个"信息茧房"，"精准传播"本身就和广告"广而告之"的本质背道而驰。因此，对于需要进军全国市场的行业而言，传统媒体广告的价值更加宝贵。因为互联网通过细分群体形成不同圈层的用户，便会带来广告投入成本的上涨。而传统媒体通过中心节点批量复制，受众之间的联系不受限制，更有利于争取大众市场。比如，宝洁公司在近年的实践中摒弃了对"精准"传播的迷信，再度将广告中心投入到传统媒体上来。

2. 互联网广告虚假宣传泛滥

自媒体和互联网给了人人都能发声的载体，但由于商业行为本身的“逐利”性质，近年来关于互联网广告虚假宣传、流量造假的新闻屡见报端。比如，秒针系统发布的《2019年度中国异常流量报告》显示，2019年全年互联网广告异常流量占比31.9%，2019全年中国互联网广告“假量”损失高达284亿，数据揭示了我国数字营销行业欺诈现状。这就使得互联网广告宣传的真实性受到公众的广泛质疑，互联网数量巨大而价值转化率低的广告让广告商浪费了大量的资金，而传统媒体广告基于其完善的审核机制和广泛的公信力基础，让其在实际销售效果中具有显著的竞争优势，这是传统媒体广告在媒体融合时代的立足之本。

3. 新媒体的出现促进了传统媒体平台的整合升级

媒体融合引入了互联网的功能和价值，同时也加剧了传统媒体与新媒体在媒体资源、内容资源、关注资源等方面的争夺，必然会带来优胜劣汰的行业整合和升级。具有竞争优势的传播平台能够通过广告盈利能力的优势强化对政策资源、人才、资金、技术的吸引优势，为传统媒体的转型升级积累原始资本，促进整个行业内资源更高效的配置，为创新带来更多可能。

三、媒体融合背景下传统媒体广告的发展策略

1. 拉长优势，进一步强化传统媒体的公信力建设

牢牢树立传统媒体作为我国当前重要的舆论传播阵地的意识，坚定不移地做大做强电视广播的传播公信力，实施品牌战略，强化广告信息源的专业性、可信性建设，对自身的广告传播质量严格把关，选择投放的广告内容应该与产品实际品质和形象符合，将传统媒体建设成为独具地方特色的传播阵地，为宣传地方形象和推广地方产品传递更多优质的声音。

2. 补齐短板，形成以消费者为中心的多元用户体验

在媒体融合的时代背景下，消费者成为广告行业发展最大的引领力和推动力。消费者在全媒体融合的技术背景下可以不受时间、地点、环境的影响接收广告信息、转发广告信息，因此传统媒体广告的经营理念要及时转型。广告媒体要充分借鉴吸收新媒体广告先进的经营理念，通过大数据技术强化对广告受众群体的信息收集，加强用户分析研判；要根据消费者的相关消费信息掌握消费者的消费力、消费喜好、消费习惯等信息，强化细分市场管理，让传统媒体

广告同样在一定程度上做到“投其所好”；要通过数据进行广告效果评估，提高广告资源利用效率。

3. 融合发展，以文化产业助推传统媒体广告品质提升

在媒体融合的时代背景下，传统媒体广告的经营模式需要跨媒体、多媒体的深度合作，改变传统单一的发展模式，多渠道、跨领域、多手段提升传统广告产品的附加值。同时，要深化与相关文创行业的互动合作，进一步塑造独特的广告文化。针对消费者对产品拥有更多自主性需求的现状，更愿意为自身的兴趣买单，可以通过大数据分析不同层次类型的消费者的总体兴趣爱好，相应制作并提供更多地突出个性化、品牌化的广告内容，注重向动漫、游戏、书籍、电影等衍生文创领域延伸，塑造独特的广告文化和广告产品，为传统媒体逐步延伸产业链提供契机，实现传统媒体广告的跨越式发展。

4. 开拓转型，推动经营理念向公共服务型转向

传统媒体应该清醒地认识到，经过长期的资金投入、技术发展和用户黏性的提升，新媒体广告已经成为一种非常完善的商业模式，技术水平也已经体现出明显的比较优势。传统媒体自身虽然确实存在着商业价值下滑、优质客户流失、经营压力大的现状，但根据党的十九届三中全会通过的《中共中央关于深化党和国家机构改革的决定》，对从事经营活动和社会公益服务的事业单位进一步提出了“去营利性要求”，广告收入将不再是新型主流媒体的营收来源。因此，传统媒体没有必要在商业营收方面“以短击长”，而更应该关注自身向公共服务方面的转型升级。传统媒体应持续加大对公益广告的投入，延长公益广告的播放时长，更好地服务于地方宣传，广泛服务于公共服务事业，壮大主流舆论阵地，着重提升传统媒体广告正面引导的影响力和传播力。

参考文献

[1] 陈刚. 媒体融合与广告公共服务型转向研究 [J]. 人民论坛·学术前沿，2019 (3).

[2] 顾颖. 媒体融合背景下电视广告经营创新策略 [J]. 传播力研究，2018 (8).

[3] 任学安. 媒体融合背景下电视广告经营创新策略——以中央电视台广告经营转型为例 [J]. 电视研究，2017 (10).

浅析在多媒体冲击下的传统电视媒体如何获得广告效益最大化

王小菁

摘　要： 在我们的日常生活中，广告无时无刻不在冲击着我们的视界。全媒体时代，新媒体的传播手段不断创新和发展，广告客户对媒体的选择方向越来越多样化。对于中国目前的媒体产业来说，不管其媒介形态如何，机制是否相同，都是在用同样的资源（广告）竞争，媒体行业在多个层面上的经营存在着同质化的问题，故而，电视媒体才会饱受巨大的冲击和经营压力。在如此激烈的竞争环境下，传统电视媒体应如何应对，本文把着眼点放在新媒体与电视媒体的传播特点上，浅析在媒体多样化的当下，电视媒体如何获得更大的广告市场份额。

关键词： 传统电视媒体；新媒体；融合与合作；电视广告传播

新媒体、新技术成就了新神话。今天的中国正在以更快的速度演绎着新媒体带来的新奇迹。在网络兴盛、媒体融合的大背景下，我国电视节目的发展正处于一个挑战与机遇并存的关键时刻，特别是电视广告也面临着继电视普及之后的又一次转变和突破。从另一个角度来看，电视从业者需要审时度势，在新时代重新认识电视的价值和对电视受众的分析。广告与传播从根本上就是利益关系。从本质上说，广告就是一种信息传播的过程，必须依靠各种传播手段，广告信息才能传递给其特定的受众。大多数广告传播是以营利为目的的，购买大众传播的花费极为昂贵。对广告客户来说，其所购买的刊载广告画面和播映时间是极为有限的，要求在有限的条件下通过一次或几次传播尽可能多地吸引消费者。当前，在快节奏生活环境下，人们无暇关注到所有的广告信息，只会对那些新颖有趣且与自己利益相关的商品信息产生兴趣或是抱有接受的态度。

因此，无论是哪一个企业都会对广告传播的信息斟字酌句，反复思考，精心策划，在有限信息中表现其优势。

一、新媒体广告传播的特点

所谓新媒体是相对于传统媒体而言，自新媒体大量涌入百姓生活以来，新媒体一直不停地在变化升级。当前新媒体广告的优势主要体现为：细分市场，针对目标人群更加精准；灵活性强，可操作性强；广告形式丰富，互动性强；内容年轻化；针对高端市场，资本市场的高介入。

二、新媒体传播方式的转变

传统媒体的传播方式是单向、线性、不可选择的。它集中表现为在特定的时间内，由信息发布者向受众传播信息，受众被动接受，信息的反馈不会及时和全面地被发布广告的商家所获取。这种静态的传播方式使得信息流动性变差。新媒体的传播方式是双向的，其可以轻松地将传统的发布者和受众转化成为信息的发布者，而且可以及时地进行互动。传播内容与传播形式是自我的，最大限度地显示其个性化特征。

三、新媒体传播的实时化

无线移动技术的发展使得新媒体具备移动性的特点，用手机上网、看电视、听广播，在公交车、出租车上看电视等越来越成为普遍的事情。新媒体传播速度的实时化，使得大量的信息瞬间变为旧闻，而其制作的简单也使传统的电视媒体在受众眼中失去了吸引力。这一优势是传统媒体无法相比的，对传统媒体极具杀伤力。

四、新媒体获得广告经济效益的撒手锏

新媒体所具有的特质是传统媒体目前无法相比的，也是新媒体广告份额占据更多的原因。

首先，新媒体广告尊重受众的自主性。由于网络环境下受众的自主性大大提升，传统的强迫性吸引受众注意力的方法适得其反。中国互联网信息中心、一些排名较前的传媒网站和某电通公司的调查都显示，绝大多数网民非常不喜欢弹出式广告，甚至下载相关的软件将其关闭。对于新型广告受众，我们应对

其自主性予以尊重，对其购买欲望进行有计划的引导。比如说，让受众选择花钱去除一个月的广告弹出，小举动尊重了受众的自主性选择。当受众慢慢开始习惯付费后，就代表着其开始接受新媒体的这种广告传播方式。

其次，新媒体注重广告的娱乐性。传统广告的单调、呆板的表现形式已经远不能吸引消费者的眼球。快节奏的生活方式、海量的信息使得消费者越来越追求简约和个性化。当下越来越多的网络游戏、视频动画、评论发言和电视剧电影等都开始植入广告。

最后，也是极为重要的是与受众之间的直播互动。互动性已经是新媒体广告不可或缺的策略。虽然社会上对此种文化现象有诸多的看法，但其创意和商业运作却是成功的。比如，2015 年央视与支付宝发布春晚红包玩法，超过 4 亿的实名活跃用户以及在人们各个生活场景的深度覆盖与渗透，使支付宝几乎成为全民使用的软件，每年的春节，大家都在玩支付宝扫“福”字领红包。

五、传统电视媒体的优势

当下，我国的广电产业已经进入一个同质化、白热化的竞争态势，广告客户会全部舍弃传统电视媒体而转向新媒体吗？难道只有新媒体是达到广告客户各层次需求的新舞台？那传统电视媒体就没有反击之力了吗？浅析新媒体特点和巨大潜力之后，我们分析一下传统电视媒体如何做精做深自己的原有领域并如何开发新渠道。

与新媒体相比，传统电视媒体虽然在新闻信息发布、更新的及时性方面略有迟缓，但是，电视媒体在新闻报道的深度、广度和高度方面是新媒体暂时触摸不到的。新媒体在大多数时间是提供一种简洁的“快餐类”新闻，电视媒体在提供调查性新闻报道、追踪性新闻报道等方面具有一般新媒体难以逾越的优势。

传统电视媒体的受众同样是重要的一环，其有着特定的坚实的粉丝群体。中国社会科学院财政与贸易经济研究所的报告中指出，2011 年以后的 30 年间，中国人口老龄化将呈现加速发展态势，到 2030 年，中国 65 岁以上人口占比将超过 44%，成为全球人口老龄化程度最高的国家。到 2050 年，社会进入深度老龄化阶段。大多数的老龄人仍旧对电视媒体有较高的认可度，其具有简单易操作、方便接收的优势和特点，所以传统电视媒体现在仍有着固定的受众群体。

六、传统电视媒体发展的设想与建议

当下的新媒体技术特性是要求打破行政区划界限，地方广电加入新媒体平台寻求共赢是做大做强的出路。电视的商业模式正由低廉收费走向个性收费的经验路径，电视媒体必须加大与其他新媒体的合作与整合，把传统的价值链与互联网、手机等整合，将电视媒体的影响力通过互联网这个多样的渠道得以展现，在这些新的平台上创造出多重价值。

与此同时，传统媒体在应对新媒体竞争时纷纷展开对自身的重塑，也是重新将广告份额吸引回来的重要策略和行动。新的媒体环境要求传统电视媒体对顾客心理和新技术的潜力有更深入的学习和理解，适应新媒体的游戏规则将给传统电视媒体带来更多的收入。传统媒体与新媒体的有效结合，同样使很多新利润以最快的速度产生。

对于传统媒体而言，进入新媒体是其开展新业务、整合旧资源、进一步做强做大的必由之路。网络技术的发展迫使传统传媒机构必须尝试新思路新举措，尽力在较短的时间内找到自己与各种新媒体的融合与合作途径。

首先，要尝试改变播出方式。传统媒体的播出源头是由播控中心以线性方式播出的，如果能改成以非线性与线性播出相结合的方式，受众也可以通过收费观看的方式来选择线性或者非线性播出，以此吸引和培养较为年轻的受众群体。其次，打破原来的条条框框，做出高质量的新闻类和谈话类节目。这样就有了与新媒体抗衡的能力。有了好节目，就要提前做好节目的预热宣传，加强同受众的互动环节。传统媒体有着坚实的品牌地位，是受众信赖的平台，有着极强的公信力。传统媒体要做好电视新闻，关注民生，在主导主流声音、当好政府的喉舌的同时，要做好服务性和知识性节目，服务于百姓，凭借传统媒体的公信力与众多商家实行合作营销，让受众在观看节目的同时又成为放心的消费者，实现广告商与传统媒体共赢的模式。

当下传统媒体的优势就是在依托原有的内容优势及品牌价值的同时，通过跨媒体并购、延伸产业链成为综合性媒体机构。要勇于整合各种新旧媒体方式、集合各种媒体优势，通过更加高端的数字化传播途径做出更多的好节目，实现规模与收益的最大化，找到一种良性循环的广告经营和电视节目糅合发展的新路径。

在互联网技术高速发展的今天，传统电视媒体要想把丢失的广告市场份额重新争取回来，就必须要学习新媒体的长处，继续发挥自己的优势，实现更好的发展。

广电

GUANGDIANJISHU

技术

现场直播的5G技术引入探讨

陈蔚宁

摘　要：随着音频和视频内容逐渐成为目前社会上的主要资讯表达方式和基础业务，同时伴随着视频互联网化（IP化）传输的崛起，视频传输越来越受到带宽等条件的限制，传统直播清晰度不够、互动性不强、体验感不好的缺点日益突出。通过在现场直播中引入5G技术，借助5G技术带来的超高清、低时延和高带宽优势，可以在消除卡顿、增强画质、增强实时互动等方面为现场直播带来更大的优势，也能让用户获得更好的体验。

关键词：5G技术；现场直播；5G背包

随着社会的发展，人们可以看的频道越来越多，画质也越来越清晰，观众不必再忍受分辨率低带来的画面锯齿感以及高速运动画面模糊带来的不适感。随着5G时代的到来，其所带来的技术革新势必会让广播电视的观看方式更加多种多样。5G网络的高速率可以满足4K/8K画质乃至虚拟/增强现实（VR/AR）设备对传输速率和传媒内容质量的要求，而低延时则会使传媒内容的质量大大提高。5G技术可以更好地推进现场直播在技术与产品层面的创新探索。

一、5G网络通信技术

所谓“5G网络”，指的就是在移动通信网络发展中出现的第五代网络。与之前的四代移动网络相比，5G网络理论上的传输速率每秒钟能够达到数十吉字节，这种传输速率是4G网络的数十倍甚至数百倍。对5G网络而言，其在实际应用中表现出了更加明显的优势和更加强大的功能。5G网络的主要特点有以下几点：

1. 传输速率

5G网络的传输速率可达10 Gbps，是4G网络传输速率的数十倍甚至数百倍。

2. 数据容量

5G网络支持大规模机器类通信，超高连接数密度能够支持大量的不同设备接入。

3. 网络连接

5G网络支持更多的使用率，其极低的延时与超高的可靠性可以极大地改善端到端的性能。

与4G网络相比，5G网络已经变成了基于服务的架构。5G网络已成为一个通用的平台，一个数据传输平台，一个业务承载平台。如果把5G的空中无线接口和核心网的功能虚拟模块按照广电的需求进行增加或者是优化，则相当于把广电看作一个基于5G平台的垂直应用专用网络，这个网络完全可以承载网络电视业务，并且能够提供交互式服务。

另外，5G网络通信技术不仅实现了传输速率的提高，在传输的稳定性上也有突出的进步。应用5G网络通信技术，在不同的场景中都能进行很稳定的传输，能够适应多种复杂的场景。

二、现场直播及目前存在的问题

直播是广播电视节目的后期合成与播出同时进行的一种播出方式。按播出场合的不同，直播可分为现场直播、播音室或演播室直播等形式。电视现场直播为在现场随着事件的发生、发展进程，是一种能够充分体现广播电视媒介传播优势的播出方式。现场直播常用于重大会议、节日庆典活动、体育比赛、知识竞赛、文艺演出等活动的报道。

在传统的视频系统中，先由内容源上传内容到Web服务器，再由Web服务器响应用户的视频请求。在这种方式下，内容基于TCP和HTTP进行下载，或是以“流”的形式传递给用户。但TCP并不能快速适应无线网络的变化，如信道环境改变、终端登录和注销等都会导致无线链路的容量发生变化，并且这种长距离的视频传输也增大了链路的故障率，会造成很高的时延，无法保证用户体验。

三、5G赋能现场直播

5G时代，技术带来了大带宽、万物互联、低时延能力、丰富的媒体内容、海量的链接和沉浸式的用户体验。5G直播一般有同步观影、互动时间切片、

360 度 VR 直播等方式，可以让观众以第一视角体会镜头后的情况，能身临其境地感受“我也在现场”的体验。随着 5G 技术的初步引入，现场直播将具有以下特点：

1. 画质更为清晰，传递更多的内容细节

受到带宽等条件限制，传统直播的清晰度不够。5G 技术为超高清直播提供了可行性，能采集 4K 超高清视频，通过 5G 网络进行传输，并可以在有条件的硬件屏幕设备上实现 4K 投屏观看，让观众获得超高清的视听体验。

2. 直播更为流畅，互动也更加及时

4G 时代，直播过程中的卡顿、马赛克，甚至被“卡出直播间”等是很常见的问题。在 5G 技术条件下，这一问题将得到解决，用户可以实时、流畅地感受来自直播现场的氛围，并进行实时互动。

3. 直播形式更为丰富，呈现更多的视角和视觉效果

有了 5G 技术的支撑，媒体直播过程可以呈现更多视角，采用更多样化的视觉特效，让直播观感更丰富，更具灵活性。

随着 5G 技术的普及深入以及周边各种配套技术和硬件设备的成熟升级，5G 技术对媒体直播将产生颠覆性的影响，主要体现在以下方面：

（1）直播硬件设备轻便化，业务流程简化，直播主体多样化

在将来，小小的 5G 背包就能替代目前电视台庞大的视频直播车系统。5G 背包内置 5G 模组和 4K 编码器，摄像师将其背在身后，连接拍摄器，可输入 4K 分辨率的画面。这些画面可以在互联网直播平台上同步完成直播，也可以传送给导播室，导播同期切换，当即在电视屏幕上直播。

之前，现场直播系统由转播车系统、信号传输系统等组成，现场内容通过摄像机送入转播车，经过技术处理后，再通过信号传输系统送至导播室。有了 5G 背包之后，不需要这些复杂的系统也可以完成现场直播。

这种 5G 背包内的“转播车”可以让直播实现“单兵作战”，直播主体更加丰富灵活，而且是随时随地进行。可以想象，在 5G 时代，传统新闻直播业务将会被彻底改造。

（2）VR 直播、全景直播等形式纷纷出现，受众的在场感达到峰值

在 AR/VR 等虚拟技术的加持之下，5G 时代，VR 直播、全景直播、全息成像等已经实现。虚拟技术营造出来的超强在场感将会使受众对于新闻现场产生完全不同于以往的逼真感受，对新闻事件的报道更加栩栩如生，观众将会获

得与现有新闻直播全然不同的感官体验。

诺妮·德拉佩纳（Nonny de la Peña）是“沉浸式新闻”的提出者之一，她策划了许多应对城市饥饿、家庭暴力、叙利亚难民危机等公众议题的项目并获奖。她表示：“有了虚拟现实，你可以亲身感受新闻报道，而不是只是靠想象。我们有机会真正创建关联。只有您置身其中，才能感同身受。”

5G时代开启了全新的信息技术革命，将彻底改变原有的媒体生态。随着音频和视频内容成为未来社会的主要表达方式和基础业务，一个更广泛意义上的大容量、大内容、大联动的大视频时代已经到来。

应急广播平台与发射中心指挥平台融合建设规划

于磊

摘　要： 发射中心智能监控指挥平台由发射台智能远程监控系统、开放综合监控管理平台、彩条系统、企业数据中心（EDC）、异地在线容灾备份系统等子系统组成，整合了电视无线发射、调频和中波三块业务。应急广播平台作为国家应急和防灾减灾体系的重要组成部分，将在济南广播电视台部署。面对机遇，经过充分讨论、统筹规划，计划把两个平台融合建成一个高效、智能、高可靠性的智能监控融合平台。

关键词： Openstack；Ovirt；汇聚；堆叠

发射中心负责济南广播电视台的无线发射任务，具有电视无线发射、调频、中波共 11 个无线发射转播台和 3 个调频覆盖隧道前端，现有 26 台调频固态发射机、2 台数字 DTMB 电视发射机和 16 台中波数字固态发射机。

在应急广播建设相关政策的推进下，我们对应急广播和发射中心智能指挥融合平台的设计和规划进行了充分讨论、论证，形成了融合方案。本方案分三个阶段进行：(1) 2020 年开发发射中心私有云和高速骨干网（已投入使用）；(2) 2021 年将电视机房改造成高标准应急广播和发射中心监控融合平台；(3) 2022 年设计开发运行在公有云上的发射台监控程序，并完善双中心容灾备份系统。

一、开发发射中心私有云和高速骨干网

发射中心的发射台站和隧道分散于济南地区的 22 个地点，这对安全播出提出了更高的要求。为了保障电视发射、调频、中波这三块业务的融合，2020 年发射中心采购了网络设备，成立了项目研发小组，对 Openstack 和 Ovirt 进行了

研究，开发出了发射中心私有云和高速骨干网。

发射中心高速骨干网络（见图 1）连接市区的 4 个主发射台，在总台机房配置 2 台全光交换机作为主光汇聚区，其分别连接总控室区、中波 915 台、中波 614 台、榧子山发射台，实现了所有台站之间的光交换。链路和节点均采用链路汇聚、节点堆叠的方式，提供了高可靠性的网络。

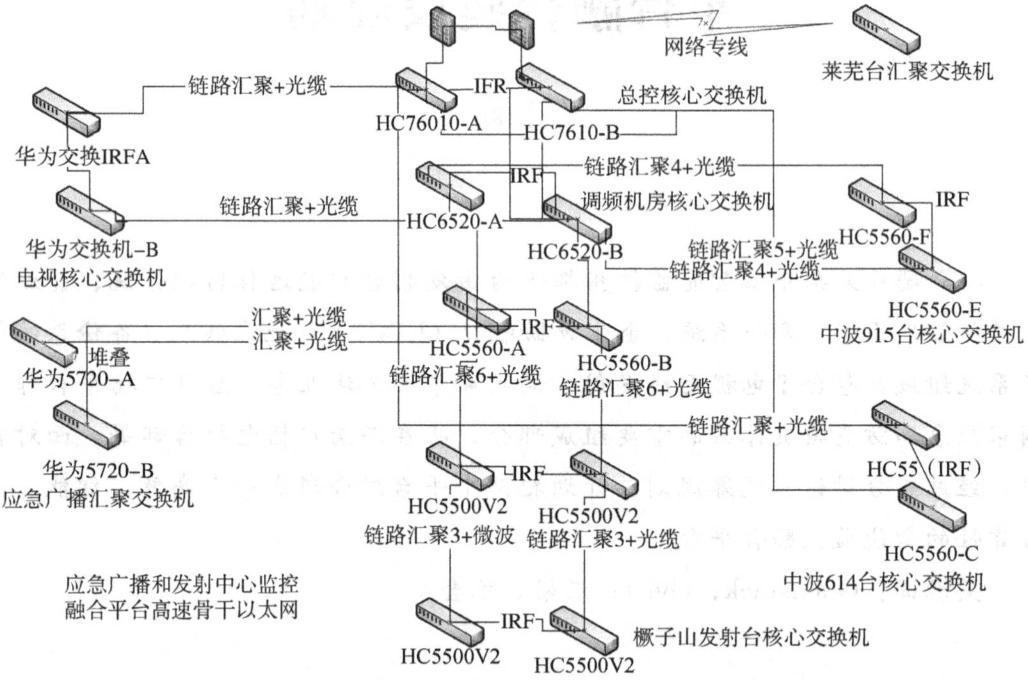

图 1　发射中心高速骨干网络

二、将电视机房改造成应急广播和发射中心指挥融合平台

发射中心发射塔位于舜耕路济南广播电视台院内，东临千佛山公园，西接泉城公园。铁塔一楼为原调频机房，总面积超过 80 m²，有 15 台调频固态发射机，非常拥挤。二层电视无线发射机房同样已使用26 年，基础设备老化陈旧，布局分割太多，已不适合目前的事业发展。为此，中心决定对该 20 m×20 m 的电视机房重新改造，融合应急广播、调频、电视、中波等各项业务，将其建设成高标准、现代化的综合监控融合平台。

1. 应急广播平台的建设与融合

发射中心负责调度控制分平台，承担应急广播传输覆盖、网络资源调度等工作，与信息制播分平台对接信号。按照要求，在中波、调频、地面数字电视台站分别部署对应急广播适配器进行技术改造，接收平台发布的信息，建设信号传输通道。为此，开展了以下工作：

（1）检查应急广播所在的发射台供/配电、空调、天馈线、环境温/湿度、防雷接地、环境监测、监控网络、摄像头等是否满足扩容后的需要，若不满足可增加相应的设备。

（2）增加应急广播远程监控软件及附属硬件，能够远程监控应急广播的发射系统，把该软件融入发射中心的发射台远程智能监控系统中。

（3）增加应急广播收音头，将回传的高周信号纳入发射中心彩条系统中，用于彩条显示、高周监听、慢录存储。

（4）应急广播与发射中心监控融合平台作为应急广播信号源分发中心，分别连接到制作播发平台（总控室）、中波台、县区调频发射台，各需要两条不同路由的链路，其中一条作为应急广播专用信号源链路，另一条作为原信号源系统链路。

（5）发射台信号系统，给应急广播发射机增加智能音频切换器，保证至少来自不同路由的两路音频 AES 同步信号。按需要增加应急广播编码器、解码器、复用器等。

（6）应急广播平台网络安全保护等级方面，按照要求济南广播电视台建设等级为 2 级。

（7）应急广播的运行维护和保养方面，由所在发射台站机房的人员负责，按照机房“谁管理，谁负责”的原则进行维护和保养。

2. 平台功能区划分

（1）值班监控区

值班监控区包含开放综合监控管理平台、大屏幕显控系统（电视墙）、监控台、操作台、音响系统。

大屏幕显控系统采用 30 块 Unisee 超级液晶平铺式拼接显示器，每块屏为 55 英寸大小，分辨率为 1920×1080，屏体间物理拼缝为 0.3 mm。大屏由左到右划分为 A、B、C、D 共四处区域，其中 A、D 区域显示发射台站的摄像头视频信号和电视节目；B、C 区域的上排显示彩条，下排显示监控软件的界面。可显示 11 个发射台站和 9 个隧道的彩条、监控软件界面、电视和视频界面。

在大屏上，可实时、在线查看电视节目画面、彩条、发射机各参数、调制度柱状图、环境温/湿度、电表指示、空调状态、UPS 参数、机房内外环境、解码器、AES 切换器、消防、摄像头画面等。通过音响系统可以监听发射台的低周信号、高周信号、电视伴音等。

操作台外观造型美观，科技感十足。整个台体设计符合人机工程学，便于切换和配置大屏软件页面和视频分布。

（2）设备机房区

设备机房区包含配电区、信号机柜区和发射机区。其中，发射机区有 2 台数字式 DTMB 电视发射机和 15 台调频固态发射机，与橛子山机房的 7 台调频固态发射机互备，通过双馈连接四面八层水平极化偶极子天线阵。

（3）值班宿舍区

值班宿舍区包含值班宿舍、淋浴室、卫生间等。

（4）会议培训室

会议培训室用于召开会议，举行培训活动。

应急广播和发射中心监控融合平台机房平面如图 2 所示。

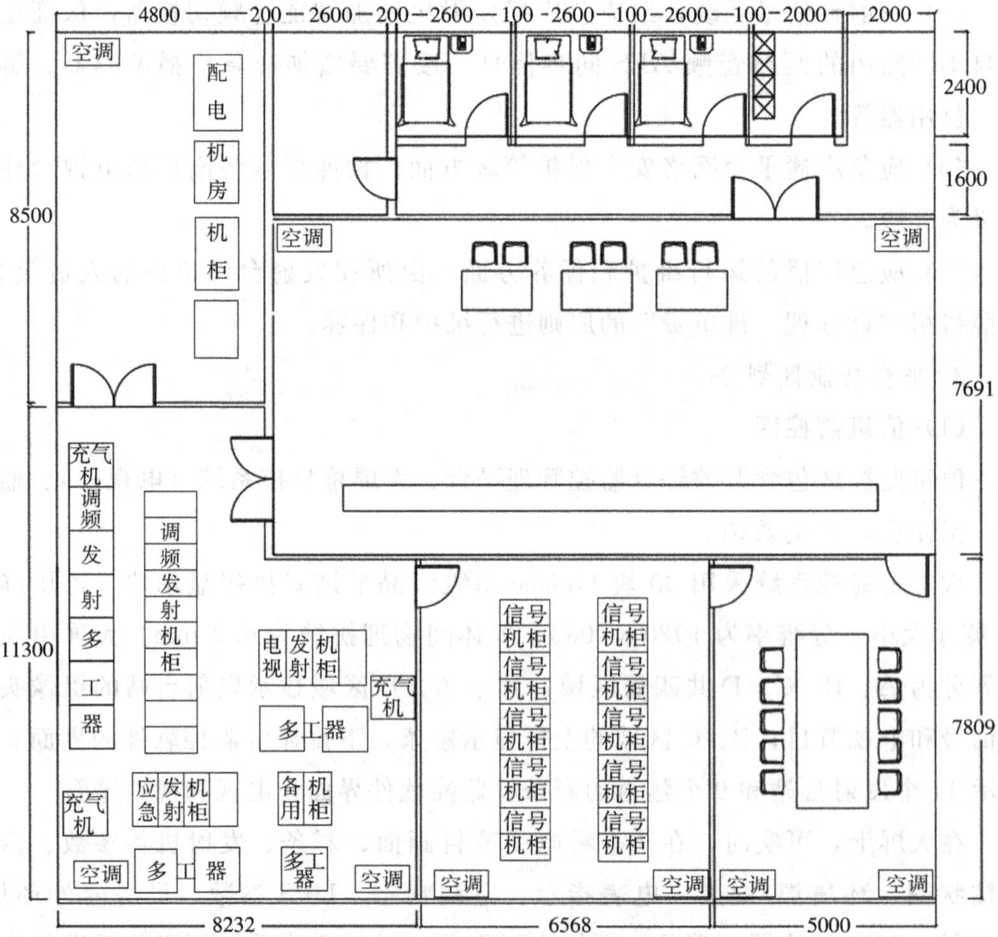

图 2　应急广播和发射中心监控融合平台机房平面（单位：mm）

3. 应急广播和发射中心监控融合平台功能

(1) 开放综合监控管理平台

开放综合监控管理平台由大屏幕显控系统、监控前端系统、监控后端管理系统、灭火消防系统、门禁与对讲系统、存储阵列系统、音响系统等组成,如图 3 所示。

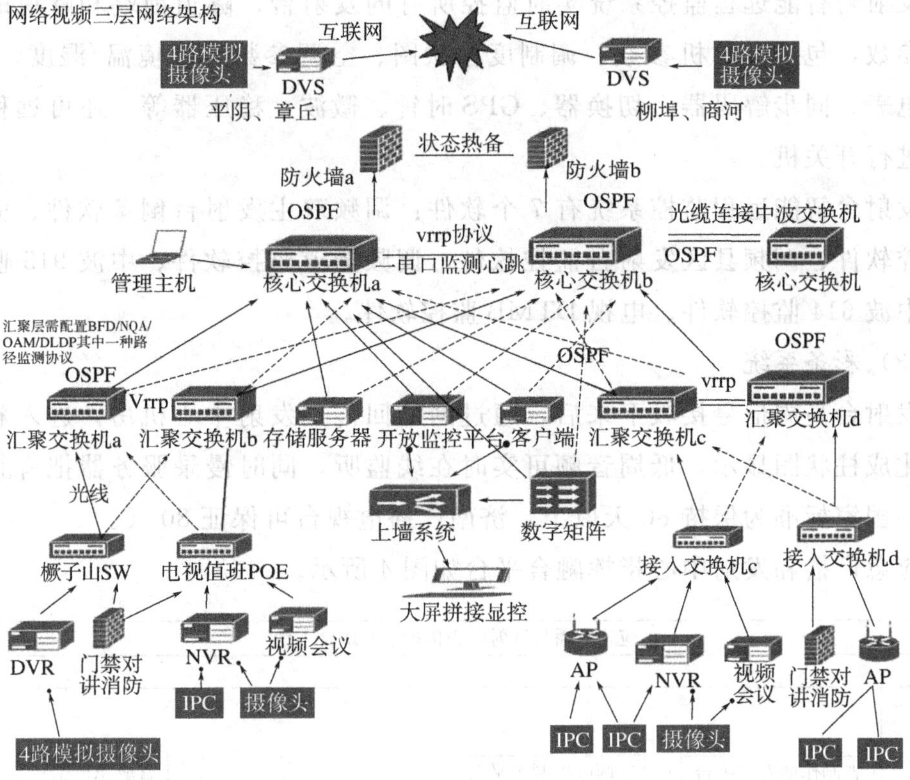

图 3 开放综合监控管理平台

①监控前端系统。监控前端系统采用分布式架构,每个发射台站都是一个分布式监控节点,网络摄像头、模拟摄像机码流传入数字视频服务器 DVS, DVS 对每路视频信号独立编码、进行网络传输并解码显示,从根本上解决了信号噪声干扰、远距离传输衰减、信号质量下降等技术难点。

②监控后端管理系统。监控后端管理系统采用集中式架构,监控前端系统的分布式设备通过传输网络,经过网络交换机汇集到监控后端的管理平台,通过监控管理平台的上墙系统,在大屏幕上显示。

③存储阵列系统。存储阵列系统采用磁盘阵列,支持超大容量存储,由 RAID5 技术提供冗余纠错,保障安全。

④灭火消防。自吸式激光检测报警系统用来检测火灾烟雾颗粒，触发报警。配备二氧化碳灭火器和1211灭火器用于带电设备、仪器仪表及贵重物品的灭火。

⑤音响系统。音响系统配置了YAMAHA调音台、音频解嵌设备、CI－308主扩扬声器、XT6吸顶扬声器。

（2）发射台智能远程监控系统

发射台智能远程监控系统实时监控所有的发射台、隧道前端和隧道的机房设备参数，包括发射机参数、调制度柱状图、空调参数、环境温/湿度、UPS、电力电表、同步解码器、切换器、GPS时钟、微波、稳压器等，还可远程对发射机进行开关机。

发射台智能远程监控系统有7个软件：调频双主发射台倒备软件、应急广播监控软件、调频县区发射台监控软件、调频隧道监控软件、中波915监控软件、中波614监控软件、电视DTMB监控软件。

（3）彩条系统

发射台高周信号接收下来后，通过网络回传到发射中心机房，进入彩条系统转化成柱状图显示，低周音频可实时在线监听，同时慢录服务器把音频录到硬盘，国家标准为保持60天以上，济南广播电视台可保证80天。

应急广播和发射中心指挥融合平台如图4所示。

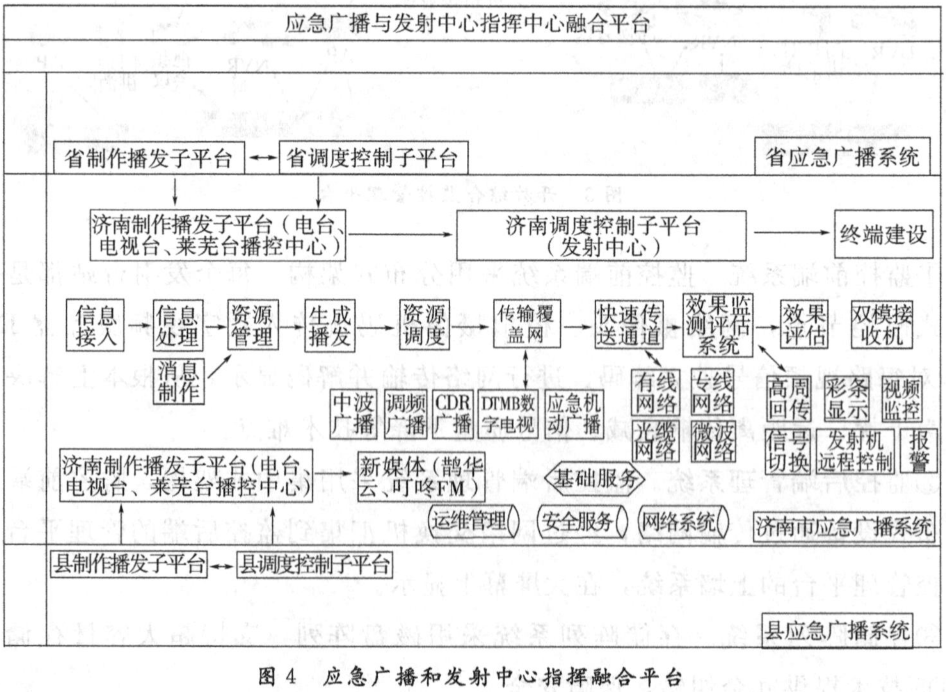

图4 应急广播和发射中心指挥融合平台

三、设计开发运行在公有云上的发射台监控程序，并完善双中心容灾备份系统

开发县区发射台的监控软件，使之运行在公有云上，只要能上网的地方，通过授权后均可通过网页观看县区发射台机房的各项参数，让维护人员及时了解情况，判断原因，组织人员抢修。

在融合平台上建设企业数据中心（EDC），根据国内标准《电子信息系统机房设计规范》（GB 50174）和国外标准《数据中心通信设施标准》（TIA 942），可将企业数据中心分为四个等级，级别越高要求越严格。发射中心设计多路由路径聚合，节点堆叠，增强容错能力，达到了国标 A 级、国外 T4 级别（见表 1 和表 2）。

表 1　TIA 942 标准不同等级企业数据中心的可用性指标

	一级	二级	三级	四级
可用性	99.671%	99.749%	99.982%	99.995%
年宕机时间	28.8 h	22.0 h	1.6 h	0.4 h

表 2　国内外企业数据中心的分级对应关系

GB 50174	TIA 942	性能要求
A 级	四级	场地设施按照容错系统配置，系统运行期间，操作失误、设备故障、外电中断、维修均不能引起系统中断
	三级	场地设施按同时可维修需求配置，维修时不得引起系统中断
B 级	二级	场地设施按冗余要求配置，冗余范围内系统不得中断
C 级	一级	场地设施按基本需求配置，正常运行时系统不得中断

容灾备份是通过在异地建立和维护一个备份存储系统，利用地理上的分离来保证系统和数据对灾难性事件的抵御能力。位于济南北部的中波 614 台远离济南市区，占地 8 公顷，利用高速骨干网和私有云做基础，建设了企业数据中心和集群，若出现灾害，启用该企业数据中心即可恢复服务器应用。国际标准 SHARE 78 将容灾系统分为七级，济南广播电视台达到了三级标准。

R&S发射机液冷系统技术发展趋势探讨及维护实践

王健　李强

摘　要：通过对R&S（罗德与施瓦茨）液冷发射机三代机型的冷却系统自动化、智能化技术发展的比较，结合工作中遇到的实际问题，归纳总结了液冷发射机冷却系统日常维护及使用的经验与心得。

关键词：液冷系统；自动化；智能化；维护经验

发射机的冷却方式主要有风冷和液冷两种。随着技术及工艺的发展，液冷系统以其节能高效、噪声低等优点，已发展成为发射机冷却系统的主流。济南电视台先后使用过R&S电视发射机7000系列、8000系列和9000系列，其冷却方式均为液冷。比较这三大系列发射机冷却系统的特点可以看出，在不断的发展中，液冷系统技术的各项功能日趋完善。在实际使用和维护中，液冷系统也会出现各种各样的问题，现将笔者在工作中的经验和心得也一并在文中与大家共享。

一、三大系列发射机冷却系统的技术发展

1. 规格

从直观的第一印象可以看出，7000系列冷却系统体积最大，8000系列次之，9000系列最小，最明显的是9000系列做到了一体化设计，将冷却水泵系统设置在机柜中，在保证冷却效率的前提下实现了小型化，节约了设备的占地空间。

2. 自动化控制程度

从水泵及风扇这两个主要设备的参数可以看出：

7000系列的自动化控制程度较低，用户无法调整控制水泵及风扇的工作参数的变化，致使一年四季保持同样的参数设置，功耗大。

8000系列的自动化控制程度有所提高但仍有局限性，其水泵可以根据水温的变化自动进行转速调整，而风扇的转速虽可进行人工设置，但人工设置过程复杂且无法自动调整。水泵与风扇控制的匹配性较差，功耗较大。

9000系列：自动化控制程度大幅提高，水泵及风扇的转速可以根据发射机当前工作的水温自动升高或降低，且水泵及风扇的转速匹配性高，冷却效率高。

随着液冷系统自动化控制水平的提高，可以使发射机功放模块能够工作在一个稳定的温度范围内，提高整机效率，延长发射机的使用寿命，节约播出成本。

3. 智能化程度

7000系列的智能化程度较低，以电气控制为主，不必进行过多的设置，使用相对简单。

8000系列的智能化程度有所提高，其水泵控制单元（PCU）与控制单元（CCU）、机架控制器等设备相关，CCU或机架控制器出现问题，也会引起PCU的工作异常。

9000系列的智能化水平进一步提升，但与PCU相关的系统控制单元（TCE900 system control）及冷却接口板（CIF）若出现问题，同样会造成停播事故。

9000系列还增加了一个流量扩展（extra flow）功能，即允许用户根据发射机的实际工作情况，如水压、水温、室温等，通过用户自定义的方式，增加冷却液的流量，分为10 L/min和20 L/min两档，以适应复杂多变的工作环境。

9000系列新增的另一个重要功能是防冻模式。由于我国北方冬季的雨雪天气较多，室外机冷却风扇容易被冻住，从而出现无法启动的问题。在防冻模式下，当发射机关机后，水泵不运行，功率放大器中不产生任何热量，此时室外机冷却风扇会以8%的低速持续运转，以防止冻结。防冻模式仅在发射机关闭后才开启，发射机开启后，防冻模式立即关闭。气温正常时，可将该功能取消，以避免产生不必要的能耗。

最新的9000系列的水泵较之前亦有所改进提升，增加了RJ45接口，可以监测水泵的工作状态，便于维修人员及时发现问题。

设备智能化提高的同时，发射机自身的系统也愈加复杂。当发射机的中央控制单元、冷却接口板等关键设备出现问题时，要进行快速合理的处置，通过不断完善应急预案，最大限度地保证安全播出。由此可见，设备智能化的提高也对技术人员判断故障、处置突发情况的能力提出了更高的要求。

二、液冷系统维护及使用心得

在日常工作中，应根据液冷系统自身的特点，进行合理有效的维护及项目改造，为冷却系统创造良好的工作环境，提高设备的工作效率，保障其运行的安全稳定，延长设备的使用寿命。在维护及使用中，应注意的主要有以下几个问题：

1. 室外机的维护

室外机的主要作用是通过附在水循环管上的铝制散热片，由两个大功率静噪风扇把热量快速散发到空气中。室外机位于户外，可以大幅减少散发到机房内的热量，从而降低空调使用成本。但是，其自身受外部环境影响很大，是液冷系统日常维护工作的重点。应根据气候变化特点，加强日常维护，合理地进行项目改造。

济南的春季风沙大，特别是有两个多月的时间，杨絮、柳絮很多，室外机散热片容易堵塞。这段时间，每个班次的值班人员都要用吸尘器对室外机进行清洁。同时，我们也为室外机加装了过滤网，以减轻散热片堵塞的问题。

夏季气温高，室外机受日照持续时间长，因此为其加装了遮阳棚。在入夏之前，应用高压水枪对室外机的散热片进行彻底清洁，以提高散热效率。对位置、条件允许的室外机，可通过加装引风筒，用凉爽、清洁的室内空气来降低水温，为发射机创造良好的工作条件，避免因水温过高引起报警，甚至发生停机故障。

日常维护时，每周至少要对过滤网及室外机清洁一次，按维修计划对冷却系统进行定期检修。

2. 合理设置报警阈值，注意水温、水压的变化

根据实际工作情况，设置合适的报警阈值。阈值过低不利于及时发现问题，阈值过高则会频繁地出现误报警。通常将阈值设置为正常工作水压值的 1/2 即可。

夏季气温高，我们为室外机加装了采集室内凉风的进风筒。由于机房是封闭环境，室外机由室内采风，风扇转速过高会使机房内产生负压，为使气压平

衡，可以在保持室外机正常冷却的前提下，将风扇转速设置在合理的数值上，既保证室外机正常冷却，又使机房室内环境舒适。

在值班及维修中，应密切关注水温、水压的变化。在工作中，应根据水压的变化及时进行补液。在新设备装机时，通常难免会充入部分空气，工作大约1个月后，水循环系统会自行将这部分气体排出，这时水压会有所降低，需要补液。再者是进行维护或维修时，如对清洁水过滤网、功放进行维护时，会损失部分冷却液，此时亦应及时补液。

3. 根据实际情况，对膨胀腔的气囊适当充气

液冷系统膨胀腔的主要作用是当温升引起冷却液膨胀时，平衡调节冷却系统的内部压力变化，保障冷却系统的安全。

膨胀腔的内部气囊在工作时间久后，会出现缓慢的气体泄漏，这也会造成水压降低的现象。此时，若一味地进行补液，势必会降低气囊的调节功能。因此，当水压出现较大的变化时，可用压力表测量气囊压力值，若较前期数值变低，可以对气囊适当地充气。理论上，应补充化学性质不活泼的氮气，但在实际工作中，由于空气中氮气占比很大（含量高达78%），因此补充空气也可以。

4. 水过滤网的清洁

通常在安装或维修新设备后，会有杂质进入冷却循环系统，这时需要对水过滤网进行清洁。由于水循环为闭路设计，很难有杂质混入，故不要经常进行清洁检查，以免造成密封胶圈失效，产生因过度维护引起的漏液问题。在日常维护时，要注意观察水压静态与动态压力差的变化，若压差变小，则过滤网可能有堵塞现象，应及时进行检查清洁。

通过比较R&S发射机三大液冷系列的技术特点，可以看出液冷技术正在向着自动化、智能化的方向不断发展，同时这也给技术人员的能力提出了更高的要求。只有深入了解其工作机制，在出现问题时，才能准确判断，快速处理；只有根据设备的不同特点，进行合理有效、有针对性的维护及维修，才能确保设备稳定高效地运转，为安全播出工作提供有力保障。

浅谈电商直播间的搭建

郭祥原

摘　要：受2019年年底出现的新冠肺炎疫情的影响，很多人减少了外出，传统线下销售模式受到了冲击，电商直播业务呈现出了爆发性增长，成为新时代的新产业。本文从直播间空间规划、直播间装修、直播间布景、灯光布置、拍摄设备五个方面介绍了直播间搭建的技术经验。

关键词：电商直播；隔音；灯光；摄像

受新冠肺炎疫情的影响，2020年大部分人被迫在家休假、办公，减少了外出，传统线下销售模式受到冲击，许多实体店铺经营受阻，甚至关门倒闭，网上消费反而在被疫情压制的国内市场上异军突起。在此背景下，许多传统实体经营店纷纷开通电商直播间，商铺老板变身网红主播。一些传统媒体和新媒体单位也借助各自的优势纷纷加入试水，电商直播业务呈现爆发性增长，正在创造一个千亿级的新市场，成为新时代的新产业。

那么，电商直播间该如何设计搭建呢？对此，本文将从直播间空间规划、直播间装修、直播间布景、灯光布置、拍摄器材五个方面出发，分享几点技术经验。

一、直播间空间规划

直播间场地面积一般在5～20 m^2，具体根据直播内容而定。美妆类直播间一般5 m^2即可；服装类直播间考虑到主播试穿展示的需要，面积需要15～20 m^2。总体原则是既要让用户感受到直播间的丰富和视觉上的舒适，呈现一定的层级效果，又不至于太过拥挤，要保证现场操作能够施展开。

二、直播间装修

直播间装修主要包括隔音、吊顶和网络布线。直播间最好选用砖墙，因为砖墙本身具有很好的隔音降噪效果。要提前测试场地的隔音和回音情况，测量计权隔声量和撞击声压级。如果隔音不好或者回音太重，则需要对墙面、地面、天花板和门窗做声学装修处理。

墙体改造可用龙骨填充吸音材料，表面使用吸音板、隔音板等，最外层使用石膏板，必要时使用布艺软包来增加吸音效果，在地面上铺设吸音毛毯。吊顶和墙体类似，应安装龙骨填充吸音材料覆盖吸音板。门窗选用特制的隔音门窗，为了增强隔音效果，有条件的可设置两道隔音门。

网络布线要求至少 10 M 宽带入户（最好是 100 M 光纤宽带），无线网络尽量避免 4G 信号干扰，有条件的用 5G 会更流畅。

三、直播间布景

直播间布景要求尽量简洁，可选用一定灰度的浅色墙纸作为主背景，切忌反光，因为太亮或反光会让主播失去色彩。

灰色是中立色，可以和任何色彩搭配，不会过度曝光，有利于突出主播或产品的色彩效果。要尽量避免用白墙作背景，因为白色在灯光作用下会反光，展示产品时镜头会模糊，导致观众看不清楚。

直播间常用器材一般包括桌椅、电脑、摄像机、手机、手机支架、产品陈列货架、补光灯、耳麦等，比较专业的直播间还有调音台。

要对直播间进行适当的划分布置，设计每个部分需要放什么东西，衡量其在镜头里呈现的效果，总体要求是光感清晰，环境敞亮，可视物品整洁。

要尽量让商品出现在画面的正中间，下方要空出评论区的空间。要提前设计好主播近镜头展示细节的位置和能走到的最远距离，避免出境。

四、灯光布置

直播间常用的灯光有主光、辅助光、轮廓光、顶光和背景光。光源、光照角度、亮度、色温等不同的组合将产生不同的效果。

主光灯放置在主播正面，与摄像头镜头光轴成 0～15°夹角，建议使用显色度 96%以上的球形灯。

辅助光灯从主播左右侧面 90°照射。左前方 45°辅助光可以使主播面部轮廓产生阴影，打造脸部立体感；右后方 45°辅助光可以使主播面部偏后侧轮廓被打亮，与前侧的光产生强烈反差，制造面部轮廓阴影，塑造主播整体造型的立体感。

逆光灯在主播的身后位置放置，勾勒出主播轮廓，可以起到突出主体的作用。

顶光是次于主光的光源，从头顶位置照射，给背景和地面增加照明，同时加强瘦脸效果。

背景灯一般采取低光亮、多光源的布置方法，作为背景照明装饰和烘托氛围，使直播间的各点照度尽可能地统一，起到让室内光线均匀的作用。

光源分为点光源和面光源。点光源会形成高光比，让主播的五官更加立体，让衣服更有质感，卖皮鞋、皮草服装等可用点光源。面光源光线柔和、自然、不伤眼，直播时用面光源，看上去整个画面会非常细腻，人在面光源下皮肤也会显得更好，如果是美妆类直播间，可以选择面光源。

色温是定义光源颜色的一个物理量，一般为 2800～8400 K，两者的中间值 5600 K 最接近自然光，也最能体现一个物体的真实样子。暖色光的色温较低，光源颜色偏红；冷色光的色温较高，颜色偏蓝。暖色光看上去温馨、舒适，但在这种氛围里时间长了容易使人产生困意；冷色光下的物体比较亮，细节明显。

调光的时候，让 C 位站人，所有的调整以 C 位效果为目标去调整，注意要让人脸部清晰，镜头与站位保持合适距离，注意景深、站位、层次感。对于想要增加轮廓立体度的主播，可以从主播头顶左右两侧 45°打下光线。另外在主播头顶偏前位置布置光源，会让主播的颧骨、嘴角和鼻子阴影拉长，从而拉长主播的脸部轮廓，达到瘦脸效果。

五、拍摄设备

目前，直播方式主要有三种：手机直播、电脑直播和摄像机直播。

手机直播是较为简单的一种方式，只需用手机登录直播后台，进入直播的程序，确保连接的无线网络没有问题即可。

用于直播的手机最好是专用手机，因为一旦有电话打进来，直播就会中断。直播时最好开启飞行模式，并卸载微信、QQ 等聊天工具，防止因聊天信息影响直播效果。手机配置方面，要选用高性能处理器和电池电量大的手机，建议选用华为 P30＋、Galaxy Note 10＋、iphone6s 以上型号的手机。

另外，还需要手机三脚架（保证手机画面稳定，不抖动）、打光设备（室内顶灯、射灯如果亮度足够即可，如果不够的话可以买一个网红补光灯）、耳机/麦克风（室内直播间要选用电容麦克风，常用“无线小蜜蜂”，其特点是质感好、尺寸小、便携美观，可“多发一收”，多音源相互不干扰），再配一台智能平板电视，让主播看到商品的实时情况和数据反馈。

相对于手机直播来说，电脑直播的画面更清晰，因此为大部分个人电商所采用。电脑配置要求一般为 CPU i5 以上，最好是 i7，内存 8 G，采用独立的显卡和声卡。电脑直播需要连接摄像头，并通过“推流”软件将现场的摄像机视频信号传到网络，展现给观众。

摄像机直播比较专业，拍摄更稳定，可以实现高清画质直播，保证较高的直播画面质量。摄像设备大致分为三个等级（高配版、中级配置版、性价比版），可按照自己的情况进行参考和选择：

1. 高配版

索尼 PXW-Z190/Z190V 专业高清摄像机，顶级配置摄录一体机，支持 4K 50p/60p 录制功能，25 倍变焦镜头，以及自带的人脸检测 AF 功能。

索尼 FDR-AX700 高清数码摄像机，其同样是摄录一体机，支持 4K 直播，具有强大的自动对焦功能，能让直播间时刻保持画面清晰。

2. 中级配置版

索尼 FDR-AX45 直播摄像机，可以自动聚焦，并实现 12 倍变焦高清信号输出，可 360°全方位旋转。

3. 性价比版

这一类摄像设备的价格都在 1000 元以下，但基本能满足直播时的镜头需求。目前大部分主播和商家选用罗技摄像头，其适用于大部分商品类目。建议购买罗技 C920 及以上的型号，如 C930e、C950、C1000 等。

参考文献

[1]《电视演播室灯光系统设计规范》(GY 5045—2006) [S].

[2]《广播电视录（播）音室、演播室声学设计规范》(GY/T 5086—2012) [S].

[3]《建筑隔声评价标准》(GB/T 50121) [S].

[4]《广播级高清摄像机技术要求和测量方法》(GY/T 295—2015) [S].

谈雷雨季节如何做好发射机房的播出安全保障工作

李强　田中　贾道雪

摘　要： 本文着重介绍了一些常见的雷击现象对广播电视发射塔及播出机房产生的影响及危害，探讨了及时做好铁塔及播出机房安全防雷措施及安全保障措施的必要性，阐述了雷雨季节保障广播电视节目播出安全的一些工作经验。

关键词： 发射塔；发射机房；直击雷；感应雷；预防措施

济南广播电视发射塔塔高为182 m，是周边建筑中的最高点。塔体自上而下安装了多部广播电视发射天线，中间位置安装了环绕LED显示屏，整个播出机房设计在塔体下端。每年雷雨季节来临时，发射塔都会不同程度地遭受雷电袭击。雷电发生时，如果铁塔、机房的防雷系统存在隐患，如防雷器件失效及铁塔、避雷器、机房泄流“接地”不好，就会影响塔上安装的设备和塔下机房内设备的安全，轻者会造成个别设备损坏，重者会造成人身伤害及整个播出中断。因此，每年雷雨季节来临前，及时做好铁塔及播出机房的防雷设施检查及测量工作，做好各项应急防范工作，对确保发射机房内人员、设备的安全显得尤为重要。

一、雷电产生的危害及对防雷措施的基本认识

雷电是一种携带巨大能量的自然现象，主要有直击雷和感应雷两种。

直击雷是由带电雷云和大地上的物体之间直接放电造成的。当带电雷云层很低，周围又没有异性电荷的云层时，就会在地面或者建筑物上感应出异性电荷，当电位差大到一定程度时，会发生击穿空气向地面或建筑物直接放电的现象。直击雷瞬间所产生的放电电流可高达数十万安培，放电过程较为短暂。直

击雷携带的能量巨大，尤其对安装在较高的发射塔上的天馈线设备而言，其产生的危害甚大。

感应雷是伴随直击雷产生的。直击雷通过放电物体放电时，瞬间会产生巨大的电流，这个迅速变化的电流必然在周围产生瞬变的强大磁场，使其附近的导体感应出高电压，从而出现放电现象。感应雷作用范围宽，其影响概率远大于直击雷，会对铁塔下播出机房的供电系统、信号传输系统、通信系统等造成危害。

按照IEC—1024、IEC—1312等规范中关于防雷分区和等电位连接的概念，根据雷击在不同区域的电磁脉冲强度划分防雷区域，在不同防雷区域的界面上进行等电位连接，依据不同防雷区域的划分，采用不同防护等级的防雷设备。目前发射塔、发射机房采取的防雷措施有在发射塔顶端安装避雷装置，在发射机房内铺设等电位接地环网，机房内所用的播出设备、信号系统、供电系统防雷器件外导体金属部分用铜电缆进行等电位接地，信号系统、配电系统按照相关规范安装多级防浪涌保护装置，发射塔、发射机房预埋接地网等。实践证明，采取以上措施可有效减少和降低雷电造成的损害。

二、加强发射机房设施安全检查及各项应急预案防范工作

1. 在雷雨季节前及时做好铁塔、发射机房的防雷设施和机房播出设备的检查工作

（1）检查安装在发射塔上的避雷针、引下线、引下线接地端是否完整可靠，其主要作用是拦截雷闪，引导雷电流通过引下线向大地泄放，而不危害被保护的设备。

（2）检查塔上安装的设备金属部分是否与塔体金属部分连接良好。对于铁塔上安装的天线、变阻器、主馈电缆线、环绕显示屏等金属部分，必须和塔体金属部位可靠连接，以减小各设备之间不同接地点的电位差。

（3）检查安装在铁塔上的各条天线主馈电缆和动力线外皮是否有破损，有无遭受雷击的痕迹。

（4）检查发射机房内等电位接地环连接是否良好，机房内各播出设备焊接在等电位环上的焊点是否牢固，整个机房等电位接地端子入地端口与机房接地铜绞线有无脱焊。

（5）检查发射机房与地面楼井内的接地铜绞线是否完好，楼井内接地端子

与地网是否连接可靠，有无锈蚀。

（6）检查机房安防监控系统中的各路信号防雷器、线缆是否完好，设备外壳是否接地良好。

（7）检查机房配电系统安装的一级、二级防雷装置是否完好，防雷器件上的显示窗口颜色有无改变，各电缆连接端口是否紧固，接地电缆线与接地铜排焊接点是否牢固。

（8）检查机房所用应急照明系统、消防设备是否完备。

（9）检查机房内防雨、防雷器材及播出设备备品备件、检修仪器、工具等是否完备。

（10）检查机房前端设备（主、备）路信号自动、手动切换是否正常，断电直通功能是否正常。

（11）检查机房配电系统（主、备）路倒换是否正常，两部调压器来电自启功能是否完备，每部调压器（自动调压、断电直通）功能是否正常。

（12）测量发射塔、发射机房接地网阻值是否符合规定要求，确保发射塔、发射机房接地安全可靠，雷电流泄放时无障碍。按照国标要求，地网阻值应小于 4 Ω。测量项目包括铁塔接地阻值、避雷器接地阻值、机房内等电位接地环接地阻值。

系统示意图如图 1 所示。

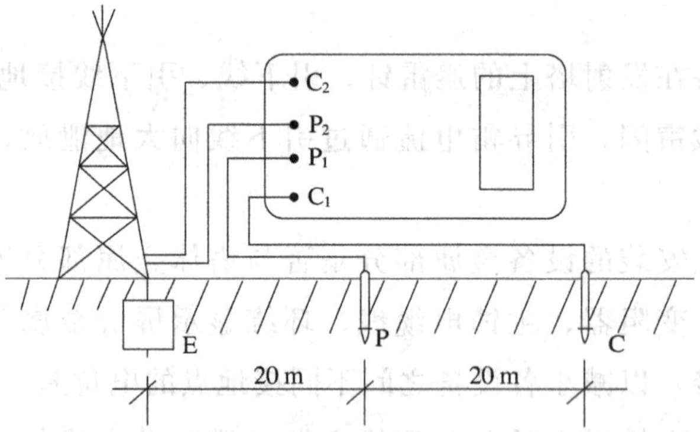

图 1 系统示意图

要用 HT2571 型数字接地电阻测试仪分别测量铁塔、避雷器、发射机房内等电位的接地阻值是否符合要求，记录好每个测量点的数值，对比每年同期测量数据并进行分析。

对于发射机房内所使用的信号系统、配电系统的防雷器件，要定期进行电气指标测量，确保其技术性能指标符合要求。

2. 雷雨季节期间，加强发射机房安全播出工作及防范措施

(1) 值班技术人员应注意及时收听收看本地天气预报，密切关注天气变化动态及监测预警，提前掌握气象灾害预报信息，做好极端天气的相关防范工作。

(2) 加强机房内的值班技术人员力量，增加对播出设备的巡机次数，密切观察机房内各设备运行状态的数据变化，特别要注意观察各部发射机的入射功率、反射功率变化情况。

(3) 保持本部门与信号前端机房部门、配电动力部门、物业部门的通信联络畅通，保持部门人员之间联络畅通。

(4) 关闭发射机房的门窗，防止雷电发生时侵入到机房内，危害人员和设备。

(5) 启动发射机房的各项应急预案，及时妥善处置突发性造成的故障，尽快恢复节目播出，最大限度地减少停播时间，并严格按照广电播出相关规定及时汇报。

(6) 当设备遭受雷击，在恢复播出后，应妥善保留好受雷击损坏的部件，必要时对现场进行拍照并做好各项记录。

在日常安全播出工作中，必须做到时刻加强雷电防范意识，坚持“预防为主，防治结合”的思想，认真做好铁塔、发射机房的安全检查及各项应急防范工作，对发现的故障隐患做到及时处理解决，最大限度地减小雷电发生时对整个播出系统的危害，确保塔上设备及机房内设备的安全运行。

R&S THU9 数字电视发射机控制单元的升级与改造

杨永强

摘　要：目前，济南广播电视台有两台 R&S THU9 电视发射机，承担着数字无线发射覆盖的工作任务。控制单元是整个发射机的核心部分，负责整机控制、数据监控以及内部和外部的通信，是整个发射机的"大脑"。笔者通过对 R&S THU9 发射机控制单元的分析研究，针对出现的故障，自行研制了故障应对措施和升级改造方案。

关键词：控制单元；激励器；TCE900；UPS

R&S THU9 系列发射机采用紧凑的积木式结构设计，R&S 数字电视发射机的控制系统由控制单元（TCE900 SYS Control）和两个激励器（TCE900 Exciter）组成。一旦控制单元出现故障，就会导致发射机的逻辑混乱，甚至无法开机，从而影响正常播出。为此，我们自行研制了故障应对措施和升级改造方案。

一、当前现状

在发射机的使用过程中，由于外电闪落或多次断电，有可能导致 R&S THU9 发射机的控制单元硬盘受损，导致无法开机或开机耗时长。为了应对此类故障，我们研制了故障应急处理方案，并对控制单元进行了升级改造，以预防此类故障的发生，保证节目的正常播出。

二、R & S THU9 数字电视发射机控制系统的组成原理

数字电视发射机的控制系统由控制单元（TCE900 SYS Control）和激励器（TCE900 Exciter）组成。我们目前使用的数字电视发射机均为单机双激励器模

式播出。三个 TCE900 并排在发射机机架上部，由左到右分别为控制单元、激励器 A、激励器 B，其分布如图 1 所示。下面，分别简要介绍控制单元和激励器的主要组成部分。

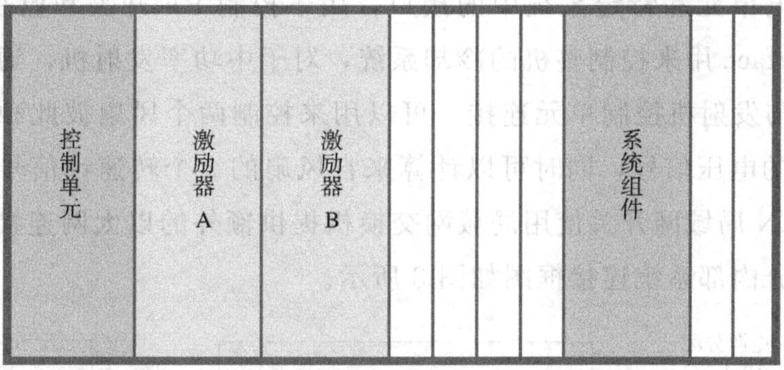

图 1　控制系统在机架内部的分布

1. 控制单元

数字电视发射机的控制单元由 TCE900、TSP900 和 TDU900 组成，其连接情况如图 2 所示。

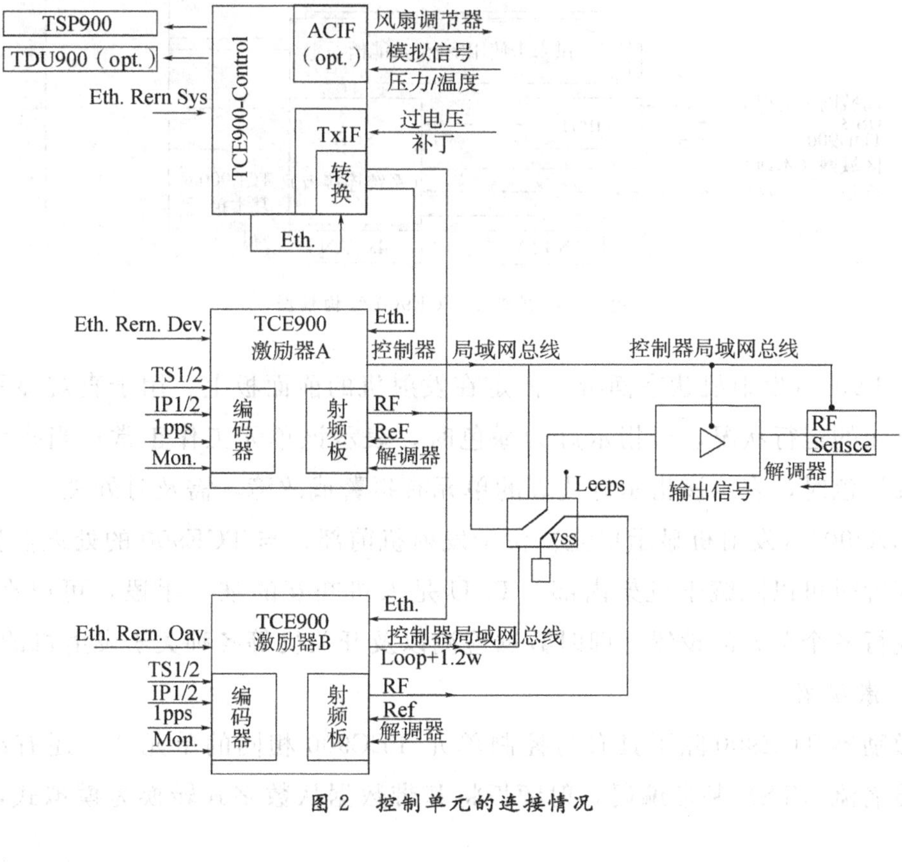

图 2　控制单元的连接情况

用于控制单元和激励器的 TCE900 基本单元相同，它们都是由电源板、处理器板、系统连接板、风扇以及 2 个宽插槽和 3 个窄插槽组成。作为控制单元的 TCE900 除基本组成单元外，还有 Tx interface，用来作为从 IPS1（处理器板）到主配电单元和特定系统中的接口，用于控制 RF 开关和监视切换面板；Cooling interface 用来控制整机的冷却系统，对于中功率发射机，通过空冷接口将排气组件与发射机控制单元连接，可以用来控制两个风扇彼此独立，使用一个 0～10 V 的电压信号，同时可以计算来自风扇的 2 个转速计信号来确定它们的转速；LAN 局域网开关使用局域网交换机提供额外的以太网连接。系统控制单元的各部分内部系统连接框图如图 3 所示。

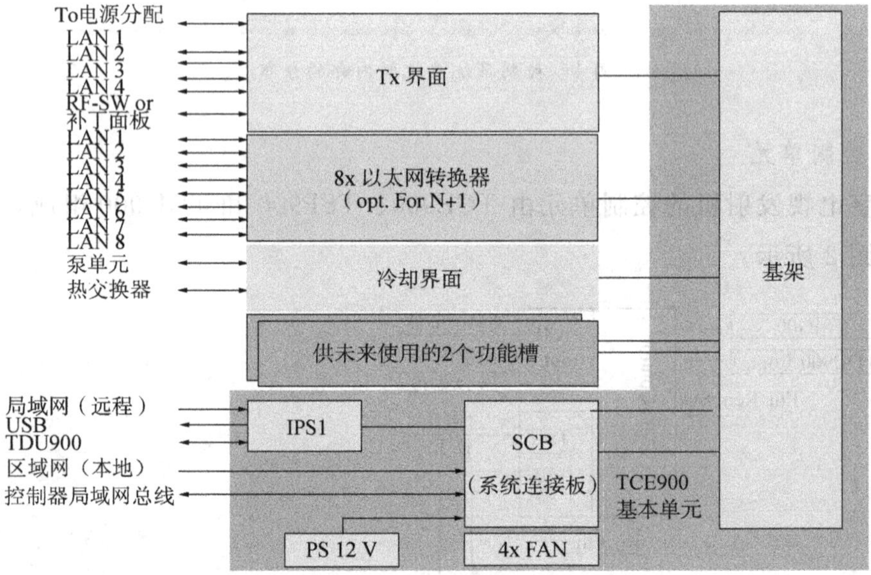

图 3　控制单元 TCE900 结构框图

TSP900（发射机状态面板）固定在发射机的前面板上，用于直观显示发射机各单元的运行状况，当指示灯为绿色时，表示该单元工作正常；当指示灯为橙色或红色时，表示该指示灯代表的单元有报警或故障，需及时处理。

TDU900（发射机显示单元）位于发射机前部，与 TCE900 的处理器板相连接，闲置时可以隐藏于机架内部。TDU 是人机交互的唯一手段，可以在 TDU 里面执行各个单元的设置、即时数据检测以及开关机等各种关于发射机的操作。

2. 激励器

激励器 TCE900 除了具有与控制单元 TEC900 相同的单元外，还有编码板用于传输流（TS）基带编码，射频板将基带数据从数字式转换为模拟式，并将调制转换为最终频率（前向路径），提取基带数据（反向路径）进行自适应预校正和信号分析，集中创建和分布系统周期。此外还有 GPS 接收器。激励器 TCE900 的内部连接框图如图 4 所示。

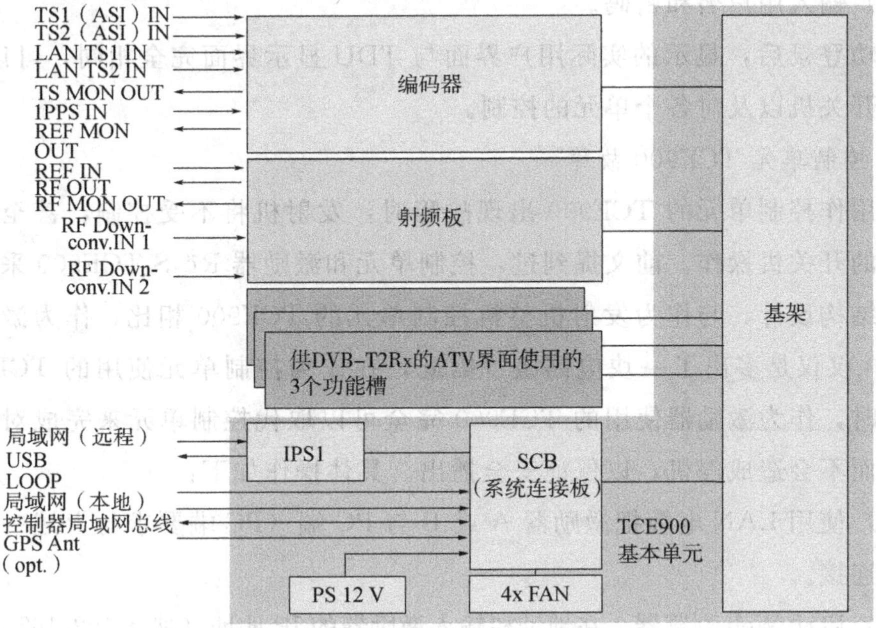

图 4 激励器 TCE900 的结构框图

控制系统由控制单元和激励器两部分组成。

三、数字电视发射机控制系统故障时的应急处理

数字电视发射机的控制系统是整个发射机的“大脑”，一旦控制系统出现故障，会出现很多不确定的突发状况，严重时有可能会出现停机等可能造成停播的重大安全播出事故。下面介绍几种控制系统出现故障时的应急处理方案。

1. 控制单元 TCE900 正常，TDU900 故障

TDU900（发射机显示单元）是发射机唯一的人机交互界面，一旦 TDU900 出现黑屏或者不受控制等非人为故障时，在发射机上将无法查看各个单元的运行状况，甚至无法开机。如果 TCE900 可以正常工作。我们可以通过创建发射机的物理连接的方式来实现 TDU900 的功能。与发射机建立物理连接的 PC 端需支持 Windows XP、Windows Vista、Windows 7（32 和 64 位版本）系统，且需要安装版本为 1.6.0～25 或更高的 Java 插件的浏览器。具体操作如下：

（1）使用LAN电缆连接控制单元TDU与PC端。

（2）启动Web浏览器，在地址栏输入控制单元的IP地址（默认为192.168.58.100）。

（3）输入用户名和密码。

成功登录后，显示的实际用户界面与TDU显示界面完全相同，可以在PC端进行开关机以及对各个单元的控制。

2. 控制单元TCE900故障

当用作控制单元的TCE900出现故障时，发射机将不受控制，甚至无法执行基本的开关机操作。前文提到过，控制单元和激励器R&S TCE900采用相同的基本结构设计，与作为发射机整机控制单元的TCE900相比，作为激励器的TCE900仅仅是多出了一块电路板。因此，在作为控制单元使用的TCE900出现故障时，作为激励器使用的TCE900完全可以取代控制单元来完成对整机的控制，而不会造成停机，以保证安全播出。具体操作如下：

（1）使用LAN电缆把激励器A或B与PC端（PC端要求与上述一致）建立物理连接。

（2）启动Web浏览器，在地址栏输入激励器的IP地址（默认192.168.58.11）。

（3）输入控制单元的用户名和密码登录，进入控制单元界面。

（4）开机前，为保证播出安全，应先将功率降低，然后再开机。

（5）由于激励器无Cooling interface板，水冷系统不再受控制，故室外热交换机的2台风扇会以最大转速运行。2台水泵需强制手动设置成最大转速。将R&S THU9发射机水泵设置为强制手动最大转速模式和恢复为正常自动模式的操作步骤如下（见图5）：

①按按钮6（确认按钮），直到显示指示闪烁，手离开。

②再次按一下按钮6（确认按钮）。

③设置水泵转速按钮5（“+”号），直到屏幕显示“Hi”闪烁字样。

④再次按一下按钮6（确认按钮）。

此时水泵将一直保持最大转速工作，且不受发射机的控制。如果要将水泵恢复为受发射机控制，需要采取如下步骤：

①长按按钮6（确认按钮），直到显示指示闪烁，手离开。

②再次按一下按钮6（确认按钮）。

③此时屏幕会显示“Hi”闪烁字样，此时按一下按钮7（“－”号），“Hi”

闪烁字样将停止闪烁。

④再次按一下按钮6（确认按钮）。

这样水泵将恢复为正常自动模式，也就是受发射机控制。

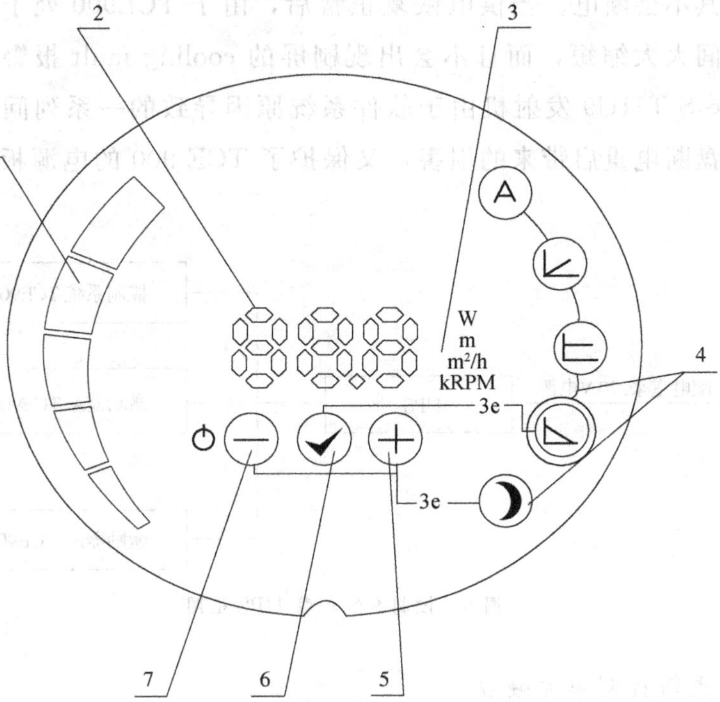

图5 手动设置面板

四、对数字电视发射机控制系统的改造

1. 加装UPS

济南广播电视台目前使用的18CH数字电视发射机每次断电重启所需时间较长，大概需要4 min，若在播出中出现外电闪落的情况，会严重影响安全播出。而且，每次断电重启后都会出现长时间的cooling fault刷屏报警，把日志中其他的报警都冲刷掉而无法显示。经过检查发现，报警中涉及的控制系统和冷却系统均没有故障，多次升级系统软件也没有解决此问题。长此以往，对安全播出是个不小的隐患。

为解决此问题，我们给控制系统即控制单元TCE900和两个激励器TCE900加装了UPS电源。在配电室来的220 V交流电和TCE900之间加装了一台艾默生UPS（见图6），该UPS容量为3000 V·A，接入TCE900后，负载仅为

2%，能够提供近 20 h 的不间断供电。在供电正常时，UPS 充当着稳压器的作用，确保给 TCE 900 提供稳定的 220 V/50 Hz 交流电，避免 TCE 900 内部电源板受到冲击，延长使用寿命。一旦外电闪落，UPS 能够及时给 3 个 TCE900 继续供电，使其不会断电。当供电恢复正常后，由于 TCE900 处于加电状态，发射机启动时间大大缩短，而且不会出现刷屏的 cooling fault 报警。该方法完美地解决了 R&S THU9 发射机由于软件系统原因导致的一系列问题，减少了对控制单元硬盘断电重启带来的损害，又保护了 TCE 900 的电源板，延长了使用寿命。

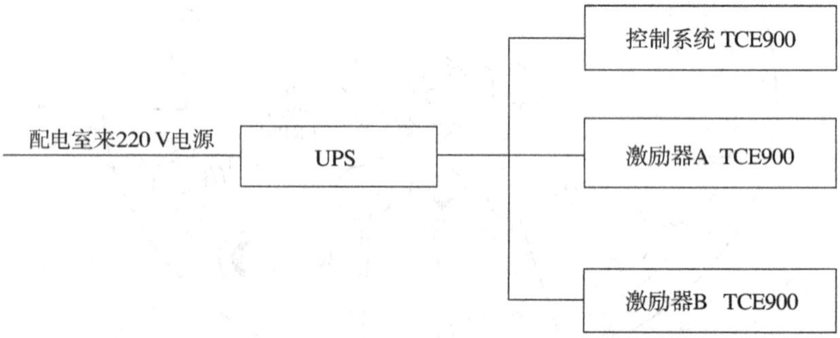

图 6 控制系统加装 UPS 框图

2. 升级更新控制单元硬盘

对于控制单元出现的故障硬件，主因就是硬盘的损坏，一旦硬盘损坏，整个控制单元将崩溃，因此硬盘的质量一定要好。其更换步骤如下：

①要备份控制模块基本配置参数。

②整机断电后拆下控制单元，取出 IPS 处理板。

③将旧硬盘取下，换上新硬盘。

我们可以清楚地看到，两个硬盘同为 mSATA，容量为 4 G。但新硬盘有 4 个存储模块，而旧硬盘只有 1 个存储模块。

④控制单元盒插入发射机，加电，查询系统版本，确定一致后，恢复基本配置参数。

通过对 R&S THU9 地面数字电视发射机出现的控制单元故障进行理论分析研究，研制出相应的应对策略和升级改造方法。这锻炼了我们的分析能力，提高了自身的维护维修能力，使发射机处于良好的运行状态，确保了节目的安全优质播出。

发射机馈线监测记录系统设计

李忆南　衣晓蓓

摘　要：反射增大、馈线打火发热等都是无线信号发射中较常见且较严重的故障。为提早发现这些可以造成严重破坏的常见故障，避免对发射机及天馈线系统进一步造成破坏，应加强对发射机天馈线系统的检测与保护，设计高精度、不间断检测、记录发射机入射和反射功率的系统。

关键词：耦合口；反射功率；上位机

很多故障都不是突然发生的，而是在慢慢的变化后，从量变到质变，产生明显的故障。下面几种故障都是在故障发生前就有不正常的表现，有的被提早发现，避免了设备的进一步破坏；有的直到造成器件损坏才能被发现。

一、实例故障

【故障 1】　6ch 米波发射机功率合成器输出口弯头打火，造成硬馈弯头烧毁。具体过程是在发射机正常工作的过程中，出现反射功率突然增大，硬馈部分产生发热现象。经检查发现，发射机功放功率合成器输出弯头插芯脱离 3 mm，使得弯头内部打火，反射功率迅速增大，器件温度迅速升高，致使整个弯头烧毁。在切换至备用发射机后，拆卸更换烧毁的弯头与硬馈，故障修复。故障发生前几日有发射机无故重启的现象，但未记录故障原因。经事后检查发现，故障部位的馈线弯头没有任何松动，器件禁锢牢靠，但经过长期的机器运行产生的震动，缓慢位移造成插芯脱离。

【故障 2】　双工器合成输出口温度升高，内芯打火烧毁。25 频道与 41 频道功率合成双工器因其工艺水平与质量的关系，整体有发热的现象，但不影响正常工作。一日，双工器在正常工作时，突然其合成功率“T”形输出口发热量迅速增加，激增的热量使其内部的绝缘支撑物熔化，双工器输出口被烧毁。

【故障 3】 同轴开关内部打火，引发反射表瞬间变化。同轴开关已使用 10 年以上，正常工作过程中其检测功率表出现过不稳定变化，反射功率指针有明显的大幅度晃动，以及同轴开关伴随噪音。拆解同轴开关可发现其内部出现打火现象。

【故障 4】 天馈线出现打火、漏气、进水受潮等故障，使发射机反射功率变化明显。天馈线出现故障可以直接反映在发射机的反射功率上。

上述四种故障代表了较典型的馈线系统各部分的故障，这些故障会使发射系统受到严重损坏，并直接影响安全播出。其中，第三个故障在同轴开关出现轻微打火时就发现了，从而及时避免了进一步损坏同轴开关与影响安全播出。故障能被及时发现，关键在于工作人员是否能够及时观察到打火现象刚出现时反射功率的跳变，从而避免引发一系列连锁反应的故障，避免使设备再遭受进一步的损坏。为了提高发现这类故障的速度，我们需要更直接、更直观的监测方法来找出故障原因，帮助值班人员尽早发现反射功率的异常变化。

一般的发射机天馈线（见图 1）监测是由发射机自带的功率测试系统检测的。但是，经过多工器的发射机其功率表上无法精确显示天馈线的工作情况。发射机耦合口之前信号通路的工作情况也不能在发射机功率表上体现出来。发射机监控系统对入射/反射功率出现较小的较短时间的变化无法及时反映，而且不会记录变化过程。为了掌握全部馈线的工作情况，就需要为发射机增加一个 24 h 检测天馈线的监测系统，系统可以自动记录监测的结果，并生成运行期间的功率曲线图。通过所生成的功率曲线图，可以直观地发现功率变化以及反射的跳变规律，及早地发现天馈线系统的故障隐患。

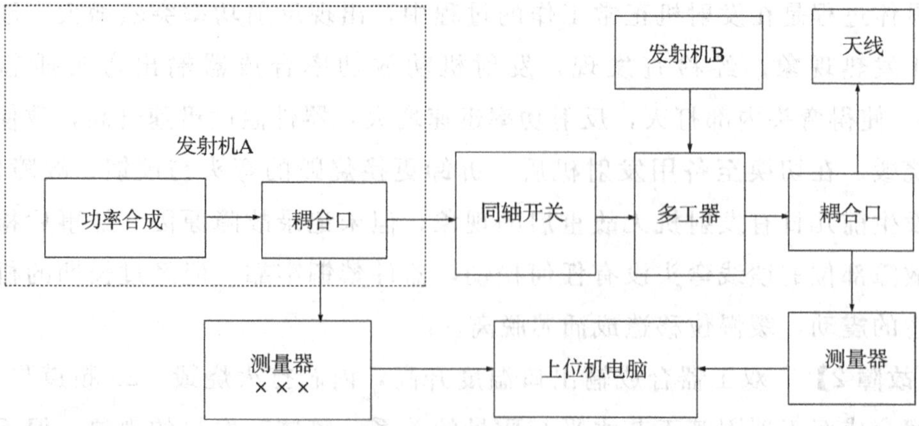

图 1 发射机天馈线系统的结构框图

二、预防故障

发射机系统通过检测耦合口反射变化来掌握同轴开关至天线硬馈的工作情况。但在耦合口之前部分出现打火、反射增大等故障时，在反射表上表现得不太明显。例如，故障1是在功率合成输出至耦合口之间发生的，烧毁前反射变化不明显，发射机监控系统没有记录信息。发射机自带的功率反射报警与记录系统只有在超过某一规定值后才能启动报警并记录情况，并且不能不间断地记录发射机系统馈线入射/反射功率的数值。馈线打火现象初期只有几秒钟的时间，甚至不足1 s，但发射机系统记录与报警反应没有这么灵敏，往往导致较短时间内的功率变化无法被发现。

要想预防发射机系统发生这类故障，可以在条件允许的情况下进行对发射机系统的改造。在功率合成器输出至检测耦合口之间距离较长的情况下，可以在靠近功率合成器口的一端加装检测耦合口来检测这段馈线的工作情况。如图1所示，在耦合口入射/反射耦合口加装功率检测装置，并连接监控上位机，24 h不间断记录馈线工作情况。

三、设计与实践

选取能在耦合口测量功率数据并能输出测量数据的测量仪器。可以使用大型频谱仪或者功率计，但是长期使用时，仪器的耐用性与寿命都是需要考虑的因素。选用经济耐用的小型测量仪完全可以胜任这些工作。可选用Apobico等厂商生产的裸板带LCD显示屏的射频功率计，便可满足测量射频功率等数据的要求，还可以通过RS485与上位机进行数据通信和记录。

经过实际验证，测量出的数据在时间轴上并非是完全连续线性的。这一点是由选取的测量器件所决定的。测量模块时钟每间隔一段时间就对耦合口进行测量，然后输出对应这一时间的数据。数据由上位机所收到，经软件处理组成功率曲线图。

对某些小于1 s的发射功率跳变依然存在监测“瓶颈”。如何在这种较为迟钝的测量器件上反映出来，目前解决的方案有以下两种：

一是使用更小间隔的测量器件，使测量数据时间间隔小于1 s。如果测量器件可以一直提供不间断数据，那么对应的上位机程序也要修改。

二是增加一个测量器件，测量时间差与另一个测量器间隔开，传输数据至上位机处理。这样也可以减小测量时间间隔，使测量更加精确。

四、上位机客户端记录程序的设计

耦合口输出值经过测量器件转换为数据通信值。数据送至上位机，通过程序转换为需要的数值，再由软件编写进图表显示。软件设计部分摘要如下：

1. 字符串转换

```
function StrToHexStr (const S: string): string;
//字符串转换成16进制字符串
var
  I: Integer;
begin
  for I: =1 to Length (S) do
  begin
   if I=1 then
     Result: =IntToHex (Ord (S [1]), 2)
   else Result: =Result+' '+IntToHex (Ord (S [I]), 2);
  end;
```

2. 数据接收

```
procedure TFrmMain. Comm1ReceiveData (Sender: TObject; Buffer: Pointer;
  BufferLength: Word);
var str: string;
begin
  //Memo自动清空
  if cbAutoClean. Checked and (Memo1. Lines. Count>50) then
   Memo1. Clear;

   SetLength (Str, BufferLength);
   move (buffer^, pchar (@Str [1]) ^, bufferlength);
   if FShowText then
   begin
```

```
    if cbRecHex. Checked then
      Memo1. Text: =Memo1. Text+StrToHexStr (Str) +' '
    else
  Memo1. Text: =Memo1. Text+Str;
  Memo1. SelStart: =Length (Memo1. Text);
  Memo1. SelLength: =0;
  Memo1. Perform (EM _ SCROLLCARET, 0, 0);
  end;
  FRXNum: =FRXNum+bufferlength;
  ShowRX;
end;
```

发射机功放原始数据采集图表如图 2 所示。

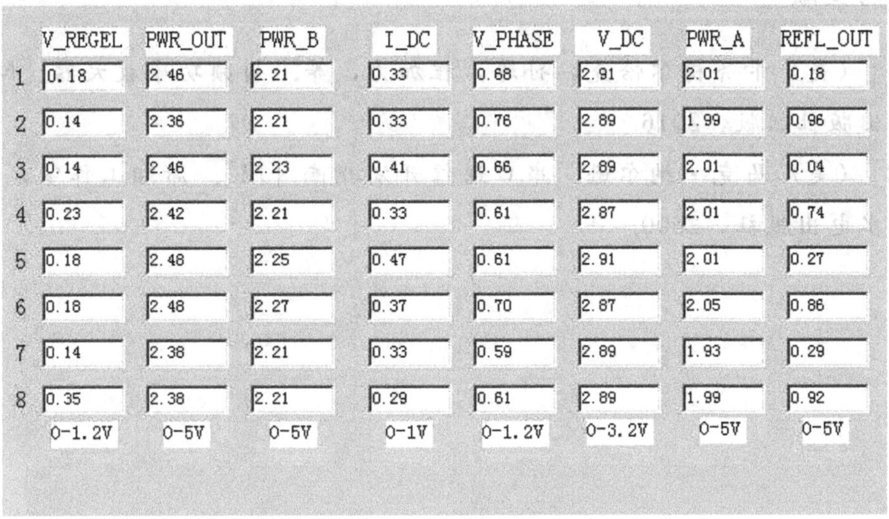

	V_REGEL	PWR_OUT	PWR_B	I_DC	V_PHASE	V_DC	PWR_A	REFL_OUT
1	0.18	2.46	2.21	0.33	0.68	2.91	2.01	0.18
2	0.14	2.36	2.21	0.33	0.76	2.89	1.99	0.96
3	0.14	2.46	2.23	0.41	0.66	2.89	2.01	0.04
4	0.23	2.42	2.21	0.33	0.61	2.87	2.01	0.74
5	0.18	2.48	2.25	0.47	0.61	2.91	2.01	0.27
6	0.18	2.48	2.27	0.37	0.70	2.87	2.05	0.86
7	0.14	2.38	2.21	0.33	0.59	2.89	1.93	0.29
8	0.35	2.38	2.21	0.29	0.61	2.89	1.99	0.92
	0-1.2V	0-5V	0-5V	0-1V	0-1.2V	0-3.2V	0-5V	0-5V

图 2　发射机功放原始数据采集图表

当采集到初始数据后，可以利用换算方法得到我们所需的有用信息，再利用动态的数据表格实时显示功放的反射情况，如图 3 所示。

实现耦合口功率不间断检测并记录，看起来是一项简单的基本功能，实现起来遇到的问题却不少。对检测器件的选择决定了软件设计的方向和架构。发射系统通过安装这种装置，可以完全掌握发射机系统天馈线更多的工作细节，进而可以提前预警并防范打火、驻波比增大、馈线松动等故障现象，防止故障进一步破坏机器设备，有力地保障安全播出。

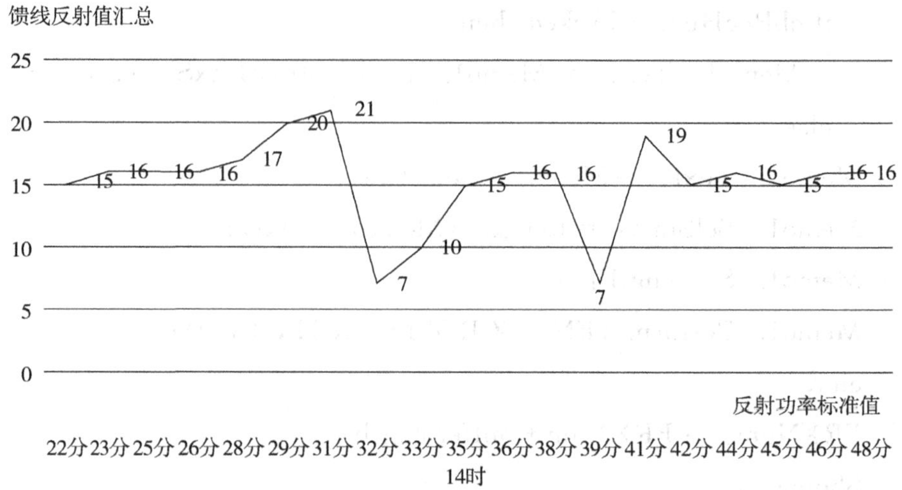

图 3 发射机反射数据模拟实时动态

参考文献

[1]（美）卡齐梅尔恰克，孙玲，程加力，等. 射频功率放大器［M］. 清华大学出版社出版，2016.

[2]（美）马克·纳尔逊. 串口通信开发指南［M］. 潇湘工作室，译. 中国水利水电出版社，2000.

利用物联网技术实现发射台站的Web化统一管理

郑魁　李忆南

摘要：本文介绍了如何利用物联网技术搭建统一的发射台站管理平台，包括如何连接和控制设备，通过传感器获取重要数据。通过可编程的微型处理器对数据进行灵活处理，将所有的数据进行IP化。再通过服务器对数据进行整合，以网页的形式向值班员提供操作界面和报警信息。系统可以方便地进行扩展，操作可以跨系统、跨平台进行。

关键词：物联网；传感器；Arduino；WEB

电视发射是电视节目播出的重要环节，可直接影响观众的收视效果。电视发射机是大功率播出设备，济南广播电视台现有的模拟发射机的发射功率为10 kW，数字发射机的发射功率为2.6 kW，因此值班室与机房必须是分离的。2013年，为了更好地服务观众，扩大覆盖范围，济南广播电视台建设了平阴无人值守发射站。为确保播出安全，第一时间掌握发射机数据和机房环境状况就显得尤为重要。值班人员需要监看的设备较多，每台设备需要采集的数据量大且比较分散，如何统一管理起来，利用物联网技术是个较好的选择。

一、总体规划

物联网（Internet of Things）是一个基于互联网、传统电信网等信息承载体，让所有能够被独立寻址的普通物理对象实现互联互通的网络。应用于机房管理时，其优势在于传输距离无限制；有统一的互联网协议，便于扩展；物理连接简单、方便、灵活，既可以用网线，也可以用无线方式。为了信息安全，我们的应用只限于专网。

整体规划将不同设备的数据通过协议转换成为统一的 TCP/IP 协议，将需要采集的可量化的指标通过不同的传感器转化成数据，以 TCP/IP 协议的形式输出。根据需要控制的设备，设计相应的硬件，并提供统一的 TCP/IP 协议；如果需要环境的图像资料，可以加装网络摄像头。将以上所有的物联网设备接入交换机，可以有线连接，也可以无线连接。为了整理数据和给值班人员提供方便的操作界面，需要将一台微型服务器接入交换机，微型服务器可以根据值班员的操作方便地调取数据或进行控制，其操作界面可以做成网页的形式，使用不同形式的设备（如电脑、手机）连接交换机，都可以通过浏览器访问服务器观察各数据，方便地实现跨系统、跨平台操作，如图 1 所示。

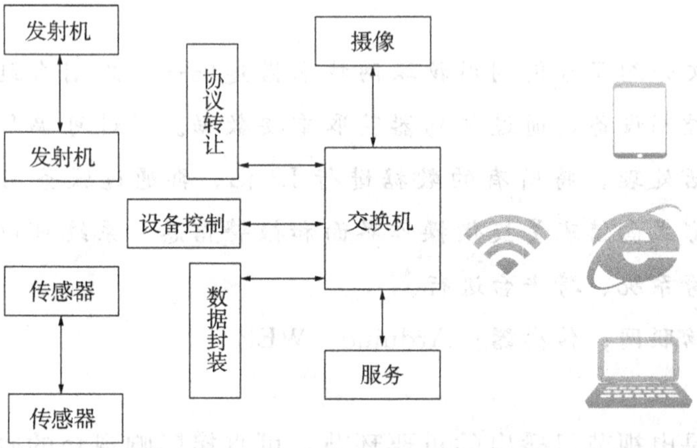

图 1　系统规划图

两个发射站的交换机通过专网连接，即可方便地互相访问。发射机数据的转换及传感器数据的采集均通过对 Arduino 开发板编程来完成。Arduino 是一款便捷灵活的开源电子原型平台，包含硬件（各种型号的 Arduino 板）和软件（Arduino IDE）。其优点在于：①完全开放源代码的电路图设计，程序开发接口免费下载，也可依据个人需求自己修改；②使用低价格的微处理控制器（AVR 系列控制器）；③可依据官方提供的 Eagle 格式 PCB 和 SCH 电路图简化 Arduino 模组，完成独立运作的微处理控制；④可简单地与传感器和各式各样的电子元件连接，如红外线、超声波、热敏电阻、光敏电阻、伺服马达等；⑤支持多种互动程序，如 Flash、Max/Msp、vvvv、PD、C、Processing 等。

二、模块统一接口

1. 发射机数据

发射机为了方便用户远程管理，一般会有一个用于通信的 232 串口。为了将操作指令及传送的数据转换为 IP 数据包，笔者采用了 Arduino 开发板及其以太网扩展板。根据原有的串口协议，通过对 Arduino 开发板进行编程来实现数据的处理和交换，接入网络。注意，所用开发板没有 232 接口，只有 TTL 接口，所以需要加 TTL 转 232 模块进行电平转换，如图 2 所示。

图 2　发射 4 通信框图

2. 天馈系统指标

天馈系统的指标直接关系到播出安全和节目质量，因此对天馈系统关键节点的指标监测是非常重要的。在双工器的前后，通过反射耦合口测量电压值，可以反映反射功率的大小，进而了解天馈系统和双工器的性能。由于射频信号频率过高且较难测量，所以必须通过检波电路检出包络信号，测量包络信号电压。这样做失真较大，优点在于可以实时观察，发现数据偏差较大时再使用专业仪器测量。二极管检波电路地原理如图 3 所示，耦合口出来的射频电压 UI 经过二极管，在负载 R 上只剩射频信号的正半周，经过高频滤波 C，在负载 R 上只留下包络信号。利用 Arduino 开发板内部的 AD 接口，可实现对电阻 R 两端电压的采集。

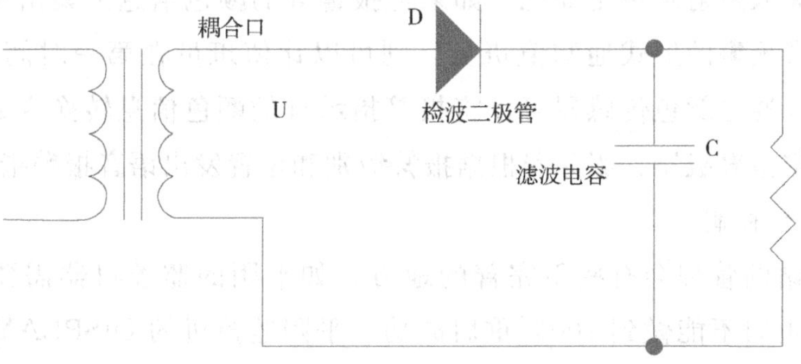

图 3　二极管检波电路原理图

发射机输出端信号馈管的连接质量会直接影响发射机的工作安全，连接接触不良、匹配不好都会造成反射过大，引起温升。在关键节点加装温度传感器，可便于及早发现问题。笔者采用的温度传感器是 DS18B20 型。DS18B20 型温度传感器是美国达拉斯（DALLAS）半导体公司的一种数字化单总线智能温度传感器，与传统的热敏电阻相比，其能够直接读出被测温度，并且可根据实际要求，通过简单的编程实现 9～12 位的数字值读数方式。从 DS18B20 读出信息或写入信息仅需要一根线（单总线）读写，总线本身也可以向所挂接的设备供电而不需要额外电源。Arduino 要实现对 DS18B20 的操作，需要 OneWire 和 Dallas Temperature Control 两个库文件。由于单总线上可以连接多个 DS18B20 而不多占用 Arduino 控制器的 IO 口，从而很容易就可以实现多点测温。需要注意的是，由于 Arduino 的 IO 口结构的关系，要驱动 DS18B20 需要在其数据线与电源线之间并联一个 10 kΩ 左右的电阻才能正常工作，如图 4 所示。

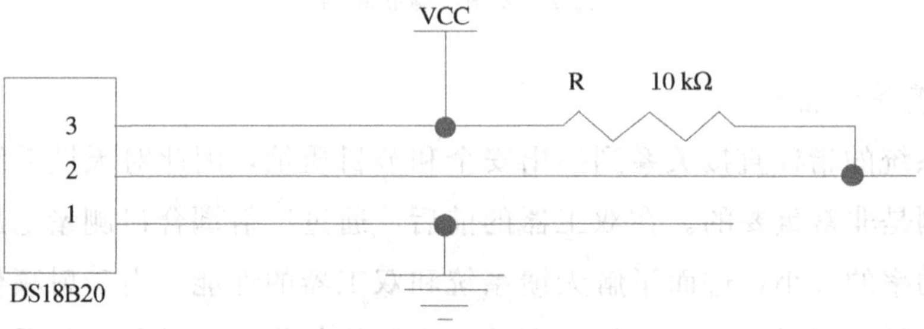

图 4　DS18B20 型温度传感器电路原理图

3. 重要报警信息采集

设备运行出现故障时，一般会有报警指示灯亮起，不同的颜色代表了不同的报警级别。由于值班员不会一直在设备旁边观察，所以很多时候不能第一时间发现问题，平阴无人发射站更是如此。如果把报警等的颜色信息采集出来，传到值班室，再以声音报警的形式通知值班员，则可以让值班员在第一时间发现问题，予以及时处理。通过颜色传感器可以将报警指示灯的颜色信息转换成数据，判断颜色类型，确定报警级别，服务器根据报警级别和位置发出语音报警指令。

4. 设备远程控制

远程发射站的管理会有些不完善的地方，如平阴的监控机器需要重新启动时，远程遥控重启不能做到 100%重启成功。平阴监控机的 DISPLAY 服务器一旦重启失败，济南广播电视台将完全失去对平阴发射站的监控。这样导致部分监控设备不能远程操作与重启动，平阴机房的空调设备无法控制，硬馈充气压力及充气机也无法检测和控制。

由于平阴发射站是无人值守站，故一旦设备出现故障，不能在第一时间现场处理。如果播出设备出现死机现象，而系统不认为信号中断，虽然有备份设备，若不能及时处理，也可能影响安全播出。如果通过网络能够控制设备开关，则可以解决此问题。设备的开关可以通过 Arduino 开发板的 IO 口控制继电器来实现，加上网络扩展板，就可以接入网络，进行远程控制，如图 5 所示。

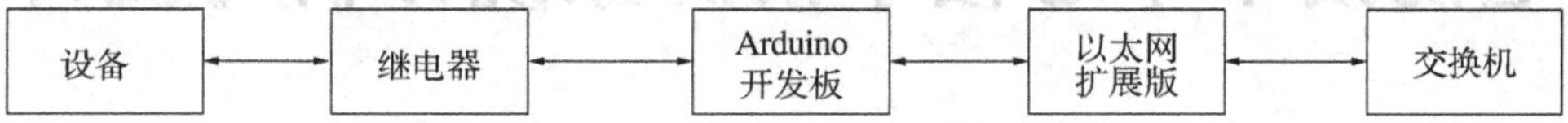

图 5　远程控制模块框图

平阴发射机房的充气机同样可以用这种方式实现远程控制，但无法观察到其气压表的数值，因此安装了一个小型摄像头，接入交换机。通过网络调用，随时可以方便地观测到气压值。

空调在工作过程中设置了温度门限值，高于门限值则启动制冷模式。每天播出结束后，虽然空调不工作在制冷状态，但也是在工作，依然在耗电，这方面的耗电量也是不小的。对于大功率设备来说，使用继电器控制是不可靠的。可以通过改造操作面板，将空调与 Arduino 开发板连接，通过网络控制 Arduino 的 IO 口对操作面板进行操作，控制空调的开关及其他设置。

5. 语音报警装置

当检测到设备报警灯亮起时，或者采集到的数据超过其门限值时，服务器发出报警指令至语音报警装置，语音报警装置会提示值班员，报警信息包括报警级别、报警类别、来源的 IP 地址，以便值班员及时查看处理。

三、操作界面

通过微型服务器对数据处理整合，利用 HTML 语言将数据及报警信息写入网页，值班员可以通过不同的终端设备（电脑、手机等）的浏览器访问 Web 网页，及时了解发射机的工作状态和环境指标。HTML 语言即超文本标记语言，是万维网的描述语言。设计 HTML 语言的目的是能把存放在一台电脑中的文本或图形与另一台电脑中的文本或图形方便地联系在一起，形成有机的整体，人们不必考虑具体信息是在当前电脑上还是在网络的其他电脑上。

本系统涉及内容较多，包括硬件和软件，可以给值班员提供实时的数据信息和友好的操作界面。拥有方便统一的 IP 协议后，可以方便地实现跨平台的 Web 页面统一管理，便于扩展和集成。

电视技术中心楼宇消防系统分析与提升

高晖　宗月华　李冲

摘　要：依据国家与行业颁布的现行规范要求，本文对电视技术中心楼宇消防系统进行逐一分析并提出提升方案和改进建议，对所使用的规范条文进行了解析。

关键词：安全出口；低压开关；流量开关；启动电流；压力继电器

济南广播电视台电视技术中心楼宇消防系统是2003年由济南建筑设计院设计的，共分为给排水、消火栓、自动喷淋、七氟丙烷气体灭火、火灾自动报警五部分。安装完成后，由于部分建筑功能的改变，电路和管道的更换维修，最主要的是近几年随着科学技术的飞速发展和国家对消防工作的重视，有关消防设计、施工、验收、维护的规范不断更新，2017年前的设计已经达不到现在的要求。在此，笔者本着“错什么，改什么；缺什么、补什么”的原则，对系统现状逐一分析，提出系统分析与提升改进意见。

一、地下一层

地下一层的建筑面积为4868.24 m²，分别设置为地下车库、高低压配电室、消防水泵房、维修间、升降舞台设备间、空调机房等。直通地面室外的通道仅有一条7.2 m的通道，且人车混用；与其他功能房间的疏散门距最近的安全出口的距离超长。

笔者认为，单位地下一层车库部分占地面积约为1596 m²，设计车位39个，属于Ⅳ类车库，可划为一个防火分区，7.5 m直通室外的车道也符合要求。依据《汽车库、修车库、停车场设计防火规范》（GB 50067—2014）的相关条文：

条文3.0.1　建筑面积不大于2000 m²且停车数量不大于50辆，为Ⅳ类车库。

条文 6.0.2 除室内无车道且无人员停留的机械式汽车库外，汽车库、修车库内每个防火分区的人员安全出口不应少于 2 个，Ⅳ类汽车库和Ⅲ、Ⅳ类修车库可设置 1 个。

单纯从Ⅳ类地下车库分析，现有一个安全出口是符合现行规范要求的。但地下一层还同时布置了其他设备间，如变压器室、水泵房、空调机房等，且与车库共用一个安全出口，这就有问题了。依据《建筑设计防火规范》（GB 50016—2014，2018 年版）：

条文 5.4.12-2 锅炉房、变压器室的疏散门均应直通室外或安全出口。

条文 5.5.9-2 建筑面积大于 1000 m^2 的防火分区，直通室外的安全出口不应少于 2 个；建筑面积不大于 1000 m^2 的防火分区，直通室外的安全出口不应少于 1 个。

条文 8.1.6 消防水泵房的设置应符合下列规定：

条文 3 疏散门应直通室外或安全出口。

以上条文均为强条，即必须遵守。

从以上条文的规定解析，笔者单位地下设备间占地约 3272 m^2，需要划分为 4 个防火分区或按区域不同的功能划分，但每一个防火分区至少有一个直通室外的安全出口。安全出口不足是一个突出问题，因此建议从实际出发，至少增加 2 个直通室外的安全出口，并且与车库通道严格分开。同时，任一房间的疏散门距安全出口距离不应大于 40 m。经实地勘察，原设计有一个应急出口，但处于种种原因进行了封堵，因此建议必须打通。

另外，应定期检查安全疏散通道的应急灯、通风管道和各防火门性能。

二、湿式自动喷淋系统中安装低压压力开关和流量开关

《自动喷水灭火系统设计规范》（GB 50084—2017）第 11.0.1 条规定：湿式系统应由消防水泵出水干管上设置的压力开关、消防水箱出水管上的流量开关和报警阀组压力开关直接自动启动消防水泵。

笔者认为，对于湿式系统，之前的规范仅规定采用报警阀压力开关信号直接连锁启泵这一种方式。但从国内大量的实际应用现状可见，压力开关存在易堵塞、启泵时间过长等缺陷，因此新版规范中在保留原有启泵方式外，还增加了消防水泵出水干管上的压力开关和消防水箱上的流量开关直接启泵方式，以此来确保火灾发生时能及时启泵。

三、雨淋消防泵设置机械应急启动装置

分析图纸可知，由 100 A 塑壳断路器、交流接触器、热保护继电器组成水泵电机主供电回路，为直接启动。电机额定功率是 45 kW，则额定工作电流由公式 $P=\sqrt{3}UI$ 计算可得：

$$I = P/\sqrt{3}U = 45000\ \text{W}/(1.732\times 380\ \text{V}) = 68.4\ \text{A}$$

启动电流为额定电流的 3～7 倍，故最大启动电流为 478.8 A，这对供电线路及断路器会造成很大的冲击。

根据《消防给水及消防栓系统技术规范》的相关规定，消防水泵应工频运行，宜采用星三角和自耦降压变压器启动。因此建议，应改善消防水泵的启动方式。同时该规范还规定，消防水泵准工作状态的自动巡检应采用变频运行，定期人工巡检应工频满负荷运行并出流。

电动驱动消防水泵自动巡检时，巡检功能应符合下列规定：

（1）巡检周期不宜大于 7 天，且应能按需要任意设定。

（2）以低频交流电源逐台驱动消防水泵，使每台消防水泵低速转动的时间不应少于 2 min。

（3）对消防水泵控制柜一次回路中的主要低压器件宜有巡检功能，并应检查器件的动作状态。

（4）当有启泵信号时，应立即退出巡检，进入工作状态。

（5）发现故障时，应有声光报警，并应有记录和储存功能。

（6）自动巡检时，应设置电源自动切换功能的检查。

根据以上要求进行分析，水泵电机为巡测方便，还要加装变频启动器。根据实际情况，笔者推荐采用星三角启动方式，理由是这种启动方式结构简单，稳定可靠，不影响其他二次继电保护，投资小，如图 1 所示。

相应的，可将手动启动/停止按钮与原图纸设计的手动启动/停止按钮相结合。《消防给水及消防栓系统技术规范》（GB 50974—2014）中，第 11.0.12 条有如下规定，并且是强条：

> 消防水泵控制柜应设置机械应急启泵功能，并应保证在控制柜内的控制线路发生故障时，由有管理权限的人员在紧急时启动消防泵。机械应急启动时，应确保消防水泵在报警后 5 min 内正常工作。

笔者认为，压力开关、流量开关等弱电信号和硬拉线是通过继电器来自动

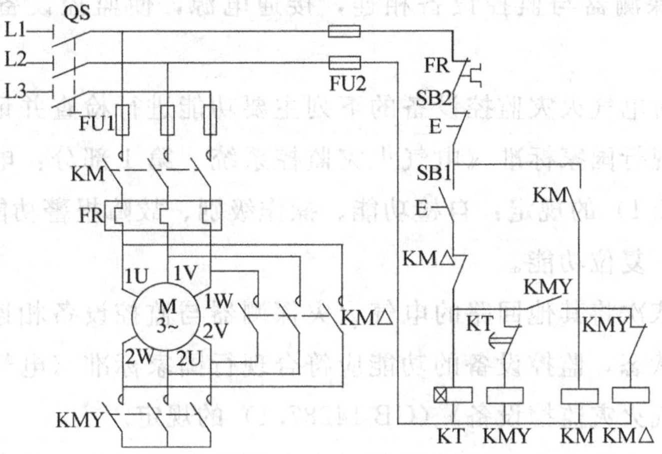

图 1　星三角启动方式的电路图

启动消防泵的，如果弱电信号因故障或继电器等故障不能自动或手动启动消防泵时，应依靠消防泵房设置的机械应急启动装置启动消防泵。

当消防水泵控制柜内的控制线路发生故障而不能使消防水泵自动启动时，若立即进行排除线路故障的修理，会受到人员素质和时间上的限制，所以在发生火灾的紧急情况下是不可能进行的。为此，根据本条规定，应使消防水泵只要供电正常，无论控制线路如何都能强制启动，以保证火灾扑救的及时性。

该机械应急启动装置在操作时必须由被授权的人员来进行，且此时从报警到消防水泵正常运转的时间不应大于 5 min。这个时间可包含管理人员从控制室至消防泵房的时间，以及水泵从启动到正常工作的时间。

机械应急启泵装置就是以机械臂强制交流接触器闭合，给消防水泵供电，加装要与专业厂家联系。

四、加强对电源系统与供电线路的检测

根据对电视技术大楼火灾危险性的具体分析，笔者得出了如下结论：预防电气火灾是重中之重。舞台灯光、升降舞台控制、电视后期制作、电视信号发射、后勤保证等都是大容量用电部门。除在配电设计上要严格按规范执行且留有冗余外，在关键部位一定要加装电气火灾监测探头和各采样传感器，将数据及时传至电气火灾监控系统。

五、电气火灾监控设备调试

首先，应切断电气火灾监控设备的所有外部控制连线，将任一备调总线回

路的电气火灾探测器与监控设备相连，接通电源，使监控设备处于正常监视状态。

其次，应对电气火灾监控设备的下列主要功能进行检查并记录，监控设备的功能应符合现行国家标准《电气火灾监控系统　第1部分：电气火灾监控设备》（GB 14287.1）的规定：自检功能、操作级别、故障报警功能、监控报警功能、消音功能、复位功能。

最后，应依次将其他回路的电气火灾探测器与监控设备相连，使监控设备处于正常监视状态，监控设备的功能应符合现行国家标准《电气火灾监控系统　第1部分：电气火灾监控设备》（GB 14287.1）的规定。

笔者认为，电气火灾监控系统属于火灾预警报警系统，是火灾自动报警系统的独立子系统。安装电气火灾监控系统可以有效遏制电气火灾事故的发生，保障国家财产和人民的生命财产安全。

参考文献

[1]《建筑设计防火规范》（GB 50016—2014，2018年版）[S].

[2]《消防给水及消防栓系统技术规范》（GB 50974—2014）[S].

[3]《自动喷水灭火系统设计规范》（GB 50084—2017）[S].

[4]《供配电系统设计规范》（GB 50052—2009）[S].

[5]《汽车库、修车库、停车场设计防火规范》（GB 50067—2014）[S].

发射中心-中心机房配电设计

杨乐　刘传彤　张栋

摘　要： 随着社会的发展和科技的进步，媒体融合、技术融合是广电人必须面对的课题。具体到机房建设上，要打破传统布局，重新优化组合，以适应时代发展的需要。建设济南广播电视台发射中心的控制中心的构想，就是顺应了发展的要求，也是在新体制下的探索。

关键词： 控制中心；配电系统；电缆容量；负荷计算

发射机房控制中心的建设，其基础设施的稳定可靠性、可用性与适当冗余是重中之重，其中，供电和配电设计又是基础中的基础。笔者在认真学习、领会《广播电视安全播出管理规定》（62号文）、《数据中心设计规范》（GB 50174—2017）、《供配电系统设计规范》（GB 50052—2009）、《低压配电设计规范》（GB 50054—2011）的同时，参阅了相关文献，根据现有的实际情况，客观地进行分析、计算，总结了之前建设机房的经验教训，设计出了控制中心的配电系统架构。

一、概述

在2019年的工作计划会议上，上级提出，为适应事业发展，准备在电视发射机房筹建中心机房。新建中心机房的功能和定位是：（1）调频发射机房和电视发射机房合并；（2）对调频、中波和电视等各设备、各台站进行远程监控；（3）各台站的信号传输与集中管理。

二、机房功能和定位

中心机房承担着济南广播电视台无线信号覆盖的全部任务，依据《数据中心设计规范》（GB 50174—2017）第 3.1.2 条的规定，机房评定等级应为 A 级机房。

三、等级划分及配电要求

数据中心（中心机房）等级：

《数据中心设计规范》（GB 50174—2017）第 3 章“分级与性能要求”对此有详细的阐述：

条文 3.1.2　符合下列情况之一的数据中心应为 A 级：

（1）电子信息系统运行中断将造成重大经济损失。

（2）电子信息系统运行中断将造成公共场所秩序严重混乱。

对 A 级机房供电性能的要求：

条文 3.2.2　A 级数据中心同时满足下列要求时，电子信息设备的供电可采取不间断电源和市电电源相结合的供电方式：

（1）设备或线路维护时，应保证电子信息设备正常运行。

（2）市电直接供电电源质量应满足电子信息设备正常运行的需要。

条文 8.1.13　A 级数据中心应由双重电源供电，并应设置备用电源。备用电源宜采用独立于正常电源的柴油发电机组。

在《供配电系统设计规范》（GB 50052—2009）中有以下规定：

（1）中断供电将造成重大经济损失和严重政治影响的视为一级负荷。

（2）一级负荷应由双重电源供电，当一路电源发生故障时，另一路电源不应同时受到损坏。

由此可见，这两个规范是从不同的角度分析问题，但结论是一致的。A 类数据中心符合一级负荷的供电要求，我们在设计中心机房的供电系统时，应该按照一级负荷的要求进行配置。

四、供电现状

笔者首先对目前配电室至发射中心及调频发射机房的供电线路进行了勘察。电视台配电室至电视及调频发射机房的供电情况如图 1 所示：

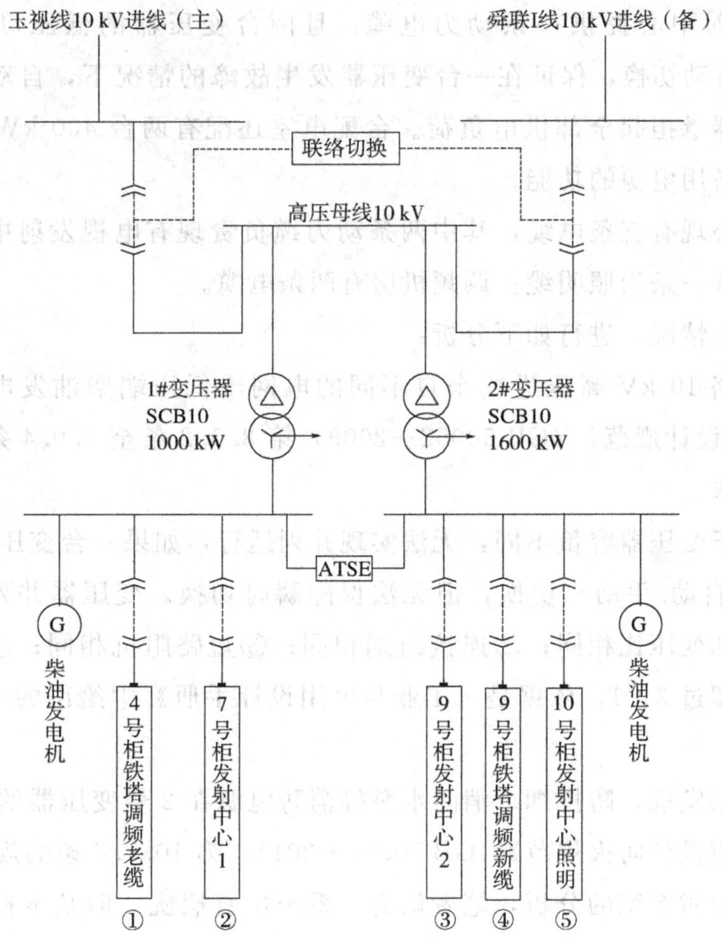

图 1　电视台配电室至电视及调频发射机房的供电图

抽屉式开关-断路器信号及参数和出线电缆如表 1 所示。

表 1　抽屉式开关-断路器信号及参数和出线电缆

	抽屉式开关-断路器信号及参数	出线电缆
①	4-2 ABB S4N250	VV0.6/1000　3×95+2×50
②	7-4 ABB S5H400	VV0.6/1000 3×240+2×120　铠装
③	9-3 ABB S5H400	VV0.6/1000　3×240+2×120　铠装
④	9-5 ABB S5H630	VV0.6/1000　3×150+1×120
⑤	10-4 ABB S4N250	VV0.6/1000　4×70+1×35　铠装

由图 1 可知，台配电室的玉视线和舜联 1 线（10 kV）是来自相互独立的两个供电所的线缆，可能承担着双重电源的功能。同时，1 号变压器和 2 号变压

器分别对发射中心提供一条动力电缆，且两台变压器的低压母线排可通过ASTE实现自动切换，保证在一台变压器发生故障的情况下，自动切换并由另外一台变压器承担起全部供电负荷。台配电室还配有两台400 kW的柴油发电机，以承担备用电源的功能。

发射中心现有三条电缆，其中两条动力缆负责现有电视发射中心重要设备的供电，另外一条为照明缆；调频机房有两条电缆。

根据以上情况，进行如下分析：

（1）两路10 kV高压进线来自不同的电网＋低压端柴油发电机组，符合《供配电系统设计规范》（GB 50052—2009）第3.0.2条至3.0.4条规定的一级负荷供电要求。

（2）由于变压器容量不同，无法实现并列运行，如果一台变压器发生故障，虽有ATS（自动/手动）切换，但无法保障瞬时切换。变压器并列运行的条件为：①电压和变压比相同；②连接组别相同；③短路阻抗相同；④容量差别不宜过大，不超过3∶1。依据是《工业与民用设计手册》中给出的变压器并列运行条件。

（3）现场发现，防排烟、消防水泵等消防电源在2号变压器的低压母线上，不符合《建筑设计防火规范》（GB 50016—2014）第10.1.6条的规定。

通过以上对系统的分析，笔者认为，系统虽有瑕疵，但基本符合A级机房（或一级负荷）的供电要求。

五、控制中心供配电系统设计

1. 基本原则

（1）低压配电系统采用TN-S系统

参见《数据中心设计规范》（GB 50174—2017）第8.1.6条的规定。

（2）设备用电与办公、生活用电严格分开

参见《广播电视安全播出管理规定》/无线发射台实施细则－2014。

（3）低压端进线母线宜采用单母线或单母线分段接线

参见《数据中心供配电设计规程》（T/CECS 486—2017）第4.3.1条的规定。

（4）设备用电取自两台不同变压器的供电线路，并采用四极ATS切换。

参见王厚余先生著《建筑电气装置600问》中对四极断路器的阐述。

（5）各级低压配电柜宜预留不少于10％备用回路

参见《数据中心供配电设计规程》（T/CECS 486—2017/4）第 4.9.1.5 条的规定。

（6）用断路器作为短路保护时，最小短路电流应不小于断路器瞬时或短延时脱扣器整定电流的 1.3 倍

参见《数据中心供配电设计规程》（T/CECS 486—2017/4）第 4.9.2.3 条的规定。

（7）所有设备的金属外壳、各类金属管道、金属线槽等必须进行等电位连接接地

参见《数据中心设计规范》（GB 50174—2017）第 8.4.4 条的规定。

（8）机房内工艺设备等电位接地按 M 型连接方式进行

参见《广播电视工程接地技术规范》（GY/T 5084—2011）第 4.9.3 条的规定。

（9）配电柜与信号柜、控制柜、发射机之间的连线

参见《广播电视工程接地技术规范》（GY/T 5084—2011）第 4.10.1 条的规定，如图 2 所示。

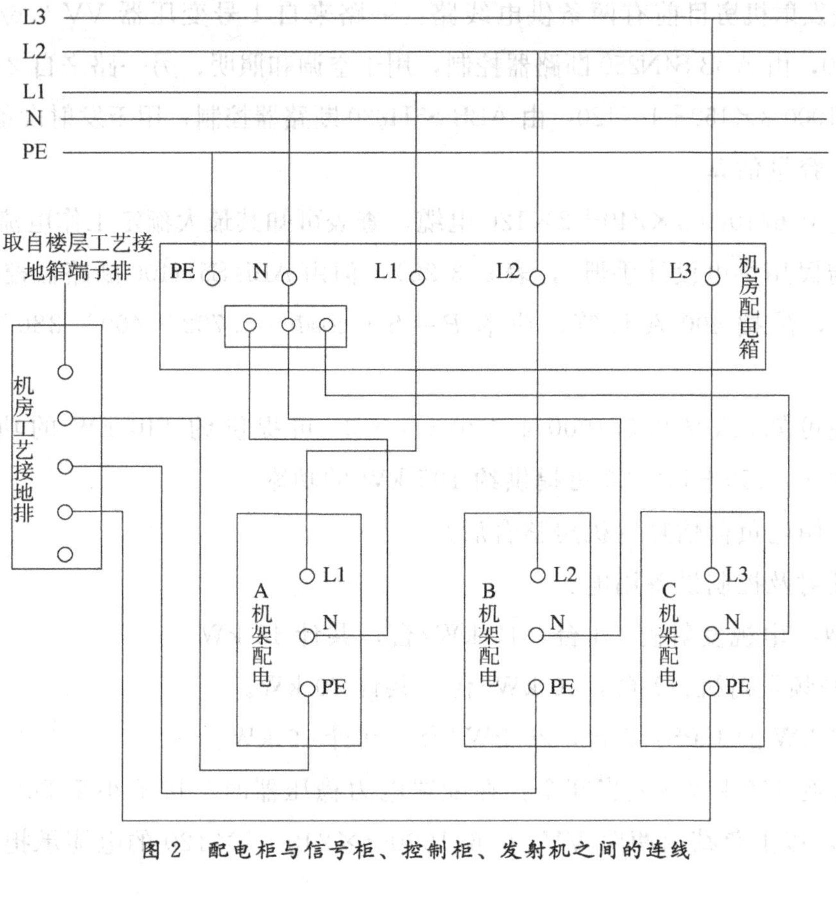

图 2　配电柜与信号柜、控制柜、发射机之间的连线

（10）工艺要求

因为是发射机房，高频电磁波情况复杂，电源接地与设备信号接地要严格按照《广播电视工程接地技术规范》（GY/T 5084—2011）的工艺要求执行。

（11）配电柜内需设置电气火灾监测装置

参见《建筑设计防火规范》（GB 50016—2014）10.2.7 条的规定。

（12）电力电缆穿越建筑变形缝或防火分区时，要做相应封堵

参见《建筑设计防火规范》（GB 50016—2014）第 6.3.4 条的规定。

（13）接线方式多采用放射式，照明及小容量符合可设计链式连接。

参见《工业与民用供电设计手册》中的表 2.5-1。

2. 负荷容量估算与线缆分配

目前，电视发射机房有三条供电电缆，分别来自 1 号变压器和 2 号变压器，其中 VV_{22} 0.6/1000 3×240+2×120 铠装各一路，配电室端由 ABB S5H400 断路器控制，用于发射设备供电；另一路是由 2 号变压器发出的 VV 0.6/1000 4×70+1×35 铠装缆，由 ABB S4N250 断路器控制，用于空调与照明供电。

调频发射机房目前有两条供电线路：一路来自 1 号变压器 VV 0.6/1000 3×95+2×50，由 ABB S4N250 断路器控制，用于空调和照明；另一路来自 2 号变压器 VV 0.6/1000 3×150+1×120，由 ABB S5H630 断路器控制，用于发射设备供电。

（1）容量估算

VV_{22} 0.6/1000 3×240+2×120 电缆，查表可知其最大额定工作电流为 450 A（《工业与民用供电设计手册》，表 9.3-28），但由 ABB S5H400 断路器控制，且电缆有接头，故按 400 A 计算，功率 $P=S\cdot\cos\Phi=1.732\times400\times380\times0.85\approx$ 210 kW。

同理可知，VV 0.6/1000 4×70+1×35 可提供约 140 kW 的功率，VV 0.6/1000 3×150+1×120 可提供约 195 kW 的功率。

（2）用电负荷估算（机房整合后）

①发射及控制设备用电：

a. 数字电视发射机：4 台，12 kW/台，共计 48 kW。

b. 调频发射机：7 台，10 kW/台，共计 70 kW。

c. 20 kW 的 UPS：2 台，20 kW/台，共计 40 kW。

合计约 160 kW（适当冗余，在配置电力稳压器时，按不小于 200 kW 的容量设计），以上负荷由两路 VV_{22} 0.6/1000 3×240+2×120 的电缆承担。

②附属设备用电：将调频发射机房的 VV 0.6/1000 3×150+1×120 电缆引至中心机房，作为空调系统、维修电源、通风及消防等辅助设备的供电线路。总容量估在 100 kW 左右，同时要考虑功率因数与补偿问题。

③办公及生活用电：将原中心机房 VV 0.6/1000 4×70+1×35 电缆用于办公及生活用电，如机房照明、生活区域用电等，同时作为空调与通风、消防的备用电源。另外，它还承担着电梯供电的作用，在保护回路设计时，参照《通用用电设备配电设计规范》(GB 50055—2011) 的相关条文执行。

注意：根据《建筑设计防火规范》(GB 50016—2014) 第 10.1.1.5 条的规定，市级广播电视机房为一级消防负荷单位，必须是两路供电线路。同时，空调虽是辅助设备，但它的作用也是安全播出的重要环节。

以下是各用电单元的结构设计图（见图 3 和图 4）：

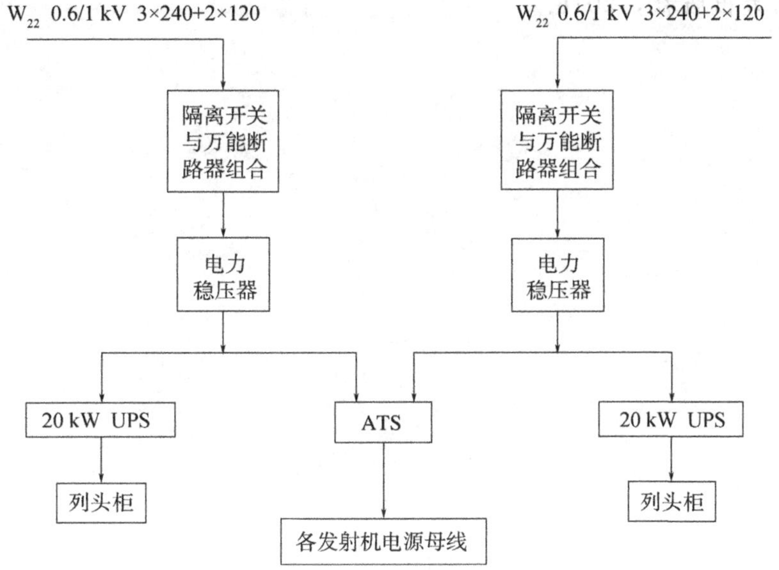

图 3 发射机及控制设备用电

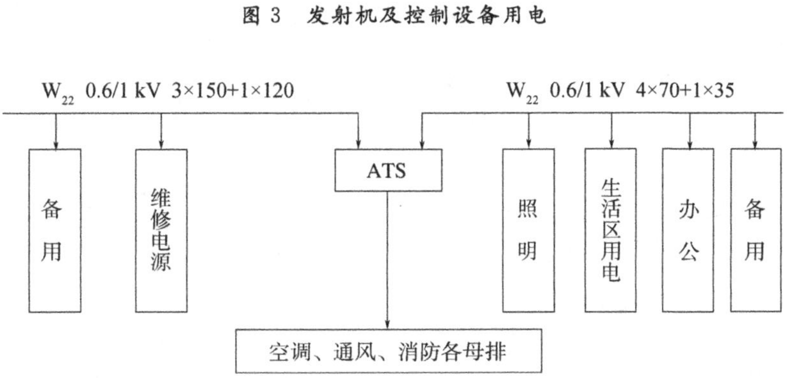

图 4 附属设备与生活、办公用电

其中，3×150＋1×120 的电缆为空调、通风、消防的主电缆。

另外有人提出，UPS 应分散布置，这样可以将故障率和 UPS 发生故障时的影响面减少。根据笔者在总控室多年的工作经验，UPS 集中控制是较为稳妥的设计方法，此为个人意见，欢迎读者批评指正。

参考文献

[1]《数据中心设计规范》(GB 50174—2017) [S].

[2]《供配电系统设计规范》(GB 50052—2009) [S].

[3]《广播电视工程接地技术规范》(GY/T 5084—2011) [S].

[4]《建筑设计防火规范》(GB 50016—2014) [S].

[5] 吴晓斌，王秀华，张文革，等. 工业与民用配电设计手册 [M]. 北京：中国电力出版社，2016.

广播电视发射台站接地保护系统的设计维护

杨乐　郑魁　李锐超

摘　要： 从机房设置地点与发射设备的实际情况出发，本文阐述了接地和接地保护系统的相关物理概念；依照相关规范的要求，针对防雷与接地保护系统的设计与运维进行了阐述。

关键词： 接地系统；高频电磁辐射；防雷系统；接地网；接地极；工频接地电阻；工艺接地；等电位

随着广播电视事业的飞速发展，有效覆盖面积的扩大势在必行。最经济、最有效的方法是提高发射天线的海拔高度，将发射机房建在山上。北方的山多为沉积岩和火成岩混合组成，其平均电阻率在 2 kΩ · m 左右，又因山区多为落雷区，因此防雷与接地系统是否完善将直接对安全播出造成影响。

一、问题的复杂性

广播电视发射机房（FM/TV）不同于一般意义上的信息数据机房，如发射机、多工器、天馈系统等都存在高频电磁辐射；音频和视频信号的处理与传输，还有高低压配电系统、通风与空调系统、消防等对“地”的概念和要求也各有不同。因此，依照规范并参阅相关书籍文献，需要把最基本的概念搞清楚。

二、“地”与“接地”的物理概念及其分类

首先必须明确“地”与“接地”的物理概念及其分类，以及有关的主要名词术语，了解它们在实际工作中的物理意义。

1. 地

(1) 电气地

大地是一个电阻非常低、电容量非常大的物体，拥有吸收“无限”电荷的

能力，而且在吸收大量电荷后仍能保持电位不变，因此适合作为电气系统中的参考电位体。

（2）零电位地

与大地紧密接触的一个或一组导电体称为“接地极”，通常采用圆钢或角钢，也可采用铜棒或铜板，如图 1 所示的接地极就是圆钢接地极。严格来说，距离接地极无穷远处才没有电位降，即无穷远处是零电位，称“电气地”或“地电位”。

图 1　接地极与流散区

（3）逻辑地（信号地）

电子设备中，各级电路间电流的传输和信号的转换都要求有一个参考电位，常称这个电位为“逻辑地”。这个“地”可以是电子设备的金属机壳、底座、印刷电路板上的地线或建筑物内的总接地端子、接地干线等。逻辑地要与大地接触。

基于对以上三个物理概念的分析理解，笔者认为，在设计方案中要注意以下几方面的问题：

首先，在山体上做地网覆盖面积要足够大（以综合测量分析为依据），设计冗余系数建议为 1.5～2。

其次，要采用导电良好的接地体，要求接地体具有抗腐蚀、耐老化、易维护的特性；其材料的物理、化学特性要稳定。

最后，信号传输机房或机柜要有单独的地线网络。

2. 接地

《交流电气装置的接地设计规范》（GB/T 50065—2011）第 2.0.1 条规定：在系统、装置或设备的给定点与局部地之间做电连接的定义。

笔者认为，当接地装置的接地电阻符合要求时，可认为接地装置是“零电位地”。因此，将电力系统或电气设备的某一部分经接地线连接到接地极称为“接地”，如图 2 所示。

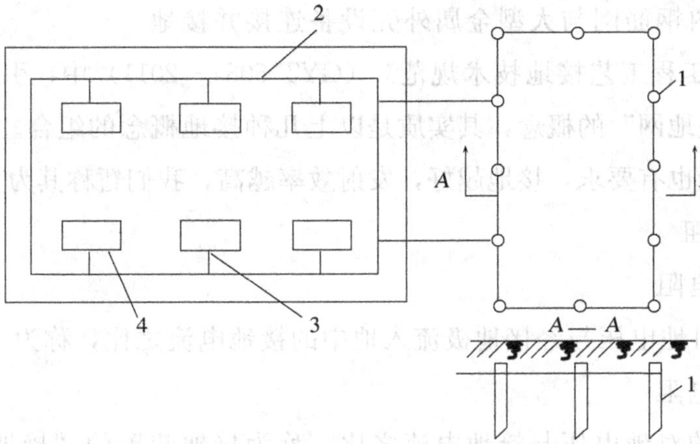

图 2　接地示意图

1. 接地体　2. 接地干线　3. 接地支线　4. 电气设备

3. 接地的分类

从保护对象上分析，接地可分为两大类：保护人员和设备不受损害的称为“保护接地”，保障设备正常运行的称为“工作接地”。

（1）保护接地

①防雷接地：防雷接地是指在受到雷电袭击（直击、感应或线路引入）时，为防止设备损害的接地系统，它有信号（弱电）防雷接地和电源（强电）防雷接地之分，区分的原因不仅是因为要求接地电阻不同，而且在工程实践中，信号防雷接地常附在信号独立接地上，和电源防雷接地分开建设。

②机壳安全接地：机壳安全接地是将系统中平时不带电的金属部分（机柜外壳、操作台外壳等）与地之间形成良好的导电连接，以保护设备和人身安全。此外，保护接地还可以防止静电荷的积聚。

（2）工作接地

①工频接地：在电力系统中，将变压器的中性点与大地适当连接，或中性线重复接地统称为“工频接地”。

②逻辑地（又称“信号地”）：逻辑地是指信号回路中的放大器、混频器、扫描电路、逻辑电路、信号传输等都要有统一的基准电位而接地，目的是不引起信号量的误差。

③屏蔽接地：屏蔽接地是将电气干扰源引入大地，抑制外来电磁干扰对电子设备的影响，也可减少电子设备产生的干扰影响其他电子设备。

④等电位接地：等电位接地是指将金属部分相互连接，形成相同电位的接

地，如建筑物内钢筋网与大型金属外壳设备连接并接地。

《广播电视工程工艺接地技术规范》（GYT 5084—2011）中，引入了“工艺接地”与“工艺接地网”的概念，其实质是以上几种接地概念的组合。另外，调频发射机对接地装置也有要求，接地越好，发射效率越高，我们暂称其为“功率接地”。

4. 接地电阻

（1）流散电阻

接地体的对地电压与经接地极流入地中的接地电流之比，称为“流散电阻”。

（2）接地电阻

接地装置的对地电压与接地电流之比，称为接地装置的“接地电阻”，其等于接地线的电阻与流散电阻之和。一般来说，因为接地线的电阻甚小，可以略去不计，因此可以认为接地电阻等于流散电阻。

为了降低接地电阻，往往用多根的单一接地极以金属体并联的方式连接组成复合接地极或接地极组。

（3）工频接地电阻

工频接地电流流经接地装置所呈现的接地电阻，称为“工频接地电阻”。

三、设计构想

1. 地网设计模块：每座高山发射台站必须同时具备三种接地网

（1）铁塔地网：以实现防雷接地。

（2）机房地网：以实现信号接地。

（3）变压器地网：以实现工频接地。

将以上三网在机房外的实际大地中进行物理连接，形成地网等电位。同时参照国家相关标准规范的规定，提出我们对地阻的技术要求：防雷地网地阻不超过 2 Ω，机房地网地阻不超过 1 Ω，变压器地网地阻不超过 2 Ω，联合地网地阻不超过 1 Ω，每年在春秋两季择时测试两次。

2. 等电位设计模块

根据《数据中心设计规范》（GB 50174—2017）中第 8.4.4、8.4.5 和 8.4.6 条的规定，结合发射机房存在高频辐射的实际情况，将发射机、多工器、假负载等设备外壳分别用长度不同的、大于 10 mm^2 的多股铜芯电缆两根连接；将信号传输柜、低压配电柜、空调外壳用大于 10 mm^2 的多股铜芯电缆连接，且分别接至工艺接地端子板上。按《广播电视工程工艺接地技术规范》（GYT 5084—2011）中第 4.9.3 条的规定，机房内工艺设备等电位接地方式按M型（网状）连接。

3. 电源系统设计模块

若为独立10 kV供电线路，首选高压/低压预装式变电站（箱变）；或有符合要求的独立变电室，可采用变压器及分离组件。根据《供配电系统设计规范》（GB 50052—2009）的要求，变压器统一选用接线组别为D Yn11，低压系统接地方式统一为TN-S系统。从变压器低压端至用电负荷，至少设计三级防雷与操作过电压保护。

4. 高频设备接地模块

本部分之所以单独成为一个模块，是因为调频/电视发射机地阻与发射效率有关，同时又是高频辐射的“元凶”。

电视/调频广播发射机需要设置高频接地引线。高频末端应采取不小于100 mm×0.3 mm的铜带，以最短的距离与接地极连接，地阻应小于1 Ω。进口发射机如哈里斯机型，在机箱底部有不小于100 mm×0.3 mm的铜带，直接与工艺接地端子板连接即可；国产发射机大多没有此设计，仅有机箱接地端子。

高频接地体设计应符合《广播电视工程工艺接地技术规范》（GYT 5084—2011）中第5.2条的规定。

机房电源进线如图3所示。

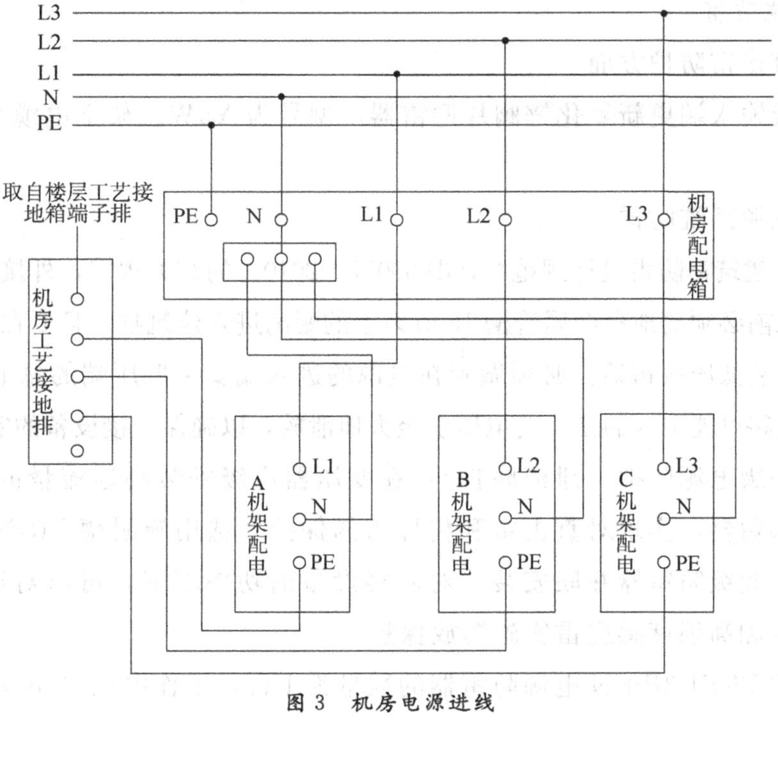

图3 机房电源进线

四、实际案例：以济南市辖区内的女郎山机房为例

1. 现场勘探

女郎山海拔 85 m，所处地区气象数据表明，该地区年平均雷暴日高达 30.6 天。按照《建筑物电子信息系统防雷技术规范》（GB 50343—2004）中的要求，其地区雷暴日等级为多雷区。

（1）通信铁塔位于女郎山山峰处，塔高 77 m，地势高且空旷，极易遭遇雷击。塔基约为 10 m×10 m，距机房楼约 5 m。

（2）机房楼：机房楼设有设备低压配电柜、电力稳压器、调频发射机、信号传输柜、机房空调等。

（3）总配电室：总配电室为平房建筑，位于机房楼东侧，内设 S9-M-200 10/0.4 kV 变压器一台，低压配电开关柜一台，电容器补偿柜一台；高压线为架空线输入。

（4）低压线路：低压配电形式为 TN-S 型，线路由总配电室西侧墙开孔，穿出铠装线架空约 10 m 进入机房楼，与设备低压配电柜相连。

（5）信号线路：由光缆、微波、波导馈线、调频主馈线组成，波导馈线、调频主馈线由机房楼经桥架送至铁塔与相应的天线系统连接。

2. 措施防雷

（1）直击雷防护方面

高压线输入端更新氧化锌阀片避雷器，型号为 Y5W。架空电缆采用避雷线防护。

（2）电源系统防雷

根据《建筑物防雷设计规范》（GB 50057—2010）的有关规定，外接金属线路进入建筑物之前必须离地穿金属管槽 15 m 以上的距离进入建筑物，且要在建筑物的线路进入端加装低压避雷器。必须做到在电源的进入端安装低压端的总电源防雷器，将由外部线路可能引入的雷击高电压引至大地泄放，以确保后接设备的安全。

①第一级电源防护（泄流防护）：在变压器次级安装高通流量的 10/350 测试波形的避雷器，实现对直击雷和传导雷的保护。选用施耐德 PRF1 3P＋N 电源防雷器，此级防雷器并联安装，对后接设备的功率不限，可以对通过线路传输的直击雷和高强度感应雷实施泻放保护。

施耐德 PRF1 3P＋N 电源防雷器的数量为 1 台，工作电压（AC）为 385 V，

冲击电流（10/350 μs）为 50 kA，响应时间低于 25 ns，限制电压小于 2 kV，连接方式为并联，模块裂化后自动脱离，适用于机房的三相电源的第一级保护。安装位置在低压配电室总开关处。

②第二级电源防护：虽然已经在电源进线端安装了第一级防雷器，但是当较大的雷电流进入时，第一级防雷器可将绝大部分雷电流由地线泄放，而剩余的雷电残压还是相当高，因此第一级防雷器的安装可以减少大面积的雷击破坏事故，但是并不能确保后接设备的万无一失。

作为次级防雷器，第二级防雷器可将几千伏的过电压进一步限制在不超过 2 kV，雷电多发地带建筑物需要具有 60 kA 的通流容量，将第一级防雷器泄放后出现的雷电残压以及电源线路中感应的雷电流给予再次泄放。可选用施耐德 PR65r 3P＋N 电源防雷器的电源防雷模块，此级防雷器并联安装，对后接设备的功率不限。

施耐德 PR65r 3P＋N 电源防雷器的数量为 1 台，工作电压（AC）为 385 V，最大放电电通流量（8/20 μs）为 65 kA，标称雷电通流量（8/20 μs）为 35 kA，响应时间小于 20 ns，限制电压小于 1.5 kV，连接方式为并联，适用于机房的三相电源的第二级保护。安装位置为低压电缆引入机房前端。

③第三级电源防护：第三级电源防护安装在进发射机电源的前端，对发射机内部产生的操作过电压（如开/关机）、线路二次感应和高压静电有极好的防范效果，选型为施耐德 PR40 3P＋N 电源防雷器。

施耐德 PR40 3P＋N 电源防雷器的工作电压（AC）为 385 V，标称雷电通流量（8/20 μs）为 20 kA，最大雷电通流量（8/20 μs）为 40 kA，响应时间小于 20 ns，限制电压小于 1.5 kV，连接方式为并联，适用于机房的三相电源的第三级保护。

注意，以上是以《建筑物防雷设计规范》（GB 50057—2010）中第 4.2.3 条的规定为依据，对应查找施耐德浪涌保护器选型手册而确定的。

④等电位连接系统：等电位连接系统由于机房楼内，含有重要的电子电气设备，所以根据《建筑物电子信息系统防雷设计规范》（GB 50343—2004）第 5.4.4 条“程控数字用户交换机线路的防雷与接地”的规定、第 5.4.5 条“计算机网络系统的防雷与接地”的规定，以及《广播电视工程工艺接地技术规范》（GYT 5084—2011）中有关机房内工艺设备等电位的要求，将机房内的接地和等电位连接线设计如下：

采用 100 mm×5 mm 紫铜排沿墙面贴脚线或地槽内进行走线，走线时布置成环形；紫铜排上，每隔 1～1.5 m 预留接地螺栓供连接使用。紫铜排与接地汇集线栓接时，连接螺栓采用直径 8 mm 的铜制或不锈钢质螺栓，并且其数量不得少于 3 枚。

信号浪涌保护器、网络设备机壳、发射机、微波机机壳等设备的接地端宜采用截面积不小于 10 mm^2 的多股绝缘铜导线，单点连接至网络设备配线架等电位接地端子板上。

采用不小于 50 mm^2 的铜芯线，将已经做好的等电位连接带与整幢大楼的地网进行连接。连接时使用直径 50 mm 的铜接线鼻子，与不小于 50 mm^2 的铜芯线压接以后，在表面包裹绝缘胶带。

3. 接地系统

根据《广播电视工程工艺接地技术规范》（GYT 5084—2011）中对接地系统的要求，结合实际情况，有这样的规定：此台站地网由机房地网、铁塔地网和变压器地网组成，同时应利用机房建筑物的基础（含地桩）及铁塔基础内的主钢筋作为接地体的一部分。地网的组成如图 4 所示。

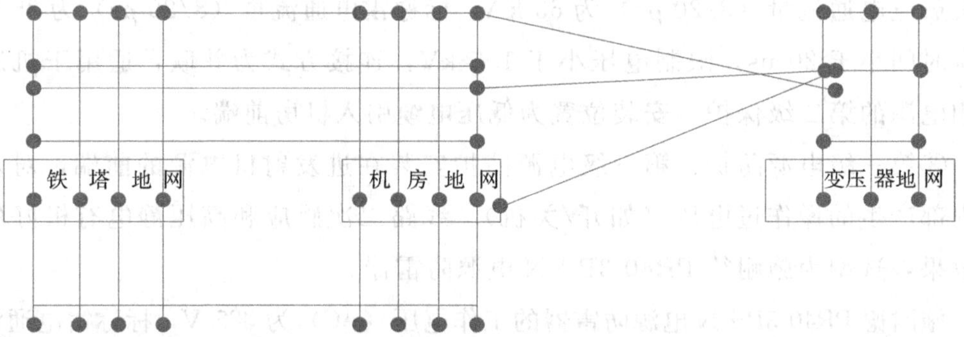

图 4 地网结构

由于山体碎石较多，平均电阻率在 2.3 kΩ·m 左右，为了得到理想的接地电阻，我们采用石墨极＋降阻剂与铜包钢接地极相结合的办法。

（1）对石墨接地体的要求

①接地体需采用机房专用非金属接地模块 ZGD-I-3（石墨接地极），其性能参数要求如下：室温下电阻率不超过 0.1 Ω·m，工频接地电阻（电阻率为 40 Ω·m）外形尺寸为直径 260 mm×1000 mm，重量 50 kg。

②接地体间距为 3～5 m。若遇到土壤电阻率不均匀的地方，下层的土壤电阻率低时可以适当加长；彼此间用热镀锌扁钢相互焊接连通。

③接地体之间所有的焊接点，除浇筑在混凝土中的以外，均应进行防腐处理。接地装置的焊安长度方面，对扁钢为宽边的 2 倍，对圆钢为其直径的 10 倍。

④接地体的上端距地面不应小于 0.8 m。

⑤接地极数量为 25 个。

（2）铜包钢接地体

铜包钢接地体的外材料为紫铜，冲击电流不超过 1%，电阻率为 100 Ω·m，降阻为 1.6。

（3）接地线和接地引入线

接地线宜短、直，截面积为 120 mm^2，材料为多股铜线。

（4）接地汇集线

①接地汇集线一般设计成环形或排状，材料为铜材，截面积不应小于 120 mm^2。

②机房内的接地汇集线可安装在地槽内、墙面上或走线架上，接地汇集线应与建筑钢筋保持绝缘。

③接地电阻：地网的接地电阻值应不大于 1 Ω。

（5）其他处理

①室外架空电缆在电缆上方架设避雷线，以防直接雷击。

②室外桥架应在两端单独设立地线，每隔 5 m 接地 1 次。桥架接地电阻小于 2 Ω。

③设置两个接地观测井，并做防水处理。

④整个系统要有防盗割措施。

4. 维护与体会

此工程已施工完成，投入运行后效果良好。笔者的个人体会是：近年来，广播电视业发展迅速，设备更新速度加快，新技术、新工艺、新思想如雨后春笋般出现，加强业务学习显得格外重要。对工作中出现的问题，应进行分析、判断，注意每一个细节，最终解决问题。

参考文献

[1] 林维勇，杨少杰，方磊，等. 建筑物防雷设计规范（GB 50057—2010）[M]. 北京：中国计划出版社，2011.

[2]《广播电视工程工艺接地技术规范》（GY/T 5084—2011）[S].

[3] 吴晓斌，王秀华，张文革，等. 工业与民用配电设计手册 [M]. 北京：中国电力出版社，2016.

[4] 王厚余. 建筑物电气装置 600 问 [M]. 北京：中国电力出版社，2014.

中波发射台配电与发电机房自动灭火系统设计

高晖　宫兴广　吴绪杰

摘　要： 火灾自动报警系统与气体灭火系统是供配电专业中最常用，也是最重要的消防设施。笔者在此以现有机房为例，阐述了自动消防系统的设计构想，意在为今后的机房建设提供参考意见。

关键词： 变压器；柴油发电机；感温探测器；七氟丙烷

中波发射台是广播电视系统的重要组成部分，其特点是远离市区，占地面积大，耗电量大。根据规范要求，一般都配有满足台站全部负荷运行的柴油发电机和储油间。根据《广播电影电视建筑设计防火标准》（GY 5067—2017）和公安部下发的第 61 号令《机关、团体、企业、事业单位消防安全管理规定》，广部电视系统为消防安全重点单位，因此台站的自动消防系统尤其重要。

一、情景概述

济南广播电视台中波台配电机房的结构为：高低压配电室长 10 m、宽 10 m、高 7 m 的单层建筑，内设 10 kV 高压线一路、高压负荷开关、400 kW 干式变压器两台，以及电力稳压器、低压配电柜等，无油浸设备；发射机房设备为发射机、配电柜、电力稳压器、水冷空调、信号传输柜等，依据《广播电影电视建筑设计防火标准》（GY 5067—2017）、《建筑设计防火规范》（GB 50016—2014，2018 年版）的相关条文，判定其危险等级为丁类。

柴油发电机房有两个，分别与配电机房东西相邻。东侧为 1 号机房，西侧为 2 号机房。1 号发电机房长 11 m、宽 7 m、高 5 m，发电机额定容量 550 kW，配有一个 600 L 的储油罐。2 号发电机房长 7 m、宽 5 m、高 5 m，发电机额定容量 250 kW，自备 100 L 油箱。与其相邻的有一小型储油间，长 4 m、宽 3 m、高 5 m，设计储油量 4 t，判定火灾危险等级为丙类。

由于火灾危险等级不同，因此对配电机房、发电机房分别计算防火分区和防烟分区。

二、设计规范要求

根据《建筑设计防火规范》（GB 50016—2014，2018 年版）以下条文的规定：

条文 5.4.13 布置在民用建筑内的柴油发电机房应符合下列规定：

5. 应设置火灾报警装置。

6. 应设置与柴油发电机容量和建筑规模相适应的灭火设施。

以及根据《广播电影电视建筑设计防火标准》（GY 5067—2017）以下条文的规定：

条文 7.3.4-3 下列场所应设置自动灭火系统，并宜采用气体灭火系统：

1. 国家、省级或人口超过 100 万的城市广播电视发射塔内的微波机房、分米波机房、米波机房、变配电室和不间断电源（UPS）室。

根据以上相关规定进行设计。

三、火灾自动报警系统设计

火灾自动报警系统是火灾探测报警与消防联动控制系统的简称，其能够输入报警信号，输出警报和灭火指令。火灾自动报警系统是探测报警和消防联动的结合，是以实现火灾早期探测和报警，以及向各类消防设备发出控制信号并接收设备反馈信号，进而实现预定消防功能为基本任务的一种自动消防设施，可分为区域报警系统、集中报警系统和控制中心报警系统。

火灾自动报警系统的组成、工作原理和适用范围如图 1 所示。

1. 设计构想

在发射机房监控室设置消防监控与火灾自动报警系统，系统选型为集中报警系统。根据《火灾自动报警系统设计规范》（GB 50116—2013）中第 3.2.3 条的规定，系统应由火灾探测器、手动火灾报警按钮、火灾声光警报器、消防应急广播、消防控制室图形显示装置、火灾报警控制器和联动控制器等组成。

考虑到发射台站是强电磁辐射区域，应选择抗干扰性强、易安装的火灾探测器。因此，在配电机房选用吸气式感烟探测器（主要安装在配电柜与电力稳压器内）和线性红外光束感烟探测器、光线感温探测器，另加手动火灾报警按

条文

2.0.1 火灾自动报警系统

探测火灾早期特征，发出火灾报警信号，为人员疏散、防止火灾蔓延和启动灭火设备提供控制与指示的消防系统。

条文说明

2.0.1 本条对火灾自动报警系统的定义作出新的解释。

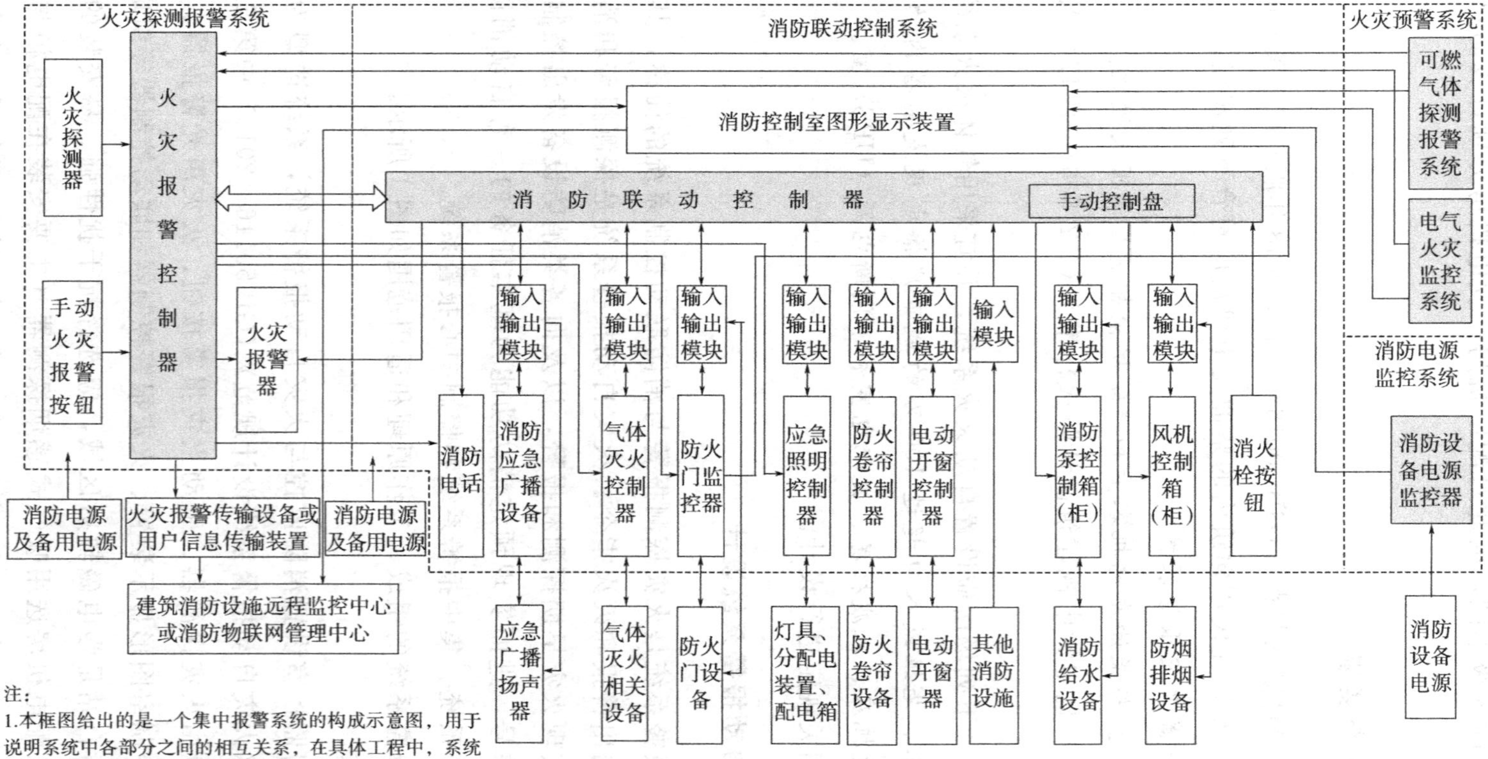

注：

1.本框图给出的是一个集中报警系统的构成示意图，用于说明系统中各部分之间的相互关系，在具体工程中，系统构成应由设计人员根据工程实际情况进行配置。

2.消防电源及备用电源的设置见本图集第×页。

2.0.1图示1

提示

1.《规范》对火灾自动报警系统的定义明确了火灾自动报警系统具有联动控制功能。

2.本框图是火灾自动报警系统的现行架构。

火灾自动报警系统框图（现行）						图集号	14X505-1
审核		校对		设计		页	7

图1 火灾自动报警系统的组成、工作原理和适用范围

钮。发电机房（包括中间储油设施）选用光纤感温探测器、手动火灾报警按钮、点型火焰探测器或图像型火焰探测器、监控摄像头。各探头电源线要穿金属管，每根分支管至少接地两次，且长度要远离 1/4 波长，以避开电磁波谐振的干扰；采集后的信号要将电信号转换成光信号传输，每个防火分区至少用一个总线隔离器加以保护。

火灾探测报警系统的逻辑功能如图 2 所示。

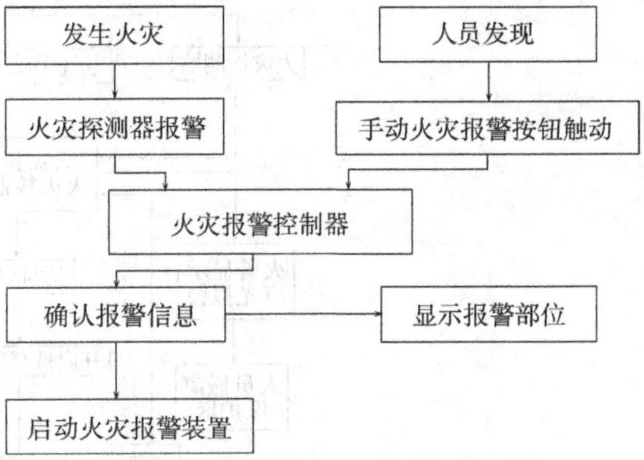

图 2　火灾探测报警系统的逻辑功能

2. 灭火系统的选型

根据机房实际情况和规范条文的规定，笔者建议采用气体灭火系统，灭火剂选用七氟丙烷。七氟丙烷灭火剂是一种无色无味、良好的电绝缘性气体，其密度大约是空气的 6 倍，在一定压力下呈液态。七氟丙烷是一种洁净药剂，对环境无污染、无残留。七氟丙烷气体灭火适用于扑救电气火灾、液体火灾或可熔固体火灾、固体表面火灾、灭火前能切断气源的气体火灾，可用于保护计算机房、通信机房、变电室、配电室、精密仪器室、发电机房、油库等。

3. 系统结构选型

以现有机房为例分析，笔者认为以选用无管网的悬挂式与柜式七氟丙烷系统为宜。气体灭火系统的结构特点可分为有管网和无管网两种。无管网的又称为“预置灭火系统”，其是按一定的应用条件，将灭火剂存储装置和喷放组件等预先设置、组装成具有联动功能的灭火系统，适用于相对独立且较小的空间，常用的有柜式和悬挂式。

(1) 柜式七氟丙烷气体灭火装置

柜式七氟丙烷气体灭火装置不需要设置专用装置间，整套灭火装置均在保护区内。火灾发生时，在灭火控制器的驱动下，灭火装置直接向保护区喷射灭火剂，方便快捷。

柜式七氟丙烷气体灭火装置通常能在 10 s 内完全扑灭火灾，七氟丙烷灭火剂可液态储存、气态喷放（喷放后能迅速气化为洁净灭火气体），灭火的主动性较强。

柜式七氟丙烷气体灭火装置的操作程序如图 3 所示。

柜式七氟丙烷气体灭火装置的结构如图 4 所示。

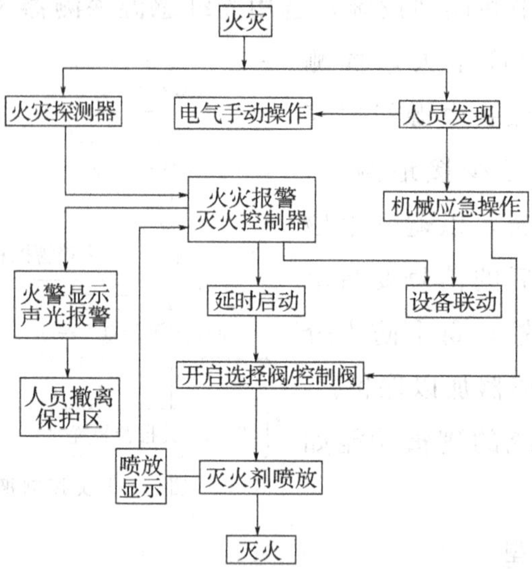

图 3　柜式七氟丙烷气体灭火装置的操作程序

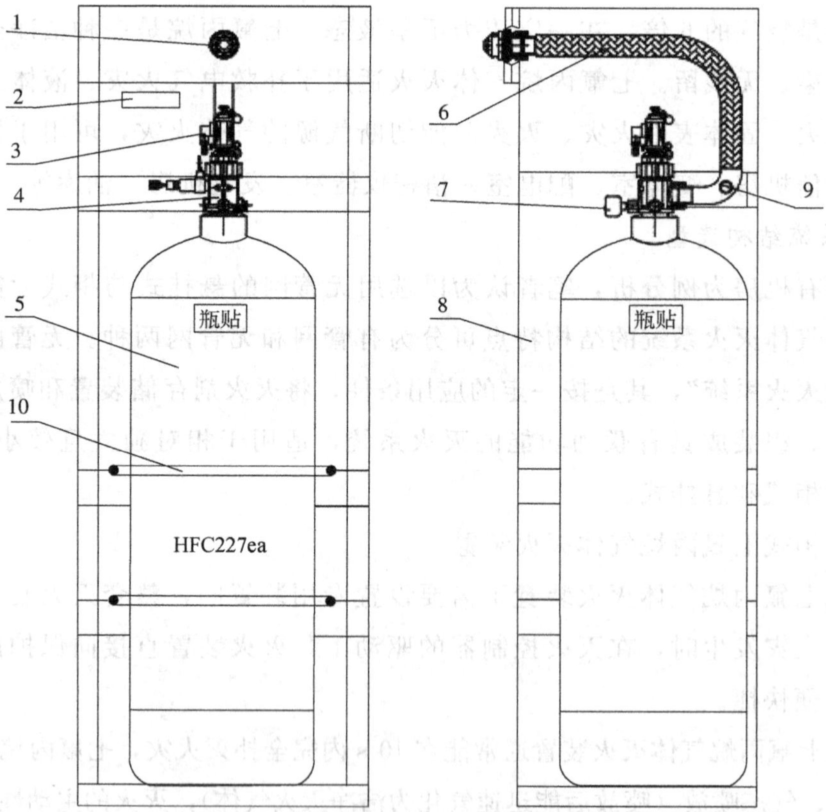

图 4　柜式七氟丙烷气体灭火装置的结构

1. 喷嘴　2. 接线排　3. 电磁型驱动装置　4. 容器阀　5. 灭火剂瓶组　6. 高压软管
7. 压力表　8. 柜体　9. 信号反馈装置　10. 抱箍

（2）悬挂式七氟丙烷气体灭火装置

悬挂式七氟丙烷气体灭火装置由灭火剂储瓶、容器阀、电磁驱动装置、喷头、感温玻璃球、压力信号反馈装置、悬挂支架等组成，不需安装灭火剂输送管道，不需设置专用的储瓶间。电磁型驱动装置启动方式可与报警联动，感温元器件玻璃启动方式不用与火灾报警系统联动，采用悬挂或壁挂式安装，当火灾发生时，感温玻璃球破裂，容器阀开启，直接向防护区喷射灭火剂，灭火剂无管路损失，灭火速度更快，效率更高。

悬挂式七氟丙烷气体灭火装置的结构如图 5 所示。

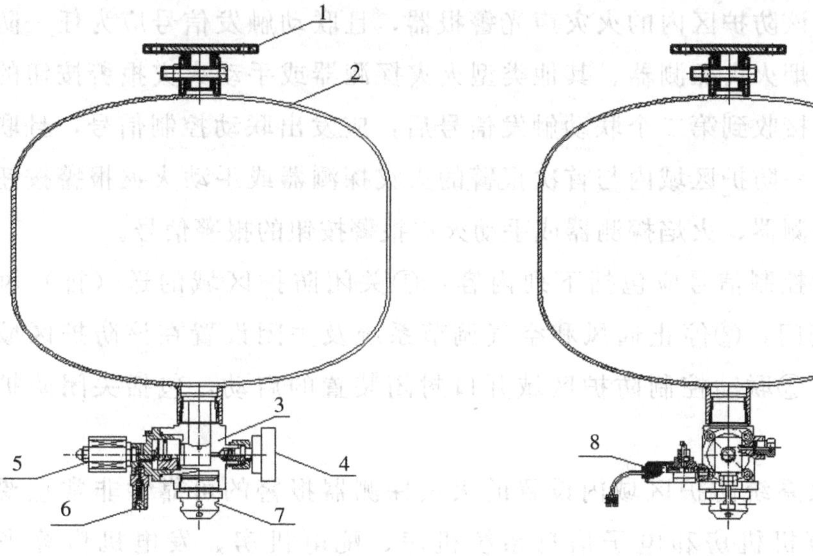

图 5　悬挂式七氟丙烷气体灭火装置的结构

1. 安装支架　2. 罐体　3. 容器阀　4. 压力显示器　5. 压力表　6. 感温释放组　7. 喷嘴件　8. 信号反馈装置

柜式七氟丙烷气体灭火装置和悬挂式七氟丙烷气体灭火装置的工作原理是一样的。装置由电磁启动阀与感温玻璃球启动。电磁启动是当防护区发生火灾时，防护区内的火灾探测器发出符合逻辑的火灾指令到报警主机，报警主机发出指令到防护区，延时 30 s 后 24 V 电源启动电磁驱动器，刺破针打破容器阀上的工作膜片，容器阀开启，实施灭火；感温启动时，防护区内温度上升，达到感温玻璃球的启动温度后，感温玻璃球破裂，容器阀开启，喷放灭火。

综合考虑后认为，在配电机房、发电机房选用悬挂式七氟丙烷气体灭火装置；对于重点部位如储油间、油库，选用柜式七氟丙烷气体灭火装置，采用全淹没灭火方式。

4. 控制逻辑设计

根据《火灾自动报警系统设计规范》（GB 50116—2013）相关条文的规定，有：

（1）气体灭火系统应由专用的气体灭火控制器控制。

（2）应有同一防火分区内两只独立的火灾探测器的报警信号，或一只火灾探测器与一只手动火灾报警按钮的报警信号作为启动灭火装置的逻辑信号，并有火灾报警控制器或联动控制器发出启动灭火装置的信号。

（3）气体灭火控制器在接收到满足联动逻辑关系的首个联动触发信号后，应启动设置在该防护区内的火灾声光警报器，且联动触发信号应为任一防护区域内设置的感烟火灾探测器、其他类型火灾探测器或手动火灾报警按钮的首次报警信号；在接收到第二个联动触发信号后，应发出联动控制信号，且联动触发信号应为同一防护区域内与首次报警的火灾探测器或手动火灾报警按钮相邻的感温火灾探测器、火焰探测器或手动火灾报警按钮的报警信号。

（4）联动控制信号应包括下列内容：①关闭防护区域的送（排）风机及送（排）风阀门；②停止通风和空气调节系统及关闭设置在该防护区域内的电动防火阀；③联动控制防护区域开口封闭装置的启动，包括关闭防护区域的门、窗。

气体灭火系统防护区域内设置的火灾探测器报警的可靠性非常重要。因此，电子计算机机房和电子信息系统机房、配电机房、发电机房等采用气体灭火系统防护的场所通常设置两种火灾探测器，即感烟火灾探测器和感温火灾探测器组成“与”逻辑，作为系统的联动触发信号，这样设置的目的是提高系统动作的可靠性，将误触发率降至最小。感烟火灾探测器报警表示有火灾发生，感温火灾探测器报警表示火灾已经发展到一定程度了，应该启动气体灭火装置。对于有人确认火灾的场所，也可采用同一区域内的一只火灾探测器及一只手动报警按钮的报警信号组成“与”逻辑，作为联动触发信号。

发生火灾时，气体灭火控制器接收到第一个火灾报警信号后，启动防护区内的火灾声光警报器，警示处于防护区域内的人员撤离；接收到第二个火灾报警信号后，联动关闭排风机、防火阀和空气调节系统，启动防护区域的开口封闭装置。具体到笔者所在单位的配电机房和发电机房，进行如下设计：

①配电机房：配电机房将吸气式感烟探测器（安装在配电柜与电力稳压器

内）和线性红外光束感烟探则器作为第一逻辑信号；气体火灾控制器接收信号后发出报警信号，信号的功能一是启动声光警报器，二是给设置在发射机房控制室内的火灾报警控制器，提醒值班人员迅速查看。当光线感温探测器或手动火灾报警按钮发出信号时，作为第二逻辑信号，由联动控制器进行逻辑判断，执行联动功能程序，如停止排风风机，切断故障电源，然后气体灭火控制器控制装置启动，喷洒灭火剂。

②发电机房：发电机房以光纤感温探测器为第一逻辑信号，执行报警功能；其他任何一个报警信号为第二逻辑信号，气体灭火控制器控制装置可直接喷洒灭火剂，同时将信号传至联动控制器，关闭电源，让发电机停机，关闭排风风扇和进气百叶窗，其逻辑流程如图 6 所示。

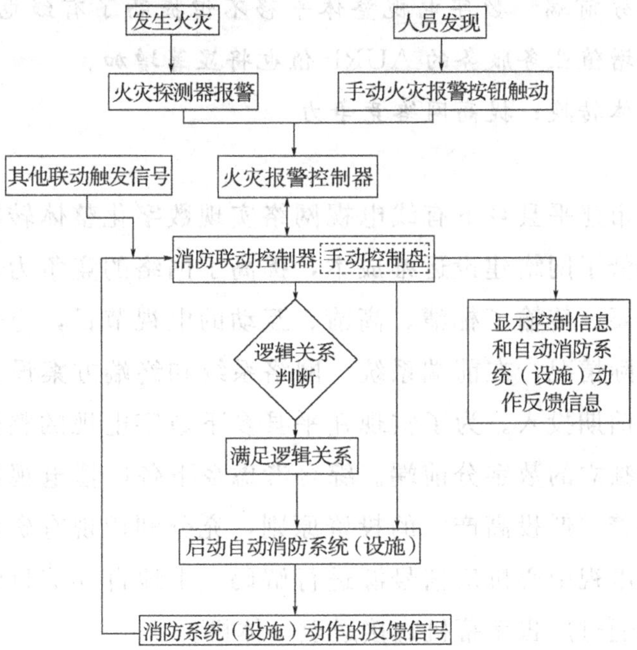

图 6　发电机房的火警控制逻辑流程

参考文献

[1]《建筑设计防火规范》(GB 50016—2014，2018 年版)[S].

[2]《火灾自动报警系统设计规范》(GB 50116—2013)[S].

[3]《气体灭火系统设计规范》(GB 50370—2005)[S].

农网有线数字网络浅谈

王冰

摘　要：为了实现建平县乡下数字电视的整体平移，各广播电视站有必要建立独立的数字分前端。数字电视整体平移不但提高了有线电视的信息质量，而且有线电视和增值业务服务的 AURP 值也将显著增加。

关键词：整体转换；提高网络竞争力

辽宁省朝阳市建平县乡下有线电视网络实现数字化整体转换，实现了移动多媒体广播，降低了网络建设运维成本，提高了网络的竞争力，满足了有线网络业务发展的需要，传输了标清、高清、互动的电视节目，充分考虑了乡下有线电视网络的实际情况，在前端系统、网络系统和终端方案设计上以实用为原则，尽可能节省前期投入。为了实现建平县乡下数字电视的整体平移，各广播电视站必须建立独立的数字分前端。综合考虑乡下各广播电视站有线电视网络的实际情况，本着“低投高产”的投资原则，充分利用现有资源，选用线路一体机，对县有线电视中心机房信号源进行解码；本地自办节目经编码一体机解码后，左飞字幕通过广告字幕机直接送至一体机。

数字电视整体平移不但提高了有线电视的信号质量，而且有线电视和增值业务服务的 AURP 值也有了显著增加。此外，数字电视整体平移有效地阻塞了 CA 系统安全漏洞的问题，为系统安全运营提供了可靠的保障手段，保证了有线电视网络的安全播出。方案中选用的独立安全芯片 UCAS 和 DRM 系统应用于各类双向网络，包括有线双向网络以及电信双向网络对格式内容的保护，更适应于有线单向网络的直播应用。UDRM 尤其被用于有线网络的各类应用中，其对内容的保护发挥了重要的作用，在新增值服务中实现了技术、模式和业务的三大创新，充分利用了有线网络可管、可控、可信的特征，发展了有线网络独具自身优势的业务。

一、前端结余资金

为降低前端建设运维成本，提高网络的竞争力，我们充分考虑了农网有线电视网络的实际情况，在前端系统以实用为原则，尽可能节省前期投入，每个广播电视站前端只投入 4 万元。为实现建平县农网各广播电视站数字电视节目的整体平移，如建立独立分前端造价约12 万元；加上部分卫星信号源编码转换为 AVS+方式，各独立分前端为解码这部分节目，必须购买 AVS+接收转码器，每台设备单价约 2 万元，1 台设备只能解码 1 套节目，解码 5 套节目需要设备资金 10 余万元。最终，农网广播电视站共节约资金 300 余万元。

农网广播电视站分前端架构为：线路四卡综合一体机 4 台（功能含编码、复用、加扰、调制）、网管、播出存储设备、条件接收系统 CA、SMS 用户管理系统、数据广播系统、左飞广告系统、EPG 电子节目指南系统等。

二、设备的创新与功能

BOY-H88X 多功能 QAM（DVB-C）调制器系列是一款专业的数字电视前端设备，它集成了最大 4 路解调模块、最大 8 路 MPEG-2 编码模块、4 路复用处理单元、4 路加扰处理单元和 4 路 QAM 调制模块，支持最大 4 路调谐器、最大 8 路音视频、5 路 TS 流的同时输入，再复用和加扰后，通过 4 路邻频 QAM 调制输出。内部强大的处理核心支持 4 路完全独立的复用加扰处理，使得各个输出都可以完全不同。

三、设备可靠性、安全性

1. DVB-T COFDM 解调

解调方式：COFDM

调制方式：QPSK，16-QAM，64-QAM

带宽：8 MHz

载波模式：2K/8K

保护间隔：1/4，1/8，1/16，1/32，off

FEC 解码率：1/2，2/3，3/4，5/6，7/8

输入频率：470～862 MHz，174～230 MHz

输入电平：－70～－20 dBmV

输入阻抗：75 Ω，英制 F 型

2. MPEG-2 编码

编码格式：符合 MPEG-2MP@ML 标准

视频分辨率：最大支持 720×576

视频制式：PAL/NTSC 制式

音频编码格式：符合 MPEG-1 Layer Ⅰ和 MPEG-1 Layer Ⅱ标准

采样频率：32 kHz、44.1 kHz、48 kHz 采样

编码速率：64～384 kb 可变

3. QAM 调制模块

调制方式：16 QAM，32 QAM，64 QAM，128 QAM，256 QAM

输出符号率：1～7 MS/s

I/Q 幅度偏移：＜0.1%

I/Q 相位误差：＜0.1°

相位抖动：＜0.5°RMS

调制误差率：MER＞35 dB（256 QAM）

输出频率（捷变）：45～860 MHz

输出电平：100～110 dB μV（可调，0.5 dB 步进）

射频带外抑制：＞50 dBc

输出反射损耗：≥14 dB

4. 物理接口

音视频输入：MINI DIN 转 3RCA

TS 流输入输出：BNC 接口，75 Ω

射频输入输出：英制 F 型，75 Ω

网管接口：以太网接口（RJ45 接口，10/100 M 自适应）

5. 物理参数

运行温度：5～45 ℃

存储温度：－25～80 ℃

湿度：10%～75%

供电：90～260 V（AC），50/60 Hz

功耗：43 W

外形尺寸：444 mm×400 mm×44 mm

质量：6 kg

此外，公用接口类型为PCMCIA，智能卡接口类型为ISO7816，复用模块有PSI/SI生成与编辑功能，支持PCR调整，支持PID映射，支持从以太网接收私有数据并将其复用进TS流中，输入TS流包长（188/204）自适应，输出包长（188/204）可设置。

加扰模块可对指定节目进行实时加扰，符合DVB通用加扰算法DVB—CSA，支持DVB同密接口，兼容多个CAS条件接收系统，可发送固定或可变控制字加扰。

四、设备操作与使用

在广告编辑器中，操作员可进行数据设置、广告编辑、信息查询、系统设置等操作。

1. 数据设置

第一次使用广告编辑器时，需要在数据设置中进行节目设置和时段设置。

（1）节目设置

①添加频点：单击主节点“设置”的右键菜单中的“添加频点”，输入频点信息（传输流编号和网络编号参见该频点节目流的SDT表，插入器IP即本机IP），完成后单击“保存”即可。

②删除频点：单击频点名称右键菜单中的“删除频点”，弹出确认删除对话框，单击“确定”即可。

③编辑频点：单击频点名称右键菜单中的“编辑频点”，弹出频点编辑框，修改需要修改的信息，完成后单击“保存”即可。

④添加节目：单击频点名称右键菜单中的“添加节目”，输入节目信息（参见该节目所在加扰模块中的信息），完成后单击“保存”即可。

⑤删除节目：单击节目右键菜单中的“删除节目”即可删除该节目。

⑥编辑节目：单击节目右键菜单中的“编辑节目”，弹出节目编辑框，修改需要修改的信息，完成后单击“保存”即可。

（2）时段设置

单击左侧功能列表中的“时段设置”按钮，进入时段设置界面，进行时段添加、编辑、删除等操作。

①添加时段：单击“添加”按钮，时段名称等变为可编辑状态，操作员可根据需要填写各项信息，完成后单击“保存”即可。

②编辑时段：在下方时段列表中选择需要修改的时段（蓝色高亮表示选中），单击“编辑”按钮，时段名称等变为可编辑状态，操作员可根据需要修改各项信息，完成后单击“保存”即可。

③删除时段：在下方时段列表中选择需要删除的时段（蓝色高亮表示选中），单击“删除”按钮，在弹出的确认对话框中单击“确定”即可。

2. 广告编辑

单击左侧功能列表中的该项，进入广告编辑界面。

（1）飞字广告：单击主界面左侧“飞字广告”按钮，进入飞字广告设置界面。

（2）添加：单击“添加”按钮，发送选项中各输入选择框变为可编辑状态，操作员可根据需要编辑起始坐标、终止坐标、发送时段等各项信息，在主界面右侧“选择节目”列表中勾选要显示本广告的节目频道，完成后单击“保存”即可（“类型”一般选择“图片”即可；若选择“文本”，则需要机顶盒支持）。

（3）编辑：单击“编辑”按钮，各输入选择框变为可编辑状态，操作员可根据需要修改起始坐标、终止坐标、发送时段等各项信息，在主界面右侧“选择节目”列表中勾选要显示本广告的节目频道，完成后单击“保存”即可。

（4）删除：在下方广告列表中选择需要删除的广告（蓝色高亮表示选中），单击“删除”按钮，在弹出的确认对话框中单击“确定”即可。

（5）预览：在下方广告列表中选择需要预览的广告（蓝色高亮表示选中），单击“预览”按钮（预览的文字广告滚动显示完毕，该界面会自动消失）。

（6）角标广告：单击主界面左侧“角标广告”按钮，进入角标广告设置界面。

（7）添加：单击“添加”按钮，发送选项中各输入选择框变为可编辑状态，操作员可根据需要编辑起始坐标、终止坐标、发送时段等各项信息，在主界面右侧“选择节目”列表中勾选要显示本广告的节目频道，完成后单击“保存”即可；此时角标图片才可进行添加、编辑等操作。单击“添加”，编辑显示时间、所在位置等信息，在“加载图片”处单击，弹出图片路径选择框，选择要发送的广告图片，完成后单击“保存”即可。

（8）编辑：单击“编辑”按钮，发送选项中各输入选择框变为可编辑状态，操作员可根据需要修改起始坐标、终止坐标、发送时段等各项信息，在主界面右侧“选择节目”列表中勾选要显示本广告的节目频道，完成后单击“保存”

即可；此时角标图片可进行添加、编辑等操作。单击“添加”或“编辑”，编辑显示时间、所在位置等信息，在“加载图片”处单击，弹出图片路径选择框，选择要发送的广告图片，完成后单击“保存”即可。

(9) 删除：在广告列表中选择需要删除的广告（蓝色高亮表示选中），单击“删除”按钮，在弹出的确认对话框中单击“确定”即可预览；在广告列表中选择需要预览的广告（蓝色高亮表示选中），单击“预览”按钮。

3. CAS 启动

在装有这些程序的 PC 机上插上加密狗，双击程序文件夹中的 CAS Interface. exe、CAS. exe、SMS. exe 以及网管程序 WG. exe，确保整个 CA 系统正常运作起来。其中，数字电视管理系统（SMS. exe）和网络管理系统（WG. exe）需要用户名和密码登录。

4. 操作流程

设置接口程序，确认 CAS 接口程序的服务 IP 及端口设置正确。在加扰机面板上进行扫描节目操作，进入网络管理系统加扰机操作界面，扫描出来的节目会显示在列表中。

进入 CAS 产品管理，将加扰机上扫描出来的节目添加进去（每个节目添加成功时会自动生成一个 AC 值）。

进入网络管理系统加扰机操作界面，将节目的 ECM PID 和 AC 值分别修改为在 CAS 中添加节目时设置的 ECM PID 和保存时生成的 AC 值，选择要加扰的节目，并提交保存设置。

在机顶盒上搜索节目，先设置 CAS 接口：打开 CAS 接口程序的参数设置，服务 IP 即本机 IP，向数据库服务器中输入本机服务器的 IP 即可，服务端口一般设置为“1234”即可。参数设置完后，将接口程序最小化即可。CAS 系统主界面实时显示 ECMG 日志。数据库连接设置和参数设置为必须设置项，至于地址设置、产品管理、CA 命令这三项，操作员可根据实际要实现的功能来进行设置。

地址设置时，单击该菜单项，弹出地址设置框，右击各项，其中包括“全部展开”（将各节点全部展开，列出所有地址列表）和“全部闭合”（关闭全部节点，只显示主节点“地址”）。

5. 添加下级地址

单击该项，弹出地址编辑框（其中“地址名称”为必填项，“描述”为选填项），填写完毕单击“确定”即可。

修改当前地址：单击该项，弹出地址编辑框，修改完后单击“确定”即可，否则单击“取消”放弃此次修改（主节点“地址”的右键菜单中，此项为灰色，不可操作）。

删除当前及下级地址：单击该项，删除该地址及其下级地址（主节点“地址”的右键菜单中，此项为灰色，不可操作）。

CAS 中，地址设置与 SMS 中地址设置实时同步，只需在其中任一系统中设置地址。CAS 中的产品设置必须与 SMS 中的产品设置严格保持一对一的关系。设置机卡配对后，电视节目接收方必须将机顶盒与智能卡一一对应使用，才能接收相应的加扰节目。设置指纹显示后，接收节目的电视机上会显示其智能卡号。设置条件禁播后，指定用户不能接收相应的加扰节目。

操作员可根据需要选择是否启用“用户到期提示”功能，启用此功能，操作员可修改提示开始时间和提示信息，完成后单击“确定”即可。

添加广告描述子广告编辑器设置：看节目所在复用核的 SDT 表，确定网络 ID、传输流 ID（一般不要均用 0）。

广告发送器设置：频点与节目：传输流 ID 和网络 ID 与节目所在复用核一致，插入器 IP 为复用核的 IP（若使用带加扰的一体机，则插入器 IP 为加扰核 IP）。网络 ID、传输流 ID 要与前面节目所在的复用核一致。

6. 广告编辑

选择要添加广告的节目、时间段，写好广告就可以发了。单击保存后立即查看发送器，查看广告的发送情况。若插入器连接成功，则广告发出就没有问题了。

农网广播电视站数字前端设备结构方框图如图 1 所示。

五、总结分析

整个数字前端（包括设备）投资较少，仅 60 多万元，但功能先进，体现了科技创新精神，其中我们自行研发升级了现有的四卡综合一体机，节省了成本。总体来说，系统以成本少、功能完备、技术先进、安全可靠、结构合理、使用方便、扩展性良好为根本。

系统设置应用灵活，技术合理，设备利用率高，有良好的超前性和前瞻性，设计时就进行了升级和扩展，符合农网广电站的特点。我们还自行研发升级了农网现有的四卡线路综合一体机，并研发了嵌入方式方法，省去了购买高清编码器的费用 2 万多元，节省了资金，科技创新立见成效。

数字前端改造的优点是：整个前端设备紧凑，内部布局合理；配电系统设备和动力系统单独供电，供电输入实现了自动倒换；空调系统、制冷系统设备正常工作；换新风系统保证了机房室内及时换新风，维持良好的工作环境。

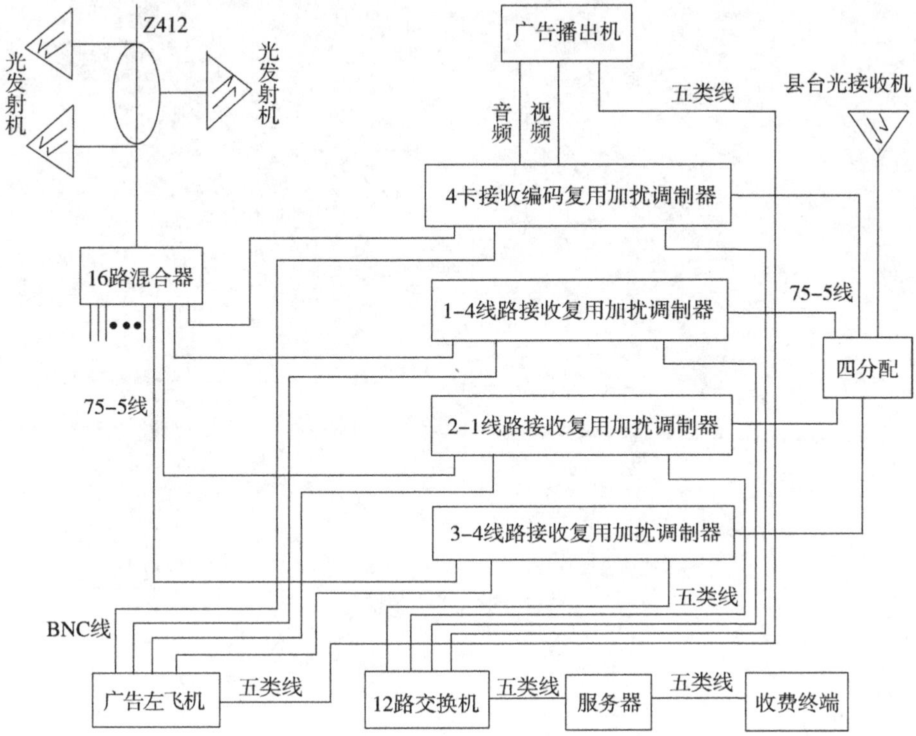

图 1　农网广播电视站数字前端设备结构方框图